[제4판]

사회복지학개론

이성기 원석조 공저

INTRODUCTION TO SOCIAL WELFARE

양성원

4판 머리말

짧게 써라. 그래야 사람들이 읽을 것이다.
명료하게 써라. 그래야 사람들이 이해할 것이다.
그림 그리듯 써라. 그래야 사람들이 기억할 것이다.
무엇보다 정확하게 써라. 그래야 사람들이 그 빛에 이끌릴 것이다.

언론의 노벨상이라고 하는 '퓰리처상'을 만든 전설적인 미국의 언론인 조셉 퓰리처(Joseph Pulitzer)가 말한 글쓰기의 명언이다. 그리고 저자가 글을 쓸 때마다 항상 염두에 두고 있는 지침이기도 하다.

지난 20여 년간 대학에서 사회복지학을 가르치면서, 가장 보람을 느낀 것은 사회복지학개론을 집필한 것이다. 이는 그동안 가장 심혈을 기울려 강의한 과목이 사회복지학개론이고, 또한 사회복지학개론을 강의하면서 준비해 왔던 모든 내용을 하나로 묶어 낼 수 있었기 때문이다.

사회복지학개론 3판을 출간한지 2년만에 4판을 내게 되었다. 2022년에 들어선 윤석열 정부는 사회복지에 큰 관심이 없었을 뿐만 아니라, 사회복지의 현상 유지와 민영화에 치중하였던 것 같다. 따라서 4판에서는 사회복지의 변화보다는 3판에서 부족하였던 부분을 보완하는 데 치중하였다. 그리고 코로나 팬데믹 이후, 종이책이 팔리지 않는다는 출판사의 푸념 속에서도, 2년만에 다시 4판을 준비하게 된 것을 다행스럽게 생각하며, 4판 개정판을 준비하였다.

사회복지학개론은 사회복지학의 기초를 이루는 과목으로, 각종 사회복지 관련 직종에서 시험과목으로 채택되어 있다. 따라서 사회복지학개론을 한 권으로 공부하고 시험까지 대비할 수 있는 교과서가 필요하고, 이 책은 그러한 필요에 조금이라도 기여할 수 있기를 기대한다.

또한 이 책에서 기술한 내용은 가능한 최근 자료로 보완하려고 노력하였다. 아직도 많은 부분에서 부족한 것이 있으나, 앞으로 계속해서 보완해 나갈 것을 약속드린다.

2025년 3월

이성기 · 원석조 씀

3판 머리말

사회복지학개론을 출간한 지 거의 3년 만에 3판을 내게 되었다. 이렇게 3판이 늦어진 것은 저자 중 한 사람이 그동안 경남사회서비스원 원장으로 재직하면서 3판을 논의할 여유가 없었기 때문이다. 그러나 출판사에서 개정판 2쇄가 매진되어 다시 3쇄를 인쇄한다고 해서 개정판 3쇄보다는 3판을 내는 것이 그동안 개론을 돌보지 못한 책임을 조금이라도 덜 수 있을 것 같아 3판을 준비하게 되었다. 그리고 한편으로는 코로나 팬데믹의 비대면 수업에서도 본서가 꾸준히 교재로 채택된 것이 기쁘기도 하고, 또한 그동안 바뀐 내용도 많아 즐거운 마음으로 3판을 준비하였다.

지난 3년 동안 문재인정부의 사회복지 분야에서 나타난 변화는 사회복지의 보장성이 강화되고 사회서비스의 공적 책임이 강조된 것이다. 특히 2019년부터 시작된 코로나 팬데믹의 초기 상황에서 거의 모든 공적인 사회복지시설이 제 기능을 하지 못했을 때, 2019년 새로이 설립된 사회서비스원이 긴급돌봄으로 취약계층의 생명을 보호하고 고통을 덜어 준 것은 우리나라 사회서비스의 발전에 매우 의미 있는 변화라고 할 수 있다. 따라서 이러한 변화는 사회복지학계에서도 의미 있게 다루어져야 할 것이다.

3판의 주요 수정내용은 2장 2절 사회복지의 학문체계에서 사회복지학 교과목이 변경된 것이다. 종전 필수 10과목과 선택 20과목에서 필수 10과목과 선택 27과목으로 바뀐 내용을 수정하였다. 3장 2절 한국의 사회복지역사에서는 종전에 다루지 않았던 이명박 정부부터 문재인정부까지의 부분을 보완하였다. 그리고 4장의 정의의 개념에서는 현재 한국사회에서 논란이 되고 있는 정의의 개념을 보완하였으며, 그 외에도 모든 기준과 통계자료를 가능한 한 최근의 것으로 바꾸도록 노력하였다.

항상 새로운 책을 내려고 하면 자랑스러움보다 부끄러움이 앞선다. 이는 새로운 책의 모자람을 필자들이 누구보다 잘 알고 있기 때문이다. 따라서 3판의 내용이 불충분하거나 부정확한 부분은 계속해서 보완해 갈 것이다. 앞으로도 이론과 현장의 변화를 빠르고 정확하게 담아낼 수 있도록 계속 노력할 것을 약속드린다.

2023년 2월

이성기 원석조 씀

개정판 머리말

사회복지학개론을 출간한 지 1년여 만에 2쇄가 아닌 개정판을 내려고 하니, 다소 번거롭기도 하고 바쁘기도 하다. 그러나 요즘은 제판기술이 발달하여 출판사 입장에서는 2쇄나 개정판이나 별 차이가 없다고 한다. 그리고 한편으로는 본서가 교재로 많이 채택된 것이 기쁘기도 하고, 또한 초판을 내면서 아쉬웠던 것들을 보완할 수 있어 즐거운 마음으로 개정판을 준비하였다.

지난 1년 동안 사회복지학개론에서 가장 큰 변화는 한국사회복지교육협의회에서 사회복지학 입문 교과목의 명칭을 사회복지개론에서 사회복지학개론으로 변경한 것이다. 이는 본서의 초판 머리말에서 지적했듯이 사회복지학의 학문적 정체성을 수립하기 위한 노력으로, 이러한 결정을 내린 한국사회복지교육협의회에 찬사를 보낸다.

또한 지난 1년은 긴 시간은 아니었지만, 사회복지 분야에서는 많은 변화가 있었다. 특히 포용적 복지국가를 지향하는 문재인정부의 소득 · 의료보장정책의 확충과 사회서비스에서 커뮤니티케어의 도입 등은 긍정적인 평가를 받을 만하다. 그리고 이러한 변화는 사회복지학의 학과목에서도 의미 있게 다루어져야 할 것이다.

항상 새로운 책을 출간하려고 할 때에는 자랑스러움보다 부끄러움이 앞선다. 이는 새로운 책의 모자람을 필자들이 누구보다 잘 알고 있기 때문이다. 따라서 개정판의 내용이 불충분하거나 부정확한 것이 있다면, 이는 전적으로 저자들의 책임이다. 앞으로도 이론과 현장의 변화를 빠르고 정확하게 담아낼 수 있도록 계속 노력할 것을 약속드린다.

2020년 1월

이성기 원석조 씀

머리말

대학에서 사회복지학개론을 강의한 지도 어느덧 20여 년이 지나고 있다. 그동안 사회복지학개론을 강의하면서 나름대로 어떻게 가르쳐야 할지 정리도 되고, 개인적으로도 사회복지학개론에 대한 생각을 정리하고 싶다는 생각도 들었다.

첫째는 사회복지학개론의 명칭에 관해서다. 사회복지학계에서는 사회복지에 대한 학문적 개론 과목을 아직도 '사회복지개론'이라고 부른다. 그러나 이는 사회복지학이 아직 학문적인 틀을 갖추지 못했다는 것을 의미한다고 해석될 수도 있다.

다른 사회과학의 학과목을 생각해 보자. 정치학의 개론서를 정치개론으로 부르는가? 이는 경제학이나 사회학이나 여타 과목에서도 마찬가지다. 물론 사회복지학이 이러한 사회과학 학문 영역에 비하여 역사가 일천하고, 이론적이기보다는 실천적인 학문인 것은 사실이다. 그러나 사회복지학을 공부하고 사회복지학을 하나의 학문으로 가르치는 사회복지학과에서 사회복지학의 첫 과목인 개론 과목을 사회복지개론으로 부른 것은 이해할 수 없는 일이다.

이는 현장의 실무를 중시하는 전문대학의 학과는 사회복지과라고 하고, 사회복지의 이론을 함께 가르치는 4년제 대학의 학과는 사회복지학과라고 하는 것과 같은 이치이다. 따라서 사회복지학의 입문과목은 사회복지학개론이 되어야 한다. 이 책의 제목을 사회복지개론이라 하지 않고 사회복지학개론이라고 한 것은 이러한 이유에서이다.

둘째는 사회복지학개론의 체계에 관해서다. 사회복지학개론은 사회복지학의 입문서로써 사회복지학과 학생들이 처음 접하는 교과목이다. 따라서 사회복지학의 전반적인 이해가 가능하도록 넓게 가르쳐야 하는 과목이다. 그리고 사회복지학을 이루고 있는 주제들과 방대한 내용을 체계화하여 사회복지학의 구성체계를 설명하고, 앞으로 배울 사회복지학 과목들에 대한 안내서의 역할을 해야 한다. 따라서 본서에서는 사회복지학개론의 내용을 두 부분으로 구분하여, 1부는 사회복지학을 전체적으로 이해할 수 있도록 인간의 삶과 사회복지(1장), 사회복지의 개념과 학문체계(2장), 사회복지의 역사(3장), 사회복지의 가치와 이념(4장), 사회복지의 구성(5장)으로 편성하였다. 2부는 사회복지학 개론 첫 수업시간에 학생들에게 사회복지학을 소개하면서 설명하였던 대로, 사회복지학의 10개 필수과목을 개별적 접근(6장)과 제도적 접근(7장)으로 나누고, 사회복지학의 선택과목을 대상별 접근(8장), 분야별 접근(9장)으로 나누었으며, 최근 세계화에 따라 확장되고 있는 사회복지학의 영역(10장)을 다루었다.

이 책의 일부 내용이 불충분하거나 부정확한 것이 있다면, 전적으로 저자들의 책임이다. 앞으로 사회복지학 교재로 사용하면서 부족한 부분을 보완하겠다. 그리고 사회복지 현장에서 일어나는 변화를 신속하게 반영할 것도 약속한다.

2018년 2월

이성기 원석조 씀

차 례

Part 1

사회복지학의 이해

사회복지학은 인간의 존엄성을 지키기 위하여 개인과 사회의 문제와 해결방안에 대해 연구하는 학문이다. 따라서 사회복지학을 이해하기 위해서는 먼저 인간의 삶에 대한 성찰이 있어야 한다. 그리고 인간의 삶에 있어서 사회복지가 차지하는 의미가 무엇인지를 알아야 한다. 또한 사회복지를 이해하는 관점의 차이와 사회복지학이 다루는 내용에 대해서도 알아야 한다. 그리고 사회복지가 시작되고 변천되어 온 역사적 과정과 함께 사회복지가 추구하는 가치와 이념체계를 이해하고, 사회복지가 어떻게 구성되어 있는지를 알아야 한다.

1부에서는 사회복지학을 전체적으로 이해하기 위하여 사회복지학을 주제별로 나누어 설명한다.

1장의 주제는 인간의 삶과 사회복지로, 인간은 살면서 어떠한 욕구를 갖는지, 또한 삶의 주기에 따라 욕구가 어떻게 변화하며 어떻게 대처해야 하는지, 사회복지의 대상이 되는 사회적 위험은 무엇인지를 살펴본다.

2장은 사회복지의 개념과 학문체계를 주제로, 사회복지의 개념을 여러 차원에서 분석해 보고, 사회복지학의 과목들이 어떻게 구성되어 있는지를 살펴본다.

3장 사회복지의 역사에서는 우선 사회복지역사 연구의 의의를 살펴본 다음, 사회복지의 역사를 서양의 사회복지역사와 우리나라의 사회복지역사로 나누어 살펴본다.

4장 사회복지의 가치와 이념에서는, 가치지향적 학문인 사회복지학이 추구하는 가치와 이러한 가치에 따라 나누어진 사회복지학의 이념들을 분석해 본다.

5장에서는 사회복지의 구성을 주제로, 사회복지를 시행하는 사회복지의 주체, 사회복지를 담당하는 사회복지의 인력, 사회복지의 급여를 받는 사회복지의 대상, 사회복지의 내용인 사회복지의 급여, 사회복지의 재정적 근원인 사회복지의 재원으로 나누어 살펴본다.

1 인간의 삶과 사회복지

학습개요와 목표

1장에서는 인간의 삶에서 사회복지가 어떤 의미를 가지고 있는지를 살펴본다. 먼저 인간의 삶에서 행복이란 무엇이고, 어떠한 욕구를 가지고 있는지를 살펴보고, 이러한 욕구가 채워지지 못했을 때 어떠한 과정을 거쳐 사회문제가 되는지를 알아본다. 그리고 인간이 태어나서 죽음을 맞이할 때까지 어떤 단계를 거치며, 각 단계마다 나타나는 특성과 이에 대해서 어떻게 대처해야 하는지를 분석해 본다. 마지막으로 개인적으로 해결하기 어려운 사회적 위험의 개념과 이러한 사회적 위험이 시대별로 어떻게 변화해 왔는지를 살펴본다.

이 장의 학습목표는 다음과 같다.

- 인간의 욕구와 사회문제를 이해한다.
- 삶의 주기에 따른 위험과 발달과제를 이해하고, 필요한 사회복지서비스를 분석해 본다.
- 사회적 위험의 개념과 내용을 알아보고, 사회복지와 관련성을 생각해 본다.

제1절 인간의 삶과 욕구

1. 인간의 삶과 행복

원시 인간이 생각하는 능력을 갖게 되면서, 가장 두려웠던 것은 무엇일까?

그것은 아마 인간이 생명을 다하는, 즉 생명체로서 더 이상 살아서 움직이지 못하는 상태인 '죽음'이었을 것이다. 원시 인간들은 더 이상 살아서 움직이지 못하는 상태, 그리고 시간이 지나면서 살아 움직이던 육체조차 흔적도 없이 사라지는 것을 보면서, 죽음에 대하여 큰 공포를 느꼈을 것이다. 이집트를 비롯한 고대 문명에서는 죽음을 극복하기 위한 여러 가지 노력들이 있었으나, 이러한 노력들은 성공하지 못한다. 이에 인간들은 죽음에 대한 공포를 벗어나기 위하여, 종교라는 제도를 만들었다. 따라서 종교의 가장 큰 사회적 기능은 인간을 죽음의 공포에서 해결해 주는 것이라고 할 수 있다.

그러면 인간이 죽음 다음으로 무서웠던 것은 무엇이었을까?

그것은 아마 굶주림이었을 것이다. 원시 이래로 인간은 대부분의 시기를 굶주림으로 고통을 받으면서 살아왔다. 물론 일부 계층은 굶주림에서 벗어날 수 있었지만, 인류의 대부분은 굶주림에서 헤어날 수 없었다. 그래서 지배자들은 지배체제를 유지하기 위하여, 때로는 자선의 이름으로, 때로는 구호의 이름으로, 대중의 굶주림을 해결하고자 노력해 왔다. 따라서 인류 역사의 대부분은 '굶주림과 투쟁'의 역사라고 할 수 있다. 그러나 인류는 산업화에 성공하여 생산력이 급증하면서 굶주림에서 벗어날 수 있게 되었다. 이러한 공동체적 노력은 오늘날까지 계속되어 복지라는 제도로 자리 잡게 된다.

이처럼 인류는 기나긴 역사를 통해 생존을 위협하는 여러 가지 어려운 환경을 극복하여 왔다. 그리고 현대사회에서도 개인적으로는 행복을 추구하고, 사회적으로는 이를 보장하기 위하여 노력을 하고 있다.

그럼 인간이 행복하게 산다는 것은 무엇을 의미하는 것인가?

행복이란 상대적인 개념이지만, 일반적으로는 '심신이 건강하고 안전하며, 경제적으로나 사회적으로 크게 부족함이 없는 상태가 지속되는 것'이라고 할 수 있다. 물론 한 사람에게 의미 있는 것이 다른 사람에게도 동일한 의미를 갖는 것은 아니기 때문에, 행복의 조건은 개인 간 차이가 있을 수 있다. 또한 인간은 항상 변화하고 발전하는 존재이기 때문에, 동일한 개인의 인생에서도 행복의 조건이 늘 같을 수는 없다. 그러나 전체적으로 보면, 인간의 행복은 인생의 각 단계마다 마주치는 욕구를 충족시키는 것이며, 욕구는 인간의 삶의 단계에 따른 보편성과 개인적인 특수성을 지닌다.

행복한 삶을 구성하는 데 필요한 조건을 구비하는 것은 과거에는 개인과 가족의 몫이었으나, 사회가 발전하면서 공동체의 집합적인 노력이 중요시되고 있다. 이는 인간이 무리를 지어 더불어 살아가는 사회적 동물이며, 사회라는 공동체를 통하여 삶을 유지하고 있기 때문이다. 자기 자신만의 행복이 아니라 공동체 전체의 행복 추구에 대한 관심과 노력이야말로 인류사회의 지속적인 발전의 원동력이 되어 왔으며, 오늘날 사회복지의 기본 원리라고 할 수 있다.

사회복지는 이처럼 사람들이 일생을 살아가면서 삶의 각 단계에서 만나게 되는 문제들을 잘 헤쳐 나갈 수 있게 개인의 능력을 향상시키고, 욕구 충족을 위하여 사회환경을 개선하여, 개인과 사회환경 사이의 상호작용을 활성화시키려는 노력이다. 따라서 사회복지는 '사회의 구성원들이 가지고 있는 욕구에 대한 직접적이거나 간접적인 대응'이라고 할 수 있다(Macarov, 1995: 17).

1-1 UN 세계행복보고서(World Happiness Report)

유엔 산하 자문기구인 지속가능발전해법네트워크(SDSN)가 매년 발표하는 보고서로, 전 세계 각국의 행복도를 평가하고 순위를 매긴다. 이 보고서는 2012년부터 매년 3월 20일 '국제 행복의 날'에 맞춰 공개되며, 각국의 행복 수준을 비교하고 분석하는 데 중요한 자료로 활용되고 있다.

세계행복보고서는 다음과 같은 주요 지표를 기반으로 각국의 행복도를 평가한다:

1. 1인당 GDP: 국민의 평균 소득 수준을 반영하여 경제적 풍요로움을 측정한다.
2. 사회적 지원: 어려울 때 도움을 받을 수 있는 사회적 네트워크의 존재 여부를 평가한다.
3. 기대수명: 국민의 평균 건강 상태와 수명을 통해 삶의 질을 측정한다.

4. 삶의 선택에 대한 자유: 개인이 자신의 삶을 스스로 결정할 수 있는 자유도를 평가한다.
5. 관용: 타인에 대한 관대함과 기부 활동 등을 통해 사회의 포용성을 측정한다.
6. 부패 인식: 정부와 기업의 부패 정도에 대한 국민의 인식을 평가한다.

이러한 지표들은 갤럽 세계여론조사(Gallup World Poll)의 데이터를 기반으로 하며, 각국 국민들의 주관적인 삶의 평가와 결합하여 행복 점수를 산출한다. 보고서는 최근 3년간의 데이터를 평균하여 각국의 행복 순위를 매기며, 2024년 보고서에서는 2021년부터 2023년까지의 데이터가 활용되었다.

2024년 세계행복보고서에 따르면, 핀란드는 7년 연속으로 세계에서 가장 행복한 나라로 선정되었다. 상위 10개국은 대부분 북유럽 국가들이 차지하고 있으며, 순위는 다음과 같다.

1 핀란드, 2 덴마크, 3 아이슬란드, 4 스웨덴, 5 이스라엘, 6 네덜란드, 7 노르웨이, 8 룩셈부르크, 9 스위스, 10 오스트레일리아. 이러한 국가들은 경제적 풍요로움뿐만 아니라, 높은 수준의 사회적 지원, 삶의 자유, 낮은 부패 수준 등 다양한 요인에서 우수한 평가를 받았다.

대한민국은 2024년 보고서에서 143개국 중 52위를 기록하였다. 이는 전년도의 57위에서 5단계 상승한 순위로, 행복 점수는 10점 만점에 6.058점을 받았다. 이러한 상승은 경제적 발전과 사회적 지원의 강화 등 여러 요인이 복합적으로 작용한 결과로 보인다.

2024년 보고서는 연령대별 행복도에도 주목하였다. 전 세계적으로 2010년 이후 15세에서 24세 사이의 청년층 행복도가 점차 감소하는 추세를 보였으며, 일부 지역에서는 청년층의 행복도가 노년층보다 낮은 경우도 관찰되었다. 이는 청년층이 직면한 취업난, 사회적 압박, 미래에 대한 불안 등 다양한 요인과 관련이 있을 것으로 분석된다.

2. 욕구와 사회문제

인간은 어떠한 욕구를 가질까?

마카로프(Macarov)는 인간의 욕구를 '인간의 생존, 복지 그리고 충만함에 요구되는 신체적, 심리적, 경제적, 문화적, 사회적 요청(requirement)'이라고 정의하면서, 인간의 욕구를 기본 욕구(common human needs), 특수 욕구(special human needs), 사회적 욕구(socially caused needs)로 분류하였다(Macarov, 1995: 18). 기본 욕구가 인간 누구나 가지고 있는 욕구라면, 특수 욕구는 특정한 개인이나 집단만이 가지고 있거나 아주 가끔씩만 해당되는 욕구를 말한다. 아동이나 병약한 노인, 심신장애인과 같은 사람들의 욕구, 교육과 기술의 결핍으로 현대사회에 적응할 준비가 되어 있지 않은 사람들의 욕구, 자연재해나 재난 희생자들의 욕구 등이 그 예다. 그리고 사회적 욕구는 인간의 기본적 욕구나 특수한 집단의 욕구 외에 사회 자체에 내포된 욕구로서, 자원 결핍, 기회 결핍, 정신적·정서적 결핍, 인간 상호관계 결핍 등을 포함한다.

또 다른 욕구이론으로는 마슬로우(Maslow, 1954)의 욕구단계설이 있다. 인간은 수준이 다른 다섯 가지 기본 욕구를 가지고 있으며, 전 단계의 욕구가 충족되면 그 다음 단계의 욕구로 옮겨 간다고 한다. 욕구의 단계를 살펴보면, 가장 기본적인 욕구는 생리적 욕구로서 이것이 충족되면, 안전에 대한 욕구 → 사랑과 소속감에 대한 욕구 → 존경의 욕구의 순으로 욕구가 진전된다. 그리고 가장 상위 단계의 욕구는 자아실현의 욕구로, 개인의 잠재력이 최대한 발현되고 재능과 능력이 최고조로 발현되는 단계이다.

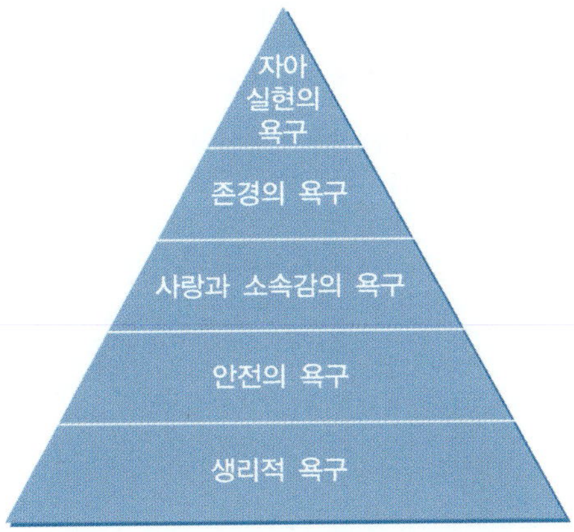

[그림 1-1] 마슬로우의 욕구 5단계

앨더퍼(Alderfer, 1969)는 마슬로우의 욕구단계설을 더욱 발전시켜, 생존(existence), 인간관계(relatedness), 성장(growth)의 관점에서 설명하였다. 이를 'ERG이론(ERG theory)'이라고도 한다. 인간은 생존하기 위해서 기본적인 물질을 필요로 하며, 이는 마슬로우가 제시한 생리적 욕구와 안전의 욕구에 해당된다. 그리고 인간은 인간관계를 유지하려는 욕구가 있으며, 이는 마슬로우의 사랑과 소속감의 욕구와 자아존중의 욕구에 해당된다. 마지막으로 성장의 욕구는 마슬로우의 자아실현의 욕구와 연결된다.

또한 욕구를 소유(having) 욕구, 소속(loving) 욕구, 그리고 존재(being) 욕구로 구분하기도 한다. 즉, 인간은 무엇인가를 소유하려고 하는 욕구와 누구에게 또는 어디에 소속되고자 하는 욕구를 가지고 있으면서, 동시에 자기의 존재에 의미를 부여받고자 하는 보다 형이상학적 욕구도 가지고 있다는 것이다.

어떤 이유에서건 욕구가 충족되지 않는 상황은 개인에게 매우 불만족스러운 상황인데, 이런 상황이 지속되거나 누적되면 사회문제가 된다. 그런데 충족되지 않은 욕구가 사회문제가 되기 위해서는 몇 가지 조건이 충족되어야 한다.

첫째, 충분히 많은 수의 사람들이 문제라고 인식하여야 한다.

둘째, 사회의 지배적 규범에 비추어 바람직하지 않아야 한다.

셋째, 사회가 이를 개선할 수 있는 역량을 가지고 있어야 한다.

넷째, 이에 대해 집합적인 시정 노력이 이루어져야 한다.

이러한 네 가지 조건이 충족되면 욕구는 사회문제가 될 수 있는 조건을 갖춘 것이다. 결론적으로, 인간의 충족되지 못한 욕구에서 비롯된 사회문제를 집합적으로 시정하려는 노력이 바로 사회복지의 실천이라고 할 수 있다. 따라서 사회복지는 어떤 형태로든 사회문제의 예방 및 해결과 밀접한 관련을 가지고 있다.

그러면 현재 한국의 사회문제에는 어떠한 것들이 있을까?

이를 학문적으로 고찰해 보는 학과목이 「사회문제론」인 것이다.

1-2 송파 세모녀 사건

2014년 2월 서울 송파구 석촌동의 단독주택 지하에 세들어 살던 모녀 일가족이 자살로 생을 마감하였다. 당시 60세인 박 모씨는 35세 큰딸 김 모씨와 32세 작은딸 김 모씨와 함께 살고 있었으며, 인근 놀이공원 식당에서 일을 하며 생계를 잇고 있었다. 큰딸은 당뇨와 고혈압을 앓고 있었으나 비싼 병원비 때문에 치료를 제대로 받지 못했으며, 작은딸은 만화가 지망생으로 아르바이트를 하며 돈을 벌고 있었으나 빚으로 인해 신용불량자가 된 상태였다. 이렇게 된 원인은 생활비와 병원비를 신용카드로 부담했기 때문이었다.

아버지는 12년 전 방광암으로 세상을 떠났으며 어머니인 박씨가 사실상 집안의 생계를 책임지고 있었는데, 사건 발생 1달 전 넘어져 몸을 다쳐 식당 일을 그만두게 되면서 실의에 빠진 것으로 추정된다. 그리하여 생활고로 고민하던 끝에 집세 및 공과금인 70만 원이 든 봉투와 유서를 남긴 채 번개탄을 피워 일가족이 동반 자살로 생을 마감하는 비극이 일어났다. 유서에는 '마지막 집세와 공과금입니다. 정말 죄송합니다'라고 집 주인에게 쓴 내용이 있었다.

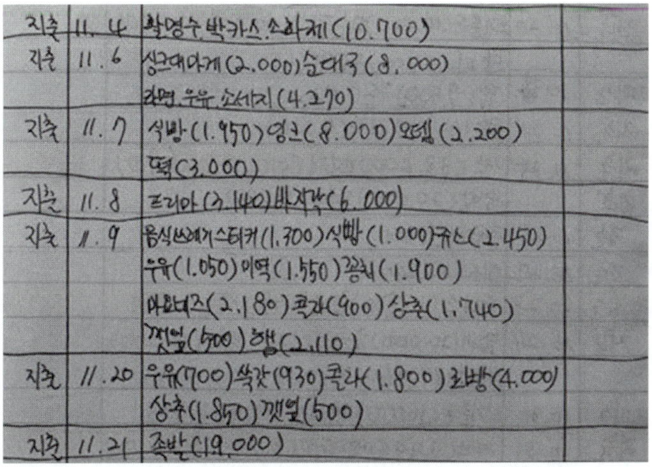

지출	11.4	활명수.박카스.소화제(10.700)	
지출	11.6	싱크대마개(2.000)순대국(8.000) 라면.우유.소세지(4.270)	
지출	11.7	식빵(1.950)[illegible](8.000)오뎅(2.200) 떡(3.000)	
지출	11.8	프리마(3.140)바지락(6.000)	
지출	11.9	음식쓰레기스티커(1.700)식빵(1.000)[illegible](2.450) 우유(1.050)미역(1.550)꽁치(1.900) 마요네즈(2.180)[illegible](900)상추(1.740) 깻잎(500)햄(2.110)	
지출	11.20	우유(700)쑥갓(930)콜라(1.800)호빵(4.000) 상추(1.850)깻잎(500)	
지출	11.21	족발(19.000)	

〈작은딸이 기록한 가계부〉

이 사건은 대한민국 사회복지제도의 허점을 드러낸 비극적인 사건이었으며, 사회안전망의 결여라는 커다란 사회문제를 던져 주었다. 그리고 사건 이후 사회보장제도 개선에 대한 많은 논의가 있었으나 그 이후에도 이와 유사한 사건은 반복되었으며, 2022년 8월에는 수원 세 모녀 사건까지 발생하였다.

2022년 11월 24일 복지부에서는 촘촘한 위기가구의 발굴을 위하여 '복지사각지대 발굴 · 지원체계 개선대책'을 발표하였으며, 주요내용은 위기가구 수집정보를 34종에서 44종으로 확대한다는 것이다. 그러나 이를 담당할 지자체의 사회복지 공무원 충원 등 지원확보에 대해서는 언급이 없어 대책의 실효성에 의문이 제기되고 있다.

제2절 삶의 주기와 사회복지

인간의 삶은 변화하는 과정이다. 인간의 삶은 여러 단계로 나눌 수 있고, 이를 '삶의 주기(life cycle)'라고 한다. 최근에는 태아기의 중요성이 강조되어 삶의 주기를 태아기, 영아기, 유아기, 소아기, 아동기, 청소년기, 성년기, 중년기, 노년기로 나누고 있다. 이와 같이 인간의 삶을 주기로 구분하는 것은, 각 주기마다 나타나는 특성과 욕구를 파악하여 적합한 사회복지서비스를 제공하는 데 중요한 지표를 제공해 주기 때문이다.

이러한 삶의 주기의 특성과 욕구를 파악하고 이에 적합한 사회환경을 분석해 보는 학과목이 「인간행동과 사회환경」인 것이다.

인간은 삶의 각 주기마다 신체적 · 정서적 · 인지적 · 사회적으로 발달해 나가게 되는데, 정상적으로 발달해 나가려고 하면 필연적으로 변화가 발생한다. 그러나 인간은 현재의 상태에서 다른 상태로 진전해 나가는 변화를 지향하는 동시에, 변화에 대해 위협을 느끼기도 한다. 또한 발달과 변화과정에서 발생하는 위협에는 모든 사람들에게 공통적으로 해당되는 것도 있고, 개인의 특수한 상황에만 해당되는 것도 있다. 모든 사람들이 인생의 특정 시기에 요구받는 변화를 발달과업(developmental task)이라고 하고, 공통적으로 경험하는 위협을 삶의 주기에 따른 위기(crisis)라고 한다.

예를 들면, 태아기의 건강한 출생, 영유아기의 적절한 보호와 양육, 아동기의 학습욕구와 새로운 사회관계 욕구, 청소년기의 자아정체감 확립과 독립 욕구, 새로운 가족을 형성한 젊은 부부의 부모역할 수행 욕구, 중년기의 직업과 가족의 안정성 유지, 노년기의 고독과 죽음에 대한 적응 등의 문제들은 보통 사람들이면 정도의 차이는 있으나, 인생의 각 변화 시기마다 누구나 어느 정도 겪게 되는 발달과업이다(김성천 외, 2015: 20-27).

1. 태아기

태아기는 수정에서 출생에 이르기까지의 시기이다. 이 시기에는 기본적 신체구조와 장기 형성이 이루어진다. 전 생애 중 신체적 성장이 가장 급속하게 이루어지는데, 환경적 영향을 매우 많이 받는 단계다.

이 시기의 욕구는 임신과정이 순조롭게 진행되고 태아가 정상적으로 발달하여 건강하게 출생하는 것이다. 따라서 태아기와 관련된 문제는 임신 중 태아의 발달이 순조롭지 못한 것으로, 임산부가 건강하지 못하거나 약물을 남용했다거나, 혹은 필요한 영양공급과 의료서비스를 사회적, 경제적 이유로 제공받지 못하는 것이다. 또한 불임도 중요한 문제가 될 수 있다.

이 시기에 필요한 사회복지서비스는 불임 관련 상담, 예비부모 교육, 빈곤한 산모와 태아를 위한 의료적, 경제적 지원과 모성보호서비스와 가사지원서비스 등이다.

2. 영아기

영아기는 태어나서 1세까지의 시기로, 모든 감각이 발달하고 신체 성장이 급속히 이루어지며 운동능력이 발달하는 시기이다. 부모의 세심한 양육과 보호가 필수적이다.

영아기의 욕구는 주 보호자와의 효과적인 애착관계 형성과 안전한 양육이라고 할 수 있다. 만일 주 보호자와의 관계 형성에 문제가 생기거나 부모의 양육기술과 정보부족으로 부적절한 양육이 이루어지면, 그 결과는 매우 치명적일 수 있다. 극단적인 예는 부모가 양육을 포기하여 아동을 유기하거나 방임·학대하는 것이다.

이 시기에 필요한 사회복지서비스는 학대 및 방임 피해 아동에 대하여 아동보호 대책을 마련하는 것이며, 고위험집단 아동에 대한 부모교육과 가정방문서비스 등으로 학대 및 방임을 예방하는 것이다. 또 부모가 여러 가지 사정으로 아동양육이 어려울 경우, 영아보육서비스 등을 통해 양육의 안정성과 영아의 안전을 보장하며, 가족을 지원하는 것이다.

3. 유아기

유아기는 1~3세의 시기로, 규칙적이고 지속적인 신체 변화와 함께 인지발달이 이루어져 이해력과 언어능력이 발달하는 시기다. 또한 자아인식이 발달하고 다른 아동에 대한 관심이 증가하면서 사회관계가 가족에서 또래로 확장되는 시기이다.

유아기 아동의 욕구는 이런 다양한 발달이 이루어질 수 있도록, 안전과 안정을 보장받고 발달에 적합한 사회관계를 제공받는 것이다. 이 시기에도 부모의 역할이 중요하다. 부모가 학대 또는 방임으로 아동의 안전을 위협받거나, 안정된 가정에서 자라지 못하거나, 인지와 언어 발달에 필요한 적절한 자극이 제공되지 않아 사회관계가 확장되지 못하면 문제가 될 수 있다.

이 시기는 발달과업의 범위가 상대적으로 큰 시기이기 때문에, 학습과 사회화, 놀이 등 연령별로 적절한 보호가 이루어져야 하며, 학대와 방임 피해 아동에 대한 보호서비스도 지속적으로 요구된다. 경제적으로 어려운 가정의 유아들은 사회복지서비스의 우선 대상이 된다.

4. 소아기

소아기는 4~6세에 해당하는 시기로, 언어발달과 운동능력이 크게 향상되어 주도적인 활동을 할 수 있게 되는 시기이다. 이 시기는 놀이를 통해 사회관계를 확장하고 관계의 기술을 학습하는 시기이다.

이 시기에는 아동의 솔선성을 허용하고 창의적 시도를 격려하는 양육환경이 필요하며, 아직 자기보호 능력이 없기 때문에 성인들의 세심한 보호와 양육 노력도 필요하다. 이 시기 아동은 활동 반경이 확대되어 위험도 증가하고, 성(性)학대 등 아동학대에도 취약하다.

이 시기에 필요한 사회복지서비스는 학대 및 방임으로부터 보호, 안전, 양질의 보육서비스 및 적절한 인지적 자극을 제공하는 유아교육 등이다.

5. 아동기

아동기는 7~12세의 시기로, 초등학교 재학기간에 해당되는 시기이다. 신체발달의 속도는 이전에 비해 느려지지만, 지각과 운동기능을 보다 섬세하고 기술적으로 사용하는 능력이 발달하며, 인지발달로 논리적 사고를 하게 되고 학습능력이 강화된다. 가정을 벗어나 학교생활이 중심이 되면서, 또래집단 관계가 주된 사회적 관계로 등장한다.

이 시기 아동의 욕구는 지적인 자극과 사회적인 자극을 충분히 제공받고, 학교와 또래 사이에서 성공적인 경험을 얻는 것이며, 안전하고 안정된 양육환경에 대한 욕구도 있다. 따라서 아동기의 문제는 다양한 이유로 학교와 또래관계에서 실패하거나 안전을 위협받는 것이다.

이러한 문제를 해결하거나 예방하기 위한 사회복지서비스는 빈곤가정 아동의 학업 성취, 방과 후 보호와 교육을 지원하는 지역사회 기반의 통합적 조기개입서비스(We Start 프로그램, 지역아동센터), 학교 적응을 위한 학교사회복지서비스, 아동학대와 방임 예방 서비스 등이 있다.

6. 청소년기

청소년기는 13~18세에 이르는 중 · 고등학교 재학기간에 해당한다. 급속한 신체적 변화와 함께 성적 재생산 기능이 성숙되고, 인지발달에서 추상적 사고와 과학적 논리가 발달한다.

이 시기 청소년의 욕구는 성정체성을 포함한 자아정체성 확립과 부모로부터 독립성 욕구가 대표적이다. 이 시기에 발생할 수 있는 사회적 문제는 청소년이 자아정체성 확립과정에서 겪는 일탈행위로, 약물남용, 인터넷 중독, 가출, 학업 중단과 학교폭력을 포함한 학교 부적응, 성폭력이나 미혼부모 문제 등을 들 수 있다.

청소년기에 요구되는 사회복지서비스는 청소년들이 자기 자신의 능력을 깨달아 자신감을 가지고 미래를 준비할 수 있도록 자아정체성 확립을 도와주는 것에 초점을 두면서, 일탈행위에 개입하고 예방하는 것이다. 예를 들면, 진로지도를 포함한 지속적인 학교사회복지서비스, 약물남용 예방교육, 가출청소년 쉼터, 미혼부모 지원서비스, 다양한 청소년 활동지원서비스 등이다.

7. 성년기

성년기는 19~39세의 시기다. 이 시기에는 신체적 발달이 완료되고, 정서적으로 성숙해지며, 직업을 얻어 경제적으로 독립하고, 결혼을 통해 친밀성을 확보하며, 자녀를 출산하는 시기이다.

이 시기의 중요한 욕구는 독립성의 확립과 친밀성의 성취로, 일생 동안 지속할 수 있는 직업을 얻으려고 노력하며, 결혼생활에 적응하고 이를 원만히 유지하려고 한다. 따라서 이 시기에 발생하는 문제는 구직, 직장에서의 부적응, 독신 또는 결혼 상대자를 찾는 것, 결혼생활의 부적응과 부부갈등, 불임 또는 임신, 첫 자녀 출산에 따른 양육문제, 보육문제 등이다.

이 시기에 필요한 사회복지서비스는 직업과 관련해서는 직업훈련과 고용 관련 서비스, 창업지원, 평생교육이 있고, 산업복지 프로그램을 통한 직장 내 사회복지 지원이 있다. 또 부부상담이나 가족치료, 부모교육 등을 통해 결혼생활의 문제점에 잘 대처하도록 지원하고, 자녀 출산에 따른 양육기술을 제공할 수 있으며, 불임상담과 입양상담을 제공한다. 다양한 형태의 보육서비스로 영유아를 둔 가족의 상이한 보육 욕구를 지원한다.

8. 중년기

중년기는 가정과 직업 양면에서 안정과 번영이 지속되는 동시에 생물학적 노화를 경험하기 시작하는 40~64세의 시기다. 이 시기는 안정적인 가정생활의 유지와 직장생활을 통한 생산적 활동을 하는 시기이며, 자녀들도 아동기에서 성인 초기에 이르고, 결혼생활 초기의 적응문제도 해결되고, 직장에서도 책임 있는 역할을 맡아 생산적 활동이 활발한 시기다. 또한 신체적 능력의 감퇴와 노화가 나타나고, 이에 따른 가족 내 역할 변화를 경험하게 되어 적응을 위해서는 시각의 변화가 필요한 시기이다.

펙(Peck, 1968)은 중년기의 적응이 순조롭게 이루어지려면, 신체적 힘에서 지혜로 의식 전환, 인간관계에서 이성에 대한 성적 대상화에서 사회화로 전환을 통해 인간적 가치를 중시하도록 하고, 변화하는 상황에 대해 경직성을 버리고 정서적 · 정신적 융통성을 획득하여야 한다고 하였다.

이 시기에 나타나는 부적응으로는 이혼, 별거 등 결혼생활의 파탄, 부모-자녀 간 갈등의 증가, 장성한 자녀들의 독립에 따른 빈둥지증후군, 실업과 재취업 문제, 연령 증가에 따른 질병이나 장애의 발생 등이 있다. 즉, 이 시기는 경제적 · 사회적으로 안정된 인생의 절정기이기도 하지만, 신체적 노화의 시작과 역할 변화 등이 닥쳐와 '중년의 위기'를 경험하는 시기이기도 하다.

이 시기에 필요한 사회복지서비스는 매우 다양한데, 자녀교육, 안정된 가정생활을 지속할 수 있도록 하는 4대 보험(연금, 건강보험, 산업재해보상보험, 고용보험)을 비롯한 소득 및 의료보장, 가족 해체를 예방하기 위한 가족치료와 가족지원서비스 등이다.

9. 노년기

이 시기는 65세 이후로, 신체적 · 사회적 상실을 경험하게 된다. 시력과 청력, 근력의 쇠퇴와 함께 운동능력과 기억력 등이 감소하고, 직장에서 은퇴하여 소득 감소 및 역할 상실을 겪게 된다. 게다가 배우자나 친구들의 죽음을 겪으면서 사회관계도 축소된다.

이 시기의 과업은 자신의 삶을 되돌아보면서 최종적으로 자신의 인생을 수용하여 자아통합에 이르는 것이다. 자아통합은 현재의 상황과 함께 과거의 역사를 통합하고 그 결과에 만족하는 것인데, 반추의 결과로 과거 삶에 대한 후회와 원망이 더 크게 되면 자신을 수용하지 못하고 수정할 시간도 없다는 것에 절망하게 된다(손병덕 외, 2008).

노년기의 문제로는 은퇴로 인한 소득 감소, 노화로 인한 질병과 이로 인한 일상생활의 독립성 상실, 배우자와 친구의 죽음으로 인한 고독, 죽음의 공포 등이 있다. 이러한 문제는 노년기가 길어지고 핵가족화가 심화되면서, 더 확장될 가능성이 높다.

노년기에 필요한 사회복지서비스는 노년에도 양질의 삶을 지속할 수 있도록 소득과 건강을 보장하고, 독립적 생활능력을 상실한 노인들을 위한 재가복지 및 양로시설의 확대와 다양화, 치매노인을 위한 간병서비스 및 노인병원의 확대, 건강과 노동능력을 갖춘 노인의 재취업서비스, 노인주택 보급, 레크리에이션서비스와 정신건강서비스 등이 있다.

이처럼 한 개인이 일생을 살아가기 위해서는 삶의 주기별 보편적 발달과업의 성취가 중요한데, 사회복지는 개인의 삶의 주기에 따른 욕구와 문제와 위험들에 대한 대처 기제로 작용한다.

제3절 사회적 위험과 사회복지

인간은 살면서 전 생애에 걸쳐 많은 위험(risk)을 경험하게 된다. 이러한 위험 중에는 모든 사회구성원에게 보편적으로 일어나지만, 그 책임을 개인에게 물을 수 없고, 또한 개인적으로는 대처하기 어려운 위험도 있다. 이러한 위험을 사회적 위험(social risk)이라고 한다. 이러한 위험은 한 개인의 위험으로 그치는 것이 아니라, 사회구성원 전체에게 보편적으로 미치는 위험이기 때문에, 사회 전체가 제도적으로 대처해야 하는 것이다.

1. 산업사회의 사회적 위험

1) 비스마르크의 사회적 위험

산업사회는 과거 농업사회와는 다른 새로운 계급인, 임금노동자 계급을 탄생시켰다. 이들은 임금을 얻기 위해서는 노동을 해야만 하고, 노동을 할 수 없으면 임금이 중단되어 생계를 이어 갈 수 없게 된다.

영국이나 프랑스에 비해 상대적으로 산업화가 늦게 시작된 독일은 19세기 중반 이후 급속한 산업화를 이루게 된다. 1871년에 이르러서 통일국가를 수립했지만, 국가와 자본가계급에게 가장 큰 위협요인은 새롭게 등장한 사회민주주의에 동조하는 노동자 계급이었다.

이에 비스마르크(Otto Eduard Leopold Bismarck)는 급속한 산업화로 인하여 노동자들이 느끼는 사회적 위험을 '질병, 산재, 실업, 노령으로 인한 노동임금의 중단'으로 보고, 이를 해결할 수 있는 방안을 모색하게 된다. 즉, '노동자에게 건강이 허락하는 한 노동할 권리를 주고, 노동자가 사고를 당하거나 질병에 걸렸을 경우 치료해 주고, 또 나이가 들었을 때 노후를 돌봐 주는' 정책적 조치들을 취하였다. 이에 따라 독일에서는 질병보험(1883), 근로자재해보험(1884), 양로폐질보험(1889) 등이 차례로 제정되었고, 세계 최초의 사회보험이 탄생하게 된다.

2) 베버리지의 사회적 위험

2차 세계대전은 전쟁의 규모나 참혹함에서 과거의 전쟁과는 달랐다. 전후방의 차이가 없이 전 국민이 전쟁에 참여해야 했으며, 새롭게 등장한 비행기의 공습은 전 국토를 전쟁터로 만들었다. 이러한 전면전으로 인하여 영국 국민의 생활은 국가가 통제하는 전시배급체제로 들어갔으며, 의료시설은 전시응급의료체제로 바뀌었다. 당시 전시 연립내각의 수상이었던 처칠(Winston Churchill)은 전 국민에게 '피와 땀과 눈물'을 요구하면서, 국민들의 희생으로 전쟁에서 승리하면 전후에 복지국가를 건설할 것을 약속하였다.

1941년 전시 연립내각은 기존의 사회보험과 관련 서비스에 대하여 검토하고 전후의 새로운 사회질서에 대한 청사진을 제시할 수 있도록, 베버리지(William Beveridge)를 위원장으로 하는 위원회(사회보험과 관련 서비스에 관한 범정부위원회)를 구성하였다 1년 뒤 베버리지 보고서(Beveridge Report: Report on Social Insurance & Allied Service)가 발표되었다.

베버리지는 영국의 사회발전을 저해하는 사회적 위험인, 결핍(want), 질병(disease), 무지(ignorance), 불결(squalor), 나태(idleness)를 5대 악(five giants)으로 지적하였다. 그리고 이를 해결하기 위하여, 소득보장, 국민건강서비스(NHS), 무상교육, 공공주택, 완전고용을 대책으로 제시하였다. 또한 사회보장을 최저수준의 소득보장으로 규정하고, 기본적 욕구에 대해서는 사회보험으로 충족하며, 특별한 욕구에 대해서는 국민부조(national assistance)에 의해, 추가적인 욕구에 대해서는 임의보험으로 보충되어야 한다고 하였다(Beveridge Report, 1942).

3) 국제노동기구(ILO)의 사회적 위험

2차 세계대전 이후, 인류의 희망인 평등의 실현과 '요람에서 무덤까지'의 사회적 보호 속에서 보람 있는 삶을 살 수 있다는 자신감이 서구사회를 지배하였다. 전후의 복지국가는 시민권 이념을 기반으로 포괄적이고 보편적인 복지국가를 만들려는 개혁과 지속적으로 급여와 적용범위를 확대하려는 노력에 의하여 발전하여 갔으며, 이러한 발전은 사회복지제도에 호의적인 노사정의 정치적 합의(consensus)에 의하여 뒷받침되었다. 또한 경제적 호황으로 인한 경제성장과 완전고용을 바탕으로 한 산업평화, 민주주의의 정착과 발전, 국제기구(ILO, ISSA)의 역할, 시민권 운동 또한 중요한 역할을 하였다.

이러한 상황에서 국제노동기구(ILO)는 1952년 「사회보장 최저기준에 관한 협약」을 발표하고, 현대 산업국가가 해결해야 할 사회적 위험으로, ① 의료 ② 요양 ③ 실업 ④ 노령 ⑤ 산업재해 ⑥ 자녀 양육 ⑦ 직업능력의 상실 ⑧ 임신과 출산 ⑨ 유족 부양 등 9가지를 열거하였다. 그리고 이러한 사회적 위험에 대처하기 위한 대책으로, ① 의료보호(medical care) ② 상병급여(sickness benefit) ③ 실업급여(unemployment benefit) ④ 노령급여(old age benefit) ⑤ 산재급여(employment injury benefit) ⑥ 가족급여(family benefit) ⑦ 장애급여(invalidity benefit) ⑧ 모성급여(maternity benefit) ⑨ 유족급여(survivors benefit) 등 9가지 급여를 제안했다(김상균, 2011: 26).

2. 새로운 사회적 위험(new social risk)

전통적인 산업사회에서는 임금노동자들의 소득중단이 가장 큰 사회적 위험이었으나, 1980년대 이후 신자유주의의 확산으로 시장기능이 강화되고, 정보화와 세계화로 국가 간 경쟁이 심화되면서 새로운 사회적 위험이 나타나고 있다. 즉, 노동시장이 기업 중심으로 재편되면서 노동시장의 유연성이 증가하고 있으며, 이러한 변화는 정보화와 세계화로 더욱 심각해지고 있다. 또한 노동시장의 유연화로 비정규직 노동자가 증가하고 있으며, 국가 간, 지역 간, 계층 간 양극화도 심화되고 있다. 이와 함께 인구의 고령화와 저출산의 문제도 사회적 부양비용의 증가와 생산력의 감소로 이어져 새로운 사회적 위험으로 부각되고 있다. 특히 2019년 코로나 팬데믹 이후 심화되고 있는 고용과 소득의 양극화와 가족의 해체로 인한 돌봄의 공백 등은 인류의 삶에 새로운 사회적 위험으로 떠오르고 있다.

1) 신자유주의의 확산과 양극화

1980년대 이후 신자유주의 이념이 확산되면서, 정부의 역할이 축소되고 시장의 기능이 확대되는 경향이 강해지고 있다. 즉, 과거 정부가 세금과 법적 제도를 통해 실시하던 주택, 전기, 통신, 교통, 석유 등 공공재가 이제는 시장에서 상품으로 생산되어 판매되고 있다. 이러한 정책을 민영화(privatization)[1)]라고 하는데, 국가는 민영화를 통해서 과도한 재정 부담을 피할 수 있고 공공부문이 갖는 비효율성과 관료주의의 폐해를 줄일 수 있다고 믿고 있다.

신자유주의 이념은, 과거 자유주의 경제학자들의 생각처럼, 시장은 '보이지 않는 손'에 의해 지배되며, 개인이 시장에서 자신의 이익을 추구하는 행동을 할 수 있도록 최대한 보장할 때 가장 효율적으로 움직일 수 있다는 신념을 바탕으로 한다. 정부는 개인과 가족의 생활에 최소한으로만 개입하는 것이 좋으며, 이른바 시장의 원리에 따라 재화와 서비스를 교환하는 것이 사회 내에 희소하게 존재하는 자원을 가장 효율적으로 분배하는 방식이라는 것이다.

신자유주의의 확산은 개인과 가족의 생활에도 영향을 미치고 있다. 우선 공공재의 생산과 분배를 시장의 기능에 맡김으로써, 주택, 교육, 의료서비스 등 일상생활에 필수적인 서비스를 시장에서 구매하게 되었다. 이는 구매능력이 있는 사람에게만 이러한 재화와 서비스가 제공된다는 것을 의미한다. 소득이 없거나 적은 사람은 생활에 필요한 필수적인 재화조차 구매하기 힘들어진다. 물론 정부가 적절한 일자리 정책과 소득보장 정책을 실시하여 소득이 없거나 적은 사람들에게 일정 정도의 소득을 유지할 수 있도록 함으로써 이러한 문제를 해결하려고 하지만, 시장소득(임금)에 따라 개인의 복지수준이 좌우된다는 문제는 여전히 남아 있다. 임금에 따라 개인의 복지수준이 결정되는 것은 노동시장에서 노동자의 위치가 상대적으로 약화된다는 것을 의미한다. 기업은 가능하면 적은 임금으로 노동을 구매하려고 할 것이고 노동자는 적은 임금을 받고서라도 일자리를 유지하려고 하기 때문에, 노동시장에서 노동자들은 서로 경쟁하게 된다. 그럼으로써 노동자의 위치는 사용자에 비해 상대적으로 약화되기 마련이다. 기업에 비해 상대적으로 힘이 약한 노동자는 노동시장의 조건이 자신에게 불리하게 되어도 집단적으로 대항할 수 있는 힘이 약하기 때문에, 노동시장은 점차 기업 중심으로 변하게 된다.

기업 중심 노동시장의 핵심은 노동시장의 유연성(labor market flexibility)이 증가하는 것

1) privatization의 정확한 의미는 사영화(私營化)이다. 이는 public(公)에 대비되는 개념은 private(私)이기 때문이다. 그러나 신자유주의자들은 privatization을 보다 순화된 용어인 민영화로 사용한다. 민영화의 정확한 용어는 civilization이다.

이다. 즉, 노동시장에서 노동자의 고용과 해고를 유연하게 할 수 있도록 기업에게 자율성을 부여함으로써 기업활동을 자극하고, 이를 통해 더욱 경쟁력을 갖출 수 있도록 한다는 것이다. 노동시장의 유연화는 전 세계적으로 보편적인 현상이 되어 가고 있다. 대부분의 국가에서 기간제 고용계약이 일반화되고 있다.

| 1-3 | 한국의 사회적 양극화

한국이 사회적 양극화는 1997년 IMF 외환위기 이후 경제, 사회, 교육, 지역, 세대 간의 격차가 확대되면서 발생한 복잡한 문제이다. 이는 사회 전반에 걸쳐 다양한 형태로 나타나며, 주요 원인과 영향은 다음과 같다.

(1) 경제적 양극화

첫째는 소득의 양극화로, 상위 소득층과 하위 소득층 간의 격차가 점점 확대되고 있다. 이는 정규직과 비정규직 간의 임금 차이, 대기업과 중소기업 간의 격차 등에서 기인한다. 둘째는 부동산 가격 상승으로, 특히 수도권을 중심으로 부동산 가격이 급등하면서 자산의 양극화가 심화되고 있다. 집을 소유한 사람과 그렇지 못한 사람 간의 자산 격차가 세습되고 있다. 그리고 셋째는 청년실업의 문제로, 청년층의 취업난이 심화되면서 안정적인 일자리를 얻지 못한 이들이 경제적 불안정에 시달리고 있다.

(2) 교육의 양극화

교육의 양극화는 교육이 지나치게 사교육에 의존함으로써 생기는 것이다, 즉 소득수준에 따른 사교육 참여의 차이로 인해 교육 기회가 불평등해지고 있다. 이는 대학 입시 결과에도 영향을 미쳐 계층 이동성을 제한하는 요인으로 작용한다. 또한 지역 간 차이도 심해, 대도시와 지방 간의 교육과 생활 환경 차이가 점차 커지고 있으며, 이는 인재 유출과 지역소멸의 문제로 이어지고 있다.

(3) 지역적 양극화

지역적 양극화는 수도권 집중화로, 인구와 경제활동이 수도권에 과도하게 집중되면서 지방의 경제적, 사회적 활력이 약화되고 있다. 이에 따라 지방소멸이 진행되고 있으며, 지방 중소도시와 농어촌 지역은 인구 감소와 고령화로 인해 사회적 기반조차 약화되고 있다.

최근 사회적 양극화는 정치적 양극화로 심화되고 있으며, 정치적 입장의 차이가 극명하게 나뉘면서 사회적 논의가 협력보다 대립으로 치닫는 경우가 점차 많아지고 있다. 또한 세대 간, 계층 간 문화적 차이가 커지면서 상호 이해와 소통도 어려워지고 있어, 사회적 양극화는 더욱 풀기 어려운 문제가 되고 있다.

출처: 이성기(2012). "사회적 양극화 해소를 위한 정책적 대안". 2012 불교사회복지포럼 자료집에서 발췌, 수정.

2) 인구의 고령화와 저출산

이러한 양극화 문제를 더욱 심각하게 만드는 것이 인구의 고령화와 저출산의 문제이다. 2017년 8월, 우리나라는 65세 이상 인구가 14퍼센트 이상인 고령사회에 진입했으며, 2024년 9월 노인인구비율은 19.2%이다. 고령화사회(65세 이상 인구 7퍼센트 이상)에서 고령사회가 되기까지 걸린 시간은 고작 17년이다. 더욱이 2025년이면 65세 이상 노인비율이 20%에 달하는 초고령사회로 진입한다고 예측되고 있다. 2024년 한국인의 기대수명은 82.7세(남자 79.9, 여자 85.6)로, 한국은 전 세계에서 가장 고령화 속도가 빠른 나라이다(https://kosis.kr〉stat Html).

인구의 고령화는 그 자체로 커다란 사회문제이지만, 또한 다른 사회문제의 원인이 되기도 한다. 고령인구가 증가하면 그들을 부양해야 하는 가족 및 사회의 부담이 증가하게 마련이다. 일반적으로 노인이 되면 신체적·심리적 기능이 저하되고 질병에 걸리기 쉽기 때문에 노동시장 참여뿐 아니라 일반적인 사회생활 참여에 많은 장애가 생기게 된다. 게다가 뇌졸중, 치매 등 노인성 만성질환에 걸리게 되면, 가족 중 누군가는 질병에 걸린 노인을 보살피기 위해 사회생활에 제한을 받게 된다. 만약 가족 중에 노인을 돌볼 사람이 없는 경우에는 사회에서 돌보아야 하기 때문에, 노인부양의 문제는 이제 노인만의 문제가 아니라 가족의 문제이며 사회 전체의 문제인 것이다.

고령인구의 증가는 국가·사회의 의료비용 증가와도 직결된다. 의료비용의 급격한 증가는 건강보험제도 등 국가 차원의 의료서비스 정책의 재정을 위협하게 되며, 국가는 이러한 문제를 해결하기 위해서 세금을 통해 의료비용을 충당하게 된다. 이렇게 되면 노인 의료비용의 증가는 국가 전체의 재정문제와 직결된다.

인구의 고령화에서 비롯되는 문제를 더욱 심각하게 만드는 요인은 출산율의 저하다. 평균수명의 증가로 노인인구가 늘어나고 있는 반면에 출산율은 저하되면서 노인인구의 비중이 상대적으로 더 증가하게 되는 것이다. 2023년 한국의 합계 출산율은 0.72명으로 세계 최저수준이다.[2] 출산율이 낮아짐에 따라 노인 부양을 위한 사회적 부담은

2) 2023년 6월 통계청이 발표한 인구동향에 따르면, 2022년 2분기 0.75명은 2019년 1분기 이후 3년 동안 연속 1명을 밑돌고 있으며, 인구의 자연감소도 32개월째 지속되고 있다.

더욱 증가하게 되고, 장래 노동인력 공급 면에서도 심각한 문제를 일으킬 수 있다. 또한 출산율의 저하는 장기적으로 인구 수의 감소를 야기하기 때문에 국가 운영 전반에 걸쳐 심각한 문제를 일으킬 수 있다. 특히 국민연금제도 등 사회보장제도 운영에서 재정위기를 일으킬 수 있는 직접적인 원인이 된다. 즉, 노령이 되어 국민연금을 받아야 할 사람들은 증가하는데, 정작 보험료를 내야 할 노동인구는 감소하기 때문에 사회보장제도 자체의 존속이 위협받게 된다.

인구의 고령화와 저출산의 문제는 현대사회를 심각하게 위협하고 있다. 평균수명이 늘어남에 따라 노인의 삶의 질이 풍요로워지도록 하는 각종 사회제도와 서비스가 필요하게 된다. 또한 노인을 사회서비스 정책의 대상으로만 삼을 것이 아니라, 그들 스스로 사회에 참여하여 무언가 생산적인 기능을 담당하도록 하고 동시에 노년기의 삶을 더욱 보람 있게 영위하도록 하는 장치가 필요하다. 더욱이 돌봄이 필요한 노인의 경우에는 가족과 사회가 적절하게 보호할 수 있는 제도적 장치를 마련하는 것이 필수적이다. 일본(개호보험), 독일(수발보험)에 이어 한국에서도 2007년도에 도입한 노인장기요양보장제도는 이러한 제도의 한 예라고 할 수 있다. 노인성 질환을 사전에 예방하고 질병에 걸린 노인을 사회적으로 보호하기 위해 사회보험 방식의 건강보장제도를 마련하는 것이다.

또한 저출산의 문제를 해결하기 위해 아동양육과 관련된 사회적 관심을 제도화하여 실천하고, 이를 통해 적절한 수준의 출산이 지속될 수 있도록 해야 한다. 출산과 아동양육은 개인이나 가족만의 문제가 아니라 사회 전체의 문제라는 것을 인식하는 것이 우선되어야 한다. 현대의 대부분의 국가들은 아동을 사회 내에서 제도적으로 양육할 수 있는 체제를 마련함으로써 개인이나 가족의 아동양육 부담을 경감하는 정책을 실시하고 있다. 그러한 정책은, 직장에서의 출산휴가제도, 출산장려금제도, 국공립 어린이집 운영, 자녀 수에 따른 세제 혜택 등이다.

| 1-4 | 아시아개발은행의 권고 - "한국, 퇴직연령 높이고 이민 늘리길"

아시아개발은행(ADB)은 '아시아 지역 노동인구 부족 대응방안(How to fill working popul- ation gap in Asia)'이라는 제목의 보고서에서, 저출산 · 고령화가 2021~2030년 한국의 1인당 잠재성장률을 1.5%포인트 떨어뜨릴 것이라고 하면서, 한국 등 고령화가 급속히 진행되고 있는 아시아 국가에 퇴직연령 상향 및 이민 촉진을 권고했다.

보고서에 따르면, 아시아 지역 생산가능인구(15~64세) 증가율은 점차 줄고 있다. 1990년 29%였지만, 2030년은 6%로 낮아지고, 2050년에는 -5%로 아시아 전체의 생산가능인구가 감소한다. 한국은 이미 2017년부터 생산가능인구가 줄기 시작했다. 자연히 15~64세 대비 65세 이상의 인구 비율을 보여 주는 '노령의존비율'은 급증하고 있다. 2015년에 이미 11%로 올랐고 2050년에는 29%까지 늘어날 걸로 ADB는 예상했다.

이런 인구구조 변화는 잠재성장률을 떨어뜨린다. 잠재성장률은 물가상승 등의 부작용 없이 경제가 최대한 성장할 수 있는 비율이다. 경제의 기초체력을 보여 준다. 특히 고령화가 빠르게 진행되는 한국에 충격이 더 크다.

ADB가 제시한 대응책은 크게 세 가지다. 우선 퇴직연령 상향 조정이다. ADB는 퇴직연령을 65세에서 70세로 조정할 경우, 2050년 노령 의존비율이 아시아는 57%에서 45%로, 한국은 87%에서 65%로 줄어든다고 추산했다. 보고서는 또 인도, 필리핀 등 이민 공급이 가능한 국가에서 이민 수요국(한국, 일본 등)으로의 역내 이민이 필요하다고 제안했다. 아울러 출산율 제고도 대안으로 내놨다.

출처: 중앙일보(2017.01.05.).

2 사회복지의 개념과 학문체계

학습개요와 목표

2장에서는 사회복지의 개념을 어의적, 범주적, 기능적 개념으로 나누어 살펴보고, 사회복지와 함께 사용되는 유사개념들을 알아본다. 또한 사회복지의 접근방법에 따라 사회복지의 학문체계가 어떻게 구성되어 있는지를 분석해 본다.

이 장의 학습목표는 다음과 같다.

- 사회복지의 개념을 어의적, 범주적, 기능적 측면에서 분석해 본다.
- 사회복지의 학문체계가 사회복지의 접근방법에 따라 어떻게 구성되는지를 살펴본다.

제1절 사회복지의 개념

사회복지는 현대사회의 공동체가 직면한 사회적 위험을 해결하기 위한 사회적 노력이라고 할 수 있다. 따라서 사회복지의 개념과 내용은 사회복지가 해결하고자 하는 사회적 위험의 성격과 내용에 따라 달라질 뿐만 아니라 시대와 국가에 따라 서로 다르고, 학자들의 견해도 다르다. 여기서는 사회복지의 개념을 우선 어의적으로 살펴본 후, 범주적 개념과 기능적 개념으로 나누어 정리해 보고자 한다.

1. 사회복지의 어의적 개념

사회복지는 사회와 복지가 합쳐진 용어이다. 사회복지라는 개념은 서양에서 유래한 개념으로, 영어로는 social welfare라고 표기한다. social은 사회적이라는 뜻이며, welfare는 well과 fare의 합성어이다. 따라서 social welfare는 '사회적(social)으로 잘(well) 지내다(fare)'라는 뜻을 가지고 있으며, 개인적으로 잘 지내는 것이 아닌 사회적으로 잘 지내는 상태, 즉 '공동체의 안녕(安寧)'을 의미하는 것이다.

2. 사회복지의 범주적 개념

사회복지는 해결하고자 하는 사회적 위험의 범주를 어떻게 보느냐에 따라, 광의의 사회복지와 협의의 사회복지로 나누어 볼 수 있다.

1) 광의의 개념

광의의 개념은 사회복지를 사회정책과 동일한 개념으로 이해하고, 사회문제를 해결하기 위한 제도로써 사회복지를 이해하는 개념이다. 영국에서는 사회행정(social administration)이라는 용어를 사용하여, 정부가 사회 분야에서 시민들을 위하여 제공하는 전반적인 행정서비스를 의미하는 개념으로 사용하고 있다. 독일에서는 사회정책(Sozialpotik)이라는 용어를 사용하여, 노동, 주택, 환경 등을 포함하는 넓은 개념으로 사용하고 있다.

학문적으로 사회복지를 넓게 해석하는 학자는 로만쉰(Romanyshin)이다. 로만쉰은 '사회복지란 개인과 사회 전체의 복지를 증진시키려고 하는 모든 형태의 사회적 노력을 포함하며, 사회문제의 치료와 예방, 인적 자원의 개발, 인간생활의 향상에 직접적인 관련을 갖는 모든 시책과 과정을 포함한다. 또한 사회복지는 개인이나 가정에 대한 사회서비스의 제공뿐만 아니라 사회제도를 강화시키거나 개선시키려는 노력을 포함한다'고 정의하였다(Romanyshyn, 1971: 3). 또한 프리드랜드와 앱트(Friedlander & Apte)는 '사회복지란 국민의 복지를 도모하고, 사회질서를 원활히 유지하는 데 반드시 필요하다고 생각되는 사회적 욕구를 충족시키기 위한 제반 시책으로서의 입법, 프로그램, 급여와 서비스를 총괄하는 체계'라고 하였다(Friedlander & Apte, 1974: 4).

이러한 사회복지의 광의의 개념에서는 다음과 같은 사회복지의 속성을 도출해 볼 수 있다(김상균 외, 2011: 29).

첫째, 사회복지는 사회제도의 하나로서, 다른 사회제도와 구별되는 사회기능을 갖고 있다.

둘째, 사회복지는 특정 대상의 복지뿐만 아니라 사회전체 구성원의 복리(well-being)를 추구한다.

셋째, 사회구성원의 복리는 그들의 사회적 욕구를 충족시킴으로써 증진된다.

넷째, 사회복지는 인간 생활을 향상시키는 제반 시책과 노력을 포함한다. 따라서 사회복지는 정부에 의한 시책뿐만 아니라 민간부문에 의한 노력도 포함하는 것이며, 특정 전문 분야의 노력뿐만 아니라 관련 전문 분야와 자원봉사 영역까지도 포함한다.

다섯째, 사회복지는 사회질서를 유지하고 사회안정을 도모하는 수단이 된다.

2) 협의의 개념

협의의 개념은 사회복지를 전문적 사회사업(social work)으로 이해하며, 개인적 문제에 대한 개별적 접근으로 받아들이는 개념이다. 카두쉰(Kadushin)은 사회복지를 흔히 국민전체의 복지를 지원하고 제고하는 것으로 정의하고 있지만, 실제로는 사회복지의 범위는 좁고 잔여적이라고 한다. 즉 '미국의 사회복지는 전체 국민 중 특수계층의 욕구를 충족시키기 위한 정책, 급여, 프로그램, 서비스를 의미한다'고 한다(Kadushin, 1972: 7).

따라서 미국에서는 사회복지라는 용어를 '빈곤, 노령, 신체적 혹은 정신적 장애, 질병, 기타 특정한 상황으로 인하여 도움을 필요로 하는 사람들에게 현금이나 물품, 기타 서비스를 제공하는 것'으로 이해하고 있다. 또한 복지(welfare)를 공공부조(public assistance)와 동일한 개념으로 사용하기도 하며, 낙인이 포함된 개념으로 이해하고 있다.

3. 사회복지의 기능적 개념

윌렌스키와 르보(Wilensky & Lebeaux)는 사회복지가 사회에서 어떠한 기능을 하는가에 따라, 사회복지의 개념을 잔여적(residual) 개념과 제도적(institutional) 개념으로 구분한다(Wilensky & Lebeaux, 1965: 138–139).

사회복지의 잔여적 개념에서 '잔여적(residual)'이란 '나머지(rest)'에서 파생된 용어이다. 수학의 나눗셈에서는, 큰 수(22)를 작은 수(5)로 나누면 몫(4)과 나머지(2)가 생긴다. 이같이 나눗셈의 나머지처럼, 자본주의 시장경제체제에서 적응하지 못하고 뒤떨어지는 계층을 '나머지들(the rest)'이라고 하고, 사회복지는 이처럼 자본주의 시장경제에 적응하지 못하는 계층만을 대상으로 기능해야 한다는 것이다. 즉, 사회복지란 '시장경제나 가족 등이 정상적인 자원의 공급원이 기능을 다하지 못할 때, 여기서 파생되는 문제를 보완하거나 해결하기 위한 기능만을 해야 한다'는 것이다.

이와 반대로 사회복지의 제도적 개념에서 '제도적(institutional)'이란 '제도(institution)'에서 파생된 용어이다. 사회복지의 제도적 개념에서는 자본주의 시장경제는 경쟁을 기본으로 하는 체제이기 때문에, 필연적으로 누군가는 낙오될 수밖에 없다는 것이다. 따라서 자본주의 경제체제가 이러한 불완전한 시장경제를 유지하기 위해서는, 사회복지가 제도로서 기능해야만 자본주의 경제체제가 유지될 수 있다는 것이다.

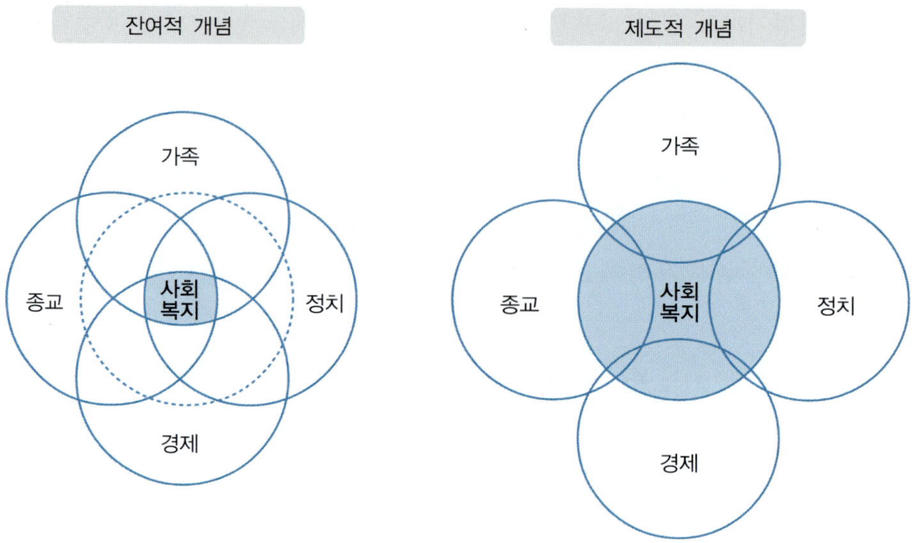

[그림 2-1] **사회복지의 잔여적 개념과 제도적 개념**

사회복지의 발달단계를 보면, 전통적으로는 잔여적 성격이 강했으나 산업화로 인한 자본주의 발전에 따라 점차 제도적 성격이 강조되고 있다. 윌렌스키와 르보는 사회문제의 발생원인에서 잔여적 개념은 개인적 책임을 강조하는 반면, 제도적 개념은 사회적 책임을 강조한다. 따라서 사회복지는 잔여적 개념에서 비롯된 자선과 구호에서 시작되었지만, 사회문제를 예방하고 해결하고자 하는 사회적 제도나 정책으로 발전해 나가고 있다.

4. 사회복지의 유사 개념

1) 사회사업(social work)

사회복지와 가장 많이 혼용되는 개념은 사회사업(social work)이다. 프리드랜드와 앱트는 사회복지와 사회사업의 개념을 다음과 같이 비교 정리하였다.

사회복지는 '국민의 복지를 위해 기본적인 것으로 인정된 사회적 욕구를 충족시키고 사회질서를 회복하기 위하여, 모든 급여와 서비스를 확보하거나 강화시키는 법률, 프로그램, 급여 및 서비스 체계'를 의미하며, 사회사업은 '인간관계에 관한 전문적 지식과 기술을 바탕으로, 개인, 집단, 지역사회가 만족이나 독립을 확보할 수 있도록 도와주는 전문적인 서비스'이다. 따라서 사회복지는 사회사업보다 넓은 의미를 지니고 있다(Friedlander & Apte, 1974: 4-5). 즉, 사회복지는 광의의 개념으로 제도적 접근에 가깝고, 사회사업은 협의의 개념으로 개별적 접근에 가깝다고 할 수 있다. 그리고 우리나라에서 사용되는 사회복지의 개념은 미국의 사회사업의 개념과 유럽의 사회정책의 개념을 포괄하고 있어, 때로는 협의의 개념으로 때로는 광의의 개념으로 혼용되고 있다.

2) 사회보장

사회보장이란 용어를 법적으로 가장 먼저 사용한 것은 1935년 미국의 「사회보장법」이다. 이 법에서 사회보장이란 "일반 복지(general welfare)의 증진을 위해, 연방정부가 관장하는 노령급여제도의 실시, 주정부가 관장하는 노인, 시각장애인, 요보호아동, 장애아동을 위한 복지, 모자복지, 공중보건 및 실업보상법의 관리 운영의 지원, 사회보장청의 신설과 재정 조달 및 기타 목적을 추진하기 위한 것"이라고 규정하였다(Douglas, 1936: 327).

사회보장을 이론적으로 체계화한 사람은 베버리지이다. 베버리지는 사회보장이란 '영국 사회의 5대 악(five giants), 즉 결핍, 질병, 무지, 불결, 나태 중 결핍으로부터 자유(freedom from want)를 위하여 빈민과 같은 특정한 집단을 넘어 전 국민을 대상으로 최저한의 소득(national minimum)을 보장해 주기 위한 제도'라고 규정했다. 더 구체적으로는 '실업, 질병, 재해로 인해 소득이 줄어들었을 때, 정년퇴직으로 소득이 중단되었을 때, 주된 소득자가 사망하여 생계를 책임질 사람이 없어졌을 때, 출생, 사망, 결혼 때문에 추가적 비용이 지출될 때를 대비한 소득보장책'이라고 정의했다(Beveridge, 1942: 9).

우리나라의 「사회보장기본법」에서는 "사회보장이란 출산, 양육, 실업, 노령, 장애, 질병, 빈곤 및 사망 등의 사회적 위험으로부터 모든 국민을 보호하고, 국민 삶의 질을 향상하는 데 필요한 소득 · 서비스를 보장하는 사회보험, 공공부조, 사회서비스를 말한다"라고 규정하고 있다(「사회보장기본법」 제3조 1항).

3) 사회안전망

사회안전망은 사회보장보다는 협소한 개념이다. 20세기 중반 이후 IMF(International Monetary Fund)[3]와 World Bank[4]의 신자유주의 경제학자들은 사회보장 대신에 사회안전망(social safety net)이라는 용어를 선호하고 있다.

이들은 사회안전망을 '구조 조정을 위한 경제개혁조치(신자유주의적 재편)가 사회적 취약계층에게 미치는 역효과를 최소화하기 위한 조치(주로 단기적 사회복지정책)'라고 정의한다(Chu & Gupta, 1998). 그리고 이들은 사회안전망의 가장 큰 목적이 빈곤의 예방과 제거에 있다고 본다. 즉, 소득이 중단되거나 예외적 지출의 발생으로 빈곤에 빠질 위험에 노출되었을 때 빈곤에 빠지지 않도록 방지하고, 이미 빈곤한 상태에 있는 사람에게는 최저한의 생계보장을 해 줌으로써 빈곤에서 탈피하도록 만드는 사회적 장치라는 것이다(방하남 외, 1998).

이와 같이 사회안전망을 구조 조정에 따른 부작용을 보완하는 단기적 사회복지정책으로 간주하기 때문에, 사회안전망에는 특정 취약집단에 대한 생계보조수당, 민영화로 실업자가 된 공공부문 노동자를 위한 해고수당, 근로 창출을 위한 공공근로사업, 극빈층을 보호하기 위한 최저한의 사회보장만이 포함된다(김영모 편, 1999: 508).

4) 사회서비스

사회서비스라는 용어는 영국에서 주로 사용되는데, 사회부조, 사회보험, 아동복지, 교정, 정신위생, 공중보건, 교육, 오락, 노동보호, 주택제공 등을 포함하는 매우 광범위

3) 브레턴우즈협정(1945년 12월 발효. 제2차 세계대전 후 국제금융의 안정과 원활화를 위한 협정)에 따라 1947년 3월에 창설된 국제금융협력기구이다. 자매기관인 세계은행이 장기국제금융기관이라면 IMF는 단기국제금융기관이다. 본부는 워싱턴에 있으며 2022년 현재 가맹국 수는 190개국이다. 가맹국은 단기적으로 국제수지 불균형에 빠졌을 경우 IMF로부터 금융 지원(융자)을 받는다. 자금은 가맹국들의 출자(각국의 경제력에 비례)에 의해 조성되며, 융자의 최고 한도는 출자액의 2배이다. 1990년대 이후 러시아, 멕시코, 태국, 인도네시아 등이 융자 대상이 되었으며, 우리나라도 1997년 11월 외환 위기로 인해 융자를 받았으나 2001년 모두 상환했다.

4) 정식 명칭은 국제부흥개발은행(International Bank for Reconstruction and Development, IBRD)이며, IMF와 함께 브레턴우즈협정에 의해 1946년 6월에 설립되었다. 세계은행은 전쟁으로 파괴된 경제의 부흥과 저개발 지역의 개발 원조를 위한 국제장기투자기관으로서 민간자본의 원활한 국가 간 이동과 국제투자의 합리적 촉진을 지향한다. 2022년 현재 가입국은 189개국이며, 우리나라는 1955년에 가입했다. 본부는 워싱턴에 있다.

한 개념이다. 즉, 사회서비스란 '인적 자원(human resources)의 보존, 보호, 개선을 직접 목적으로 하는 조직화된 활동'이라고 할 수 있다. 그러나 영국에서도 1968년 「지방정부 사회서비스법(Local Authority Social Service Act)」이 제정된 이후에는 사회서비스를 국민건강서비스와 소득유지 프로그램과 구별하여, 개별사회서비스(personal social service)와 동일한 개념으로 사용하고 있다(Gladstone, 1995).

우리나라 개정 「사회보장기본법」에서는 사회보장을 사회보험, 공공부조, 사회서비스로 구분하고, 사회서비스를 다음과 같이 정의하고 있다.

"사회서비스란 국가 · 지방자치단체 및 민간부문의 도움이 필요한 모든 국민에게 복지, 보건의료, 교육, 고용, 주거, 문화, 환경 등의 분야에서 인간다운 생활을 보장하고 상담, 재활, 돌봄, 정보의 제공, 관련 시설의 이용, 역량개발, 사회참여 지원 등을 통하여 국민의 삶의 질이 향상되도록 지원하는 제도를 말한다"라고 정의하였다(「사회보장기본법」 제3조 4항).

사회서비스와 유사한 개념으로 미국에서는 휴먼서비스(human service)라는 용어를 사용하고 있다. 휴먼서비스의 내용을 사회서비스, 공중보건, 정신건강, 재활서비스 등이라고 규정하기도 하고(Christian & Hannah, 1983: 1), 사회복지, 정신건강, 보건, 교육 및 법적 정의를 위한 활동까지 확대하여 해석하는 견해도 있다(Sauber et al., 1983: 1). 결국 휴먼서비스는 사회복지를 포함하여 인간의 복지를 증진시키기 위한 매우 포괄적이고 종합적인 활동이라고 정의할 수 있다(김상균 외, 2011: 37-38).

5) 사회복지서비스

우리나라에서는 사회복지서비스라는 용어도 혼용되고 있다. 「사회복지사업법」의 규정(제2조 6항)을 보면, "사회복지서비스란 국가나 지방자치단체 및 민간부문이 도움을 필요로 하는 모든 국민에게 상담, 재활, 직업소개 및 지도, 사회복지시설 등을 제공하여, 정상적인 사회생활이 가능하도록 제도적으로 지원하는 것을 말한다"라고 규정하고 있다. 또한 사회복지서비스를 '사회복지라는 제도적 틀 안에서 제공되는 개별사회서비스'라는 보다 제한된 의미로 해석하는 견해도 있다(장인협 외, 1999: 12).

6) 사회복지사업

사회복지사업이란 용어 또한 「사회복지사업법」에서 규정(제2조 1항)하고 있는 법률용어이다. 「사회복지사업법」에서는 사회복지사업을 다음과 같이 규정하고 있다.

사회복지사업이란, ① 국민기초생활보장법 ② 아동복지법 ③ 노인복지법 ④ 장애인복지법 ⑤ 한부모가족지원법 ⑥ 영유아보육법 ⑦ 성매매방지 및 피해자보호 등에 관한 법률 ⑧ 정신건강증진 및 정신질환자 복지서비스 지원에 관한 법률 ⑨ 성폭력방지 및 피해자보호 등에 관한 법률 ⑩ 입양특례법 ⑪ 일제하 일본군 위안부 피해자에 대한 생활안정지원법 및 기념사업 등에 관한 법률 ⑫ 사회복지공동모금회법 ⑬ 장애인 · 노인 · 임산부 등의 편의증진보장에 관한 법률 ⑭ 가정폭력방지 및 피해자 보호 등에 관한 법률 ⑮ 농어촌 주민의 보건복지 증진을 위한 특별법 ⑯ 식품등 기부 활성화에 관한 법률 ⑰ 의료급여법 ⑱ 기초연금법 ⑲ 긴급복지지원법 ⑳ 다문화가족지원법 ㉑ 장애인연금법 ㉒ 장애인활동지원에 관한 법률 ㉓ 노숙인 등의 복지 및 자립지원에 관한 법률 ㉔ 보호관찰 등에 관한 법률 ㉕ 장애아동복지지원법 ㉖ 발달장애인 권리보장 및 지원에 관한 법률 ㉗ 청소년 복지지원법에 의한 보호 · 선도 또는 복지에 관한 사업과 사회복지상담 · 직업지원 · 무료숙박 · 지역사회복지 · 의료복지 · 재가복지 · 사회복지관운영 · 정신질환자 및 한센병력자 사회복귀에 관한 사업 등 각종 복지사업과 이와 관련된 자원봉사활동 및 복지시설의 운영 또는 지원을 목적으로 하는 사업을 말한다.

제2절 사회복지의 학문체계

1. 사회과학으로서의 사회복지학

사회복지학은 사회과학(social science)의 한 분야이다. 인문과학이 인간 자체에 관한 학문이라면, 사회과학은 인간과 인간의 관계에 관한 학문이다. 따라서 사회과학은 인간과 인간의 관계를 체계적이고 과학적으로 연구하고, 인간의 행동 및 사회조직의 행태가 미치는 영향에 대해서도 연구한다. 이를 위해 사회과학자들은 인간 집단 내에서 인간의 행태, 집단의 태도, 신념, 관습, 문화, 가치, 사회제도 등에 관심을 갖는다.

사회복지학은 인간사회의 문제와 해결방안에 대해 연구하는 학문이다. 인간사회의 문제는 개인으로서의 인간의 문제와 집단으로서의 사회의 문제로 나누어 볼 수 있다. 따라서 사회복지학은 이 두 가지 차원의 문제에 모두 관심을 갖고 있다. 즉, 사회복지학에서는 개인적 차원에서 인간의 문제에 대한 분석과 해결방안을 모색하는 개별적 접근과 집단적 차원에서 사회의 문제에 대한 분석과 해결방안을 모색하는 제도적 접근이 동시에 이루어진다.

사회복지학의 연구 대상과 차원은 그 범위가 매우 넓다. 따라서 사회복지학은 다양한 학문 영역과 연계와 협력을 필요로 한다. 그동안 사회복지학의 학문으로서의 발달은 다양한 인접 사회과학 분야와의 연계를 통해 이루어졌다. 특히 개별적 접근으로 인간을 이해하는 심리학과 제도적 접근으로 사회와 경제를 분석하는 사회학 및 경제학의 영향은 사회복지학의 학문적 정체성을 형성하는 데 중요한 영향을 미쳤다(김성천, 2015: 57–9).

1) 심리학과 연계

개인과 가족 그리고 집단의 문제와 그 해결방안을 탐구하는 데에는 심리학의 영향은 절대적이다. 심리학은 인간의 행동을 연구하는 학문으로, 인간의 성격(personality), 인지(cognition), 지각(perception), 행동(behavior) 및 발달(development)에 관해 과학적 이론들을 제시한다. 또한 인간의 문제행동(ploblematic)이나 심리적 병리현상(phychopathy)에 대해서도 관심을 갖고 이를 해결하기 위한 이론들을 제시하는데, 이는 사회복지학에서 개인의 문제와 해결방안 연구에서도 매우 유용하다. 실제로 사회복지학의 연구와 실무현장에서 심리학 전문가와 사회복지학 전문가가 서로 협력하는 것은 흔히 있는 일이다.

2) 사회학과 연계

사회복지학에서는 인간을 '환경 속에 존재하는 개체(person in environment)'로서 파악한다. 즉, 개인은 생물학적 개체로서 독특성과 함께 환경과 상호작용하는 존재로서 속성을 지닌다. 인간의 문제를 이해하기 위해서는 인간을 둘러싸고 있는 환경의 속성에 대해 이해하는 것이 필요한데, 여기에는 사회학적인 지식과 이론이 필요하다. 사회학은 인간이 구성하여 살고 있는 사회의 구조와 제도 그리고 문화에 대해 과학적인 연구를 시도한다. 사회학의 관심은 사회의 구조와 인간의 행위, 도시화와 산업화, 문화와 제도, 사회문제, 인구학 등 인간사회의 모든 주제에 펼쳐져 있다. 사회학적 관점에서 볼 때 인간의 행동은 사회구조에 의해 영향을 받기도 하며, 한편으로는 인간의 행동을 통하여 사회가 구성되기도 한다. 사회복지학에서 다루려고 하는 인간의 문제는 바로 이러한 사회학적 이론과 지식에 의해 분석되고 연구되는 것이다.

3) 경제학과 연계

경제학에서는 한정된 자원을 어떻게 하면 효율적으로 배분할 수 있는가에 대해 관심을 갖는다. 경제학의 관점에서는 부족한 자원을 가장 효율적으로 배분하는 것이 바로 복지인 것이다. 경제학에서 사용하는 효용(utility)은 사회복지학의 복지, 심리학의 안녕과 근본적으로 유사한 개념이라고 할 수 있다. 즉, 효율적인 자원 배분을 통해 효용을 극대화하는 것이 경제학의 목표라고 한다면, 경제학은 복지의 극대화를 목표로 하는 사회복지학과 공통점을 갖는다고 할 수 있다. 사회복지학은 인간사회의 문제를 제도로 해결하고자 시도한다. 사회제도는 법률 등 사회적 합의와 강제에 의해 정당화되고, 조세 등의 재원을 통해 구체화된다. 경제학은 사회문제를 제도적으로 해결하는 데 매우 중요한 이론적 기반을 제공한다. 현실 세계에 존재하는 모든 사회복지 제도 및 정책은 경제학적 논리에 의해 영향을 받는 것이다.

사회복지학은 이처럼 여러 인접 학문과의 협동과 연계를 통해 학문으로서의 정체성을 확립하게 된다. 그러나 사회복지학이 다른 학문 분야와 구별되는 가장 중요한 특징은 인간과 사회에 대한 포괄적 이해, 평등에 기초한 인간사랑(philanthropy)의 가치, 그리고 인간과 사회를 변화시키는 기술이라고 할 수 있다. 이러한 전문적이고 독자적인 특성을 강화하는 것이 학문으로서의 사회복지학의 정체성을 강화하는 것이다.

2. 사회복지학의 구성

사회복지는 인간을 대상으로 한 인간관계의 조정기술과 공동체적 문제를 해결하기 위한 사회의 변화기술을 동시에 필요로 하는 분야이다. 따라서 「사회복지사업법」(시행규칙부칙 제1조및제2조 개정 2019.8.12.)에서는 이러한 사회복지의 다양한 전문성을 확보하기 위하여, 사회복지학의 전공 교과목을 규정하고 있다.

사회복지학 전공 교과목은 필수 10과목과 선택 27과목이다. 필수과목은 사회복지학개론, 인간행동과 사회환경, 사회복지정책론, 사회복지법제와 실천, 사회복지실천론, 사회복지실천기술론, 사회복지조사론, 사회복지행정론, 지역사회복지론, 사회복지현장실습 등 10과목이다. 선택과목은 가족복지론, 가족상담 및 가족치료, 교정복지론, 국제사회복지론, 노인복지론, 복지국가론, 빈곤론, 사례관리론, 사회문제론, 사회보장론, 사회복지역사, 사회복지와 문화다양성, 사회복지와 인권, 사회복지윤리와 철학, 사회복지자료분석론, 사회복지지도감독론, 산업복지론, 아동복지론, 여성복지론, 의료사회복지론, 자원봉사론, 장애인복지론, 정신건강론, 정신건강사회복지론, 청소년복지론, 프로그램 개발과 평가, 학교사회복지론 등 27과목이다.

대학이나 전문대학에서는 필수 10과목 30시간 이상, 선택 7과목 21시간 이상을 수료해야 하며, 대학원에서는 필수 6과목 18시간 이상, 선택 2과목 6시간 이상을 수료해야 한다.

〈표 2-1〉 **사회복지학 교과목**

구분	교과목
필수 (10과목)	사회복지학개론, 인간행동과 사회환경, 사회복지정책론, 사회복지법제와 실천, 사회복지실천론, 사회복지실천기술론, 사회복지조사론, 사회복지행정론, 지역사회복지론, 사회복지현장실습
선택 (27과목)	가족복지론, 가족상담 및 가족치료, 교정복지론, 국제사회복지론, 노인복지론, 복지국가론, 빈곤론, 사례관리론, 사회문제론, 사회보장론, 사회복지역사, 사회복지와 문화다양성, 사회복지와 인권, 사회복지윤리와 철학, 사회복지자료분석론, 사회복지지도감독론, 산업복지론, 아동복지론, 여성복지론, 의료사회복지론, 자원봉사론, 장애인복지론, 정신건강론, 정신건강사회복지론, 청소년복지론, 프로그램 개발과 평가, 학교사회복지론

사회복지학 전공 필수 10과목은 크게 네 부문으로 나누어 볼 수 있다.

첫째, 사회복지학개론은 사회복지학의 기초 과목으로, 사회복지학의 기본적인 내용을 소개하는 과목이다.

둘째, 인간행동과 사회환경, 사회복지실천론, 사회복지실천기술론, 지역사회복지론은 사회복지학의 개별적 접근 과목으로, 인간을 이해하고, 사회복지 실천현장에서 인간을 변화시키기 위한 방법과 기술을 공부하고, 이를 지역사회에 적용하는 것을 공부하는 과목들이다.

셋째, 사회복지조사론, 사회복지정책론, 사회복지행정론, 사회복지법제와 실천은 사회복지학의 제도적 접근 과목으로, 사회문제를 조사 · 분석하고 사회복지에서 추구하는 가치를 정책으로 만들고, 이를 구체적인 급여로 대상자에게 전달하며, 이에 관한 원칙과 규정을 정하는 과목들이다.

넷째, 사회복지현장실습은 이러한 사회복지학 과목의 내용을 현장에서 실습해 보는 과목으로, 기관실습 160시간 이상과 세미나 30시간 이상으로 구성된다.

〈표 2-2〉 **사회복지학 전공필수과목의 구분**

<table>
<tr><td colspan="4">사회복지학개론</td></tr>
<tr><td>개별적
접근과목</td><td>인간행동과 사회환경
사회복지실천론
사회복지실천기술론
지역사회복지론</td><td>사회복지조사론
사회복지정책론
사회복지행정론
사회복지법제와 실천</td><td>제도적
접근과목</td></tr>
<tr><td colspan="4">사회복지현장실습</td></tr>
</table>

사회복지학 전공 선택 27과목은 세 부문으로 나눌 수 있다.

첫째, 사회복지 대상별 과목으로, 아동복지론, 청소년복지론, 노인복지론, 장애인복지론, 여성복지론, 가족복지론, 가족상담 및 가족치료는 사회복지의 대상인 인간을 성장 단계나 특성별로 구분하여 공부하는 과목이다.

둘째, 사회복지 분야별 과목으로, 산업복지론, 의료사회사업론, 학교사회사업론, 정신건강론, 교정복지론, 정신건강사회복지론 등은 사회복지의 전문 분야를 현장 중심으로 구분하여 공부하는 과목이다.

셋째, 사회복지 전공 관련 과목으로, 사회보장론, 사회문제론, 자원봉사론, 사회복지지도감독론, 사회복지 자료분석론, 프로그램 개발과 평가, 사회복지역사, 사회복지윤리와 철학, 국제사회복지론, 복지국가론, 빈곤론, 사례관리론, 사회복지와 문화다양성, 사회복지와 인권은 사회복지의 전공과목을 보완하고 확장하기 위한 과목들이다.

〈표 2-3〉 **사회복지학 전공선택과목의 분류**

구분	과목
대상별 접근과목	아동복지론, 청소년복지론, 노인복지론, 장애인복지론, 여성복지론, 가족복지론, 가족상담 및 가족치료
분야별 접근과목	산업복지론, 의료사회복지론, 학교사회복지론, 정신건강론, 교정복지론, 정신건강사회복지론
관련 과목	사회보장론, 사회문제론, 자원봉사론, 사회복지지도감독론, 사회복지자료분석론, 프로그램 개발과 평가, 사회복지역사, 사회복지 윤리와 철학, 국제사회복지론, 복지국가론, 빈곤론, 사례관리론, 사회복지와 문화다양성, 사회복지와 인권

3 사회복지의 역사

Introduction to Social Welfare

학습개요와 목표

인류 역사는 어느 시대에서나 결핍의 문제가 존재해 왔으나, 시대에 따라 대처방식은 달랐다. 사회복지는 이러한 결핍을 해소하고자 하는 시대적 노력에서 생겨났으며, 사회복지의 역사는 이러한 시대적 노력의 축적이다. 이 장에서는 우선 사회복지역사 연구의 의의를 살펴본 다음, 서양의 사회복지역사를 사회복지의 시대적 흐름인 상호부조와 자선, 「빈민법」, 사회보험, 「사회보장법」, 복지국가, 신자유주의 순으로 살펴보고, 한국의 사회복지역사는 근대 이전, 일제와 미군정, 정부수립과 전후복구, 산업화, 세계화와 외환위기의 극복 등 시대의 변화에 따라 살펴보고자 한다.

이 장의 학습목표는 다음과 같다.

- 사회복지역사 연구의 의의를 살펴본다.
- 사회복지의 생성과 발전과정을 거시적으로 이해한다.
- 사회복지역사 발전의 인과관계를 분석해 본다.
- 사회복지역사 연구를 바탕으로 현재의 사회복지를 분석해 본다.
- 사회복지역사의 흐름을 이해하고 미래의 발전방향을 예측해 본다.

우리는 왜 사회복지의 역사를 공부하는가?

과거의 사회복지역사를 공부하는 것이 현재의 우리에게 어떤 유용성이 있는가? 이러한 질문들은 사회복지역사를 공부하는 데 있어서 가장 중요하고도 근원적인 질문일 것이다.

우리가 사회복지의 역사를 공부하는 이유를 정리해 보면, 다음과 같다(감정기 외, 2002).

첫째, 현재 시행되고 있는 사회복지제도의 생성 및 발달과정 그리고 역사적 특성을 이해할 수 있다. 사회복지의 시작과 발전은 자본주의의 생성 및 발전과 같이 해 왔다. 실제로 오늘날 많은 국가가 시행하고 있는 복지제도들은 자본주의 발전과정에서 발생한 사회적 위험과 욕구에 대한 대응이라고 할 수 있다. 물론 자본주의 이전의 사회에서도 민간 차원의 자선이나 공적인 구휼제도가 있었다. 하지만 사회구성원에 대한 복지가 국민의 기본권과 국가의 의무로 제공되는 현대적 의미의 사회복지제도는 자본주의와 함께 발전하였다.

둘째, 역사에서 배운다는 것이다. 즉, 과거의 사회문제 및 사회적 욕구 그리고 이에 대응했던 사회복지제도의 등장과 변천과정에서 나타난 성공과 실패의 원인, 조건, 배경 등에 대한 지식을 갖춤으로써, 현재의 사회복지정책이나 제도의 개발에 활용할 수 있다는 것이다. 우리나라는 서구 자본주의 국가들에 비하여 자본주의의 시작이 200년 이상 늦었으나, 그 발전과정은 유례가 없을 정도로 압축적이고 빨랐다. 사회복지제도의 경우도 비슷한 양상을 가지고 있다. 과거의 선진국의 경험과 그들의 사회복지역사를 검토하는 것은 우리에게 일어난 문제는 물론이고 일어날 수 있는 문제에 효과적으로 대비할 수 있게 해 준다.

이러한 점은 다른 사회과학 분야와는 달리 사회문제를 해결하려는 응용학문이자 실천성이 강조되는 학문으로서 사회복지학이 갖는 특성 때문에 더욱 강조된다. 즉, 역사연구의 결과물은 현재와 미래의 사회복지 실천과정의 유용한 지침이 될 수 있을 것이다.

제1절 서양의 사회복지역사

서양에서는 중세까지 빈곤의 문제를 부족 내 상부상조와 종교의 자선을 통하여 해결해 왔다. 그러나 전통적인 봉건제도가 무너지면서, 빈민에 대한 규제와 보호가 국가의 과제로 떠올랐다. 그 후 산업혁명에 따른 산업화로 인하여 임금노동자계급이 생겨나게 된다. 국가와 자본가계급은 안정적인 노동력의 확보를 위하여 사회보험제도를 도입하게 되고, 사회보험제도는 산업화와 자본주의 진전에 따라 전 유럽으로 확산되어 갔다. 그러나 자본주의 시장의 실패(market's failure)로 대공황이 발생하고, 전 국민이 동원된 참혹한 대규모 전쟁을 거치면서, 사회복지는 빈민과 노동자계급의 보호에서 전 국민을 대상으로 확대되었으며, 2차 대전 이후에는 복지국가를 건설하게 된다.

복지국가는 전후 경제성장과 함께 발전하였으나, 1970년대 석유파동(oil shock)으로 인한 정부의 재정위기(government's failure)로 성장을 멈추게 된다. 1980년대 이후에는 영국과 미국을 중심으로 신자유주의가 주류를 이루게 되고, 사회복지에서도 시장과 경쟁의 논리가 도입된다. 2000년대 이후에는 세계화의 영향으로 이러한 경향이 더욱 강해져서, 비교적 전통적인 국가 중심의 사회복지체제를 유지하고 있던 독일, 프랑스, 스웨덴 등 유럽의 국가들도 제2의 신자유주의의 물결에 휩싸이게 된다.

1. 상호부조와 교회의 자선

고대사회의 부조와 자선의 가장 큰 특징은 부조의 상호성과 자선의 종교성이다. 고대 그리스에서는 집 없이 떠도는 이들을 위한 임시 숙소제도가 있었고, 고대 교회는 기독교적 박애사상을 제도화하였다. 로마제국의 말기인 5세기에는 가난과 결핍이 사회문제가 되자, 국가와 교회는 개별적 구빈활동을 벗어나, 병원이나 빈민구제원, 숙소 등의 제도적 구빈활동을 시작하였다.

중세사회의 구빈은 교회의 자선과 봉건주의에 바탕을 두고 있다. 중세는 교회라는 교구제도와 장원제를 기반으로 한 봉건적 사회체제로, 토지를 기반으로 하여 인적 종속관계가 성립된 사회였다. 즉, 성직자, 봉건귀족, 기사, 그리고 농노에 이르는 신분적

질서를 바탕으로 봉건제를 이루었던 것이다.

중세의 수도원은 고대 교회의 구빈시설이었던 외부인숙소, 빈민수용소, 고아원, 양로원 등의 구빈사업을 계승하였다. 수도원은 교구 내의 빈민을 조사한 명부를 바탕으로 선별적 구호를 실시하였으며, 자산조사(means test) 외에도 개별대상자(과부, 고아, 부랑인, 장애인 등)의 신분조사(status test)를 하였다.

중세의 구빈기관들은 교구에 의해서 운영되었다. 이 당시의 교구는 일종의 지방정부의 성격을 가졌으며, 그 재원은 영지의 수입, 신자의 헌금, 빈민세(poor rates) 등으로 충당하였다. 이처럼 교회가 세금을 징수하게 되자, 11세기경부터는 자선적 구빈제도가 퇴색되기 시작하였고, 행정적인 구빈사업 성격이 점차 강해졌다(고승덕 외, 2003).

2. 빈민법의 등장과 변천

1) 엘리자베스빈민법(1601)

영국에서는 14세기 흑사병[5]으로 인해 인구의 절반 이상이 사망하게 되고, 이는 노동력의 부족과 임금인상으로 이어졌다. 이로 인해 에드워드 3세는 노동력의 확보를 위하여, 1349년에 '자산이 없는 노동자는 일해야 하며, 교구를 떠나서는 안 된다'는 노동자조례(Statute of Laborers)를 제정하였다. 보다 적극적인 조치는 1531년 헨리8세[6] 의 빈민 구호에 관한 조례로서, '노동불가능 빈민을 등록하여 구걸을 할 수 있도록' 허가하였다. 1562년 작업자조례(Statute of Artificers)에서는 임금과 노동시간을 규정하면서, 걸인과 부랑인들을 중노동에 처하도록 하였으며, 1572년에는 빈민구호를 위해 세금을 걷을 수 있도록 하는 법령을 공표하였다.

이러한 빈민에 관한 법령을 집대성한 것이 1601년의 「엘리자베스빈민법(Elizabeth Poor Law)」이다.[7] 「엘리자베스빈민법」에서는 구걸을 금지하였으며, 구호 대상자를 노

5) 흑사병은 페스트라고도 부르는 유행성 감염질환으로, 인류 역사상 사망자 수가 가장 많았던 재앙이다. 1347년부터 1351년 사이 약 3년 동안 2천만 명 이상의 사망자가 발생했다.

6) 헨리 8세(Henry VIII, 1491.~1547)는 1509년부터 1547년까지 잉글랜드와 아일랜드를 통치한 튜더 왕조의 왕이다. 그는 잉글랜드 역사에서 가장 유명한 군주 중 한 명으로, 종교 개혁과 영국 성공회를 설립하였으며, 6번의 결혼을 하였다.

7) 엘리자베스 1세(Elizabeth I, 1533~1603)는 잉글랜드와 아일랜드의 여왕으로, 1558년부터 사망할 때

동가능 빈민(potent poor), 노동불가능 빈민(impotent poor), 부랑자(vagrants)로 구분하였다. 노동가능 빈민에 대해서는 작업장과 같은 시설에서 노동을 조건으로 구호를 제공하였으며, 노동불가능 빈민(만성질환자, 정신질환자, 노인, 장애인, 어린 아동을 부양하는 어머니 등)에 대해서는 자선원이나 빈민원 등과 같은 시설에서 구호를 제공하였다. 부랑자는 일을 할 수 있음에도 불구하고 일하지 않으려는 사람으로 간주하여 처벌하였다(Slack, 1988). 자신의 주거에 살면서 구호를 제공하는 것이 비용이 적게 든다고 판단이 되는 경우에는, 예외적으로 현물급여를 제공하였다. 「엘리자베스빈민법」의 특징은 빈민에 대한 구호에서 노동유인 측면을 강조하고 있다는 것이다.

「엘리자베스빈민법」은 공적 구호의 기본 형태를 정착시키고, 빈민에 대한 국가의 책임을 최초로 인정하였다는 점에서 서양 사회복지의 시발점이라고 할 수 있다.

영국에서 이 시기에 빈민법들이 시행된 이유는, 봉건사회가 붕괴되고 중앙집권적인 절대 왕정이 수립되면서 이러한 제도를 시행할 수 있는 행정력이 갖추어졌다는 것과 전쟁, 흑사병과 같은 질병, 기근, 엔클로저운동(enclosure movement) 등으로 인구가 줄어들면서 빈민이 증가하였기 때문이다(성민선 외, 2005).

2) 정주법(1662)과 스핀햄랜드법(1795)

교구 단위로 「빈민법」이 시행되면서, 교구의 재정능력 등에 따라 교구별 구빈수준이 달라지게 되었다. 이에 따라 빈민들의 교구이동이 증가하게 되자, 빈민들의 이동을 금지하기 위하여, 1662년 「정주법(Settlement Act)」이 제정되었다. 이는 「빈민법」이 교구 단위로 이루어지던 시기에 빈곤문제를 지역(교구) 단위로 해결하고자 하였던 규정이라고 할 수 있으며, 서양의 속지주의(屬地主義) 원칙의 원형이라고 할 수 있다.

「엘리자베스빈민법」 시기는 산업혁명이 일어나기 이전의 농경사회로, 인구의 이동을 억제하는 것이 사회질서를 유지하는 데 필요한 시기였다. 그러나 산업화가 진전되면서 공장 노동력의 필요성으로 인해 이러한 인구의 이동을 억제하려는 규정들이 약화되기

까지 재위했다. 튜더 왕조의 마지막 군주이자 헨리 8세와 앤 불린의 딸이다. 그녀는 결혼하지 않아 "처녀 여왕(Virgin Queen)"으로도 알려져 있다. 엘리자베스 1세의 통치 기간은 종교적 안정과 문화적 부흥을 이룬 시기다.

시작하였으나, 다른 한편으로는 여전히 농업사회를 유지해야 할 필요성도 남아 있었다.

그러나 산업화가 진전되면서 인구의 이동을 금지하기는 더 어려워졌다. 이러한 상황에서 나온 제도가 1795년에 만들어진 「스핀햄랜드법(Speenhamland Act)」이었다. 이 법은 버크셔지방에서부터 시작되었는데, 지역의 식량가격을 기준으로 해서 최저생계비를 설정하고 임금 소득이 최저생계비에 미달하면 부족액을 부조하고, 가족이 늘어남에 따라 보조액도 증가하는 일종의 임금보조제도를 규정하고 있었다. 이는 생계비를 보장함으로써 농촌으로부터 도시로의 인구 유출을 방지하고자 하였던 것이다.

「스핀햄랜드법」은 최저생계의 보장이라는 의미에도 불구하고, 심각한 역효과를 가져왔다. 임금소득의 크기에 관계없이 최저생계가 보장되기 때문에, 빈민들의 노동동기가 약화되었으며, 임금수준은 지속적으로 하락하였다. 이에 따라 노동자들은 노동하고 있음에도 불구하고, 부조를 받아야만 최저생계가 가능한 노동 빈민(working poor)으로 전락하게 되었다(감정기 외, 2002).

「엘리자베스빈민법」과 「스핀햄랜드법」은 절대왕정 국가의 농경사회와 산업화 초기에 빈민을 구호하는 동시에 노동과 임금을 규제하고 사회질서를 유지하는 데 기여한 제도였으나, 과도한 재정부담으로 문제를 야기하게 된다.

3) 개정빈민법(1834)

「스핀햄랜드법」은 구호비용과 조세부담을 증가시켰으며, 이후 산업화의 진전으로 노동력 이동의 필요성이 커짐에 따라 비판을 받게 된다. 이에 따라 1832년 구빈체계를 산업사회의 사회경제적 원칙과 일치시키기 위하여, 왕립 빈민법위원회가 구성되었다. 위원회는 런던 주교를 위원장으로, 9인으로 구성되었다. 시니어(Nassau Senior)와 채드윅(Edwin Chadwick)이 주도하였고, 2년간의 조사 후 보고서를 발표하였다.

위원회의 보고서는 빈곤이 경제사회적 조건보다는 개인적 곤궁에서 비롯된다는 시각에서 작성되었다. 구제대상 빈민들은 자신들이 감당할 능력이 있음에도 구제를 신청한다고 보았다. 따라서 빈민구호가 아동과 노동 가능한 성인을 노동하도록 만드는 데 실패했으며, 그 원인을 주로 부분부조인 임금보조제에 있다고 하였다. 또한 경제적 곤란의 직접적 원인이 빈민의 근면성 부족에 기인하지만, 이러한 성격적 결함은 노동자가 타고나거나 기존 사회경제 체제에 기인하는 것이 아니라 부적절한 부조체계에 의한 것이라고 하였다. 이에 따라 부분부조를 폐지하고 노동 가능한 구호 신청자는 작업장에 수용하며 열등처우의 원칙을 도입할 것을 건의하였다(한국사회복지학연구회, 1991).

이러한 건의에 따라 1834년 「빈민법」이 대폭 개정되었으며, 이를 기점으로 이후의 구빈법을 「개정빈민법」(신구빈법)이라고 한다. 「개정빈민법」에서는 「스핀햄랜드법」의 실패 원인으로 지적된 부분부조를 폐지하고, 열등처우의 원칙(principle of less eligibility), 작업장 심사의 원칙(principle of workhouse test), 균일 처우의 원칙(principle of national uniformity)을 주요 내용으로 규정하였다.

열등처우의 원칙이란 '부조를 받는 사람의 생활수준이 자립적인 노동자의 생활수준과 같거나 높아서는 안 된다'는 것을 의미한다. 이는 급여수준을 열악하게 하는 것뿐만이 아니라 부조를 받는 빈민들의 처우를 열등하게 함으로써, 빈민들이 노동에 종사하기보다 공적 부조를 받는 것을 선호하는 것을 억제하기 위한 것이다. 작업장 심사의 원칙이란 부조를 신청하면 자동적으로 부과되는 검사로, 열등처우의 원칙에 의한 급여도 작업장에 입소하여 받을 의사가 있고 동시에 받을 필요가 있다는 것이 입증될 때에만 급여를 제공한다는 것이다. 균일 처우의 원칙이란 「스핀햄랜드법」에서 지방의 식량가격에 따라 최저생계비에 미달되는 부분을 지원하던 부분부조를 폐지하고, 균일한 급여를 제공한다는 것이다.

이러한 원칙들에 의해 「스핀햄랜드법」에 의한 부조는 완전히 폐지되었으며, 노동 가능한 빈민이 노동하지 않고서 생계를 유지하는 것이 불가능하게 되었다. 「개정빈민법」의 제정 이후 빈민들의 구호비용이 절약될 수 있었으며, 조세부담도 경감될 수 있었으나, 빈민들의 생활은 더 열악해졌다.

「엘리자베스빈민법」이 농경사회시대에 만들어진 제도였다면, 「개정빈민법」은 산업화 이후 산업사회의 요구에 맞게 만들어진 제도라고 할 수 있다. 이후 19세기에는 「개정빈민법」의 원칙이 공적구호의 기본원칙으로 유지되었다. 그러나 작업장에서의 비인간적인 처우와 열악한 환경이 문제가 되고, 산업화가 성숙되면서 임금노동자의 문제가 심화되자 「개정빈민법」에 대한 비판이 대두되기 시작하였다.

4) 빈곤조사와 노동자의 참정권

이처럼 빈곤에 대한 논란이 있던 시기에, 찰스 부스(Charles Booth)는 1889년 런던시민을 대상으로 빈곤조사를 실시하여, 런던시민의 빈곤이 빈민의 개인적인 책임이 아닌 저임금 등 사회적 책임임을 최초로 밝혔다. 그리고 이러한 조사결과를 「런던시민의 생활과 노동(1889~1903)」이라는 보고서로 발표하였다. 부스의 과학적이고 체계적인 빈곤조사는 오늘날 사회조사의 시초로 인정받고 있다.[8)]

부스의 연구에 영향을 받은 라운트리(Rowntree)는 잉글랜드의 두 번째 도시였던 요크에서시민을 대상으로 빈곤조사를 실시하고, 「빈곤: 도시생활의 연구(1901)」를 발표하였다. 라운트리는 빈곤을 1차적 빈곤과 2차적 빈곤으로 구분하고, 빈곤이 런던에만 국한된 것이 아니라 요크와 같은 지방에도 만연하고 있다는 것을 밝혔다.[9)]

이러한 두 번의 빈곤조사의 결과로, 영국의 경제적 발전과 풍요 속에서도 많은 수의 사람들이 빈곤상태로 생활하고 있다는 것과 빈곤의 책임이 개인적이 아니라는 것이 밝혀지면서, 「개정빈민법」의 원칙에 따른 공적 구호에 대한 비판과 함께 빈곤에 대한 사회적 대응이 필요하다는 것이 드러났다(성민선 외, 2005).

또한 시민계급에만 인정되었던 참정권이 1885년부터는 노동자계급에게도 인정되고, 1890년에 노동당이 조직되고 정치권력의 민주화가 이루어지면서, 빈민과 노동자계급에 대한 사회보호에 관한 논란은 뜨거워져 갔다.

5) 자선조직협회(1869)와 인보관운동(1884)

이러한 논란은, 구빈제도 개선에 대한 논의와 함께, 민간부문에서도 빈곤문제 해결을 위한 노력들이 활발해지는 계기가 되었다. 이 시기에 나타난 민간의 노력은 크게

8) 찰스 부스(Charles Booth, 1840~1916)는 영국의 사회학자이자 사회개혁가로, 특히 "빈곤과 노동 계층에 관한 연구"로 잘 알려져 있다. 찰스 부스는 런던의 빈곤 문제를 체계적으로 조사하여, "빈곤 지도(Poverty Map)"와 같은 시각적 자료를 통해 빈곤의 분포를 보여주었다.

9) 라운트리(Joseph Rowntree, 1836-1925)는 영국의 사회운동가이자 기업가로, 사회적 불평등과 빈곤 문제를 해결하기 위해 헌신한 인물이다. 그는 초콜릿 제조업체를 운영하면서 윤리적 경영과 사회적 책임을 중시했으며, 노동자들의 복지 향상과 교육 기회 제공에 앞장섰다.

자선조직협회와 인보관운동으로 나누어 볼 수 있다.

19세기 후반 민간자선단체들이 활성화되면서 무분별한 자선이 자선에만 의지하여 살아가는 사람들의 도덕적 해이를 유발하거나 자원이 낭비되는 등의 문제를 노출하였다. 그러자 자선기관들이 협력하고 정보를 교환하여 자선활동을 조직화할 필요성이 제기되면서, 자선조직협회가 조직되었다. 최초의 자선조직협회는 1869년 런던에서 설립된 '자선구호의 조직화와 구걸을 억제하기 위한 협회(The Society for Organizing Charitable Relief & Repressing Mendicity)'로, 후에 자선조직협회(Charity Organization Society)로 개칭되었다. 자선조직협회는 자선기관들의 통합과 조정을 통해 자선의 중복을 방지하고, 조사를 통해 적절한 원조를 제공하는 것을 목적으로 하였다.

자선조직협회가 경제적 상류층에 의해 주도되면서 빈곤문제에서 여전히 개인의 책임을 강조하는 데 비해, 인보관운동은 개혁을 지향하는 중류층 지식인에 의해 주도되었다. 이들은 빈민 주거지역에서 함께 생활하면서 지역주민들이 필요로 하는 서비스를 제공하면서, 사회개혁을 통하여 빈곤문제를 해결하고자 하였다. 영국의 최초 인보관은 1884년 설립된 토인비홀(Toynbee Hall)로서, 인보관운동에 헌신적이었던 토인비(Arnold Toynbee)[10]를 기리기 위해 설립되었다(감정기 외, 2002).

인보관운동은 교육받은 사람과 빈민들의 교류를 통해 문화적인 상호영향을 주고받으며, 빈민들의 교육적, 문화적 개발을 목적으로 하였다는 점에서 자선조직협회의 활동과 구분된다.

6) 자유당 정부의 개혁

이러한 사회적 개혁과정에서 1905년 집권한 자유당 정부는 「개정빈민법」 체계를 개혁하기 위하여 왕립 위원회를 구성하였다. 위원회는 1909년까지 4년간 활동하면서, 빈곤의 원인이 다양하며, 빈곤은 산업체계의 다양한 구조적인 특정들과 관련되어 있다는

---

10) 아놀드 토인비(1852~1883)는 영국의 경제학자이자 사회개혁가로 '산업혁명론'을 주장하였다. 사회개혁가로서 실제 현장에서 활동하며 인보관운동의 선구자로 널리 알려져 있다. 토인비홀은 런던의 대표적인 저소득층 거주지역인 이스트 엔드에 설립되었다.

것을 밝혔다(한국사회복지학연구회, 1991).

그럼에도 불구하고 위원회는 다수파와 소수파로 나뉘어져 통일된 결론을 제시하지 못하였다. 다수파는 「빈민법」의 점진적인 개선을 주장한 반면, 소수파는 「빈민법」의 전면적인 폐지를 주장하였다. 다수파 보고서는 '국가의 원조는 받는 사람들이 스스로 자립하려는 생활태도를 받아들이는 것을 조건으로 지급되어야 한다'는 빈민에 대한 조건부 원조를 주장하였으며, 공공부조제도와 민간의 자선활동의 밀접한 협력체계를 권고하였다. 이에 비해 소수파 보고서는 빈곤은 개인적인 결함이 아니라 사회 자체의 병리라고 보았으며, 그 어떠한 사람도 그 이하로 떨어져서는 안되는 일정한 '국민최저기준(national minimum)'이 인정되어야 한다고 하였다(박광준, 2002).

이러한 소수파 보고서의 제안들은 곧 바로 실천되지는 않았지만, 이후 사회보험과 사회보장제도의 도입에 중요한 영향을 미치게 된다. 소수파 보고서는 페이비언협회(Fabian Society)에 의하여 주도되었다. 페이비언협회는 웹 부부(Sidney & Beatrice Webb)[11]의 주도로 16명이 참여하였으며, 점진적 사회주의를 지향하였다. 이들은 의회정치를 활용하여 재정정책과 사회보장 및 노동입법 등에 의한 부와 소득의 평등화 정책을 추진함으로써 사회주의를 실현할 수 있다고 낙관하였다. 이러한 페이비언 사회주의(Fabian Socialism)는 1906년 노동당의 기본강령으로 채택되었다.

이러한 논란 속에서 1908년 「개정빈민법」의 원칙에서 벗어난 최초의 제도인 노령연금법이 제정되었다. 이 법은 70세 이상의 노인에게 무기여 연금(non-contributory pension)을 지급하는 제도로서, 자산조사나 이전의 기여 없이 노인들에게 기본적인 소득을 제공한다는 내용이었다. 그러나 수급자격에 연간 소득 31파운드 10실링 이하의 빈곤자에게만 연금을 제공하는 소득 상한 규정이나 노동회피에 따른 수급 자격 상실 규정을 두고 있다는 점에서는, 「빈민법」의 성격에서 완전히 탈피하지 못하였다(성민선 외, 2005).

11) 웹 부부는 19세기 말 영국에서 창립된 페이비언협회 회원으로, 온건하며 점진적인 사회주의를 주장하였다. 남편인 시드니 웹은 런던대학교를 교육기관의 연합체로 재조직하였으며, 사회제도의 개혁에 앞장섰다. 부인인 베아트리스 웹은 사회개혁가인 사촌 찰스 부스의 빈곤 조사 보고서의 집필을 도와주면서 저소득층 생활의 현실을 보다 정확하게 이해하고 있었으며, 남편 시드니 웹과 함께 페이비언협회를 주도하였다.

3. 사회보험의 탄생과 확산

1) 사회보험의 탄생

영국이나 프랑스에 비해 상대적으로 산업화가 늦게 시작된 독일은 19세기 중반 이후 자본주의의 급속한 성장과 산업 분야의 팽창이 이루어지게 되었다. 1871년에 이르러서 통일국가를 수립했지만, 국가와 자본가계급에게 가장 큰 위협요인은 새롭게 등장한 사회민주주의 세력과 노동자계급이었다.

1867년 세계 최초로 창설된 독일 사회주의민주당은 생산수단의 즉각적 사회화를 요구하는 급진적 강령을 채택하고, 1871년 파리코뮨에 대한 지지를 선언하였다. 그러나 국가 통일을 이루고 주변 국가를 추격해야 하는 후발 산업국가인 독일에서, 사회주의 정당의 이러한 강경노선은 크나큰 정치적 위협이었다. 더욱이 1877년 선거에서 사회주의민주당은 9%에 달하는 지지를 획득하였으며, 산업화가 상당히 진전된 도시지역의 지지도는 괄목할 만한 것이었다.

그러던 차에 1878년 두 차례에 걸쳐 황제를 암살하려는 기도가 일어나자, 프리드리히 2세 아래서 독일 통일을 이룩한 철혈재상 비스마르크(Otto Eduard Leopold Bismarck)는 이것을 기회로 사회주의 세력을 억압하기 위한 '사회주의 탄압법'을 제정하였다. 또한 산업화로 인한 노동자들의 동요를 무마하기 위하여, '노동자에게 건강이 허락하는 한 노동할 권리를 주고, 노동자가 질병에 걸렸을 경우 치료해 주고, 또 나이가 들었을 때 노후를 돌봐 주는' 정책적 조치들을 취하였다. 이는 급격히 증가한 노동자들이 노동조합을 결성하고 노동운동이 점차 격화되자, 비스마르크가 제시한 회유와 강경, 즉 '사탕과 채찍(Zucker und Peitsche)'이라는 이중적 정책이었으며, '사탕'에 해당하는 것이 사회보험제도이었다. 비스마르크는 노동자의 장래, 즉 퇴직 후 노후생활의 보장기능을 국가가 담당한다면, 노동자들이 사회민주주의에서 등을 돌리고 국가에 충성할 것이라고 생각했다. 이처럼 비스마르크는 과감한 개혁조치로 사회민주주의 혁명에서 선제적으로 대응하였다.[12]

---

12) 비스마르크는 "신이 역사 속을 지나갈 때 그 옷자락을 놓치지 않고 잡아채는 것이 정치가의 임무"라는 유명한 말을 남기며, 과감한 사회개혁으로 독일의 국가체제를 유지하고자 하였다.

독일은 이러한 배경으로 1883년 질병보험(Krankenversicherung), 1884년 근로자 재해보험(Unfallversicherung), 1889년 양로 및 폐질보험(Rentenversicherung)이 차례로 제정되었고, 세계 최초의 사회보험이 탄생하였다. 기존의 사회, 정치질서 속에서 산업화의 부산물로 생겨난 사회문제를 해결하고 노동자들을 통합하려는 의도로 마련된 비스마르크의 사회정책은 진정한 사회개혁, 즉 자원의 공정한 재분배라든가 또는 인권 및 인간존엄성의 확보 차원과는 거리가 먼 것이라 할 수 있다. 왜냐하면 비스마르크의 사회보험제도는 급속한 자본주의적 산업화에 따라 빠른 속도로 성장하는 노동자계급에 대해 사회주의 세력이 행사하는 영향력을 무력화시키기 위한 견제적 조치 또는 사회주의 탄압법에 대한 보충적 조치로서 시도된 것이기 때문이다(함세남 외, 2002).

그러나 비스마르크의 정치적 의도에서 시작된 사회보험제도는 시대와 상황에 따라 변화와 개선과정을 거치면서 독일의 사회보장제도로 이어졌으며, 전 유럽으로 확산되어 사회보장제도의 기본적인 제도로 자리 잡게 되었다.

2) 사회보험의 확산

독일에서 탄생한 사회보험제도는 영국으로 확산되어, 1911년 질병과 실업에 대한 사회보험으로 「국민보험법」이 제정되었다. 국민보험은 1부인 국민건강보험과 2부인 실업보험으로 구성되어 있는데, 건강보험은 당시 재무성 장관이던 로이드 조지(Lloyd George)가, 실업보험은 상무성 장관이던 처칠이 주도하였다.

「빈민법」은 빈민들을 대상으로 한 제도임에 비해, 국민보험은 노동력을 가진 노동자에게 건강보험과 실업보험을 제공하는 제도였다. 「국민보험법」에 내포된 이념은 '국가적 효율성'으로, 국민최저수준의 보호가 사회적으로 필수적인 동시에 현대 산업이 요구하는 노동력을 가진 인적 자원을 보존하기 위한 수단이라는 것이다.

건강보험은 보어전쟁(1899~1902) 당시 지원병의 다수가 심각한 건강불량상태에 있었다는 사실에 자극을 받아, 독일의 건강보험을 모델로 만들어졌다. 그러나 건강보험의 제도화 과정에서 우애조합, 노동조합, 보험회사, 의사회 등과의 이해 마찰로 인해 연간 소득 160파운드 이하의 사람들에게만 적용하는 등 가입범위, 급여결정 방식 등에 대한 타협이 이루어졌다. 건강보험이 제도화과정에서 큰 폭의 수정이 이루어진 것에 비해,

경기에 민감하여 실업 발생의 위험이 큰 직업의 노동자들을 대상으로 한 실업보험은 거의 원안 그대로 성립되었다. 당시의 건강보험과 실업보험은 모두 고용주와 노동자, 국가가 모두 기여금을 납부하는 3자 부담방식에 의한 것으로, 질병 또는 실업 시 일정 기간 동안 급여를 제공하였다(성민선 외, 2005).

이후 이러한 사회보험제도들이 확대되면서 「빈민법」의 원리와 정책들은 사라져 갔으나, 개인의 책임을 강조하는 자유주의 이념은 완전히 사라지지 않았다. 영국에서 이를 극복하고 현대적 복지국가로 발전할 수 있게 된 계기는 1930년대 대공황으로 인한 궁핍과 2차 세계대전 동안의 경제적 곤란의 경험이었다. 특히 전쟁의 경험은 사람들에게 '위험의 불확실성'을 안겨 주었고, 그에 따라 집합주의적 복지국가의 위험분담의 논리를 받아들이게 되었다.

4. 대공황과 사회보장법

1) 대공황

미국은 전통적으로 정부의 역할에 대한 부정적인 인식이 강했고, 서부 개척의 가능성 때문에 개인의 빈곤은 새로운 사회에 대한 부정으로 간주하여, 개인의 책임을 강조하는 경향이 강하였다. 이러한 경향은 산업화가 이루어지는 19세기 초반까지 계속되었다. 지방정부는 영국에서 차용한 「구빈법」의 개념에 입각한 최소한의 구빈만을 수행하였다. 개인적이고 지역사회 중심적인 상부상조의 자발적 자선이 발달하여, 민간 자선단체들이 빈곤문제 해결에 주도적 역할을 담당하였다. 그리고 주정부는 지방정부가 담당하기 어려운 특별한 장애인시설 분야를 담당하였다.

그러나 미국은 남북전쟁을 전후로 한 19세기 중반 이후 급속한 산업화와 도시화가 이루어지면서, 사회문제가 심화되고 급격한 사회변화를 경험하게 된다. 이에 따라 「빈민법」을 개선해야 할 필요성이 대두되었으나, 지방분권과 개인주의, 사회진화론에 입각한 미국 자유주의의 영향이 지배력을 유지하고 있어, 소득보장에 대한 정부의 개입은 쉽사리 이루어지지 않았다. 이러한 상황에서 빈곤문제에 대한 대처는 민간자선기관들의 활동에 의존하였다.

미국에서 연방정부 불개입의 원칙이 파기된 것은 1930년대 대공황의 영향이다. 대공황으로 인해 미국의 경제는 이전에 경험하지 못했던 정도로 몰락하였다. 1929년에서 1933년 사이에 실질 국민총생산이 1/3이 감소하였으며, 1933년 3월에는 노동인구의 약 29%가 실업상태가 되었다. 이러한 대공황으로 개인주의에 입각한 구빈체계는 더 이상 유효하지 않은 것으로 판명되었다. 대규모 실업으로 인한 구빈부담이 매년 2배 이상 증가하여 민간이나 지역사회의 부담능력이 고갈되었으며, 따라서 국가적 차원에서 자원을 동원해야 할 필요성이 인식되었다. 즉, 시장을 바탕으로 한 자유주의적 구호체계는 산업사회에 내재된 경제적 불안정이라는 위험에 대처할 능력이 없음, 다시 말해 시상의 실패(market's failure)가 입증되었으며, 정부차원에서 빈곤과 실업문제에 대처할 필요성이 인식된 것이다. 그러나 당시 후버(Herbert C. Hoover)대통령은 공황이 곧 극복될 가능성이 있다고 판단하여 연방정부의 지원에 반대함으로써 연방정부 불개입의 원칙을 고수하였다.

2) 사회보장법

1932년 선거에서 승리한 루즈벨트(Franklin D. Roosevelt) 대통령은 연방정부가 국민의 생활에 관여하는 새로운 방식인 뉴딜(New Deal)[13]정책을 추진하였다. 1934년 6월 하원에 제출한 사회보장교서에서 "「헌법」에 의해 명시된 바와 같이 연방정부가 특히 '전반적인 복지를 증진하기 위해' 수립되었다면, 복지를 결정하는 사회보장을 제공하는 것은 분명히 우리의 의무이다"(한국사회복지학연구회, 1991)라고 언급함으로써, 연방정부 불개입의 원칙을 파기한 것이다. 1935년 1월 의회에 제출한 「사회보장법」에는 비기여연금, 강제연금, 보충연금으로 구성된 노령보장제도와 실업보험, 주정부에 대한 연방교부금으로 실시하는 요보호아동과 공공보건서비스 등을 규정하였다.

1935년 8월부터 시행되기 시작한 「사회보장법」은 입법과정에서 보충연금이 제외되

13) 뉴딜(New Deal)은 실업자에게 일자리를 만들어 주고, 경제구조와 관행을 개혁하여, 대공항으로 침체된 경제를 되살리기 위한 새로운 정책이다.

고 시각장애인에 대한 부조가 추가되었다. 「사회보장법」의 주요 내용은 노령연금과 실업보상으로 구성된 사회보험과 노령, 시각장애인, 요보호아동에 대한 범주적 공공부조와 보건 및 복지서비스로 이루어졌다. 「사회보장법」은 미국의 사회권 발전에 기여하였으나, 영국의 국민보험에 비해 건강보험이 포함되지 않았고, 자영업자나 농민이 제외되는 등 적용대상과 적용위험에 있어서의 포괄성이 부족하였으며, 주정부 간에 보장수준의 불균형이 존재하였다. 또한 사회보험도 기여금에 의한 자활을 강조하는 계약적 성격이 강한 제도로, 이는 개인의 책임을 강조하는 미국적 태도가 반영되어 있었다(성민선 외, 2005).

그러나 이러한 한계에도 불구하고, 대공황은 개인주의와 국민생활에 대한 정부의 불개입을 원칙으로 하는 미국의 정신에, 국민생활에 국가가 개입할 수 있고 개입하여야 한다는 변화를 가져온 계기가 되었다.

5. 복지국가의 탄생과 발전

1) 2차 세계대전과 베버리지 보고서

2차 세계대전은 규모나 참혹함에서 과거의 전쟁과는 달랐다. 전후방의 차이가 없이 전 국민이 전쟁에 참여해야 했으며, 새롭게 등장한 비행기의 공습은 전 국토를 전쟁터로 만들었다. 이러한 전면전으로 인하여 국민의 생활은 국가가 통제하는 배급체제로 바뀌었으며, 의료시설은 응급의료체제로 바뀌었다. 영국의 전시 연립내각의 수상이었던 처칠은 전 국민에게 '피와 땀과 눈물'을 요구하면서, 국민들의 희생으로 전쟁에서 승리하면 전후에 복지국가를 건설할 것을 약속하였다.

이를 위하여, 1941년 전시 연립내각은 기존의 사회보험과 관련 서비스에 대한 조사, 검토하고 전후의 새로운 사회질서에 대한 청사진을 제시할 수 있도록 베버리지를 위원장으로 하는 위원회(사회보험과 관련 서비스에 관한 범정부 위원회: Inter-Departmental Committee on Social Insurance & Allied Service)를 구성하였다. 1년 뒤 '베버리지 보고서(Beveridge Report: Report on Social Insurance & Allied Service)'가 발표되었으며, 이것은 전후 복지국가의 청사진이 되었다.

베버리지 보고서는 영국의 사회발전을 저해하는 5대 악(five giants)으로, 결핍(want), 질병(disease), 무지(ignorance), 불결(squalor), 나태(idleness)를 지적하고, 소득보장, 의료보장, 무상교육, 공공주택, 완전고용을 대책으로 제시하였다. 보고서에서는 사회보장을 최저 수준까지의 소득보장으로 규정하고, 기본적 욕구에 대해서는 사회보험으로 충족하며, 특별한 욕구에 대해서는 국민부조(national assistance)로, 추가적인 욕구에 대해서는 임의보험으로 보충되어야 한다고 하였다(Beveridge Report, 1942).

사회보험의 원칙으로는 정액급여(flat rate of subsistence benefit), 정액기여(flat rate of contribution), 행정책임통합(unification of administrative responsibility), 급여 적절성(adequacy of benefit), 포괄성(comprehensiveness), 유형화(classification)의 원칙을 제시하였다. 그리고 이러한 사회보험중심의 제도를 수립하기 위한 전제조건으로 아동수당과 건강과 재활을 위한 포괄적인 서비스, 완전 고용의 유지를 제시하였다. 베버리지 보고서의 중심사상은 국가최저기준(national minimum) 보장의 개념으로, 평등과 연대성을 기초로 한 전후 사회질서를 수립하는 것이었다.

전후 선거에 승리한 노동당의 에틀리는 베버리지 보고서의 건의에 따라, 1945년 「가족수당법(Family Allowance Act)」, 1946년 「국민보험법(National Insurance Act)」, 「산업재해법(Industrial Injuries Act)」, 「국민건강서비스법(National Health Service Act)」, 1948년 「국민부조법(National Assisstance Act)」을 차례로 제정하였다. 이로써 처벌적이고 억압적이었던 「빈민법」체제는 완전히 폐지되고 복지국가가 탄생하였다.

2) 전후 성장과 복지국가의 발전

2차 세계대전 이후 복지국가가 성립되면서 인류의 희망인 평등의 실현과 '요람에서 무덤까지'의 사회적 보호 속에서 인간다운 삶을 살 수 있다는 자신감이 서구사회를 지배하였다. 전후의 복지국가는 시민권 이념을 기반으로 포괄적이고 보편적인 복지국가를 만들려는 정치적 개혁과 지속적으로 급여와 적용범위를 확대하려는 정책적 노력에 의하여 발전하여 갔다. 그리고 이러한 발전은 사회복지제도에 호의적인 노사정의 정치적 합의(consensus)에 의하여 뒷받침되었다. 또한 호황으로 인한 경제성장과 완전고용을 바탕으로 한 산업평화와 민주주의의 정착과 발전, 국제기구(ILO, ISSA)의 역할, 시민권 운동 또한 복지국가의 중요한 배경으로 작용하였다.

전후 복지국가는 1973년 석유파동(oil shock)이 일어날 때까지 사회복지에 대한 재정지출을 확대해 나갔다. 즉, 경제적 호황과 정치적 합의 구도 속에서 사회복지 지출을 지속적으로 늘려 나갔고, 급여수준과 적용대상을 확대하여 갔다. 이런 과정을 통하여 복지국가는 더욱 세련되게 발전하였으며, 이러한 복지국가의 여러 제도들은 세계 전역으로 확산되어 갔다(감정기 외, 2002).

6. 복지국가의 개편

1) 재정위기와 대처리즘

2차 대전 이후 1970년대 초반까지, 자본주의 경제의 성장과 함께 복지국가는 확대 발전하면서, 복지국가의 황금기를 경험하였다. 그러나 1973년 석유파동이 일어나면서 경제성장이 둔화되고, 복지국가의 성장은 침체기를 맞이하게 된다. 경제침체는 한편으로는 정부의 세수를 감소시키고 다른 한편으로는 복지지출을 증가시킴으로써, 공공적자를 크게 증대시키고 공공지출의 가장 큰 부분을 차지했던 복지지출에 대한 삭감 압력을 높였던 것이다. 1970년대의 경제위기는 정부의 재정위기(government's failure)를 초래함으로써, 복지국가를 위기에 빠뜨렸다. 이를 복지국가의 위기라고 한다.

이러한 상황에서 1979년 집권한 대처정부는 영국의 복지국가를 재편해 나갔다. '자유경제와 강한 국가'로 대변되는 대처리즘은, 한편으로는 공공지출을 삭감하고 민영화와 규제완화정책을 시행하면서, 다른 한편으로는 베버리지적 복지원칙을 자유주의적, 빅토리아적 복지원칙으로 대체하였다(김영순, 1998).

대처리즘의 새로운 원칙은, 첫째, 전 국민의 복지에 대한 국가의 책임을 자조와 개인책임의 원칙으로 대체하였으며, 둘째, 보편주의 원칙을 선별주의 원칙으로 대체하였고, 마지막으로 국가최저기준의 원칙을 열등처우의 원칙으로 대체하였다. 이러한 원칙에 따라 대처정부는 복지의 민영화와 지방분권화를 단행하였다.

2) 정부의 역할축소와 신자유주의

미국에서는 「사회보장법」 이후 사회보장에 대한 연방정부의 역할이 점차 증대되어 갔다. 특히 1960년대 존슨(Lyndon Johnson) 대통령이 '위대한 사회(Great Society)'를 추구하며, '빈곤과의 전쟁(war on poverty)'을 선포함으로써 사회복지를 확대하였다. 그러나 빈곤과의 전쟁이 미국의 시장중심의 사회복지 모델을 벗어난 것은 아니었으며, 빈곤과의 전쟁에서 강조하는 것은 경제적인 자족이었다. 미국 정부가 중점을 둔 것은 더 많은 소득보장제도나 공공복지서비스가 아니라, 주로 개인의 소득기회를 늘리기 위한 프로그램이다. 1960년대에 미국에서 새롭게 만들어진 Head Start, 교육보조, 직업훈련, 공공 보건, 지역사회행동 프로그램 등이 여기에 해당된다.

그러나 1970년 이후 세계경제의 성장이 둔화되고 신자유주의의 영향력이 커지면서, 미국에서도 영국과 마찬가지로 사회복지 축소에 대한 압박이 강해졌다. 레이건정부와 부시정부에서 조세삭감과 함께 사회지출에 대한 삭감이 급격하게 이루어졌으며, 이에 따라 사회복지지출도 급격히 축소되었다.

미국의 보수화는 복지급여의 삭감과 함께 연방정부의 역할을 축소하는 '권한이양 개혁(devolution revolution)'을 가져왔다. 1996년 클린턴정부는 개인의 책임과 노동기회 조정법(the Personal Responsibility and Work Opportunity Reconciliation Act)을 제정하였다. 이 법에 따라 주정부에 주어지던 연방보조금이 범주적 보조금(categorical grants)에서 포괄적 보조금(block grants)으로 변경되어 주정부의 책임이 강화되었으며, 미국의 대표적 공공부조인 AFDC(Aid to Family with Dependent Children)가 폐지되고, 한시적 부조인 TANF(Temporarily Assisstance to Needy Family)로 대체되었다(성민선 외, 2005).

3) 세계화와 2차 신자유주의 물결

20세기 말 이후 영국과 미국을 포함하여 서구의 복지국가들은 조정 단계에 있다고 할 수 있다. 전후 복지국가들이 시행하고 있는 사회복지제도들은 대부분 대량생산 방식에 기반을 둔 산업사회의 구조에 맞는 제도들이었다. 그러나 세계화, 탈산업화, 정보화 등이 진행되면서 국가 간 경쟁이 심화되었고, 이러한 국가 간 경쟁의 심화는 과거의 '국가 단위의 사회복지체제'의 변화를 요구하게 되었다.

일찍 세계화와 정보화에 성공한 영국과 미국 등 영미계 국가들은 새로운 무역 · 금융의 질서와 경제체제(WTO, FTA)로, 1990년대 이후 사회주의 국가의 몰락으로 이데올로기가 무너져 가고 있던 세계 질서를 재편해 나가기 시작하였다. 이념에 의하여 균형을 유지되던 정치질서가 시장을 중심으로 한 경제질서로 대체되었던 것이다.

이러한 변화에서 상대적으로 뒤떨어진 독일, 프랑스, 스웨덴 등 전통적인 유럽의 복지국가들은 국가경쟁력이 상대적으로 약화되면서, 전통적인 유럽의 복지국가들도 국가중심의 사회복지체제에서 벗어나 국가경쟁력을 확보하고자 하는 노력들이 나타나고 있다. 특히 21세기 들어서 이들 국가에서도 보수파 정당들이 새로이 집권하고 있으며, 1980년대에 이어 2차 신보수주의의 물결이 전 세계를 휩쓸고 있다고 할 수 있다. 그러나 이러한 세계화와 정보화 등의 새로운 변화는 지역 간, 국가 간, 계층 간 양극화를 심화시켜, 또한 새로운 복지수요와 복지제도를 창출해 나갈 것으로 예상된다.

제2절 한국의 사회복지역사

우리나라의 구휼제도나 사회복지제도도 다른 나라와 마찬가지로 여러 가지 동기가 복합적으로 작용하여 발달해 왔다. 단군의 건국이념은 홍익인간(弘益人間)이었으며, 고대사회부터 두레나 계 등 민간 차원의 상부상조 전통이 강했고, 취약계층에 대한 구휼(救恤)이 종교적 배경으로 일찍부터 실시되었다. 조선시대에는 왕도정치이념에 따른 구빈정책이 시행되었으며, 대한민국 정부수립 이후 1960년대에 와서야 근대적인 의미에서의 사회복지체계가 갖추어지기 시작하였다.

1. 근대이전

1) 삼국시대

우리나라 역사기록에 나타나는 구빈사업 가운데 가장 오랜 역사를 가지고 있고 일반적인 구빈제도는 '창(創)'이라고 할 수 있다. 창은 양곡을 비축해 두는 창고로, 원래 목적은 전시에 군량미를 확보하는 것이었지만, 이러한 곡식이 평상시에는 빈민구제에 많이 활용되었다. 삼국은 이러한 창 이외에, 다음과 같은 구빈사업을 공통적으로 실시하고 있었다(고승덕, 2003).

첫째, 관곡의 진급(賑給)으로, 정부에서 비축하고 있는 관곡을 여러 가지 형태의 재난을 당한 백성들에게 구제하였다.

둘째, 사궁구휼(四窮救恤)로, 무의무탁한 빈민을 구제하였다. 사궁이란 환과고독(鰥寡孤獨)은 홀아비, 과부, 고아, 자식 없는 노인을 지칭한다.

셋째, 조세감면사업으로, 자연재해로 인하여 심한 피해를 입었던 지역의 주민들에게 재해의 정도에 따라 조세를 감면해 주었다.

넷째, 대곡자모구면(貸穀子母俱免)으로, 춘궁기에 백성들에게 대여한 관곡을 거두어들일 때, 재해로 인해서 흉작이 되면 상환 시 원본과 이자를 감면해 주었다.

이러한 구빈사업은 모두 우리 민족 고유의 상부상조 정신에서 비롯된 것이며, 유교,

불교, 선교의 영향을 받았다. 삼국시대의 구빈사업은 임시적이었고, 사후대책적인 성격이 강하였으며, 지속적으로 운영되는 단계에는 이르지 못한 한계성을 지닌 구제제도였다.

2) 고려시대

고려시대에는 우리 민족 고유의 상부상조 정신에 불교의 자비(慈悲)정신이 가미되어, 삼국시대의 구휼제도가 보다 체계화되고 확대되었다. 불교의 자비사상은 우리 국민의 의식구조에 뿌리를 내려 구제사업에 큰 영향을 주었다. 자비의 자(慈)는 백성에게 즐거움을 주는 것을 의미하고, 비(悲)는 백성의 고생을 더는 것을 의미하기 때문에, 자비에 기초한 구빈(救貧), 시료(施療) 및 고아보호와 양로사업이 활발하게 전개된 것이다.

상설구빈기관으로 제위보, 흑창(의창), 상평창, 유비창 등이 있었다. 그리고 임시구빈기관으로 동서제위도감, 구제도감, 구급도감 등이 있었다. 또한 흉년이나 전쟁 등 각종 재해에 대비한 여러 구제정책이나 구제기관을 설치하는 것과 병행하여 평상시에도 빈민들을 구제하기 위한 제도가 마련되어 있었다. 예를 들면, 왕의 즉위 직후 또는 전쟁이 끝난 후 일정한 기간 동안 조세와 부역을 감면해 주는 은면제(恩免制), 천재지변, 전염병의 유행 등에 의하여 심한 피해를 입은 백성들에게 조세와 부역을 감면해 주는 재면제(災免制), 자식 없는 노인 등 사궁에게 양곡을 대여해 주거나, 식량, 옷, 포목 등 생활필수품을 주던 환과고독 진대법(鰥寡孤獨 賑貸法) 등이 있었다.

또한 동서대비원과 혜민국을 중심으로 어려운 환자에게 약과 옷을 나누어 주고 치료해 주는 의료구제사업을 실시하였으며, 홀로 된 어린이를 양육하여 양자로 입양시키거나 승려나 종으로 삼는 제도와 양로제도, 경로제도가 있었다(고승덕, 2003).

이상과 같은 고려시대의 구빈사업은 삼국시대보다는 구체화 · 다양화되었다. 또한 시행과정상 일관성이 결여되어서 지속적으로 시행되지 못한 부정적인 측면도 많았지만, 국가책임의 구제제도로서 역할을 하였다.

3) 조선시대

조선시대에는 숭유억불정책에 의하여 유교를 존중하고 불교를 억압하였기 때문에,

사찰이나 민간에 의한 자선사업은 다소 쇠퇴하였다. 그러나 조선시대에는 치국이념인 왕도정치에 따라 왕은 백성을 위한 위민(爲民)정치를 해야 했으며, 이는 백성의 구휼문제에도 상당한 영향을 미쳤다.

조선시대의 구휼제도는, 첫째, 춘궁기나 재해 시에 대비하는 비황(備荒)제도, 둘째, 매우 어렵고 가난한 사람들을 보살펴 주는 구황(救荒)제도, 셋째, 병자의 치료 등 의료시혜에 관한 구료(求療)제도 등 세 가지로 대별할 수 있다.

첫째, 비황제도는 삼창(의창, 상평창, 사창)을 비롯한 창제의 운영을 들 수 있다. 이 가운데 관청에서 관할하는 의창(義倉)과 민간에서 관할하는 사창(社倉)은 춘궁기에 곡식을 빌려주었다가 추수기에 상환하게 함으로써 빈민이나 이재민을 구호하는 환상(還上)제도이며, 상평창은 주로 곡물과 포목으로 물가조정기능을 하였다.

둘째, 구황제도는 진궁(賑窮), 양로, 경로, 권조, 애상(哀喪), 관질(寬疾) 등을 들 수 있다. 진궁이란 홀아비, 과부, 고아, 무자식 노인, 4궁에 대한 구호사업이다.[14] 특히 유아기 아동의 보호와 입양에 관한 법적인 체계와 내용을 지닌 자휼전칙(字恤典則, 1783)은 일정한 한계 내에서 국가의 개입을 표방하고 있어 아동구호에 있어서 중요한 법령으로 평가되고 있다. 또한 고령의 노인들에 대한 양로, 경로사업으로, 100세 이상의 노인들에게 신년 초에 양곡을, 90세 이상 노인에게는 매년 술과 고기를, 80세 이상 노인들에게는 지방관들로 하여금 향응을 제공하게 하였다. 권조란 양반집 처녀의 혼인장려책으로, 양반집 여자가 가난하여 30세가 넘어도 혼인을 하지 못하는 경우 호조에서 혼비를 지급하는 제도이다. 애상은 빈곤하여 장례를 치르지 못하는 사람에게 장례비를 지급하는 제도이고, 관질은 불구폐질자 등과 같이 자력으로 의식주 해결을 못할 뿐만 아니라 사람들이 혐오하는 사람들에 대한 대책이다.

셋째, 의료제도는 활인서, 혜민서 등이 운영되었는데, 활인서는 태조 때 설치되어 성안에 거주하는 환자를 구휼하는 일을 담당했고, 혜민서는 서민의 질병치료와 여자의사

14) 정약용은 목민관이 돌봐야 할 사람으로 홀아비, 과부, 고아, 자식 없는 노인의 사궁(四窮)을 꼽았다. 하지만 사궁이라는 이유로 무조건 혜택을 주기보다는 나이 · 재산 · 친척 등을 고려하라고 하였다. 즉, 60세 미만이나 10세 이상으로 스스로 생계를 유지할 수 있는 사람, 재산이 풍족하거나 촌수가 멀더라도 친족이 있는 사람은 제외하라고 하여, 오늘날 선별보호의 원리를 사궁보호에 적용하였다(박석무, 2021).

를 교육하는 일을 담당했다.

이 밖에 조선시대에는 계, 두레 등 민간의 상부상조 관습과 오가작통제, 향약이 있었다. 계나 두레의 관습은 전통적 협동체의 관습으로서, 동업 혹은 동민의 단결, 일가친척의 상부상조, 애경사에 있어서의 공제 등을 목적으로 하는 민간조직이었다. 특히 두레는 마을 단위의 농민협동조직으로, 서로 협동작업을 하고, 농악을 연주하며 즐기기도 하였던 관습이었다.

오가작통제(五家作統制)는 각 지역별로 5가구가 통을 구성하여, 서로 상부상조하고 연대책임으로 지역 내의 치안을 유지하고 복지를 증진하여 지방행정의 운영을 돕게 하던 자치제도였다.

향약은 조선 중기 이후 각 지역에서 생겨난 지역사회의 윤리도덕으로서, 덕업상권, 과실상규, 예속상교, 환난상휼 등 4개 덕목을 실천목적으로 삼고 있다. 그중 환난상휼(患難相恤)은 환난의 구호, 질병의 구호, 빈궁(貧窮)의 진휼(賑恤), 고약(孤弱)의 부양, 가자(嫁資)의 보급, 사장(死葬)의 조위, 사창의 경영 등 7개 사업을 규정하였다(고승덕, 2003).

2. 일제시대와 미군정시대

1) 일제시대

일제시대의 구호사업은 식민정책의 일부로, 정치적 목적을 가진 시혜의 의미에서 시행되었다. 1910년 한일합방이 이루어지면서 조선시대의 구호사업은 소멸되었으며, 1921년 조선총독부 내무국에 사회과를 신설하여 구호사업을 전담하였다.

일제는 1920년대 빈민문제가 사회문제로 심각하게 되자 빈민조사를 실시한 후, 1927년 12월부터 방면위원제도를 실시하였다. 방면위원제도의 주된 내용은 빈민생활실태조사, 상담지도, 보호구제, 보건구호, 직업알선, 호적정리 등이었다. 또한 일본에서 실시하던 「구호법」(1929년 제정)을 원용하여, 태평양전쟁 말기인 1944년 3월 1일에 조선구호령을 실시하였다. 그러나 이와 같은 제도들이 우리나라에서 시행된 것은 구빈 목적이라기보다는, 전시동원체제하의 식민지 통치의 효율성 제고를 위한 것이라고 볼 수 있다(남기민, 2005).

조선구호령은 ① 65세 이상 노쇠자, ② 13세 이하 아동, ③ 임산부, ④ 불구·폐질·질병·상병·기타 정신 또는 신체의 장애에 의해 일할 수 없는 자를 대상으로 하였다. 구호의 종류는 생활부조, 의료, 조산, 생업부조였고, 구호방법은 거택구호를 원칙으로 하고 거택구호가 부적당한 경우 시설에 수용위탁할 수 있게 하였다. 조선구호령은 정부 수립 후 1961년 「생활보호법」이 제정되기까지 우리나라 공공부조의 근거가 되었다.

2) 미군정과 응급구호

1945년 8월 15일 광복 이후 1948년 8월 15일 정부수립까지, 미군정 3년간의 구호사업은 주로 북한에서 월남한 피난민과 해외에서 귀환한 전재민 및 국내 거주의 요구호 빈민들에 대한 식량, 의료 및 주택 등 응급구호에 치중하였다. 당시 빈곤인구의 규모는 최소한 200만 명 이상으로 추정된다. 이 같은 숫자는 광복 당시 남한 인구 1,600만 명의 12.5%에 달하는 것이었다(이영환, 1989).

미군정기의 복지행정은 군정청 보건후생부가 담당하였다. 보건후생부의 주요 업무는 ① 위생업무, ② 사변재해의 구제, ③ 일반 빈곤자에 대한 공공부조, ④ 아동의 후생 및 기타 필요한 보호, ⑤ 노무자의 후생 및 은급제도, ⑥ 주택 문제, ⑦ 귀국 및 실직한 한국인의 보호 및 귀향, ⑧ 기타 한국내 점령군의 목적달성에 필요한 공공후생계획 및 경영 등이었다(하상락, 1989).

또한 미군정기간 동안 복지에 대한 공적인 대책이 크게 부족하였기 때문에, 무계획적인 민간 구호단체와 시설이 증가하였고 외국자선단체와 기관들도 많이 들어왔다.

3. 정부수립과 이승만정부

1948년 8월 15일 대한민국 이승만정부가 수립되고 제1공화국이 출범하면서, 미군정청의 보건후생부 및 노동부가 사회부로 통합되어 보건, 후생, 노동 및 부녀 등에 관한 행정을 관장하였다. 그 후 1949년 3월에 보건부가 창설되어 사회부에서 관장하던 보건행정을 분할하여 주관하였으나, 1955년 2월에 보건 및 사회 양부는 다시 보건사회부로 통합되었다.

정부 수립 당시 제정된 우리나라 「헌법」 제19조에는 “노령, 질병, 기타 근로능력이 없는 자는 법률이 정하는 바에 의하여 국가의 보호를 받는다”라고 하여 국민의 생존권을 명문으로 규정하였다. 그러나 「헌법」이 규정한 국민의 생존권을 보장하는 관계 법률이 제정도 되기 전에 1950년 한국전쟁이 돌발하여, 신생 대한민국으로서는 도저히 물적으로나 인적으로나 감당하기 곤란한 혼란에 빠지게 되었다. 즉, 요구호자는 일시에 막대한 수로 급격히 증가하는 반면 소요물자와 자금은 극히 제한되어 있어, 전쟁 중에는 주로 요구호자들의 최소한의 생명유지를 위한 응급구호에 치중할 수밖에 없었다.

1951년 3월에 전국난민 일제등록을 실시한 결과, 전국적으로 783만여 명의 구호대상자가 등록하였으며, 1952년과 1953년에는 더욱 증가하였다(하상락, 1989: 90). 정부는 재정부족 때문에 요구호자 구호를 위해 외국원조단체들의 협조를 받지 않을 수 없었다. 미군정 때부터 한국을 원조하고 있던 국제원조처, 경제협력처, 전시 긴급원조 한국민간구호단체, UN 한국재건단 등의 외국원조단체는 중앙구호위원회(KAVA)를 조직하여 긴급구호를 실시하였다. 지방에서도 각급 구호위원회를 조직하여, 중앙구호위원회의 지휘감독 하에 부산지역에 우선 피난민 수용소를 설치하여 수용보호하는 한편, 거제도와 제주도에는 집단 수용소를 설치하여 피난민 응급구호를 하였다(김만두 · 한혜경, 2000).

한국전쟁으로 시설수용보호를 필요로 하는 난민이 다수 생겨났으며, 이와 같은 사회적 요구에 따라 고아시설, 양로시설, 모자원 등의 각종 복지시설이 휴전협정 성립 후에 급속히 증가하여 1959년에는 총 686개의 시설이 설립되었다(하상락, 1989).

한국전쟁은 우리나라 사회복지에 두 가지 큰 변화를 가져왔다. 첫째는 정부수립 후 단계적 · 계획적으로 준비해 오던 사회부의 모든 정책이 무산되고, 임시적 · 응급적 정책으로 전락하였다는 점이고, 둘째는 막대한 외국 원조로 인해 우리 사회에 의존적 구제방식을 심화시켜 놓았다는 점이다. 이와 같이 정부수립 이후 1950년대 우리나라 사회복지는 임시 응급구호와 전후복구에 급급하였으며, 근대적인 사회복지제도가 제대로 자리를 잡지 못하였던 시기였다.

4. 박정희정부와 유신체제

1960년 4 · 19 혁명에 의해 이승만정부가 붕괴된 후 탄생한, 제2공화국 민주당정부는 나름대로 자주적이고 민주적인 발전의 길을 모색하였다. 그러나 반목과 대립 속에서 정치 · 사회적 혼란이 그칠 줄 몰랐고, 그 와중에서 무정부적 혼란현상을 청산한다는 명분으로 1961년 5월 16일 군부가 쿠데타를 일으켰다. 군사정부는 절대 빈곤을 해소한다는 정치적 혁명공약을 실천하기 위해, 1962년부터 제1차 경제개발 5개년 계획을 추진하였고, 1963년에는 박정희정부의 제3공화국이 출범하였다.

1962년부터 시작한 경제개발로 도시화 및 산업화 현상이 나타나고, 도시빈곤층, 가출 및 비행, 미혼모문제, 주택 부족 등 과거와는 다른 여러 가지 사회문제들이 생겨나기 시작하였다. 그러나 당시 정부당국자들은 한정된 재원을 경제개발에 집중하기 위해서, 사회복지에 대해서 소극적이었다. 한편 노동자계층의 미성숙으로 노조의 조직력이 미약하여 노동자계층의 권익을 추구하기 위한 이익표출은 거의 없었으며, 일반 국민의 경우도 사회복지에 대한 이해나 주장은 거의 없었다(남기민, 2005).

1960년대에, 특히 군사정부 시절에는 국민의 지지를 얻기 위해 여러 가지 사회복지 관련법들을 제정 공포하였다. 사회보험 부문에서 공무원연금법(1960), 선원보험법(1962), 군인연금법(1963), 산업재해보상보험법(1963), 의료보험법(1963)이 제정되었고, 공공부조의 부문에서 생활보호법(1961), 군사원호보상법(1961), 재해구호법(1962), 국가유공자 및 월남 귀순자 특별보호법(1962), 사회복지서비스 부문에서 아동복리법(1961), 윤락행위 등 방지법(1961), 자활지도에 관한 임시조치법(1968) 등이 제정되었으며, 특히 1963년에는 사회보장에 관한 법률이 제정되었다.

이와 같이 1960년대는 전례 없이 사회보험 및 생활보호를 중심으로 한 근대적인 사회복지법제를 마련하였다. 이와 같은 사회복지법제는 그 내용상으로는 장기적인 안목과 합리성이 부족하였으나, 적어도 형식적인 사회복지법제의 도입이라는 측면에서는 의의가 있었다. 이는 사회복지제도가 구빈적 · 단편적 성격으로부터 벗어나 국가중심의 체계적인 사회복지제도로 인식하는 계기는 되었으나, 많은 부분에서 시행을 하지는 못하였다.

1960년대 사회복지의 특징 중의 하나는 공무원, 군인 등 사회 지배계층을 위한 사회보장제도가 우선적으로 제정되었다는 것이다. 이는 후진적 사회복지 발달의 한 형태로서, 사회보장제도의 확충이 복지적인 측면보다는 정치적인 측면에서 이루어졌다는 것을 말해 주고 있다.

1972년 박정희 대통령이 유신헌법을 만들어 대통령의 권한을 대폭 강화하고 유신체제를 유지하자, 이에 대한 체제 도전이 끊임없이 일어났다. 따라서 체제의 정통성 확립을 위해 무언가 최소한 국민들에 대하여 지지를 받을 수 있는 유인을 제공하지 않으면 안 되는 정치적 상황이었다.

경제 · 사회적 상황을 보면 1960년대 1차 및 2차 경제개발 5개년 계획이 성공적으로 수행됨으로써 산업화, 도시화 현상이 나타나기 시작했다. 절대빈곤에서 탈피하여 고도의 경제성장을 이룩하게 되었지만, 산업화, 도시화 현상은 필연적으로 각종 사회문제를 가져왔다. 특히 빈부의 격차가 심해져 상대적 박탈감 및 위화감이 사회에 팽배하여 사회적 불안이 조성되었다. 이런 상황하에서 1972년부터 시작된 제3차 경제개발 5개년 계획부터는 본격적으로 사회개발정책을 수행하게 되었다.

1970년대 제정된 사회복지 관련법들은, 사회보험부문에서 사립학교 교원연금법(1973), 국민복지연금법(1973), 개정의료보험법(1976), 공무원 및 사립학교교직원 의료보험법(1977), 월남귀순자 특별보상법(1978)이 제정되었으며, 사회복지서비스부문에서 「사회복지사업법」(1970)이 제정되었다.

위의 법률 중 「사립학교 교원연금법」과 「공무원 및 사립학교교직원 의료보험법」은 국가건설과 유지에 필수적인 공무원과 교직원에 대한 특별한 배려로 볼 수 있다. 「국민복지연금법」은 법만 제정해 놓고 실시하지 못하였는데, 그 이유는 제도의 수립목적이 중화학 공업을 위한 내자조달의 수단이라고 국민들에게 인식되었고 따라서 국민의 지지와 호응을 받지 못하였기 때문이다.

1963년 제정되었다가 시행되지 못한 「의료보험법」은 1976년에 개정되어 1977년부터 500인 이상 사업장 근로자를 대상으로 실시되었으며, 그 후 공무원 및 사립학교 교직원 「의료보험법」이 시행되었고, 저소득층 의료보장을 위해 의료보호법도 시행되었다. 이와 같은 의료보장제도는 산업사회의 도래로 생겨난 국민들의 의료욕구를 충족시키고 건강을 증진시킴으로써 국가적 이익과 사회적 통합을 추구하기 위한 것이었다.

한편 1970년 「사회복지사업법」이 시행되면서 그간 재단법인 등에 의해 운영해 오던 사회복지기관들이 「사회복지사업법」에 규정된 사회복지법인으로 변경되어, 사회복지기관운영의 기반과 질서가 확립되었으며 사회복지시설과 단체들이 정부의 보조를 받을 수 있게 되었다(구종회, 1999). 또한 이 시대는 외원단체의 원조활동이 점차 줄고 정부의 재정 부담이 늘어나면서, 사회복지제도의 토착화 기반을 조성하였다.

5. 전두환 · 노태우정부

1979년 10 · 26사건으로 박정희대통령의 유신체제가 종말을 고하고, 1980년 5 · 17군사 쿠데타로 전두환정부의 제5공화국이 출범하였다. 제5공화국은 민주주의의 토착화, 정의사회구현, 교육혁신 및 문화창달과 더불어 복지사회의 건설을 국정지표로 내세웠을 뿐만 아니라, 1982년부터 시작된 제5차 5개년 개발계획에서도 경제와 사회의 균형적인 발전을 기본목표로 삼았다.

제5공화국은 부족한 체제정통성을 보완하기 위하여, 일단의 사회복지 입법을 단행하였다. 사회복지서비스 부문에서 사회복지사업기금법(1980), 심신장애자복지법(1981), 노인복지법(1981)을 제정하였고, 아동복리법을 아동복지법으로 개정하였다(1981). 사회복지사업법을 전면 개정하여(1983) 사회복지종사자를 사회복지사로 명칭 변경하였고 사회복지사 자격을 1급, 2급, 3급으로 구분하였다. 공공부조 부문에서는 「생활보호법」을 개정하여(1983), 생활보호 유형에 자활보호와 교육보호를 추가하였고, 「최저임금법」(1986)을 제정하였다.

한편 제5공화국 후반부터는 한국형 복지모형이 논의되기 시작하였다. 한국형 복지모형이 등장하게 된 배경은 1970년 중반 이후 선진복지국가에서 복지국가 위기론이 대두되고 있었기 때문에 한국에서도 자칫 잘못하면 복지병을 유발할 수 있다는 정책관련자들의 우려 때문이었다(구종회, 1996). 이러한 한국형 복지모형은 제6차 경제사회발전 5개년 계획(1987~1991)과 맥락을 같이 하고 있다. 제6차 계획의 기본 방향은 ① 우리 경제, 사회발전 수준에 맞는 복지시책이어야 하고, ② 가족과 지역사회의 복지기능을 최대한 조장하며, ③ 자립정신에 입각한 복지시책을 전개하고, ④ 민간의 복지자원을 최대한 동원한다는 것 등이다. 이리하여 1980년대 후반부터는 시설수용위주의 복지사업으로부터 탈피하여 지역복지와 재가복지가 강조되기 시작하였다.

1988년 출범한 노태우정부의 제6공화국은 제5공화국의 사회보험제도를 대부분 확대 시행하여, 국민연금제도(1988), 전국민의료보험제도(1989), 최저임금제도(1988)를 시행하였다. 제6공화국 정부에서 제정 또는 개정된 사회복지 관련법은 모자복지법 제정(1989), 심신장애자 복지법을 장애인복지법으로 개정(1989), 노인복지법 개정(1989), 장애인고용촉진 등에 관한 법률 제정(1990), 의료보호법 개정(1991), 영유아보육법 제정(1991), 고령자고용촉진법 제정(1992), 사회복지사업법 개정(1992) 등이었다.

노태우정부의 사회복지제도 발전의 특징을 요약하면 다음과 같다. 첫째, 국민연금제도, 최저임금제도, 그리고 전 국민의료보험제도의 실시 등 소득 및 의료보장의 확대가 이루어지기 시작하였다. 둘째, 1988년 서울 장애자 올림픽 이후 장애인 종합대책을 수립하였으며, 이어서 장애인 고용촉진 등에 관한 법률을 제정하여 장애인복지에 대한 변화를 시도하였다. 셋째, 지역복지의 중추적인 서비스전달체계인 사회복지관을 전국적으로 확대 실시하였다. 넷째, 「영유아보육법」이 「아동복지법」과는 별도로 제정되면서 영유아보육사업이 크게 부각되었다. 다섯째, 재가복지를 중시하여 재가복지봉사센터가 급격하게 증가되었으며 1987년부터는 사회복지전문요원을 저소득층 밀집지역의 동사무소에 배치하기 시작하였다.

6. 김영삼정부

김영삼정부가 등장한 1990년대는 세계화라는 흐름이 새로운 국제질서로 자리를 잡아 가고 있었다. '우루과이 라운드(UR)' 협상타결에 이은 세계무역기구(WTO) 체제가 세계의 경제를 규정하는 요소로 등장하면서, 국가경쟁력이 중요한 국가적 과제로 떠올랐다. 이와 함께 독일의 통일, 동구 공산권의 몰락, 복지국가 위기론 이후 신자유주의 이데올로기의 확산 등 세계는 빠른 속도로 변화하고 있었다. 공산권이 몰락하면서 2차 대전 이후 유지되어 오던 동서대립의 양극체제가 무너진 공간을, 미국은 유일한 강대국으로서 세계화와 정보화라는 새로운 기준으로 세계를 재편해 나갔던 것이다.

김영삼정부는 1993년 아시아태평양경제협력체(APEC) 정상회담 이후 개방과 무한경쟁을 의미하는 세계화를 정책목표로 설정하였으나, 1960년대 이후 계속된 우리나라의 관주도 압축성장은 이미 많은 문제점을 내포하고 있었다. 이 중에서도 가장 취약한 부분은 외환 금융부분이었다. 외환 금융부분에서 시작된 외환위기로 인하여 김영삼정부는 국제통화기금(IMF)의 구제금융을 요청할 수밖에 없었고, 한국경제는 최악의 침체와 함께 상당부분을 외국의 자본에 의존하게 되었다.

김영삼정부는 1993년 신경제 5개년계획의 사회복지부문에서, 우리나라 제7차 경세 사회발전 5개년계획 복지정책의 기본방향을 '국가발전수준에 부응하는 사회복지제도의 내실화'에 두고 국민복지를 증진시킬 것을 제시하였다. 또한 1995년에는 성장위주의 정책에서 벗어나 삶의 질과 생산적인 국민복지에 적극적인 관심을 기울여야 할 것이라고 강조하였으나, 실질적인 성과는 미미하였다.

김영삼정부에서 제정 또는 개정된 사회복지 관련법들은, 사회보험 부문에서 「고용보험법」 제정(1993), 사회복지서비스 부문에서 「정신보건법」 제정(1995), 「사회복지 공동모금법」을 제정(1997)하였고, 과거의 사회보장에 관한 법률을 폐지하고 「사회보장기본법」을 제정(1995)하였다. 김영삼정부의 사회복지제도에서 가장 큰 변화는 사회보험부분으로, 전 국민을 대상으로 국민연금제도의 확대실시와 더불어 전사업장에 대한 고용보험제도의 적용, 전 국민 의료보험의 실시 등으로 기존의 산재보험제도를 포함한 4대 보험체계를 완성하였다는 것이다.

7. 김대중정부

1997년도 IMF체제는 우리나라가 산업화 이후에 경험하지 못한 경제침체와 대량실업, 가족해체, 노숙자 문제 등을 가져왔으며, 기존의 사회복지제도로는 이러한 문제들을 해결할 수 없었다. 이러한 과제를 안고 1998년 출범한 김대중정부의 사회복지정책에서 가장 큰 변화는 1999년 「국민기초생활보장법」을 제정한 것이다.

종전의 「생활보호법」은 급여대상을 노동능력이 없으며, 부양의무자가 없거나 있어도 부양능력이 없으며, 재산과 소득이 일정 기준 이하의 빈곤층만을 대상으로 하였다. 그러나 이러한 수급자격으로는 외환위기 상황에서 발생한 장기실업자와 대량빈곤의 문제를 해결하기에 한계가 있었다. 새롭게 재정된 「국민기초생활보장법」에서는 수급자격에서 노동능력의 여부를 삭제하였으며, 급여내용에서도 주거급여가 신설되었다는 점에서 종전의 「생활보호법」과 큰 차이가 있었다. 그러나 노동가능한 사람에 대한 부조를 제공하는 데 대한 논란으로 법 제정과정에서 노동가능한 사람에 대한 자활후견사업이 추가되었다.

의료보험은 영역별 조합주의 관리방식이 문제점으로 등장하면서, 1997년 12월 국민「의료보험법」을 제정하여 1998년 10월부터 공무원 및 사립학교 교직원 의료보험과 지역의료보험을 통합하였고, 12월에는 「국민건강보험법」을 제정하여 2000년 7월부터는 직장의료보험까지 통합하여 건강보험으로 개편되었다.

농어촌까지 확대되었던 국민연금은 1999년 4월부터는 도시 자영업자까지 확대 적용함으로써 전 국민 연금시대를 열었다. 그러나 소득파악의 문제와 납부예외자의 인정으로 연금 사각지대의 문제는 여전히 남아 있다.

김대중정부에서 제정 또는 개정된 사회복지 관련법들은 사회보험 부문에서 국민건강보험법 제정(1999), 산업재해보상보험법 개정(1999), 공공부조 부문에서 생활보호법을 폐지하고 국민기초생활보장법 제정(1999), 의료보호법을 의료급여법으로 전문 개정(2001), 사회복지서비스 부문에서는 모자복지법을 「모·부자복지법」으로 전면 개정(2003)하였다.

8. 노무현정부

노무현정부는 외환위기 이후 심화된 경제양극화와 빈부격차를 해소하기 위하여, 3대 국정목표 중 하나로 '더불어 사는 균형발전사회'를 제시하고, 이에 따른 사회안전망을 구축하기 위하여 '기초생활보장의 내실화 등 취약계층 보호지원'을 100대 국정과제

중 하나로 추진하였다. 그리고 취약계층의 보호지원을 위하여 ① 사각지대 해소를 위한 제도개선과 차상위계층 보호, ② 일을 통한 탈빈곤 지원, ③ 사회적 취약계층의 보호강화, ④ 사회복지전달체계의 확대 개편을 추진하였다.

이와 함께 급속히 진행되고 있는 고령화에 대비하여, 2005년 6월 「저출산 · 고령사회기본법」을 제정하고, 이에 기초한 제1차 고령사회기본계획(새로마지플랜 2010)을 마련하여 범정부적 대응체계를 구축하였다. 기본계획은 4대 분야, 70개 이행과제, 242개 세부과제로 구성되어 있으며, 4대 분야는 ① 출산과 양육에 유리한 환경 조성, ② 고령사회 삶의 질 향상 기반 구축, ③ 저출산 · 고령사회의 성장동력 확보, ④ 저출산 · 고령화 대응 사회분위기 조성이다.

2007년에는 저부담고급여 구조의 국민연금제도를 개혁하고자 하였으나 급여수준을 일부 조정하는 수준에서 그쳤으며, 노인들의 연금사각지대를 해소하기 위하여 기초노령연금제도를 도입하였으며, 계속 논의되어 오던 공무원, 군인연금의 개혁은 끝내 이루지 못하였다.

노무현정부에서 제정 또는 개정된 사회복지 관련법들은 사회보험 부문에서 기초노령연금법 제정(2007), 노인장기요양보험법 제정(2007), 공공부조 부문에서 긴급복지지원법 제정(2005), 사회복지서비스 부문에서는 건강가정기본법 제정(2005), 노인복지법 개정(2007) 등이 있었다.

9. 이명박정부

2007년 출범한 이명박정부는 10년 만에 보수정부로 회귀하였기 때문에, 보수적 성향의 복지정책으로 개편되리라 예상되었다. 그러나 복지의 불가역성 때문에 큰 변화는 없었고, 종전의 노무현정부에서 도입된 제도가 정착 또는 유지되었던 시기라고 할 수 있다.

이명박정부는 '능동적 복지'라는 새로운 구호를 제시하였다. 능동적 복지란 빈곤과 질병 등 사회적 위험을 사전에 예방하고, 위험에 처한 사람들이 일을 통해 재기할 수 있도록 돕고, 경제성장과 함께라는 복지를 의미하였다(보건복지부, 2008). 즉, 능동적 복지란 '일할 능력이 있는 사람에게는 일자리를, 도움이 필요한 사람에게는 국가가 따듯한 손길을 제공하는 복지'를 의미한다.

추진방향은 모든 국민이 안심하고 살아갈 수 있는 평생복지, 개인별 특성에 맞는 예방 · 통합 · 맞춤형 복지, 일자리와 균등한 사회참여 기회를 제공하는 일하는 복지, 효율적 전달체계를 통한 국민체감형 복지이다. 추진전략은 공급자와 정부 중심에서, 수요자와 현장의 요구 중심으로, 정부주도 방식에서 정부와 민간이 협력하고, 물량 중심의 양적 확대에서 서비스의 실질적 성과를 추구한다는 것이다. 따라서 능동적 복지의 4대 목표는 ① 평생복지 안전망의 확충, ② 경제성장과 함께하는 보건과 복지, ③ 미래에 대비하는 가족정책, ④ 국민의 건강과 안전보장이다. 이러한 목표를 위해 국민연금의 개혁, 건강보험의 재정 안정, 노인장기요양보험의 실시, 일을 통한 복지를 강화하겠다는 것이다(원석조, 2016).

이명박정부의 능동적 복지는 노무현정부에서 준비한 노인장기요양보험을 실시한 것을 제외하고는 새로운 사회복지제도가 없어, 국가가 능동적으로 국민을 보호하기 보다는 국민이 능동적으로 일자리를 찾도록 하는 데 방점이 있는 정책이었다.

10. 박근혜정부

2012년 출범한 박근혜정부는 '맞춤형 고용 · 복지' 추진전략을 중심으로 국가발전의 선순환을 지향하였다. 이명박정부에서 논쟁의 대상이 되었던 보편적 복지정책을 수용하여 보수정부의 친복지정책을 통한 국민행복의 실현을 목표로 제시하였다. 구체적으로는 기초연금의 도입, 고용과 복지의 연계, 저소득층 맞춤형 급여체계 구축, 보육의 국가책임 확대, 4대 중증질환의 보장성 강화 등 23개 국정과제를 추진하였다.

그러나 이러한 국정과제는 시행과정에서 대폭 축소되거나 보류되었다. 소득보장 분야에서 가장 대표적인 과제였던 65세 이상 모든 노인에게 20만 원을 지급하겠다는 국정과제는 시행과정에서 소득 하위 70% 노인에게 월 10~20만 원을 국민연금 가입년도에 따라 차등지급하는 것으로 축소되었다. 또한 2015년 국민기초생활보호제도를 생계, 의료, 주거, 교육의 개별급여로 세분화하고, 중위소득에 기초한 상대적 빈곤개념의 도입,

부양의무자 기준의 완화를 중심으로 하는 맞춤형 급여체계로 개편하였다.

사회서비스 분야에서는 장기요양서비스의 제공을 시장에 의존하는 정도가 높아지면서 장기요양서비스가 질적으로 하락하였다. 민간영리업자들이 장기요양서비스를 제공하면 공급자 간 경쟁을 통해 서비스의 질이 높아질 것이라는 기대와는 달리, 영리업자들의 과도한 경쟁 속에서 편법적인 운영을 감행하면서 장기요양서비스의 질은 하락하고 장기요양시장은 심하게 왜곡되었다. 또한 보육의 국가책임 확대라는 과제는 누리과정 예산을 확정하는 과정에서 중앙정부 '중증질환 100% 국가보장' 과제 또한 대폭 축소되었다.

11. 문재인정부

2017년 촛불혁명의 열기 속에서 탄생한 문재인정부는 '포용과 혁신'을 사회정책의 목표로 내걸고, 사회통합의 강화, 사회적 지속 가능성 확보, 혁신능력 배양과 구현을 3대 비전으로 제시하였다. 그리고 구체적인 실천전략으로는, ① 소득불평등 완화를 위한 소득보장제도의 개혁, ② 공정사회를 위한 기회와 권한의 공정한 배분, ③ 사회통합을 위한 지역균형발전 추진, ④ 저출산 · 고령사회 대비 능동적 사회시스템 구축, ⑤ 사회서비스의 공공성 · 신뢰성 강화 및 일자리 창출, ⑥ 일상생활의 안전보장과 생명의 존중, ⑦ 인적자본의 창의성 · 다양성 증진, ⑧ 성인기 인적역량 강화와 사람중심의 일터 혁신, ⑨ 경제 · 일자리 선순환을 위한 고용안전망 구축을 제시하였다.

문재인정부의 주요 복지정책으로, 2017년 건강보험의 보장성 강화를 위하여 1차 의료의 접근 강화와 치매국가책임제를 실시하였으며, 2018년에는 소득보장을 위하여 노인의 기초연금을 30만 원으로 인상하고, 아동수당을 도입하였다. 또한 노동분야에서는 주 52시간 근무상한제를 실시하여 전 국민의 '일과 삶의 조화(워라밸)'를 추진하였다. 2019년에는 사회서비스의 공적 책임을 강화하기 위하여 「시 · 도별 사회서비스원 시범사업」을 실시하였다.

이상과 같은 우리나라 역대 정부의 사회정책을 사회복지와 관련된 주요 영역인 복지, 노동, 교육, 성평등, 주거별로 나누어 정리하면 다음 표와 같다.

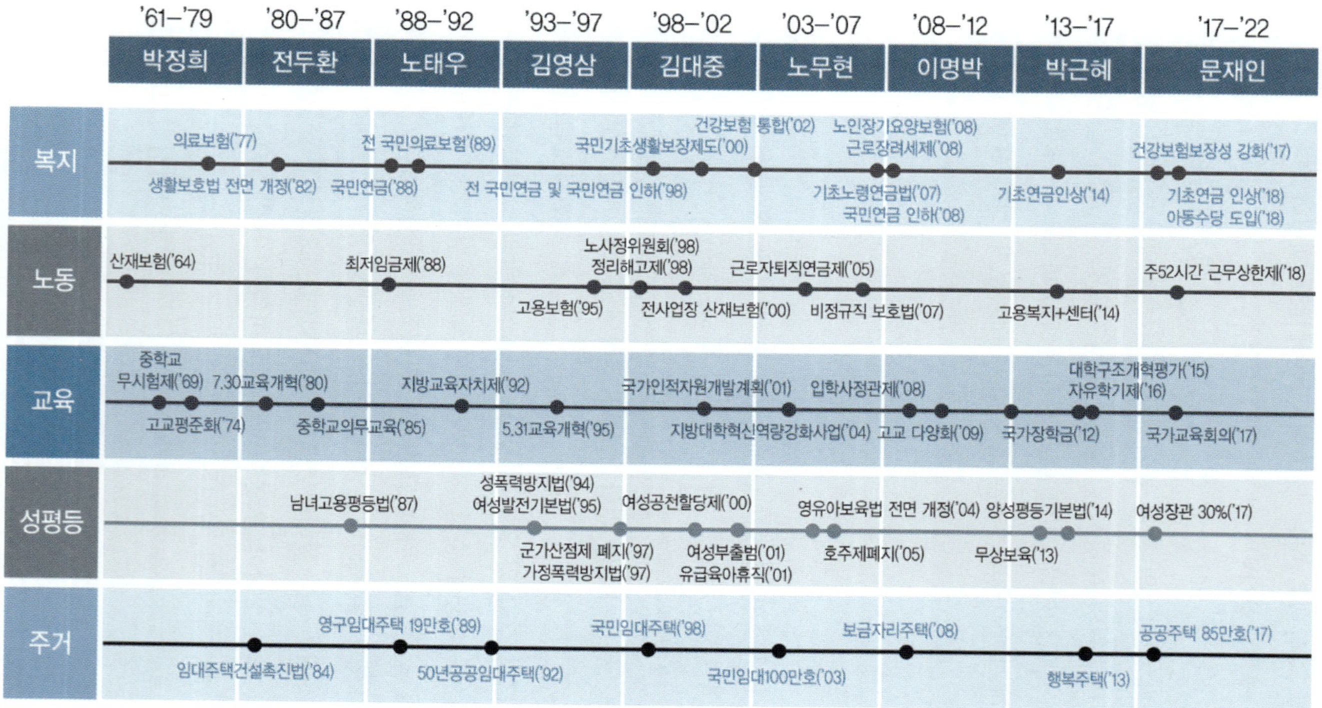

[그림 3-9] 우리나라 역대 정부의 사회정책(대통령직속 정책기획위원회·관계부처 합동, '문재인정부 포용국가 비전과 전략', 2018에서 발췌)

12. 우리나라 사회복지역사의 특징

이상에서 살펴본 바와 같이 우리나라 사회복지의 역사를 시대별 접근방법에 의하여 고찰하였다. 이러한 접근방법에 따라 우리나라 사회복지역사의 특징을 살펴보면 다음과 같다.

첫째, 우리나라 사회복지는 다른 동기보다는 정치적 동기와 밀접한 관련이 있다는 것이다. 다른 나라도 정치적 요인과 밀접한 관계를 어느 정도 지니고 있지만 우리나라의 경우는 다른 요인보다 너무 많은 영향을 미쳤다.

이러한 예를 들어보면, 제 3 · 4 · 5 · 6공화국의 대통령 선거 전후를 시점으로 사회복지의 근간이 되는 법들이 거의 입법화되고 있음을 알 수 있다. 1961년 「생활보호법」, 1963년 「산재보험법」을 위시하여 일련의 사회복지입법들이 1963년 10월 15일 대통령 선거 전에 대량 입법화되었으며, 1973년 「국민복지연금법」, 1977년의 「의료보험 및 의료보호법」의 경우도 그런 형태이다. 특히 「생활보호법」의 경우는 국민의 복지욕구, 정부의 복지전달체계 등 여러 문제에도 불구하고 정치적 요인에 의해 즉흥적으로 실시된 경우이다.

둘째, 적용 대상에 있어서는 선별주의 접근에서 점차 보편주의 접근으로 확대되어 가는 경향을 띠고 있다. 특히 사회보험 부문에 있어 대부분의 개발도상국가들이 그러하듯 사회보험 실시가 용이한 계층에서부터 점차 전 국민으로 확대되어 가고 있는 것이다. 그 사례로 1977년 의료보험 실시 이후 1989년 7월 1일 도시지역 의료보험이 실시되면서 전 국민의 보험화가 이루어졌고 다른 입법의 경우에도 이런 경향이 나타났다. 이런 현상은 국가가 「사회복지법」을 입법화하면서 재정적인 지원 및 체계를 완비하지 않고 즉흥적으로 「사회복지법」을 제정하는 경우가 많기 때문이다.

셋째, 정부의 사회복지입법에 대한 의지가 약하기 때문에 사회복지가 강제규정보다는 임의규정이 많아 공무원들의 재량권이 어떠한 정책이나 행정보다 많은 편이다.

넷째, 어떠한 법률을 제정 또는 실시하려면 사전 준비단계가 전제되어야 하는데, 우리의 경우 공청회 등이 생략되고 정부의 입장에서 일방적으로 실시되는 경우가 많다. 이런 이유 때문에 사회복지에 대한 국민들의 전체적인 합의가 부족하고 사회복지가 통합을 이루는 데 실패하였다고 볼 수 있다.

다섯째, 사회복지의 실시에 있어 준비단계가 부족하여 선진국의 법률이나 제도를 모방하는 경우가 많았다. 특히 사회복지 초기에는 이런 경향이 심하였다. 사회복지는 그 국가의 사회복지 수준을 포함하여 경제, 정치, 경제 등 다양한 요소를 포함해야 하기 때문에 우리의 실정에 맞는 사회복지제도로 발전해야 할 것이다.

4 사회복지의 가치와 이념

Introduction to Social Welfare

학습개요와 목표

4장에서는 우선 사회복지의 이념적 근거가 되는 가치에 대해서 알아보고자 한다. 사회복지는 가치지향적이며, 사회복지의 주요 가치에는 자유, 평등, 정의 등이 있다. 이러한 사회복지의 가치가 체계화되면 이념의 형태로 나타난다. 사회복지의 이념성향은 자유를 우선적 가치로 하는 신자유주의부터, 평등을 우선적 가치로 두는 마르크스주의까지 존재한다.

이 장의 학습목표는 다음과 같다.

- 사회복지의 이념적 근거가 되는 가치에 대하여 알아본다.
- 사회복지 이념의 개념을 이해하고, 자신의 이념성향을 확인해 본다.
- 사회복지의 이념을 분류하고 이념유형을 이해한다.

제1절 사회복지의 가치

1. 사회복지와 가치

사회복지는 가치지향적이며, 사회복지학은 가치지향적인 학문이다. 즉, 사회복지사나 사회복지정책 결정자가 어떤 가치를 가지고 있느냐에 따라, 사회문제의 원인분석부터 대책수립까지 달라지게 된다. 마셜(Marshall)은 "사회복지의 결정은 시장에서 개인적 선호의 총체적 집합이나 다수결의 결과가 아니라, 사회의 자율적 윤리체계에 의하여 구체화된 가치기준에 근거해야 한다. 사회의 가치기준에 근거한 합의가 없는 사회복지의 집행은 불가능하다"라고 하였다(Marshall, 1972).

그러면 가치란 무엇인가?

가치는 여러 가지로 정의할 수 있지만, '개인 또는 사회가 선호하거나 추구하는 믿음, 즉 믿음의 기준'이라고 할 수 있다.[1] 사회복지학자들은 사회복지의 가치를 유형화하거나 체계화하여, 가치의 우선순위나 중요도를 분석하고 있다. 퍼니스와 틸튼(Furniss & Tilton, 1977: 8)은 현대사회의 사회정책이 추구하는 일반적인 가치로, 평등(equality), 자유(freedom), 민주주의(democracy), 사회적 연대(social solidarity), 생존권 보장(security of existence right) 및 경제적 효율(economic efficiency)을 제시하고 있다. 또한 길버트와 스펙트(Gilbert & Speccht, 1974: 40-43)는 배분적 정의의 기초가 되는 가치로, 평등(equality), 공평(equity) 및 적절성(adequacy)을 제시하고 있다.

이 절에서는 사회복지 영역에서 중요하게 다루어지고 있는 여러 가치 중에서 사회복지 논쟁의 중심이 되고 있는 자유, 평등, 정의와 공평에 대하여 살펴보고자 한다.

1) 가치의 문제는 프랑스혁명이 자유, 평등, 박애를 혁명의 목표적 가치로 삼으면서, 인류사의 중요한 주제로 떠오르게 된다. 자유, 평등, 박애는 이후 프랑스 국기에서 3색(色)으로 표현되었으며, 자유는 청(靑), 평등은 백(白), 박애는 적(赤)으로 상징되었다.

2. 자유

1) 자유의 개념

자유는 근대 이후 인간생활에 가장 큰 영향을 미친 가치이지만, 자유의 개념과 본질을 파악하기는 쉽지 않다. 왜냐하면 역사적으로 특정 개인이나 집단의 요구가 자유라는 이름으로 주장되었고, 자유의 개념에는 다양한 내용들이 들어있기 때문이다.

자유에 관한 논의를 본격적으로 시도한 학자는 존 스튜어트 밀(John Stuart Mill)이다. 밀은 19C 중반 사회적 평등과 여론정치가 발달하면서, 이러한 발달이 사상과 행동의 획일화를 강요하고 여론과 관습을 앞세운 다수의 횡포가 인간의 개별성을 저해할 것을 염려하였다. 따라서 인간의 개별성을 지키기 위한 '자유의 원리'를 다음과 같이 제시하였다.

> "인간은 누구나 자신이 원하는 방식으로 자유롭게 살아가야 하며, 다른 사람의 자유를 침해할 수 있는 경우는 오직 자신의 보호를 위하여 필요한 경우이다" (밀, 2018).

이러한 자유의 개념을 보다 명료하게 설명한 학자는 벌린(Isaish Berlin)이다. 벌린(1969)은 자유를 '소극적 자유(negative liberty)'와 '적극적 자유(positive liberty)'로 구분였다.

소극적 자유는 '외적인 구속이 없는 것'을 의미한다. 즉 "어떤 행위자가 타인으로부터 간섭 없이, 하고 싶은 것을 할 수 있는 상태"를 의미한다. 이는 자유를 '외부의 강제가 없는 상태'라는 객체적 측면에서 파악하는 것으로, "어떤 사람이 소극적 자유를 갖지 못하였다는 것은 그가 어떤 목적을 달성하는 데 있어 방해를 받았을 때에 한정되어야 한다"는 것이다(Berlin, 1969: 121–122). 소극적 자유는 일반적이고 전통적인 자유의 개념으로, 국가의 간섭으로부터 벗어나려는 시민적 자유의 개념 속에서 탄생하였다.

적극적 자유는 '자신이 원하는 것을 할 수 있는 것'으로, '자기 자신의 인생과 의사결정을 외부적인 힘에 의해서가 아니라 자신이 할 수 있도록 스스로가 자신의 지배자가 되는 것'을 의미한다. 이는 자유를 '무엇인가를 할 수 있는 자유'라는 주체적 관점에서 파악한 것으로, 인간은 모두 무한한 가치를 가지고 있는데 그 가치를 실현시키는 불가결의 요소가 자유라고 보는 것이다(김성천 외, 2015: 177-178).

벌린은 자유의 개념 중 소극적 자유를 진정한 의미의 자유라고 주장하는데, 일반적으로 소극적 자유는 국가와 타인의 관계에서 국가의 통제가 없거나 최소한으로 규정할 것을 전제로 한다. 또한 하이에크(Hayek)는 자유를 "한 개인이 타인의 자의적인 의지에 의해 강제되지 않은 상태"라고 정의하면서, "정부의 개입은 정부 관료에게 과도한 권력을 부여함으로써 관료주의 행정국가를 탄생시키고 국민의 운명이 정부 정책에 의해 좌우되는 사태가 발생한다"고 주장한다(Hayek, 1960: 11).

이러한 주장은 사회복지가 개인의 자유를 침해한다고 비판하는 신자유주의의 이론적 근거가 되기도 한다. 즉, 시장의 거래에 의한 자원의 배분은 거래 당사자들의 자유로운 선택의 결과인 반면에, 정부의 사회복지에 의한 자원의 배분은 개인의 자유로운 선택을 제한하는 경향이 있다는 것이다. 또한 사회복지에 필요한 자원을 많이 제공하는 사람이 혜택을 적게 보는 경우에는, 그 차이만큼 부당하게 개인의 자유를 침해당한다는 것이다.

그러나 이러한 국가의 역할과 관련한 소극적 자유의 개념에 대해서는 반대의 의견도 존재한다. 홉하우스(Hobhouse)는 국가의 강제적 측면이 개인의 자유를 침해한다는 점을 인정하면서도, "한 개인의 자유가 다른 사람의 자유를 침해하는 경우에는, 이를 방지하기 위한 국가의 강제는 정당하다"고 한다(Hobhouse, 1964: 17). 즉 자유의 한계[2]는 한 개인의 반사회적 행동을 막는 국가의 강제행위는 개인의 자유를 감소시키기는 하지만, 사회 전체의 자유를 증대시킨다는 것이다. 특히 사회복지가 제공하는 급여와 서비스는 사회적 보편성을 가지고 있을 뿐만 아니라, 사회 전체를 위해서는 국가가 강제적으로 제공하는 것이 개인의 자발적인 선택의 자유에 맡겨 둘 때보다 효과적일 수 있다.

2) 이른바 '자유의 한계'는 '한 사람의 자유는 다른 사람의 자유가 시작되는 곳에서 끝나야 한다'는 로마법의 원칙에서 유래한다.

2) 자유와 사회복지

(1) 선택의 자유

사회복지의 논쟁에서 '선택의 자유'는 공공복지를 반대하는 사람들의 핵심 주장의 하나다(Higgins, 1982: 186). 공공복지 반대론자들은 '재화와 서비스를 나누는 가장 효과적인 방식은 자유시장의 수요 · 공급을 통한 것'이라고 주장하면서, 소비자 주권은 다양한 대안 상품들 중에서 선택을 함으로써 옹호될 수 있고 효용 또한 극대화시킬 수 있다는 것이다. 이러한 측면에서 볼 때, 공공복지제도는 특정한 자유 요소를 없애는 것으로 간주되기 때문에 비난을 받는다.

반면, 사적 시장 반대론자들의 주된 관심은 '완전경쟁 시장에서 소비자가 진정으로 자유로운가' 하는 점이다. 재화와 서비스가 사적 시장에 의해 제공될 경우, 소비자는 자신의 자원을 자유롭게 처분할 수 있는 권리는 가질 수 있을지 모르지만, 다양한 재화와 서비스들 중에서 최상의 선택을 도모하기에는 오히려 부적합할 수 있다는 것이다. 현실적으로 소비자는 자신의 능력 내에서 가능한 것만을 선택할 수 있고, 다양한 재화와 서비스의 유용성과 상대적 장점에 대한 지식이 부족하다. 나아가 공공 영역에서 특정 재화와 서비스를 제공하지 않는다고 해서 항상 사적 시장이 그 서비스를 제공하지 않을 수도 있을 뿐만 아니라, 사적 부문에서 제공되지 않는다고 해서 이 서비스들에 대한 욕구가 없어지는 것 또한 아니기 때문이다. 무엇보다도 사적 부문에서 서비스가 제공된다고 하더라도 사용자가 지불할 능력이 없을 수도 있을 것이다.

요약하면, 소득수준이 높은 계층의 경우 세금이 줄어들면 처분 가능한 자원의 총량이 증가하게 되고, 그 결과 다양한 공급자들이 제공하는 고품질의 서비스를 사용할 수 있기 때문에 처분의 자유를 제고시킬 수 있다. 그러나 소득수준이 낮은 계층은 세금을 거의 납부하지 못하고 처음부터 처분의 자유가 없었으며, 공공복지 급여를 통해 보장받던 결핍으로부터의 자유도 상실하게 된다(Tawney, 1964: 229). 이렇게 볼 때 상이한 소득집단은, 복지에 대한 책임이 축소되거나 확대될 때, 선택의 자유의 정도도 달라짐을 알 수 있다. 즉, 사회복지에서 선택의 자유는, 자유의 총합은 거의 변화가 없지만, 일부 사람들이 얻는 자유는 다른 사람들이 잃는 자유가 되는 것이다(Higgins, 1982: 187–188).

(2) 처분의 자유

공공복지제도에서 자유와 관련되는 또 다른 문제는 '처분의 자유'다. 사회복지 급여 형태에서 현물급여는 목표 효율성을 달성하는 면에서 현금급여보다 상대적으로 유리하지만, 수혜자의 처분의 자유를 심각하게 훼손시키는 결과를 가져올 수 있다. 반대로 현금급여는 수혜자의 처분의 자유는 제고시킬 수 있을지 모르지만, 목표 효율성을 달성하기는 용이하지 않을 것이다.

(3) 행동의 자유

공공복지의 개입이 침해할 수 있는 또 다른 자유는 '행동의 자유'다. 행동의 자유는 특히 사적이고 민감한 영역으로 간주되기 때문에, 개인의 행동에 대한 공공 영역의 개입 정도는 논란의 대상이 된다. 이와 관련하여 마셜(1969: 269)은 "개인의 행동의 자유는 자신의 이익과 공공의 이익을 위해 합리적으로 제한될 수 있다."고 주장하고 있다. 하지만 어떤 상황에서 누구에게 무엇을 제공해야 하는지에 관한 서비스를 계획할 때는 신중을 기할 필요가 있을 것이다. 공공복지를 통한 개입은 개인의 행동의 자유를 침해하는 것으로 간주될 수 있을 것이기 때문이다. 특히 최근에 사회적 안전과 건강을 증진시키기 위한 방안으로 공공 영역에서 개입을 강화하고 있는 공공장소 흡연금지, 음주운전 금지, 안전벨트 및 헬멧 착용, 마스크 착용, 예방접종 등과 관련된 이슈들은 이러한 행동의 자유와 관련되는 논쟁들이다.

자유민주주의 사회에서 개인의 자유는 최대한으로 보장해야 한다. 하지만 무제한의 자유를 모든 사람에게 보장하는 것은 불가능하므로, 우리가 추구해야 할 자유는 제한적일 수밖에 없다. 사회복지가 시장의 거래에 의한 배분에 개입하며 자유로운 선택의 기회를 제한할 때는 소극적 자유를 침해하는 것이지만, 이를 통하여 경제적, 사회적 지원이 부족한 사람들이 자신이 원하는 것을 성취할 수 있는 능력을 갖게 할 때에는 적극적인 자유를 신장시키는 것이 될 것이다. 이처럼 적극적 자유를 제고하는 것이 소극적 자유를 제한하는 것보다 사회적으로 보다 바람직할 수 있다. 이를 지지하는 근거는 소극적 자유로부터 감소되는 효용보다 적극적 자유로부터 증가되는 효용이 더 클 수 있기 때문이다. 이런 점에서 소극적 자유의 제한이 적극적 자유를 확대하여 인간이 인간답게 살 수 있는 사회적 가치를 실현하는 데 용이하다면 이를 사회적으로 합의 · 인정하지 않을 수 없을 것이다(김성천 외, 2015: 179-181).

3. 평등

1) 평등의 개념

사회복지가 지향하는 또 다른 가치 중의 하나가 평등이다. 평등은 자유과 함께 인간이 인간됨을 실현하기 위한 가장 중요한 가치의 하나이다.[3] 평등의 개념은 18세기 이후 정의나 사회형평의 이론의 기본적인 전제가 되고 있다. 여기서 평등은 단순히 '법 앞의 평등'만이 아니라 '인간의 존엄성과 가치는 동일하기 때문에 재화나 서비스가 모든 인간에게 동일하게 배분되어야 한다'는 것이다. 따라서 퍼니스와 틸튼(1977: 29)은 평등을 "모든 인간이 충분하고 만족스러운 삶을 영위할 수 있는 권리를 똑같이 지니고 있다는 신념"이라고 정의하고 있다.

평등의 개념은 결과의 평등, 조건의 평등 그리고 기회의 평등으로 구분된다. 먼저, 결과의 평등은 모든 사람을 똑같이 취급하여 개인의 욕구나 능력의 차이에 관계없이 사회적 자원을 똑같이 분배하는 것을 의미한다. 반면에 조건의 평등은 개인의 욕구, 노력, 능력 및 기여의 정도 등 조건에 따라 사회적 자원을 상이하게 배분하는 것을 의미하는데, 흔히 이를 공평(equity)이라고 한다. 기회의 평등은 결과와 상관없이 결과를 얻을 수 있는 과정상의 기회만을 똑같이 준다는 개념이다.

최근 평등의 개념에서 논란이 되는 것은 기회의 평등이다. 진보에 속한 사람들뿐만 아니라 보수에 속한 사람들도 기회의 평등에는 일정 부분 동의한다. 하지만 보수의 견해는 기회의 평등에서 기회를 강조하는 반면, 진보의 견해는 기회의 평등에서 평등을 강조한다. 즉, 기회의 평등이 단순한 명목상의 기회가 아니라 실질적인 기회가 되도록,

3) 공자는 『논어, 계씨편』에서 "불한과이환불균, 불환빈이환불안(不患寡而患不均, 不患貧而患不安: 적은 것을 걱정하지 않고 고르지 못한 것을 걱정하며, 가난한 것을 걱정하지 않고 편하지 못한 것을 걱정한다)"라고 하였다. 이 말은 후대에 "불환빈환분균(不患寡患不均: 가난한 것이 걱정이 아니라 고르지 못한 것이 걱정이다)"로 정리하여 사용되고 있다.

기회의 개념을 확대하여야 한다는 것이다. 이는 상이한 사람에게 상이한 대우를 하는 것이 기회의 평등이라는 것이다. 이와 같이 강조점의 차이는 흔히 평등이 정책에 적용되는 방식에서의 실질적인 차이를 일으킬 수 있는데, 기회의 평등 요소를 강조하게 되면, 기회의 평등은 조건의 평등에 근접하는 것이다.

2) 평등과 사회복지

평등은 사회복지의 논의에서 가장 중심이 되는 가치이다. 이념적으로 진보에 속하는 사람들은 사회복지란 공평한 사회를 만들기 위해 재화와 의료, 교육 및 기타 서비스를 제공하는 이상적인 제도로 파악한다. 그러나 보수에 속하는 사람들은 사회복지가 시장기능의 보완이 아닌 평등이라는 가치에 초점을 맞추게 되면 상당한 비용이 발생하고 비효율성이 높다고 본다. 즉, 이러한 사회복지를 유지하기 위해서는 평균 이상의 소득을 가진 계층들이 높은 세금을 부담하여야 하고, 수급자의 근로동기는 낮아지고 경제성장이 둔화될 뿐만 아니라, 국가의 과도한 개입이 이루어진다는 것이다.

이처럼 평등의 가치는 사회복지에 관한 논의의 중심축을 이루고 있음에도 불구하고, 최근의 정치적 · 경제적 환경 변화와 맞물려 그 중요성에 대한 논의가 약해지고 있다. 구소련과 동유럽에서 사회주의가 몰락함에 따라 평등에 대한 중요한 준거점이 상실되었기 때문이다.

또한 평등의 중요성을 희석시키는 요인은 지난 수십 년 동안 소득과 부의 패턴이 변했다는 점을 들 수 있다. 즉, 불평등은 확대되었을지 모르지만 전체의 생활수준은 꾸준히 향상되는 방향으로 가고 있다는 점이다. 이에 따라 평등과 자원 재분배의 확대를 지지하는 정당은 더 이상 예전과 같은 호소력을 지니지 못하게 되었다. 하지만 자원 재분배 방식에서 사회를 실질적으로 과거보다 균등하게 만들기 위해 평등의 가치를 강조하는 것은 인간의 존엄성을 확보한다는 차원에서 바람직한 것이다.

4. 정의

1) 정의의 개념

철학자들은 오래 전부터 바람직한 분배의 문제를 정의(justice)라는 개념과 결부시켜 성찰해 왔다. 즉, "분배와 관련된 정의의 본질이 무엇인가?"라는 물음의 형태로 도덕철학 또는 윤리학의 일부로 논의되어 왔다(이준구, 1999). 다시 말해, 정의는 분배의 기준에 관한 것으로, 넓은 의미와 좁은 의미로 구분된다. 넓은 의미에서 정의를 해석하면, 사회적으로 의미 있는 모든 편익과 부담이 사회의 구성원 사이에서 분배되는 것과 관련된 정의를 뜻한다. 이에 비해 좁은 의미에서 해석하면, 경제적인 것에 국한된 편익과 부담의 분배와 관련된 정의를 뜻한다.

21세기 한국에서 정의가 관심을 끌고 있는 이유는, 1997년 외환위기 이후 20여 년 동안 한국사회가 신자유주의의 혹독하고 과도한 경쟁체제에 내몰린 탓이다. 신자유주의 경쟁체제에서는 대부분 시장이 가격경쟁에 내몰린다. 또한 비정규직을 제도화하고 생산단가를 떨어트려 이윤을 얻는다. 단기성과를 내라는 압박에 쫓겨 경쟁에 뛰어들지만, 결국 극소수만 승리하고 대다수는 생존을 위한 주변인으로 전락하게 된다. 이러한 과정에서 많은 사람들은 한국사회의 정의에 대해서 의문을 갖게 되고, 법정에서 이해관계를 다투듯 경쟁의 공정성, 즉 정의를 부르짖게 되는 것이다.

그러나 정의는 단순한 개념이 아니다. 정의는 평등, 욕구, 권리, 자유 등에서 어느 것을 중심적 가치로 정하느냐에 따라 그 의미가 달라지기 때문이다. 즉, 정의의 개념은 "받을 만한 자격이 있는(deserving) 사람에게 제공하는 것, 모든 사람을 평등하게 대우하는 것, 모든 사람의 자유를 평등하게 존중하는 것, 모든 사람의 기본적 권리를 평등하게 존중하는 것, 최대다수의 최대행복을 촉진하는 선택권을 추구하는 것, 동일한 노력에 대하여 동일하게 보상하는 것, 각자의 능력에 따라 일하고 각자의 욕구에 따라 제공되는 것" 등 다양하게 정의할 수 있다(Loizou, 1997: 163-165).

2) 정의에 대한 대립적 관점

(1) 롤즈의 정의

존 롤즈(John Rawls)의 정의는 평등을 중요시하고 있는데, 이는 정의의 일반적 개념을 공정성(fairness)이라고 부르는 데서 알 수 있다. 롤즈는 "공정성의 핵심은 '운(運)의 중립화'이다. 어디에서 태어났는지, 남자인지, 여자인지, 부자인지, 가난한지 등 우연하게 나타날 수 있는 사회적·자연적 조건을 없애야 한다. 그래야만 공정한 사회를 만들 수 있다"고 하면서 운의 중립화를 위한 '원초적 입장(original position)'의 '무연고적 자아(unencumbered self)'라는 개념을 제시하였다. 무연고적 자아는 출생, 성별, 빈부 등 자신의 주관적인 상황을 모른다는 '무지의 베일(veil of ignorance)에 가린 자아'를 의미한다. 또한 롤즈는 "자유와 기회, 소득과 부, 자존심 등의 모든 사회적 가치는 불평등한 분배가 모든 사람에게 이롭지 않다면, 평등하게 분배되어야 한다"고 하였다. 즉, 불평등한 분배가 모든 사람에게 이롭다면 불평등하게 분배되어도 된다는 것이다. 이러한 주장은 '정의의 원칙(principle of justice)'에서 보다 분명해진다(Rawls, 1971: 62).

롤즈의 첫 번째 정의의 원칙은 '평등한 자유의 원칙(principle of equal liberty)'으로, 각자는 타인의 유사한 자유와 양립하는 범위 내에서 가장 광범위한 기본적 자유에 대한 동등한 권리를 갖는다는 것이다. 이러한 자유에는 소위 시민적 자유, 양심과 사상의 자유, 사유재산권, 언론과 결사의 자유, 공직에 대한 선거권 및 피선거권, 신체의 자유, 부당한 체포 및 구금으로부터의 자유 등이 포함된다. 그에 따르면, 이러한 자유는 개인이나 집단의 자유가 타인이나 타 집단의 자유를 침해하는 것이 아닌 한 침해될 수 없다고 한다(Rawls, 1971: 316).

롤즈의 두 번째 정의의 원칙은, 사회적·정치적 불평등은 ① '최소 수혜자(the least advantaged)'에게 최대의 이득이 되고(차등의 원칙), ② 모든 사람에게 기회가 균등하도록 직책과 지위가 부여될 때(공정한 기회균등의 원칙), 허용된다는 것이다. 이 두 가지 중 특히 차등의 원칙이 중요하다. 이는 원칙적으로 경제적 평등을 대상으로 한 것으로, 자유주의적 원칙인 법적 평등에 더하여 소유에 대해 평등을 언급하고 있다. 즉, 불평등이 허용되는 것은 그것이 사회의 최소 수혜자의 관점에서 이득이 되는 경우에 한정된다는 것이다(Rawls, 1971: 316).

롤즈는 정의의 두 원칙 간에 우선순위를 두고 있다. 즉, 제1의 원칙인 '균등한 자유의 원칙'이 충족된 후에 제2의 원칙인 '차등의 원칙'과 '공정한 기회균등의 원칙'이 고려될 수 있으며, '제2의 원칙'에 의해 '제1의 원칙'이 조금이라도 손상되어서는 안 된다. 이것은 부와 소득의 분배 그리고 권력의 차등화 문제는 평등한 시민권의 자유와 기회의 균등이 보장되는 기본 전제하에서 추구될 수 있다는 것으로, 평등은 결코 자유를 앞지를 수 없다는 것이다(Rawls, 1971: 82).

또한 롤즈는 자유와 자유의 가치를 구별하고 있다. 그에 따르면, 개인에게 자유의 가치는 체제 내에서 자신의 목적을 실현할 수 있는 각자의 능력에 비례한다(Rawls, 1971: 204). 그는 평등한 자유로서의 자유는 모든 이에게 동일하지만 자유의 가치는 모든 이에게 동일하지 않으며, 보다 큰 부와 권력을 갖는 자에게는 그들의 목적을 달성할 수 있는 보다 큰 수단이 주어진다는 것을 인정하고 있다(Rawls, 1971: 204). 자유의 실현과 관련되는 이러한 자유의 가치는 차등의 원칙에 따라 분배되어야 하는 것이다.

요약하면, 롤즈는 정의로운 사회란 '자유를 기본적인 전제로 하면서, 보다 평등한 배분이 이루어질 수 있는 사회'를 의미한다고 한다. 그는 자유를 포함한 모든 사회적 가치는 일부 혹은 전부의 불평등한 분배가 최소 수혜자의 이익이 되지 않은 한 평등하게 배분되어야 한다고 주장함으로써, 자유에 평등을 접목시키고 있다. 이는 한편으로는 평등보다는 자유를 우선함으로써 전통적인 자유주의자들과의 견해를 공유하고, 다른 한편으로는 차등의 원칙을 통해 그 한계를 넘어서려는 노력을 보여 주고 있다(김성천 외, 2015: 189-190).

(2) 센델의 정의

이러한 롤즈의 자유주의적 정의관을 비판한 대표적인 학자는 마이클 샌델(Michael Sandel)이다(Sandel, 2012).

센델은 롤즈의 '원초적 입장'의 '무연고적 자아'라는 전제를 비현실적이라고 비판한다. "무연고적 자아는 자신의 주관적인 상황을 모른다는 가정으로, 이는 개념상으로만 가능할 뿐이며, 모든 인간은 환경 · 역사 · 사회로부터 자유로울 수 없는 '현실적인 자아'를 갖고 있다"는 것이다. 또한 롤즈의 '무지의 베일'이라는 전제도 비현실적이라고 비판한다. "무지의 베일은 정의의 원칙을 합의하는 당사자들이 공정성을 확보하기 위하여, 자신이 속한 계층 · 성별 · 인종 · 용모 · 재능 등 주관적 가치관에 대한 정보를 배제하는 사고실험(thought experiment)일 뿐이다"라고 한다.

그리고 이러한 전제에서 도출된 '중립성(neutrality)'이라는 롤즈의 자유주의적 기준도 비판하고 있다. "자유주의는 중립성이라는 기준에 의해서 개인의 권리의 우선성을 강조하고, 공적 담론에서 특정한 종교관이나 도덕관을 배제하고 있다"는 점을 지적하였다. 중립성과 절차주의를 강조하는 자유주의는 도덕적, 종교적 논쟁에서 어떤 해결책도 제시하지 못하는 방임적인 시각이라고 비판하면서, 센델은 대안으로서 공동체주의를 제안한다.

따라서 롤즈의 자유주의는 개인의 자유와 권리를 추구하고, 공정성과 가치중립과 객관성을 강조하지만, 센델의 공동체주의는 공동 선(virtue)을 추구하고, 연대와 책임의식과 적극적 가치판단을 강조한다. 즉, 정의는 가치 중립적인 것이 아니라, 가치 판단적이라는 것이다.

센델의 정의는 "공동체에 헌신하는 시민적 덕성(civic virture)을 키우고, 공동 선을 추구하는 '좋은 삶'에서 출발해야 한다"고 한다. 인간은 자신이 속한 공동체의 전통 · 관습 · 문화 · 규범 등의 영향을 받으며 독특한 가치관과 정서를 형성하는 존재로, 공동체 내에서의 연대와 협력의 관계 속에서 성숙된다는 것이다.

따라서 센델은 '연대 의무(obligation of solidarity)'를 강조한다. 연대 의무란 인간이 자신이 속한 공동체가 자신에게 준수하기를 바라는, 기대하는 전통이나 정체성을 충족해야 할 의무를 말한다. "인간은 이러한 연대 의무가 있기 때문에, 인간의 보편적이고 중립적인 자유를 운운하면서 공동체에 대한 책임을 회피하는 것은 정의롭지 못하다"는 것이다. 이러한 관점에서 보면, 일본의 전범 세대의 후손들은 자신들이 직접 범죄를 저지른 것은 아니지만, 자신들이 혜택을 받으며 속해 있는 공동체가 이전 세대의 역사로부터 서사적(narrative) 연관성을 갖기 때문에, 이전 세대의 역사적 과오에 대해서도 책임을 져야 한다는 것이다.

(3) 노직의 정의

노직(Robert Nozick)의 출발점은 자유를 주요 내용으로 하는 강력한 개인의 권리와 제한적인 정부 또는 '최소한의 정부(minimal state)'이다. 그는 개인과 국가 간의 관계를 다음과 같이 정리하고 있다. "국가는 강압, 절도, 사기로부터의 보호, 계약의 집행 등의 좁은 기능들에 국한된 '최소 국가'가 정당하며, 그 이상으로 확장된 국가는 특정한 것을 하도록 강요당하지 않을 개인의 권리를 침해할 것이므로 부당하다"(Nozick, 1974: xi)는 것이다. 이와 같이 노직은 국가가 개인의 권리를 보호할 최소한의 역할에만 그쳐야 한다고 확신하고 있다.

이처럼 노직의 절대적 관심사는 "개인의 권리를 어떻게 보호할 것인가?" 하는 문제다. 따라서 그는 최소 수혜자 계층에 대한 사회적 책임을 묻는 롤즈의 분배적 정의를 타인의 권리와 자유를 규제하고 타인의 권리를 유용하는 비도덕적 간섭으로 본다. 즉, 그에 따르면, 어떤 사람으로부터 노동의 결과를 점유한다면 그에게서 시간을 빼앗고 그로 하여금 여러 다양한 행동을 하도록 강제하는 것과 다를 바 없는 것이다. 나아가 그 사람으로부터 결정권을 빼앗아 가는 것이고 다른 사람들이 그 결과에 대한 '부분적인 소유자(part-owner)'가 되는 것으로, 그 사람의 재산권의 일부를 박탈하는 것이나 다름없는 것이다(Nozick, 1974: 218).

롤즈는 차등의 원칙을 통해 개인적 선택의 부정적 결과에서 생기는 최소 수혜자의 불평등까지 시정하고자 노력했던 반면, 노직은 사회적 불평등은 순수하게 개인적 능력과 선택의 책임으로 미루어 놓는다. 이와 같은 노직의 정의관에 따르면, 일반 조세를 통한 복지급여를 제공하는 것, 혹은 부유한 사람에게서 빈곤한 사람에게로 재분배시키는 근거는 어떤 경우라도 엄밀한 의미의 권리를 침해하게 된다. 나아가 그는 "노동수입에 대한 과세는 강제노동과 똑같다"(Nozick, 1972: 169)라고 주장하고 있다.

결론적으로 노직은 진정한 자유를 획득한다는 것이 어떤 형식이 있는 부의 분배와 재분배를 강요하는 정의론과는 양립할 수 없다고 본다. 노직은 개인이 정부활동이나 간섭에 앞서서 소유권을 보유하고 있다면, 정부가 합법적으로 소유하게 된 사유재산을 재분배하려는 것은 위법이며, 정부는 복지활동에 관여할 어떤 권능도 갖고 있지 않다는 것이다.

4-1 세금해방일

4월 18일, 당신이 세금에서 해방되는 날(자유경제원)

자유경제원은 2023년 4월 18일을 '세금해방일'이라고 발표했다. 세금해방일은 국민 개개인이 세금을 내기 위해 얼마나 많은 시간을 일해야 하는지를 알려 주는 지표다. 이는 1월 1일부터 4월 18일까지 108일은 올해 부과된 세금을 내기 위해 일한 날이고, 19일부터 12월 31일까지 257일간 번 돈이 진짜 내 소득이 된다는 의미다.

각 정부 마지막 연도 세금해방일

노태우	3월9일(+3)	노무현	3월28일(+8)
김영삼	3월14일(+5)	이명박	3월24일(-4)
김대중	3월20일(+6)	박근혜	3월26일(+2)

자료:자유경제원

정부별 집권 5년차 세금해방일을 보면 박근혜정부에서 이명박정부 때보다 이틀 늦춰졌다. 각 정부 마지막 해 세금해방일은 노태우정부 때 3월 9일로 이전 전두환정부보다 사흘 늦어졌고, 이후에도 정부별로 계속 늦춰져 노무현정부 때는 3월 28일이었다. 이명박정부에서 3월 24일로 당겨졌다가 다시 박근혜정부에서 늦춰진 것이다.

5. 공평

1) 공평의 개념

공평(equity)은 '공정한 평등'으로 공정(fairness)과 평등(equality)이 합쳐진 개념으로, 어의적으로는 공정한 평등을 의미한다. 그러나 우리가 사는 세상에서 '무엇이 공평한 것인가'를 실제로 판단하기는 쉽지 않다. 사회복지에서 추구하는 공평의 문제는 '다양한 욕구를 사회복지 대상자를 어떠한 기준으로 대해야 공평한 것인가' 하는 것이다.

2) 공평의 내용

사회복지 대상자들은 다양한 욕구를 가지고 있다. 이들이 가진 다양한 욕구를 한정된 자원으로 모두 충족시켜 주는 것은 현실적으로는 불가능한 것이기 때문에, 사회복지 대상자들이 가진 욕구를 일정한 기준에 따라 분류하는 것이 필요하다.

사회복지 대상자의 욕구는 우선 '인간으로서 갖는 공통적인 욕구'와 '개인으로 갖는 개별적인 욕구'로 나누어 볼 수 있으며, 공통적인 욕구와 개별적인 욕구는 공평의 기준도 달라질 것이다. 공통적인 욕구에 대해서는 공통적인 급여를, 개별적인 욕구에 대해서는 개별적인 급여를 제공하는 것이 공평의 기준이 될 수 있다. 이는 '같은 욕구를 가진 대상자에게 같은 급여를 제공하여야 한다'는 것과 '다른 욕구를 가진 대상자에게는 다른 급여를 제공하여야 한다'는 것을 의미한다. 즉, 공평은 형식적으로도 공평해야 하지만 실질적으로 공평하여야 한다.

(1) 형식적 공평

형식적 공평은 '공정한 평등'에서 평등을 강조하는 부분으로, '같은 것을 같게 대우하는 것(equal treatment for equals)'을 의미한다. 형식적 공평은 모든 사회복지의 대상자는 인간의 존엄성을 갖고 평등하게 태어났기 때문에 평등한 대우를 받아야 한다는 것이다. 사회복지에서 일정 범주에 해당되면, 성별 · 나이 · 재산상태 등 대상자의 속성에 관계없이 급여를 지급하는 수당제도가 가장 대표적이다.

(2) 실질적 공평

실질적 공평은 '공정한 평등'에서 공정을 강조하는 부분으로, '다른 것을 다르게 대우하는 것(unequal treatment for unequals)'을 의미한다. 실질적 공평은 모든 대상자가 인간의 존엄성에서는 평등하지만, 성별, 나이, 재산상태 등 대상자의 속성이 다르기 때문에, 오히려 다르게 대우하는 것이 공평하다는 것이다. 사회복지에서 대상자의 속성에 따라 급여를 다르게 지급하는 공공부조가 가장 대표적이다.

제2절 사회복지의 이념

1. 사회복지의 이념

일반적으로 이념이란 '한 개인이나 집단 구성원의 사회적 위치나 상황, 집단이 지향하는 목표나 미래상 등에 관한 신념체계'라고 할 수 있다(장인협, 1999: 45). 사회복지를 연구하거나 실천하는 사람들은 사회복지에 내재되어 있는 이념적 특성을 파악하는 것이 매우 중요하다.

이념, 즉 이데올로기는 크게 보수(우파)와 진보(좌파)로 나눌 수 있으며,[4] 극우(순수 자본주의 체제)와 극좌(순수 사회주의 체계)의 연속선상의 다양한 조합으로 존재한다. 극우 이념은 자본주의 초기의 '자유방임(laissez-faire)'의 철학을 그대로 이어받고 있을 뿐만 아니라, 자본주의 체제가 가지고 있는 근본적인 결함을 인정하지 않는다. 따라서 정부의 역할은 자본주의 체제가 갖는 장점을 조장하는 것에 한정시키고자 하는 전통적인 자본주의 이념이다. 이에 반하여, 극좌 이념은 기업과 자유경쟁의 시장경제를 전제로 하는 자본주의 경제체제는 비효율적이며 불공정하다고 비판한다. 따라서 시장경제는 정부에 의해서 계획된 합리적 질서에 의하여 대체되어야 하며, 이러한 질서에 의해서만 모든 사람들이 기본적인 욕구를 충족할 수 있다고 주장하는 전통적인 사회주의 이념이다.

이와 같은 극단적인 이념을 양 축으로 하여, 이들을 조화시키려는 중도적인 이념이 있다. 중도적 이념은 자본주의 체제를 중심으로 사회주의의 특성을 가미하려는 수정자본주의 이념과 사회주의를 기반으로 자본주의 경제체제의 특성을 일부 도입하려는 사회민주주의 이념이 있다.

4) 프랑스혁명 이후 구성된 국민공회는 두 개의 파벌, 즉 귀족의 이해를 대변하는 '왕당파(지롱드파)'와 부르주아의 이해를 대변하는 '공화파(자코뱅파)'로 나뉘었다. 왕당파는 현 체제를 존속하는 쪽으로, 공화파는 이를 혁파하고 새로운 정치체제를 구현하는 쪽으로 대립하였다. 국민공회를 구성할 때 공화파가 국민공회의 좌측에, 왕당파가 우측에 자리했다 하여, 그 이후 진보세력(공화파)을 좌파, 보수세력(왕당파)을 우파로 분류하였다.

〈표 4-1〉 이념성향 조사표

분류	내용	확인
1. 대북지원	① 북한 개방과 무관하게 적극 지원 확대	
	② 대북 지원 확대 통해 북한 개방 유도	
	③ 북한의 개방에 상응해 지원	
	④ 북한 정권 연장시키므로 전면 중단	
2. 외교 · 안보 정책 방향	① 미국 일변도 정책서 벗어나 독자적 외교노선 채택	
	② 미국 중심에서 탈피해 외교노선 다변화	
	③ 한반도 문제 해결 위해 전통적 한 · 미 동맹 강화	
	④ 한반도 이외 국제 문제도 미국 주도에 협력	
3. 「국가보안법」	① 인권 침해, 법규 남용 소지 많아 전면 폐지	
	② 인권 침해, 법규 남용 줄이는 방향으로 개정	
	③ 현행 유지하되 인권 침해 없게 신중히 적용	
	④ 남북 대치 감안해 현행대로 엄격히 적용	
4. 정부의 개성공단 전면 폐쇄 결정	① 잘못된 결정이므로 즉각 재개	
	② 대화 · 설득 필요한 상황에 다소 무리한 결정	
	③ 대북제재 필요한 상황에 어쩔 수 없는 결정	
	④ 당연한 결정이었고 영구 폐쇄해야	
5. 고고도미사일방어(THAAD · 사드) 체계 도입	① 절대로 도입해선 안 돼	
	② 중국 동의 없으면 도입하지 말아야	
	③ 도입하되 중국 고려해 보완대책 필요	
	④ 반드시 도입해야	
6. 대기업 규제 문제	① 경제민주화 위해 대기업 해체까지 고려	
	② 경제민주화 위해 대기업 규제 강화	
	③ 경제 성장 위해 불공정거래 제외한 규제 폐지	
	④ 경제 성장 위해 규제 풀고 시장에 맡겨야	
7. 비정규직 보호	① 고용 안정 위해 모든 비정규직을 정규직으로	
	② 현행법의 비정규직 보호 조항 좀 더 강화	
	③ 현행법의 비정규직 보호 수준으로 충분	
	④ 비정규직 보호는 시장 자율에 맡겨야	
8. 일자리 감소 대응 위한 기본소득 도입	① 기본소득제 적극 도입해야	
	② 현행 사회보장제도 보완해 해결	
	③ 현행 사회보장제도로도 충분	
	④ 시장 기능 통해 새 일자리 창출 모색	

분류	내용	확인
9. 법인세 인상	① 대기업 집중 개선 위해 반드시 인상	
	② 경제 상황 봐 가며 점진적으로 인상	
	③ 현행 수준 유지	
	④ 기업에 부담 줄 수 있으니 현행보다 인하	
10. 무상보육	① 소득 수준 관계없이 모두에게 지원	
	② 부모의 전업 여부, 가구 소득 따라 차등 지원	
	③ 극빈층 등 꼭 필요한 경우에만 제한적 지원	
	④ 국가의 개입 바람직하지 않아	
11. 성적 소수자(동성애자)	① 권리 인정하고 법적 · 제도적으로 보장해야	
	② 법적 · 제도적 보장은 어렵지만 권리 존중	
	③ 개인적으로 이해하지만 사회적 관용은 곤란	
	④ 가족 · 사회 근간 흔드는 해악이므로 용인 불가	
12. 집회와 시위	① 결사와 표현의 자유 위해 제한 없이 허용	
	② 전면 허용은 아니더라도 현행 법규 완화 필요	
	③ 원칙적 허용하더라도 불법 · 과격시위엔 엄격 대처	
	④ 사회 질서 유지 위해 필요하다면 제한	
13. 사형제도	① 전면 폐지해야	
	② 반인륜적 범죄 제외하고 폐지해야	
	③ 정치 · 사상범 제외하고 사형제 유지해야	
	④ 현행 사형제도 그대로 유지	
14. 테러 수사 위한 모바일메신저 도 · 감청	① 사생활 보호 위해 도 · 감청 전면 불허	
	② 법원 승인 등 엄격한 절차 거치도록 해야	
	③ 국가 안보 관련 사안은 도 · 감청 폭넓게 허용	
	④ 일반 범죄에 대해서도 도 · 감청 허용	
15. 부모나 교사의 체벌	① 어떤 체벌도 금지	
	② 원칙적으로 금지하되 제한적 상황에 최소한 허용	
	③ 지나친 체벌 아니라면 훈육 위해 허용	
	④ 훈육 위한 체벌은 부모나 교사 재량에 맡겨야	
합 계		

출처: 중앙일보(2016.07.04.).

5) ※ 각 설문에서 ①번은 1, ②번은 2, ③번은 3, ④번은 4점으로 채점.
※ 총점 15~30점(진보), 31~45(중도), 46~60(보수)

2. 사회복지의 이념분류

사회복지학계에서는 사회복지 이념을 신자유주의(new liberalism), 국가개입주의(state interventionism, 케인스주의), 페이비언 사회주의(Fabian socialism), 마르크스주의(Marxism)로 대별한다.[4] 이 네 가지의 이념은 국가의 사회복지 역할, 즉 국가복지(state welfare)에 대해 서로 다른 주장을 담고 있다. 국가복지에 대해 가장 긍정적인 것이 페이비언 사회주의이다. 페이비언 사회주의는 자본주의 안에서의 사회개혁 가능성을 수용하여 사회복지의 확충에 적극적이다. 신자유주의와 마르크스주의는 국가복지에 대해 매우 부정적이다. 신자유주의는 국가복지를 자본주의 경제 발전의 걸림돌로 여기며, 마르크스주의는 부르주아 사회의 폐해를 일시적으로 지연시키는 미봉책일 뿐이라고 비난한다. 국가개입주의는 중도적으로, 국가복지를 인정하되 어디까지나 자본주의의 유지 발전과 위기 극복에 도움이 되는 것에 국한한다.

페이비언 사회주의와 마르크스주의는 사회주의로서 궁극적으로 자본주의를 극복하거나, 폐지한다는 점에서는 입장이 같다. 그러나 페이비언 사회주의가 자본주의 안에서의 사회개혁 가능성을 수용하여 사회복지의 확충에 적극적인 반면에, 자본주의 자체를 인정하지 않는 마르크스주의는 사회복지에 대해서 매우 부정적이다.

국가개입주의와 신자유주의는 자본주의를 가장 바람직한 경제사회체제로 인정하고 자본주의의 발전과 번영을 지향한다는 점에서는 같은 입장이다. 그렇지만 국가개입주의가 자본주의의 유지 발전과 위기 극복을 위해 사회복지가 반드시 필요하다는 입장을 취하는 반면에, 신자유주의는 사회복지를 경제 발전의 걸림돌로 간주한다. 이러한 네

4) 미국의 사회복지학계에서는 사회복지의 이념을 보수주의(conservatism)와 자유주의(liberalism)로 구분한다. 보수주의란 용어 그대로 현실을 보전하고(conserve), 변화에 저항하며, 개인은 자신의 문제를 스스로 해결해야 하고, 국가는 개인의 사회경제생활에 개입해서는 안 되며, 개입하더라도 최소한에 그쳐야 한다는 이념을 말한다. 국가의 개인에 대한 간섭을 최소화해야 한다는 점에서 보수주의는 전술한 잔여적 사회복지와 본질적으로 같은 개념이며, 미국 공화당의 기본 이념이기도 하다. 자유주의는 시민의 권리를 보호하고, 사회정의를 실현하기 위해 국가가 시민의 사회경제생활에 간여해야 한다고 믿는 이념이다. 자유주의자들은 사회발전을 위해 사회를 변화시켜야 한다고 보며, 개인의 문제나 사회문제는 개인의 잘못에서 비롯된 것이 아니라 각종 차별이나 기회의 장벽 등 사회환경적 요인에 의해 발생하는 것으로 간주한다. 따라서 개인의 사회적 욕구는 정상적인 것이며, 욕구 충족을 위해 국가가 사회복지를 제공하는 것은 당연하다. 이는 제도적 사회복지가 필요하다는 것을 의미하며, 미국 민주당의 기본 이념이기도 하다(Kirst-Ashman, 2003: 10-12).

가지 사회복지 이념의 특징을 요약하면 [그림 4-1]과 같다.

	자본주의	사회주의
국가복지	국가개입주의	페이비언 사회주의
반국가복지	신자유주의	마르크스주의

[그림 4-1] 사회복지 이념의 특징

1) 페이비언 사회주의와 제3의 길

페이비언 사회주의는 영국의 독특한 실용주의적이며 점진적 사회주의로, 1884년 설립된 영국 페이비언협회에 기원을 두고 있다. 페이비언협회는 버나드 쇼(Bernard Show), 시드니 · 베어트리스 웹(Sydney & Beatrice Webb) 부부, 타우니(Tawney) 등 당시 진보적인 지식인들이 주도했다. 이들은 초기에는 노동운동과 거리를 두었으나, 1918년 노동당 노팅엄 전당대회에서 당 강령 작성에 시드니 웹이 핵심적 역할을 하면서, 페이비언 사회주의는 노동당의 기본 노선이 되었으며, 제2차 세계대전 후에는 노동당이 복지국가를 건설하는 데 있어서 가장 유력한 이념적 기반이 되었다.

페이비언 사회주의는 사회적 선을 추구, 달성하는 데 있어 국가가 매우 긍정적 역할을 수행한다고 믿는 점에서는 국가개입주의와 같다. 그러나 궁극적으로 자본주의를 수정의 대상이 아니라 극복의 대상으로 간주하는 점에서 국가개입주의와 다르다. 이 점에서 페이비언 사회주의는 마르크스주의와 입장이 유사하다. 하지만 프롤레타리아트 독재와 계급혁명을 부정하고, 평화적 · 입헌적 · 점진적 방법으로 사회주의를 지향한다는 점에서 입장이 갈린다. 또한 페이비언 사회주의자들은 윤리와 공리주의를 강조한 반면, 마르크스주의자들은 계급투쟁을 중시했다.

그리고 페이비언 사회주의자들은 자유, 평등, 박애, 민주주의, 인도주의와 같은 프랑스 혁명 후 등장한 시민사회의 기본적 가치를 신봉했다. 특히 이들은 평등을 강조했다. 평등이란 사실상 모든 사회주의 원칙 중에서 가장 강한 윤리적 영감이 되어 왔으며, 평등주의 없는 곳에 사회주의란 없다고 단언했다. 이들은 사회통합도 중시했다. 사회경제적 불평등에 뿌리를 둔 계급갈등은 사회통합의 가장 큰 적이며, 따라서 불평등은 사회통합을 위해 완화되어야 한다. 동시에 불평등은 비효율을 초래한다. 왜냐하면 자유시장체제는 요구가 없는 수요를 창출하기 위하여 불필요한 것을 과잉생산하며, 지배계급은 세습적, 영속적이 되고, 재능 있는 자의 지위 상승을 막아 능력의 낭비를 가져오기 때문이다.

페이비언 사회주의자들은 소득의 평등보다는 부의 평등을 주장한다. 부의 불평등은 세 가지 이유에서 불공평하다. 첫째, 불평등이 노력이 아닌 상속된 재산으로부터 발생한다. 둘째, 능력의 차이보다는 기회의 차이에서 발생한다. 셋째, 조세제도에서도 불평등하게 취급되는 경우가 있다. 특히 세습된 부로부터 생기는 불평등은 가장 비난받아야 한다.

복지국가에 대해 페이비언 사회주의자들은 열렬한 찬성과 지지를 표명했다. 이들은 점진주의와 사회주의 사상을 중산층에게 침투시키는 침투전략을 통해 자본주의 국가를 개혁시킬 수 있다고 보았다. 복지국가는 이러한 접근의 결실이다. 복지국가의 전통은 영국의 노동당 정책 중 가장 깊숙이 깔려 있는 정강이다. 이를 복지국가주의(welfare statism)라 한다.

페이비언 사회주의는 '제3의 길(the third way)'로 이어지고 있다. 제3의 길은 영국의 총리 토니 블레어(Tony Blair)[5]가 내건 노동당의 새로운 정치노선이며, 기든스(Anthony Giddens)가 이론적으로 체계화했다. 제3의 길은 고복지-고부담-저효율로 요약되는 사회민주주의 복지국가 노선(제1의 길)과 저복지-저부담-불평등으로 정리되는 신자유주의 시장경제 노선(제2의 길)을 지양한 새로운 정책노선이다. 이는 시민의 사회경제생활을 보장하는 동시에 시장의 활력을 높이자는 신노동당 프로젝트, 즉 과거의 사회민주주의와 신자유주의로부터의 차별화 전략이었다.

제3의 길에서는 대안으로 '적극적 복지(active welfare)'를 제시한다. 적극적 복지는 대략 세 가지로 압축된다. 첫째, 국민에게 경제적 혜택을 직접 제공하기보다는 인적 자원에 투자하는 복지국가, 즉 사회투자국가로 개편하자는 것이다. 사회투자전략의 대표적

5) 대처리즘의 실질적 계승자로, '바지 입은 대처'로 비난을 받고 있기도 하다. 스코틀랜드 에든버러 출신으로 옥스퍼드 대학교를 졸업한 후 변호사가 되었다. 1983년 노동당 하원의원으로 당선되었으며, 이후 노동당의 현대화를 추구했다. 1994년 노동당 당수로 취임했고, 1997년 정권 교체에 성공해 영국 총리가 되었다.

예가 노인 노동력 활용을 위한 고령 인구 대책과 노동자를 일하게 만드는 데 초점을 둔 실업대책이다. 둘째는 복지다원주의(welfare pluralism)이다. 복지다원주의란 복지의 주체를 다원화하자는 것인데, 기존의 중앙정부 중심의 복지 공급을 지양하고 비영리 부문(제3부문), 기업, 지방정부 등도 복지 공급의 주체로 삼자는 것이다. 셋째는 의식 전환이다. 노동자에게도 기업의 벤처 정신과 같은 위기 대처 정신이 필요하다는 것이다.

복지에 대한 블레어식 접근의 이면에는 복지 지출이 경제적 경쟁력, 즉 성장에 직접적 부담일 뿐이라는 신자유주의적 가정이 깔려 있으며, 블레어가 강조하는 복지국가의 재편이란 비용 삭감 이외에도 수혜자의 의존 성향을 줄이고 개인의 책임을 강조하는 의지가 함축되어 있다. 그리고 그에게 사회정의는 재분배와 불균등 교정을 강조한 평등주의적 성향이 아니라 최소 기준과 기회 균등을 확보하는 데 초점을 둔다. 자유시장에 대한 무조건적 신뢰는 아닐지라도, 공공 부문과 공공 지출 또는 혼합경제에 대한 뿌리 깊은 불신이 엿보인다. 만약 개인이 자유로운 선택을 할 수 있다면 그 결과가 아무리 불평등하더라도 사회정의가 훼손된 것은 아니며, 정부의 역할은 그런 선택의 기회를 모두에게 보장하는 일에 한해야 한다.

결국 제3의 길에서 말하는 적극적 복지는 '베버리지 원칙의 포기'이다. 기든스는 베버리지의 5대 악(궁핍, 질병, 무지, 불결, 나태)에 대한 전쟁이 소극적 복지를 중시한 것이라고 본다. 적극적 복지는 베버리지가 제기한 이러한 소극적 요소들을 적극적인 것으로 대체시킨 것이다. 궁핍 대신에 자율성을, 질병 대신에 건강을, 무지 대신에 교육을, 불결 대신에 안녕을, 나태 대신에 진취성을 강조하자는 것이다.

2) 국가개입주의

케인스(M. Keynes)[6] 경제이론은 1929년에 시작된 세계 대공황 이후 20세기 내내 경제학자는 물론 정치인과 공공정책수립자의 사고에 엄청난 영향을 미쳤다. 자본주의 경제는 국가가 적절히 개입해야만 건강성을 유지할 수 있다는 그의 경제관념은 2차 세계대

6) 케인즈는 영국 케임브리지에서 태어나 사학 명문 이튼을 졸업하고, 케임브리지 대학교에서 경제학을 공부했다. 대학 졸업 후 인도성 공무원으로 일했고, 그 후에는 모교 교수로 재직했다. 영국 정부 대표로 각종 국제회의에서 왕성하게 활동했다.

전 후 자본주의체제를 보완하는 복지국가의 이론적 기반이 되었음은 물론, 복지국가에 대한 대중의 정치적 지지를 이끌어 내는 데도 결정적 기여를 했다.

케인스 이전의 사회민주주의적 평등주의자들은 소득분배의 평등화가 정치사회적으로 옳은 일이긴 하지만 그것이 저축의 감소와 경제 발전의 둔화를 가져온다는 자유주의적 경제 이론에 대응할 수 있는 논리가 부족하였다. 그러나 저축의 증대가 오히려 경제 발전의 정체와 실업을 야기한다는 사실을 케인스가 규명함으로써 평등주의자들의 주장에 상당한 힘을 얻게 되었다. 나아가 케인스 이론은 보수당 주류들까지 사회적 약자를 위한 국가의 사회복지 활동의 확대를 정당한 것으로 받아들이게끔 만들었다.

그리고 케인스는 소비 성향을 증대시키기 위한 누진과세(소득재분배정책), 민간 투자의 부족을 채우기 위한 공공투자, 화폐 공급을 통제하고 이자율을 인하시키기 위한 화폐 당국 등과 같은 고용증진정책을 제시했다. 이 중 사회복지정책과 직접 관련된 것이 소득재분배정책이다. 자본주의 사회에서 누진과세와 함께 소득재분배를 기하기 위한 가장 대표적 제도가 사회보장이다. 사회보장은 유효 수요를 증대시키고, 또 그 수준을 유지하는 데 매우 효과적인 국가정책이다. 바로 여기에 복지국가를 '경제학적으로' 정당화하는 근거가 있다. 이로써 보수적인 사람들도 사회복지를 사회주의가 아니라 자본주의를 강화시키는 제도로 수용하게 되었던 것이다.

3) 신자유주의

신자유주의는 아담 스미스(Adam Smith)와 데이비드 리카도(David Ricardo) 등 고전파 경제학자의 자유주의 사상을 이어받은 하이에크와 프리드먼(M. Friedman)의 자유방임주의적 · 반복지적 이념을 말한다. 이들의 주장은 국가의 사회복지정책은 시민을 국가에 예속시키고 시민의 자유를 박탈한다는 것으로 요약된다.

신자유주의를 정치적으로 가장 분명하게 표현한 것이 대처리즘(Thatcherism)이다. 대처리즘은 1979년 영국 경제의 쇠퇴와 사회민주주의의 퇴조 속에서 대처(M. Thatcher)[7]가

7) 대처는 1925년 잉글랜드 중북부 링컨셔에 있는 작은 시골 마을 그랜섬의 한 작은 식료품상의 딸로 태어나 아버지(어머니는 재봉공 출신)로부터 근면, 정직, 지능의 중요성을 배웠다. 부모는 독실한 감리교도였다(18세기 중엽 옥스퍼드 대학교 학생종교운동에서 출발한 감리교는 검약, 청렴 등 엄격한 생활 태도와 빈민과 사회적 약자에 대한 사회봉사를 지상 과제로 삼는 프로테스탄트 종파다). 1943

이끈 보수당이 집권하면서 출현한 이래, 비슷한 시기에 등장한 레이거노믹스(1980년 미국 대통령 선거에서 승리한 공화당 레이건의 정책)와 함께 전 세계를 신자유주의로 휘몰았다.

대처의 집권은 보수당 주류가 사회적 약자에 대한 온정주의적 배려를 중시했던 전통적 보수주의에서 자유시장과 경쟁을 중시하는 시장자유주의로 교체되었음을 뜻한다. 대처를 중심으로 한 보수당의 신우파는 전후 사회민주주의적 집합주의의 수명이 다했다고 확신했고, 중도정치에 대한 대중의 합의, 즉 전후의 합의정치를 청산해야 한다고 보았으며, 자유시장경제의 복권과 강한 국가의 구축을 도모하였다(Gamble, 1994: 148).

대처리즘은 "시장은 좋고 정부는 나쁘다"는 것으로 압축된다. 시장은 민간부문과 함께 존중과 고양의 대상이 되었고, 정부는 사회주의(사회민주주의), 강한 노조, 복지국가와 짝을 이루어 배척과 청산의 대상이 되었다. 강한 노조는 사회주의의 온상으로 지목되었고, 복지국가는 사회주의 이념 확산의 산물로 규정되었다. 반사회주의, 반노조주의, 반복지국가주의가 천명된 것이었다.

대처와 보수당에게 복지는 불평등의 완화나 교정을 위한 장치가 아니라 최저생활을 위한 선택주의적 안전망일 뿐이었으며, 국가에 대한 복지수급권을 의미하는 복지권은 국가에 대한 의존성을 키우는 온상이었다. 따라서 책임과 의무를 강조함으로써 복지권은 견제받아야 했고, 복지는 복지권이 아니라 민간부문의 부의 창출 역량, 즉 범람 효과(trickle-down effect, 민간부문에서 창출된 부가 흘러넘쳐 시장을 다 채우고도 남을 경우 이를 사회복지부문에 사용하는 것)에 의존해야 했다(Deakin, 1994: 214).

대처의 복지국가에 대한 관념은 다음과 같은 세 가지로 정리될 수 있다.

첫째, 요람에서 무덤까지의 복지국가는 비용이 너무 많이 든다. 이제는 복지비를 줄여 조세 감면을 기하고 복지 자원을 꼭 필요한 사람에게만 집중시켜 효율성을 기해야 한다.

년 옥스퍼드 대학교에 진학, 보수학생협회의 회장이 되었으며, 졸업 후 제빵 회사의 연구원으로 사회생활을 시작했다. 부유한 기업가 데니스 대처(Denis Thatcher)와 결혼하여 남편의 재력을 바탕으로 정치활동을 시작했다. 1959년 34살 때 하원의원에 당선되었으며, 1969년 보수당 예비 내각의 교육 담당 대변인이 되었다. 1970년에는 히스 정부의 교육과학장관이 되었다. 장관 취임 후 무상의 우유 급식을 6세 이상은 유상(빈민은 제외)으로 바꾸어 '우유 도둑'이란 달갑지 않은 별명을 얻었다(Kavanagh, 1990: 198).

둘째, 국가 책임의 과잉은 개인의 책임의식, 가족과 공동체의 연대의식, 사적 자원의 가치를 약화시킨다. 국민 개개인은 자신의 문제는 스스로 책임져야 하며, 국가 지원은 극빈층에 대한 사회안전망에 한정되어야 한다.

셋째, 복지윤리는 시장의 위험을 제거하고, 시장의 실패에 대한 쿠션을 제공하며, 열망에의 인센티브를 약화시킴으로 기업에 해롭다(Kavanagh, 1990: 212-213).

4) 마르크스주의

마르크스(K. Marx)[8]가 활동할 무렵인 19세기 중·후반에는 근대적인 사회복지정책(1880년대 독일의 비스마르크 사회입법)이 등장하기 전이었다. 따라서 오늘날과 같은 사회복지정책에 대한 마르크스의 정확한 입장은 확인할 길이 없다. 그러나 자본주의체제와 자본주의 국가에 관한 마르크스의 견해로부터 유추해 낼 수는 있다. 마르크스에게 자본주의는 프롤레타리아트에 의해 지양되어야 할 착취체제였으며, 자본주의 국가는 부르주아지의 계급적 이해를 수호하기 위한 도구에 불과했다. 따라서 자본주의 국가가 행하는 일체의 활동은 사회주의 혁명에 해롭다는 것이다. 사회복지정책도 예외가 아니다. 이는 사회복지정책이 비록 노동자계급이나 빈민을 위한 것이라고 하더라도 부르주아 국가가 시행하는 한 구조적으로 부르주아지의 계급 이해에 반하는 것이 될 수 없고, 따라서 노동자계급은 이를 수용해서는 안 된다는 것을 의미한다.

이런 추론은 엥겔스(Engels)로부터 직접 지도를 받은 독일 사회민주당 지도부가 비스마르크 사회입법에 대해 취한 입장을 통해 확인된다. 1880년대에 도입된 일련의 사회입법에 대해 당시 독일의 사회민주당 지도부는 '실질적으로' 노동자의 생활을 개선할 수 있는 사회보험은 '원칙적으로' 찬성한다고 하면서도, 비스마르크의 사회보험은 그 내용이 노동자에 대한 동냥에 불과할 정도로 워낙 조악하기 때문에 반대하지 않을 수 없다고 주장했다(Rimlinger, 1977: 123). 나아가 그들은 비스마르크 사회보험을 노동자들을 올바른 길에서 이탈시키려는 지배계급의 술수(비스마르크의 '미끼'로 간주) 또는 프롤레타리

8) 독일 라인란트팔츠 주 트리어에서 태어나 본 대학에 입학, 베를린 대학교로 전학한 후 법률, 역사, 철학을 공부하고 박사학위를 취득했다. 잘 알려져 있듯이 과학적 사회주의를 창시했다. 1848년『공산당 선언』을 작성했으며, 주저『자본론』제1권을 영국 망명 시절(1867년) 발간하였다.

아트의 혁명성을 무력화시키려는 전술적 책략으로 간주했으며, 자신들의 임무는 바로 이런 음모를 폭로하는 데 있다고 확신했던 것이다.

그리고 마르크스는 그의 생전에 유럽에서 크게 유행했던 이른바 사회개량주의에 대해서도 매우 부정적이었다. 그는 '박애주의자, 인도주의자, 노동자계급 처지 개선론자, 자선사업가 등 잡다하기 그지없는 좀스러운 개혁가'를 부르주아 사회주의자라 불렀고, 이들은 부르주아 사회의 존립을 보장하기 위해 사회적 폐해를 제거하고자 할 뿐이라고 했다. 즉, "물질적 생활 상태의 변화를 오직 혁명적 방식으로만 가능한 부르주아적 생산관계들의 철폐로 이해하지 않고, 생산관계들의 토양 위에서 행해지는, 따라서 자본과 임금노동의 관계는 조금도 변화시키지 않으면서 기껏해야 부르주아지의 지배 비용을 감소시키고 그들의 국가 운영을 간소화시킬 뿐인 행정적 개선으로만 이해"해야 한다는 것이다(Marx & Engels, 1991: 427-428).

한편 1970년대 들어 월남전, 제국주의, 국가 간 빈부 격차, 성차별 등에 대한 좌파적 시각이 힘을 갖기 시작하면서 서구에 마르크스주의가 재연되었다. 이른바 네오마르크스주의자들은 마르크스적 통찰력으로 '복지'자본주의의 발전을 설명하고자 하였으며, 정치경제학적 입장에서 복지국가를 자본주의의 논리적 발전을 보장하고 사회통제의 억압적 메커니즘으로 작용하는 것으로 간주했다.

이들은 정치경제학적 입장에서 복지국가를 비판했는데, 자본주의 국가의 사회복지를 자본가계급과 국가가 장차 노동자계급에 의해 제기될 자본에 대한 잠재적 위협을 선제 제압하고 규제하기 위해, 즉 자본 축적의 원활화와 방해 요소의 제거를 위한 '장기적 포석'으로 그 도입에 동의하고 경우에 따라서는 주도적으로 그것을 추진한 결과라고 본 자본논리론, 노동자계급의 정치적 투쟁(바리케이드가 아니라 의회를 통한)의 성과물로 간주한 계급투쟁론, 복지국가의 재정 위기를 국가의 자본 축적 기능(이윤 극대화를 위한 경제정책)과 정당화 기능(사회적 조화를 위한 사회복지정책) 간의 모순으로 해석한 복지국가 모순론이 대표적이다.

5 사회복지의 구성

Introduction to Social Welfare

학습개요와 목표

5장에서는 사회복지를 구성하고 있는 요소들을 분석해 본다. 사회복지의 구성요소를, 사회복지를 제공하는 사회복지의 주체와 사회복지를 담당하는 인력, 사회복지를 제공받는 사회복지의 대상, 사회복지가 제공하는 사회복지의 급여, 사회복지를 제공하기 위한 사회복지의 재원으로 나누어 살펴보고자 한다.

이 장의 학습목표는 다음과 같다.

- 사회복지를 제공하는 사회복지의 주체는 어떻게 구성되어 있는지를 알아본다.
- 사회복지를 담당하는 사회복지의 인력은 어떻게 구성되어 있는지를 알아본다.
- 사회복지를 제공받는 사회복지의 대상은 누구인지를 살펴본다.
- 사회복지가 제공하는 사회복지의 급여는 무엇인지를 알아본다.
- 사회복지를 제공하기 위한 사회복지의 재원은 어떻게 구성되어 있는지를 알아본다.

제1절 사회복지의 주체

사회복지의 주체는 크게 두 가지, 즉 공공부문과 민간부문으로 나눌 수 있다. 그러나 사회복지의 공공부문이나 민간부문이나 모두 시민의 복지를 위해 활동한다는 점에서 같다. 따라서 양자는 모두 공익을 위해 시민들에게 사회복지서비스를 제공하는 복지공급자(welfare providers), 즉 사회복지의 주체라는 점에서는 동일하다.

사회복지의 공공부문과 민간부문을 구분하는 전통적인 기준은 운영주체와 재정조달 방식이다(Burchardt et al., 1999). 공공부문의 운영주체는 정부(중앙정부 및 지방정부)이다. 즉, 지배적이고 독점적인 권한을 가진 정부가 운영권을 행사한다. 민간부문의 운영주체는 민간이다. 사회복지법인을 비롯한 대부분의 민간단체가 정부의 간섭 없이 자율적으로 운영된다. 그리고 공공부문은 재정을 조세로 충당하고, 민간부문은 자체자금, 후원금, 기부금, 이용자 부담금 등 기업과 시민사회, 개인의 지원금으로 재정을 조달한다. 그러나 신자유주의 이후 이런 전통적인 구분에 변화가 생겼다. 순수 공공부문과 순수 민간부문이 혼합된 사회복지 혼합부문(welfare–mix)이 나타난 것이다.

1. 공공부문

사회복지 공공부문은 중앙정부와 지방정부의 사회복지 부서, 정부산하 공공사회복지기관이다. 공공사회복지기관은 합법성과 공공성을 중시한다. 공공사회복지기관에도 사회복지사가 근무한다. 이들은 공무원 신분을 가지고 정부를 위해 일하며, 공무원 직무규정의 규제를 받는다.

1) 한국의 사회복지 공공부문

한국의 중앙정부 차원에서 사회복지를 담당하고 있는 부서는 보건복지부이다. 보건복지부는 4실(기획조정실, 보건의료정책실, 사회복지정책실, 인구정책실), 6국(건강보험정책국, 건강정책국, 보건산업정책국, 장애인정책국, 연금정책국, 사회보장위원회사무국)으로 구성되어 있다([그림 5–1] 참조).

[그림 5-1] 보건복지부 조직도

사회복지와 관련된 부서는 제1차관 산하의 사회복지정책실(복지정책관, 복지행정지원관, 사회서비스정책관), 인구정책실(노인정책관, 보육정책관), 건강보험정책국(보험정책과, 보험급여과, 보험약제과, 보험평가과), 장애인정책국(장애인정책과, 장애인권익지원과, 장애인자립지원과, 장애인서비스과), 연금정책국(국민연금정책과, 국민연금재정과, 기초연금과), 사회보장위원회사무국(사회보장총괄과, 사회보장조정과, 사회보장평가과)이다(www.mohw.go.kr).

지방정부에서는 사회복지부문이 일반 행정체계에 포함되어 있다. 일반 행정체계에 포함되어 있다는 것은 교육(교육청), 경찰(경찰청), 보건(보건소)처럼 별도의 전문 행정체계를 갖지 않고, 시 · 도, 시 · 군 · 구의 일반 행정체계에 포함된 것을 의미한다.

사회복지 공공부문이 미국의 사회보장청이나 일본의 사회복지사무소처럼 전문 행정체계로 운영되면, 일반 행정체계에 비하여 전문성을 확보할 수 있다는 장점이 있으나, 일반 행정체계의 포괄적인 인력과 예산의 운용, 행정 협조나 정보 활용에 있어서 한계가 있을 수밖에 없다는 단점이 있다.

우리나라의 대표적인 사회복지 공공부문은 공공부조이다. 원래 공공부조는 일반 행정체계(시 · 도, 시 · 군 · 구, 읍 · 면 · 동 사무소)을 통하여 이루어졌다. 그러나 1980년대 들어 빈민을 포함한 요보호대상자의 사회복지 욕구가 증대되면서 사회복지 전담기구와 전담요원의 필요성이 제기되었다. 그와 함께 일본의 복지사무소를 모델로 한 일선 사회복지전담조직의 신설이 검토되었으나(이성기 외, 1996),[1] 예산과 업무효율성 등의 문제로 연기되고, 1987년부터 사회복지전문요원을 일부 읍 · 면 · 동 사무소에 배치하여 사회복지업무(기존의 읍 · 면 · 동 사회담당 공무원의 업무를 대신)를 담당하게 만들었다.

1987년 이후, 사회복지전문요원을 배치한 읍 · 면 · 동의 수가 증가하기 시작하여 1990년 2,900여 명으로 늘어났고, 2022년 말 현재는 28,991명이 일하고 있다. 처음에는 별정직 7급으로 특채되었으나, 1999년 사회복지 직렬이 신설되어 별정직에서 일반직으로 전환되면서 9급 사회복지전담공무원으로 채용되었다. 사회복지전담공무원은 관할지역 안의 사회복지를 필요로 하는 사람 등에 대하여 생활실태 및 가정환경 등을

1) 1992년 「사회복지사업법」의 개정으로 복지전담기구를 읍 · 면 · 동에 설치할 수 있는 규정을 만들었다. 복지사무전담기구의 사무의 범위, 조직, 기타 필요한 사항은 당해 시 · 군 · 구의 조례로 정하게 되어 있다.

파악하고, 사회복지에 관해 필요한 상담과 급여를 제공한다. 이들은 공무원 신분으로 관료조직 안에서 전문직인 사회복지사 역할을 수행하기 때문에 정체성 갈등을 겪을 수도 있다.

2) 영국의 사회복지 공공부문

영국 중앙정부의 사회복지행정기관은 연금을 담당하는 노동연금성(Department of Work and Pensions)과 국민건강서비스(National Health Services)와 사회서비스(social service)를 담당하는 보건성(Department of Health)이다.

지방정부 차원에서는 사회서비스를 담당하는 사회서비스부(social services department)가 대표적인 공공사회복지기관이다. 사회서비스부는 일반 행정의 사회복지서비스기관으로서, 아동, 가족, 장애인, 노인을 대상으로, 지역사회를 기반으로 가족 친화적 서비스를 제공한다.[2] 사회서비스부는 영국 사회서비스의 중심축이다. 사회서비스부에서 개별사회서비스(personal social service)를 담당하는 직원은 사회복지사 자격증이 있어야 한다. 사회서비스부는 대졸 사회복지사들이 가장 많이 취업하는 사회복지조직이다.

사회복지 공공부문이 특히 발달한 영국의 전통적인 사회행정(social administration)의 특성은 다음과 같다(Butcher, 1995: 19-89).

① 관료제 구조(bureaucratic structure): 중앙정부나 지방정부 모두 위계서열 구조, 기능의 명확한 분화, 법에 기초한 절차 등 전통적 관료제의 특성을 가진다.

② 전문가 우위(professional domination): 사회서비스 행정체계에서 전문직이 중요한 역할을 수행한다. 국민보건서비스(National Health Services, NHS)에서 의사, 간호사, 사회복지사의 역할, 지방정부의 개별사회서비스에서 대면서비스 업무를 담당하는 사회복지사의 역할이 좋은 예이다.

③ 공공 책임성(accountability to the public): 사회서비스를 제공하는 사회복지기관은 서비스 질을 일정 수준 이상 유지해야 하는 사회적 책임이 있고, 사회복지사 같은

2) 영국의 사회서비스부는 1970년에 제정된 「지방정부 개별사회서비스법」(the Local Authority Personal Social Services Act)에 근거를 두고 있다. 이 법에 따라 과거 다양했던 사회복지서비스들이 지방정부 사회서비스부로 통합되었다.

전문직은 서비스 질에 대해 정부나 지역사회는 물론, 자신의 동료와 자신이 속한 전문직협회에도 책임을 진다.

④ 처우의 공평성(equity of treatment): 특정한 사회복지 대상자를 우대해서도 안 되고 차별해서도 안 되는 사회행정의 불편부당성이다. 사회복지급여와 서비스는 법에 의해 상세히 규정되어 있고, 사회복지사는 법에 입각해 행정업무를 수행한다.

⑤ 자급자족(self-sufficiency): 사회복지조직은 부여된 기능을 자체 역량으로 반드시 수행해야 한다. 정부는 사회복지조직의 기능 수행을 위해 재정을 지원하거나, 직접 사회서비스를 제공하기도 한다.

이러한 사회복지 공공부문의 특성 중 관료제 구조와 전문가 우위는 갈등의 소지를 안고 있다. 같은 공공조직에서 근무하는 관료와 전문직이 업무를 놓고 충돌하는 경우가 있다. 보통 관료들은 기계적인 업무와 절차, 상명하복의 수직적 질서를 중시한다. 반면에 전문직은 문제해결에 필요한 전문적 기술과 수평적 역할분담을 선호한다. 전자가 형식주의적이라면, 후자는 실용주의적이다.

3) 미국의 사회복지 공공부문

미국의 공공사회복지기관은 연방, 주, 지역 수준에 설치되어 있다. 예를 들면, 연방 보건복지부나 제대군인을 위한 보훈병원 네트워크는 연방정부 수준에, 공공아동복지기관과 공공노인복지기관은 주정부 수준에 설치되어 있다. 대부분의 공공사회복지기관은 주정부의 관할 아래 있다.

연방정부 수준에서 사회복지를 담당하는 기관은 보건복지부(Department of Health and Human Services, HHS)이다. 보건복지부는 1953년 교육보건부로 설립되었으나, 1980년 교육부와 분리되었다. 보건복지부는 공공보건서비스를 담당하는 8개 부서와 휴먼서비스를 담당하는 3개 부서를 합쳐 총 11개의 부서(operating division)로 구성되어 있다(www.hhs.gov).

미국의 사회복지 공공부문에서 중요한 기관은 사회보장청(Social Security Administration, SSA)이다. 사회보장청은 사회보장급여(은퇴연금, 신체장애연금, 유족연금)와 생활보조금(65세 이상 노인, 시각장애인, 신체장애인을 위한 급여), 메디케어를 담당하고 있다. 사회보장청은

1995년 보건복지부로 분리되어 독립적으로 운영되고 있으며, 위원장(Commissioner)을 필두로 약 6만 명의 직원이 일하고 있다. 본부는 메릴랜드주 볼티모어에 있으며, 10개의 광역사무소와 1,230개의 지역사무소를 두고 있다(www.ssa.gov).

| 5-1 | 사회보장번호

사회보장번호(Social Security number, SSN)는 미국 「사회보장법」 205(c)(2)에 의하여, 미국 시민, 미국 영주권자, 임시거주자에게 발행하는 9자리의 숫자이다. 이 번호는 미국 정부의 사회복지부서인 사회보장청에서 개인에게 발행한다. 사회보장번호는 개인에게 과세를 하기 위해서 발행하였으나, 사실상의 우리나라의 주민등록번호의 역할을 하고 있다.

[그림 5-2] 1982년 플로리다에서 발행한 사회보장번호

미국의 대표적인 공공사회복지기관으로는 공공아동복지기관(public child welfare agency)을 들 수 있다. 전통적으로 미국에서는 민간사회복지기관의 비중과 역할이 크지만, 아동복지부문만큼은 공공아동복지기관이 중심에 있다. 민간아동복지기관, 법원, 기타 조직들(정신보건, 아동학대 예방, 보건의료, 교육, 가정폭력 등의 조직)은 공공아동복지기관의 파트너로 활동한다. 공공아동복지기관의 역할은 아동학대와 방임의 신고 처리, 아동학대와 방임을 야기하는 가정의 문제 해결 지원, 아동의 안전과 보장, 아동의 가정이탈 예방, 가정이탈 아동의 보호와 가정복귀 지원, 가정복귀 불가능 아동에게 항구적인 가정을 찾아주는 일 등이다. 공공아동복지기관의 직원 대부분은 대학 또는 대학원에서 사회사업을 전공한 사회사업가(social worker)이다.

2. 민간부문

사회복지 민간부문은 자체 자금이나 기부금, 후원금 또는 정부 보조금을 재원으로 해서, 자신의 의지와 목적 그리고 자신의 일정에 따라 사회복지사업을 전개하는 조직을 의미한다. 사회복지 민간부문은 자선조직협회, 인보관 등 초창기 민간사회복지활동과 가톨릭, 개신교, 유대교, 이슬람, 불교 등 종교에 기반을 둔 사회복지조직, 개인이나 집단의 인도주의 · 박애주의 · 이타주의 조직을 포함한다.

원래 사회복지 민간부문은 비영리를 가장 큰 특징으로 했으나 20세기 후반 신자유주의의 영향으로 영리를 목적으로 하는 조직의 수가 꾸준히 증가하였다. 사회복지 민간부문은 대부분 비정부조직(non-governmental organization, NGO) 또는 비영리조직(non-profit organizations, NPO)의 형태로 운영되고 있다.

1) 비정부조직

비정부조직(NGO)이란 용어는 UN이 가장 먼저 사용했다. 1945년 UN은 정부조직과 민간조직을 구분하기 위해 비정부조직이란 용어를 사용했는데, 정부 통제로부터 독립적인 모든 민간단체를 비정부조직으로 정의했다. 그러나 집권을 목적으로 하는 정당과 정부에 도전하는 반정부 인권조직은 제외했다. UN의 정의에 부합되는 비정부조직에는 자선조직이 가장 많다.

비정부조직은 정부와는 무관한 민간조직이다. 민간조직이지만 영리를 추구하는 기업조직은 비정부조직에 포함되지 않는다. 워낙 다양한 조직들이 활동하고 있어 비정부조직을 정의하기는 쉽지 않으나, UN과 월드뱅크의 정의가 비교적 많이 인용되고 있다.

UN은 비정부조직을 '시민이 지역, 국가, 국제 수준에서 조직한 비영리조직'이라고 정의하였다. 월드뱅크는 비정부조직을 '고통의 완화, 빈민 이익의 촉진, 환경의 보호, 기본적인 사회서비스의 제공 또는 지역사회개발을 추동하는 민간조직'으로 정의하였다. 비정부조직은 공통의 관심을 가진 시민이 주도한다. 다양한 서비스와 인도주의 기능을 수행하고, 시민의 관심을 정부에게 전달하며, 정책을 옹호 및 모니터하고, 정치적 참여를 격려한다.

정부, 국제기구, UN에 자문하는 비정부조직의 수도 증가하고 있다. 이들은 인권, 환경, 극빈층 문제 해결, 보편적 초등교육, 성 평등, 여성 지위 개선, 영아사망률 개선, 정신건강 수준의 개선, 환경보호, 질병(에이즈, 말라리아 등) 퇴치 등에 주력하고 있다.

비정부조직은 국내 비정부조직과 국제 비정부조직으로 구분되기도 한다. 국제 비정부조직은 국제인권감시기구(Human Rights Watch), 국제사면위원회(Amnesty International), 적십자사, 국제빈곤퇴치조직(Oxfam), 국제반노예기구(Anti-Slavery International) 등 국제적인 차원에서 활동하는 비정부조직이고,[3] 국내 비정부조직은 개별 국가 수준의 비정부조직인데, 국제 비정부조직과 파트너십을 구축해서 활동하는 조직도 많다.

비정부조직은 활동 영역(부문)에 따라 보건의료 비정부조직, 환경 비정부조직, 교육 비정부조직 등으로 분류할 수도 있다. 비정부조직의 활동 분야와 목적은 매우 다양하여 분류하기가 쉽지 않다.

비정부조직은 시민사회(civil society) 안에서 사회운동을 전개한다. 비정부조직은 시민사회의 등장과 성장에 매우 중요한 역할을 했다. 시민사회조직의 하나로서 비정부조직은 정부로부터의 자율성이 매우 중요하다. 정부의 간섭과 영향으로부터 자유로워야 한다는 것이다.

정부는 각종 국가정책의 정당성을 위해 비정부조직에 영향력을 행사하고 싶어 한다. 가장 좋은 방법이 비정부조직에 자금을 지원하는 것이다. 정부의 재정지원을 가장 많이 받는 비정부조직이 민간사회복지조직이다. 민간사회복지조직은 사업의 지속을 위해 안정적인 자금원이 필요하다. 하지만 비정부조직이 정부의 재정지원을 받으면 자금 집행에 대한 정부 감독과 간섭을 받게 된다. 이로 인해 독립성과 자율성 제한은 불가피하다.[4]

2) 비영리조직

비영리조직(NPO)은 영리 이외의 것을 목적으로 하는 조직으로, 수입을 조직의 회원들에게 이윤 또는 배당으로 배분하지 않고 조직의 목적 또는 사명을 위해 사용한다. 이런 이유로 비영리조직은 조세감면의 대상이나 자선단체의 지위를 갖는다. 비영리조직 중에는 자선조직이나 사회봉사조직이 많다. 이들은 법인, 기업, 신탁, 협동조합, 비공식조직 등의 형태로 존재한다. 많은 사람들이 비영리조직과 자선조직을 동일시한다. 하지만 비영리조직의 범위는 넓다. 자선조직뿐만 아니라 사립학교, 사설박물관, 사설

3) http://hls.harvard.edu/dept/opia/what-is-public-interest-law/public-international-law/nongovernmental-organizations/ (Harvard Law School 검색일 2016/9/20)
4) 권위주의 국가에서는 정부가 주도해 비정부조직을 만들기도 한다. 정부가 조직한 비정부조직을 GONGO (governmental NGO)라고 한다. 관변조직이 대표적이다.

도서관, 민간병원 등과 같은 휴먼서비스조직(human service organizations)을 포함한다.

비영리조직은 경제적 성공보다는 회원 또는 사회에 가치 있는 일을 하는 것을 목적으로 한다. 그래서 비영리조직은 회원을 위한 조직과 지역사회를 위한 조직으로 대별된다. 회원봉사조직(member-serving organizations)은 상호부조조직, 노조, 산업부문의 협회, 스포츠클럽, 퇴직자단체 등이 있고, 지역사회봉사조직(community-serving organizations)은 지역사회에 봉사하는 조직으로 지역수준의 조직과 국제수준의 조직이 있다. 휴먼서비스 프로그램, 프로젝트, 원조 및 개발 프로그램, 교육, 보건의료서비스, 보건의료 조사연구 등 매우 다양한 사업을 한다.

비영리조직은 대개 회원이 있지만, 없는 경우도 있다. 회원조직(membership organization)은 회원들의 통제를 받는 조직이다. 회원조직에서 가장 중요한 기구는 회원총회이다. 따라서 회원조직에서 중요한 결정은 대부분 회원총회를 통해서 이루어진다. 그러나 회원조직도 필요한 경우, 이사회를 구성할 수 있다. 회원들은 이사회 멤버를 선출하고, 이를 통해 조직을 통제한다. 회원들은 회원 총회를 정기적으로 갖고 조직 규정을 개정한다. 회원이 없는 조직을 이사회조직(board-only organization)이라고 한다. 이사회는 조직의 사업 전반을 통제하는 권한을 갖는다. 이사회조직의 신임 이사는 기존 이사들이 자체적으로 선임한다.

비영리조직의 특징 중 하나가 후원자(constituencies)이다. 후원자들은 비영리조직의 목적에 공감하여 조건 없이 일정한 금전이나 자신의 재능을 기부하는 평범한 시민들인 경우가 많다. 드러커(Drucker, 1990)는 비영리조직과 영리조직의 근본적 차이의 하나로 비영리조직이 영리조직에 비해 많은 후원자를 가지고 있다는 것을 꼽았다.

많은 비영리조직이 이윤 창출보다 사회봉사를 중시한다. 하지만 비영리조직이 이윤 창출을 전혀 안 하는 것은 아니다. 비영리조직도 필요하면 수익사업을 통해 이윤을 추구할 수 있다. 이윤은 조직의 지속가능성을 위해 필요하다. 단 이윤의 사용처가 중요하다. 기업의 이윤은 주주의 배당금이나 기업개선 자금 등 기업과 주주를 위해 배타적으로 사용된다. 그러나 비영리조직은 수익사업을 통해 이익이 생겨도 이사들에게 배당하지 않고 자체 프로그램이나 서비스에 필요한 재정에 투입한다. 비영리조직은 조직의 오너가 없고 그래서 오너를 위해 이윤 창출을 할 필요가 없기 때문에 가능하다.

많은 나라에서 비영리조직은 조세감면 혜택을 받고 있다. 소득세나 기타 세금을 면제 또는 감액 받는 혜택을 누린다. 비영리조직이 공공조직이 아님에도 공익을 추구하기 때문에 정부는 이를 권장하기 위해 이런 혜택을 준다. 하지만 비영리조직이 난립하는 것은 바람직하지 않다. 겉으로는 비영리지만 실제로는 영리를 도모하고 여기에 세금 특혜까지 받는 것도 용납할 수 없다. 이런 이유로 많은 나라들이 비영리조직의 설립과 운영을 규제하는 법률을 갖고 있다.[5]

3) 비영리 사회복지조직

대부분의 사회복지조직은 비영리조직이다. 비영리사회복지조직은 전국 규모의 조직(기관들의 협의체)도 있지만 지역사회에 기반을 둔 경우가 대부분이다. 비영리사회복지조직은 지역사회와 자원봉사자의 참여로 운영되고 있으며, 기부금, 후원금, 정부보조금, 서비스 이용료 등으로 프로그램의 재원을 삼고 있다. 미국의 경우 대부분의 비영리사회복지조직들이 클라이언트로부터 서비스 이용료를 받고 있는데, 클라이언트의 경제적 능력에 따라 요금을 차등화한 슬라이딩스케일(sliding scale)을 적용하고 있다.

비영리사회복지조직은 아동보육서비스, 정신건강서비스, 장기요양서비스 등 다양한 서비스를 제공한다. 이들이 제공하는 서비스의 수급자는 일반인이면 누구나 다 겪을 수 있는 위기(human risks), 즉 실직, 질병이나 정신질환, 저임금, 열악한 주거환경 등으로 고통받는 사람들이다. 그리고 비영리조직은 공공부문이 경제적 보장에 초점을 두는 것과 달리 단기적 위기상황에 처한 사람을 돕는 데 주력하고, 특정한 상황하에서 공공부문의 서비스를 보충하는 데 중점을 둔다. 노인요양원, 가정봉사원, 장애인재활서비스, 정신건강서비스, 아동복지서비스 등이 그것이다. 군인과 군인가족을 위한 서비스(적십자), 가족계획서비스, 긴급구호(구세군), 지역사회복지관이 제공하는 지역사회개발,

5) 미국 소매 관련 세법(the Sales and Use Tax Law and Regulations)은 비영리조직을 자선조직, 문화조직(박물관, 정부예술프로그램, 도서관), 비영리퇴역군인조직, 종교조직, 사회클럽(social clubs) 및 우애조직(fraternal organizations), 학교 및 학부모교사협회, 학생조직, 보건의료 관련 휴먼서비스조직으로 분류하고 있고, 조세감면(후원자가 낸 후원금에 대한 조세감면) 대상 비영리조직에 교회와 종교조직, 적십자사, 구세군, 비영리 학교, 병원, 의료부조 및 연구단체, 비영리 교육조직, 비영리 박물관, 아트갤러리, 예술집단활동 등 교육적 · 과학적 · 문학적 목적을 가진 조직, 아동 또는 동물 보호를 위한 조직, 자선 목적의 우애조직을 포함시키고 있다.

성인교육, 사회화, 레크리에이션 프로그램도 여기에 속한다.

돌고프와 펠드스타인(Dolgoff & Feldstein, 2000: 280-281)은 사회복지 분야에서 비영리조직이 존재하는 이유를 다음과 같이 말했다.

첫째, 비영리조직은 시장과 공공부문이 공급하지 않는 상품과 서비스를 제공하기 위해 존재한다. 이러한 상품과 서비스는 사회가 보편적으로 요구하는 것이 아니라 특수한 공동체만이 필요로 하는 것이다. 따라서 사회가 다원화되면 될수록, 비영리부문의 필요성은 커진다.

둘째, 비영리조직은 영리를 추구하지 않기 때문에 수익성보다는 서비스의 질을 중시한다. 그러므로 가장 취약한 계층인 노인과 장애인을 보호하는 데 강점을 발휘할 수 있다. 또한, 필요하면 정부에 대항하면서까지 클라이언트의 대변자나 옴부즈맨(ombudsperson)이 된다. 좋은 사회에서는 반드시 필요한 일이다.

셋째, 비영리조직은 영리 추구로부터 자유롭기 때문에, 개입대상과 개입방법을 특정화할 수 있다. 그리고 특수한 욕구를 가진 사람을 대변하고, 자조집단이나 기타 소비자를 보호하기 위한 집단을 조직할 수 있다.

넷째, 비영리조직은 공공부문의 문제점인 관료화, 경직성 및 비인격성을 최소화할 수 있다.

다섯째, 비영리조직은 특정한 인종집단이나 이익집단만을 위한 특화된 서비스(sectarian services)를 제공한다. 가톨릭이 가톨릭 청소년을 대상으로 취미 · 레저 프로그램을 운영하는 것이나 흑인 비영리조직이 흑인들의 뿌리 찾기나 역량강화를 위한 프로그램을 운영하는 것이 좋은 예이다. 공공부문은 이러한 특화된 서비스를 제공하기가 어렵다.

여섯째, 비영리조직은 최근 들어 그 중요성이 커진 알코올중독극복집단과 같은 자조집단을 운영한다. 자조집단은 자원봉사자를 활용하고, 재정을 자체 충당하며, 독특한 프로그램을 운영한다. 공공부문이 이런 조직을 운영하기는 어렵다.

그러나 비영리조직이라고 해서 한계가 없는 것은 아니다. 비영리조직은 특정한 문제, 집단, 개인에게만 초점을 맞춤으로써 서비스의 수준이 일관되지 못하고 자주 바뀌며, 자원이 한정되어 있다는 한계를 갖는다.

4) 영리사회복지조직

원래 사회복지는 공공조직과 민간비영리조직의 배타적인 영역이었다. 그러나 1980년대 이후 사회복지서비스 전달체계에서 활동하는 영리조직들이 갈수록 증가했다. 사회복지사업을 영리를 목적으로 하는 조직을 영리사회복지조직이라 한다. 영리사회복지조직은 매우 미국적이다. 미국에서는 이를 휴먼서비스경영조직(human service executives)이라고 한다.

휴먼서비스경영조직은 요양원 체인회사인 베벌리엔터프라이스(Beverly Enterprise)나 외래정신치료센터 체인회사인 사이키아트릭인스티튜트(Psychiatric Institute)에서 보듯이, 사회복지사업을 기업방식으로 한다. 이들도 비영리사회복지조직과 마찬가지로 사회복지사나 간호사를 고용한다. 휴먼서비스경영조직은 사회복지서비스를 기업 관점, 영리적인 관점에서 접근한다. 사회복지 관료조직이 국가의 기획과 규제기능을 중시한다면, 휴먼서비스경영조직은 자원 배분과 프로그램 평가에서 시장의 합리성을 중시한다. 미국에서 휴먼서비스경영조직은 메디케이드(Medicaid, 빈민을 위한 의료급여)와 메디케어(Medicare, 사회보장연금 수급 노인을 위한 건강보험)가 장기요양원과 병원에 환자의 진료 및 케어 비용을 지급한 1960년대 후반부터 성장하기 시작했다. 말하자면 영리조직의 사회복지서비스 영역에의 진입을 연방정부가 허용한 것을 계기로 휴먼서비스경영조직이 출현했다는 것이다. 당시 연방정부는 자유시장과 자유경쟁을 통해 효율성을 증대하고 비용을 절감한다는 관념에 입각한 민영화 정책을 추진했다. 현재 이들 휴먼서비스기업들은 장기요양원, 병원, 건강보험회사, 보육, 가정보호, 교정사업, 공공부조 등 여러 분야의 사업을 하고 있으며, 21세기 들어 크게 증가하였다.

미국의 클리닉사업(clinical entrepreneurs)도 영리사회복지조직의 좋은 예이다. 클리닉사업은 전문가 독점(professional monopoly)을 추구하는 사회복지사, 심리학자, 의사 등이 단독 또는 연합하여 개원한 사적 진료기관(private practice)이다. 이들 클리닉은 주로 의사나 정신과의사로부터 클라이언트를 의뢰받아 진료비를 받고 정신치료(psychotherapy)와 집단치료(group therapy)를 제공한다. 현재 미국에서는 심리치료의 상당 부문을 개원

사회복지사가 담당하고 있다. 개원 사회복지사의 성격은 개원 의사와 유사하다. 개업해 풀타임으로 일하는 경우도 있고, 다른 사회복지조직에서 풀타임으로 일하는 사회복지사가 파트타임으로 와서 일하는 경우도 있다. 클리닉을 개업해 심리학자와 정신과의사와 파트너를 이뤄 정신치료와 집단치료를 제공하는 사회복지사도 있고, 심리학자나 정신과의사가 개업한 정신치료 및 집단치료 클리닉에 고용되어 일하는 사회복지사도 있다. 개원 사회복지사는 사회사업석사(MSW) 학위와 사회복지조직에서 수년간 상담가로 일한 경력이 있어야 한다. 치료비 또는 상담비는 건강보험회사에서 지불하고, 건강보험 미가입자는 본인이 지불한다. 1970년대 이후 사회복지사의 개원이 증가하기 시작해 현재 미국 사회복지서비스 전달체계의 한 축을 이루고 있다(Karger & Stoesz, 2002).

이처럼 영리사회복지조직이 증가하자 영리를 목적으로 하는 조직이 사회복지 목적에 얼마나 잘 부합되는가 하는 비판이 제기되었다. 전통적인 사회복지 주창자들은 영리사회복지조직의 부상에 매우 부정적이다. 영리 동기와 사회복지 정신(ethos)이 양립할 수 없다는 것이다. 이런 도덕적 거부감을 가진 사람들은 영리조직이 사회복지전달체계의 효율성을 증대시키고 또 효과적인 수단이 된다는 사실을 인정하지 않는다.

사회복지전달의 효율성과 효과성을 계량적으로 측정하기는 어렵지만(사회복지서비스의 목적이 복합적이고, 때로는 모호하기 때문에 그렇다), 비영리조직과 영리조직의 효과성을 비교한 연구를 보면, 비영리조직이 클라이언트의 욕구에 보다 민감하다는 것이 있는 반면에, 영리조직이 일에 최선을 다하고 있다는 것이 있으며, 양자 사이에 별다른 차이가 없다는 것도 있다. 이런 연구결과들은 서비스 공급자로서 영리조직과 비영리조직에 차이가 난다고 단정할 수 없음을 의미한다.

이론적으로 비영리조직은 영리조직에 비해 공적인 책임감이 더 강하다. 이유는 비영리조직은 공동선과 공공의 이익을 중시하는 사람들이 최고 의결기구인 이사회를 구성하는 반면에, 영리조직은 조직 오너의 경제적 이익을 중시하는 사람들로 이사진이 짜지기 때문이다. 쉽게 말해서 비영리조직이 자선정신(a charitable ethos)과 깊이 연관되어 있다면, 영리조직은 이익을 추구하는 기업의 자본주의정신(the capitalist spirit)을 추구한다는 것이다(Gilbert & Terrell, 2002: 162).

많은 사회복지조직들이 영리를 추구하면서 영리조직과 비영리조직의 경계가 모호해지고 있다. 이런 상황에서는 정부의 역할이 중요하다. 정부는 비영리조직의 공공친화적인 강령이 유지될 수 있도록 적절히 지원하고, 영리조직이 지나친 영리추구를 하지 못하도록 적절히 규제해야 한다.

제2절 사회복지의 인력

1. 한국의 사회복지사

1) 한국 사회복지사의 개요

우리나라 사회복지사 자격증 제도는 1970년 1월 「사회복지사업법」 제정과 함께 시작되었다. 당시는 '사회복지사업종사자'라고 했는데, 학력과 무관하게 사회복지사업에 7년 이상의 실무 경험이 있거나 정부가 주관하는 사회사업훈련기관(국립사회복지연수원)에서 8개월 이상의 훈련과정을 이수하면 자격증을 받을 수 있었다.

그러나 자격증이 전문적 교육훈련과 거리가 있었기 때문에 자격증 소지자가 전문직으로 인정받기는 어려웠다. 이런 이유로 한국사회복지학회와 한국사회복지교육협의회가 중심이 되어 종사자 자격증의 기준을 강화해야 한다는 의견을 제기했으며, 정부가 이를 받아들여 1983년 5월 「사회복지사업법」을 개정하면서 자격증 명칭을 '사회복지종사자'에서 '사회복지사'로 변경하고, 자격증을 학력수준에 따라 등급화했다(대학에서 사회복지학을 전공한 자는 1급, 전문대학이나 국립사회복지연수원에서 사회복지학을 전공 또는 연수한 자는 2급). 그럼에도 여전히 전문성과 사회적 인정에 문제가 있다는 지적이 끊이지 않았고, 그 대안으로 사회복지학계에서 국가시험제의 도입을 강하게 요구함에 따라 1997년 「사회복지사업법」을 전면 개정하면서 사회복지사 1급 자격증을 취득하기 위해서는 국가시험에 합격해야 하는 것으로 요건을 강화했다(김융일 외, 2003: 357).

현재 우리나라 사회복지사 자격증은 1급과 2급이 있다.[6] 사회복지사 1급은 대학, 대학원에서 사회복지학 전공 교과목과 사회복지 관련 교과목을 이수하고 학위를 취득한 후 국가시험(사회복지사 1급 국가시험)에 합격한 자이다. 전문대 졸업자는 사회복지사업 1년 이상 경력자로서 국가시험에 합격해야 한다.

사회복지사 2급은 대학(2년제 대학 포함), 대학원에서 사회복지학 전공 교과목과 사회복지 관련 교과목을 이수하고 학위를 취득한 자이다.

6) 과거에는 3급도 있었으나, 2019년 폐지되었다.

〈표 5-1〉 사회복지사 등급

등급	자 격
1급	대학, 대학원에서 사회복지학 전공 교과목과 사회복지 관련 교과목을 이수하고 학위를 취득한 후 국가시험(사회복지사 1급 국가시험)에 합격한 자. 전문대 졸업자는 사회복지사업 1년 이상 경력자로서 국가시험에 합격한 자
2급	대학(2년제 대학 포함), 대학원에서 사회복지학 전공 교과목과 사회복지 관련 교과목을 이수하고 학위를 취득한 자

2) 한국 사회복지사의 교육

사회복지학 전공 교과목과 사회복지 관련 교과목, 즉 자격증 취득에 필요한 교과목은 필수 10과목(30학점), 선택 7과목(21학점)으로 모두 17과목이다.

필수과목은 사회복지학개론, 인간행동과 사회환경, 사회복지정책론, 사회복지법제와 실천, 사회복지실천론, 사회복지실천기술론, 사회복지조사론, 사회복지행정론, 지역사회복지론, 사회복지현장실습 등이며, 선택과목은 가족복지론, 가족상담 및 가족치료, 교정복지론, 국제사회복지론, 노인복지론, 복지국가론, 빈곤론, 사례관리론, 사회문제론, 사회보장론, 사회복지역사, 사회복지와 문화다양성, 사회복지와 인권, 사회복지윤리와 철학, 사회복지자료분석론, 사회복지지도감독론, 산업복지론, 아동복지론, 여성복지론, 의료사회복지론, 자원봉사론, 장애인복지론, 정신건강론, 정신건강사회복지론, 청소년복지론, 프로그램 개발과 평가, 학교사회복지론 등 27과목이다.

대학원의 경우, 사회복지현장실습을 포함하여 필수 6과목 이상(대학에서 이수한 과목을 포함하되, 대학원에서 4과목 이상 이수), 선택 2과목 이상, 총 8과목 이상 이수하여야 한다.

사회복지사 1급 국가시험 과목은 3과목인데, 1개 과목이 2개 또는 3개의 하부 과목들로 구성되어 있어 실질적으로는 8개 과목이다.

- 사회복지기초: 인간행동과 사회환경, 사회복지조사론
- 사회복지실천: 사회복지실천론, 사회복지실천기술론, 지역사회복지론
- 사회복지정책과 제도: 사회복지정책론, 사회복지행정론, 사회복지법제와 실천

우리나라에서도 미국의 스페셜리스트처럼 사회복지사 중에서도 특정 분야에서 전문성을 쌓은 전문가를 제너럴리스트에 해당하는 일반 사회복지사와 구별해서 자격증을 강화해야 한다는 의견이 사회복지사 내부에서 꾸준히 제기되어 왔다. 그 첫 결실이 1995년 「정신보건법」의 제정과 함께 신설된 정신보건전문요원제도이다.

「정신보건법」에 의하면 사회복지사, 임상심리사, 간호사가 교육자격을 인정받은 기관에서 수련을 받을 경우 정신보건전문요원의 자격을 취득할 수 있다. 정신보건사회복지사는 1급과 2급으로 구분되는데, 자격요건은 다음과 같다(김융일 외, 2003: 362).

- 정신보건사회복지사 1급: 대학원에서 사회복지학 또는 사회사업학을 전공한 석사학위 이상 소지자로서 보건복지부 장관이 지정한 전문요원수련기관에서 3년 이상 수련을 마친 자 또는 보건소에서 5년 이상 임상 실무 경험이 있는 자
- 정신보건사회복지사 2급: 사회복지사 1급 자격증 소지자로서 보건복지부 장관이 지정한 전문요원수련기관에서 1년 이상 수련을 마친 자로서 150시간의 이론교육과 830시간의 실습교육 후 제출 과제와 이론 시험에 합격한 자

민간기관(사단법인)인 한국사회복지사협회에서 자격을 부여하는 임의적 인증제도인 전문사회복지사제도도 있다. 사회복지사 내부에서 상급 사회복지사 자격의 필요성이 제기되고, 인접 전문직과 비교해 전문성의 강화를 요구한 것을 반영해 1996년 처음 시험을 거쳐 자격증을 발급했다. 응시자격은 사회복지사 자격증 교부 후 사회복지사업 실무 경력 4년 이상인 자이다. 전문사회복지사 시험과목은 다음과 같다.

- 공통 분야(7개 분야): 사회복지실천기술론 및 윤리, 인간행동과 사회환경, 사회복지슈퍼비전론, 사회복지조사방법론, 사회복지행정론, 지역사회복지론, 사회복지법제도 및 정책
- 선택 분야(선택 1개 분야): 아동 및 청소년복지, 노인복지, 장애인복지, 공공복지서비스, 의료사회사업, 여성복지

3) 한국 사회복지사 윤리강령

우리나라의 한국사회복지사협회에서도 미국사회복지사협회의 윤리강령을 참고하여 한국 사회복지사 윤리강령을 채택한 바 있다(2001년 12월 3차 개정). 전문과 사회복지사의 기본적 윤리기준, 클라이언트, 동료, 사회에 대한 윤리기준은 다음과 같다.

전 문

사회복지사는 인본주의 · 평등주의 사상에 기초하여, 모든 인간의 존엄성과 가치를 존중하고 천부의 자유권과 생존권의 보장활동에 헌신한다. 특히 사회적 · 경제적 약자들의 편에 서서 사회정의와 평등, 자유와 민주주의 가치를 실현하는 데 앞장선다. 또한 도움을 필요로 하는 사람들의 사회적 지위와 기능을 향상시키기 위해 저들과 함께 일하며, 사회제도 개선과 관련된 제반 활동에 주도적으로 참여한다. 사회복지사는 개인의 주체성과 자기결정권을 보장하는 데 최선을 다하고, 어떠한 여건에서도 개인이 부당하게 희생되는 일이 없도록 한다. 이러한 사명을 실천하기 위하여 전문적 지식과 기술을 개발하고, 사회적 가치를 실현하는 전문가로서의 능력과 품위를 유지하기 위해 노력한다.

이에 우리는 클라이언트, 동료, 기관 그리고, 지역사회 및 전체 사회와 관련된 사회복지사의 행위와 활동을 판단, 평가하며 인도하는 윤리기준을 다음과 같이 선언하고 이를 준수할 것을 다짐한다.

(1) 사회복지사의 기본적 윤리기준

① 전문가로서의 자세

- 사회복지사는 전문가로서의 품위와 자질을 유지하고, 자신이 맡고 있는 업무에 대해 책임을 진다.
- 사회복지사는 클라이언트의 종교, 인종, 성, 연령, 국적, 결혼상태, 성 취향, 경제적 지위, 정치적 신념, 정신, 신체적 장애, 기타 개인적 선호, 특징, 조건, 지위를 이유로 차별 대우를 하지 않는다.
- 사회복지사는 전문가로서 성실하고 공정하게 업무를 수행하며, 이 과정에서 어떠한 부당한 압력에도 타협하지 않는다.
- 사회복지사는 사회정의 실현과 클라이언트의 복지 증진에 헌신하며, 이를 위한 환

경 조성을 국가와 사회에 요구해야 한다.

- 사회복지사는 전문적 가치와 판단에 따라 업무를 수행함에 있어, 기관 내외로부터 부당한 간섭이나 압력을 받지 않는다.
- 사회복지사는 자신의 이익을 위해 사회복지 전문직의 가치와 권위를 훼손해서는 안 된다.
- 사회복지사는 한국사회복지사협회 등 전문가 단체 활동에 적극 참여하여, 사회정의 실현과 사회복지사의 권익 옹호를 위해 노력해야 한다.

② 전문성 개발을 위한 노력

- 사회복지사는 클라이언트에게 최상의 서비스를 제공하기 위해, 지식과 기술을 개발하는 데 최선을 다하며 이를 활용하고 전파할 책임이 있다.
- 클라이언트를 대상으로 연구하는 사회복지사는 저들의 권리를 보장하기 위해, 자발적이고 고지된 동의를 얻어야 한다.
- 연구과정에서 얻은 정보는 비밀 보장의 원칙에서 다루어져야 하고, 이 과정에서 클라이언트는 신체적 · 정신적 불편이나 위험, 위해 등으로부터 보호되어야 한다.
- 사회복지사는 전문성을 개발하기 위해 노력하되, 이를 이유로 서비스의 제공을 소홀히 해서는 안 된다.
- 사회복지사는 한국사회복지사협회 등이 실시하는 제반 교육에 적극 참여하여야 한다.

③ 경제적 이득에 대한 태도

- 사회복지사는 클라이언트의 지불능력에 상관없이 서비스를 제공해야 하며, 이를 이유로 차별대우를 해서는 안 된다.
- 사회복지사는 필요한 경우에 제공된 서비스에 대해, 공정하고 합리적으로 이용료를 책정해야 한다.
- 사회복지사는 업무와 관련하여 정당하지 않은 방법으로 경제적 이득을 취하여서는 안 된다.

(2) 사회복지사의 클라이언트에 대한 윤리기준

① **클라이언트와의 관계**

- 사회복지사는 클라이언트의 권익 옹호를 최우선의 가치로 삼고 행동한다.
- 사회복지사는 클라이언트에 대하여 인간으로서의 존엄성을 존중해야 하며, 전문적 기술과 능력을 최대한 발휘한다.
- 사회복지사는 클라이언트가 자기결정권을 최대한 행사할 수 있도록 도와야 하며, 저들의 이익을 최대한 대변해야 한다.
- 사회복지사는 클라이언트의 사생활을 존중하고 보호하며, 직무 수행 과정에서 얻은 정보에 대해 철저하게 비밀을 유지해야 한다.
- 사회복지사는 클라이언트가 받는 서비스의 범위와 내용에 대해, 정확하고 충분한 정보를 제공함으로써 알 권리를 인정하고 존중해야 한다.
- 사회복지사는 문서, 사진, 컴퓨터 파일 등의 형태로 된 클라이언트의 정보에 대해 비밀 보장의 한계, 정보를 얻어야 하는 목적 및 활용에 대해 구체적으로 알려야 하며, 정보 공개 시에는 동의를 얻어야 한다.
- 사회복지사는 개인적 이익을 위해 클라이언트와의 전문적 관계를 이용하여서는 안 된다.
- 사회복지사는 어떠한 상황에서도 클라이언트와 부적절한 성관계를 가져서는 안 된다.
- 사회복지사는 사회복지 증진을 위한 환경 조성에 클라이언트를 동반자로 인정하고 함께 일해야 한다.

② **동료의 클라이언트와의 관계**

- 사회복지사는 적법하고도 적절한 논의 없이 동료 혹은, 다른 기관의 클라이언트와 전문적 관계를 맺어서는 안 된다.
- 사회복지사는 긴급한 사정으로 인해 동료의 클라이언트를 맡게 된 경우, 자신의 의뢰인처럼 관심을 갖고 서비스를 제공한다.

(3) 사회복지사의 동료에 대한 윤리기준

① **동료**

- 사회복지사는 존중과 신뢰로써 동료를 대하며, 전문가로서의 지위와 인격을 훼손하는 언행을 하지 않는다.
- 사회복지사는 사회복지 전문직의 이익과 권익을 증진시키기 위해 동료와 협력해야 한다.
- 사회복지사는 동료의 윤리적이고 전문적인 행위를 촉진시켜야 하며, 이에 반하는 경우에는 제반 법률 규정이나 윤리기준에 따라 대처해야 한다.
- 사회복지사가 전문적인 판단과 실천이 미흡하여 문제를 야기했을 때에는 적절한 조치를 취하여 클라이언트의 이익을 보호해야 한다.
- 사회복지사는 전문직 내 다른 구성원이 행한 비윤리적 행위에 대해, 제반 법률 규정이나 윤리기준에 따라 조치를 취해야 한다.
- 사회복지사는 동료 및 타 전문직 동료의 직무 가치와 내용을 인정, 이해하며, 상호간에 민주적 직무관계를 이루도록 노력해야 한다.

② **슈퍼바이저**

- 슈퍼바이저는 개인적 이익의 추구를 위해 자신의 지위를 이용해서는 안 된다.
- 슈퍼바이저는 전문적 기준에 의해 공정하게 책임을 수행하며, 사회복지사, 수련생 및 실습생에 대한 평가는 공유해야 한다.
- 사회복지사는 슈퍼바이저의 전문적 지도와 조언을 존중해야 하며, 슈퍼바이저는 사회복지사의 전문적 업무 수행을 도와야 한다.
- 슈퍼바이저는 사회복지사, 수련생 및 실습생에 대해 인격적, 성적으로 수치심을 주는 행위를 해서는 안 된다.

③ **사회복지사의 사회에 대한 윤리기준**

- 사회복지사는 인권 존중과 인간 평등을 위해 헌신해야 하며, 사회적 약자를 옹호하고 대변하는 일을 주도해야 한다.
- 사회복지사는 필요한 사회서비스를 개발하기 위한 사회정책의 수립, 발전, 입법,

집행에 적극적으로 참여하고 지원해야 한다.

- 사회복지사는 사회환경을 개선하고 사회정의를 증진시키기 위한 사회정책의 수립, 발전, 입법, 집행을 요구하고 옹호해야 한다.
- 사회복지사는 자신이 일하는 지역사회의 문제를 이해하고, 그것을 해결하는 일에 적극적으로 참여해야 한다.

④ 사회복지사의 기관에 대한 윤리기준

- 사회복지사는 기관의 정책과 사업 목표의 달성, 서비스의 효율성과 효과성의 증진을 위해 노력함으로써, 클라이언트에게 이익이 되도록 해야 한다.
- 사회복지사는 기관의 부당한 정책이나 요구에 대하여, 전문직의 가치와 지식을 근거로 이에 대응하고 즉시 사회복지윤리위원회에 보고해야 한다.
- 사회복지사는 소속 기관 활동에 적극 참여함으로써, 기관의 성장, 발전을 위해 노력해야 한다.

2. 미국의 사회복지사

1) 미국 사회복지사의 개요

미국사회복지사협회(NASW)는 사회복지사(socialworker)를 '대학 또는 대학원에서 사회복지실천을 전공하고, 학위를 취득한 자로서, 자신이 보유한 지식과 기술을 사용하여 클라이언트(개인, 가족, 집단, 지역사회, 조직, 사회 전체 등)에게 사회복지서비스를 제공하는 전문직'이라고 정의했다.

개별적 접근인 사회복지실천(socialwork practice)이 발달한 미국에서 사회복지사의 활동 영역은 매우 다양하다. 위탁가정서비스, 입양, 보호 관찰, 공공부조 상담, 한부모가족을 위한 서비스, 데이케어서비스, 학교사회복지실천, 위기에 처한 사람에 대한 서비스, 재향군인 지원서비스, 레크리에이션 활동(보이스카우트 또는 YMCA 등), 일반 병원과 정신병원의 사회복지서비스, 장기요양원의 사회복지서비스, 결혼 상담, 약물 · 알코올 상담, 정서적 문제를 가진 사람에 대한 서비스, 낙태 상담, 가족계획서비스, 신체장애인 서비스, 성 상담, 재활서비스, 사회조사, 사회행동, 기금 조성(fund-raising), 사회복지기관행정 등이 그것이다(Zastrow, 2000a: 62).

미국 사회복지사의 전문적 지위는 세계 최고 수준이다. 사회복지사의 수도 증가하는 추세이다. 즉, 1960년 95,000명에서 1996년에는 745,000명으로 거의 8배나 늘어났다(그중 약 40%는 공공사회복지기관 근무)(Dolgoff & Feldstein, 2000: 319). 2016년 미국 NASW 회원 수는 132,000명이다.[7)]

미국 노동통계국(the Bureau of Labor Statistics)이 전망한 사회복지사 직업의 장래도 긍정적이다. 노동통계국은 사회복지사의 수가 다른 직업보다 훨씬 빠르게 증가할 것으로 전망했다. 노인, 범죄자와 비행청소년, 정신질환자, 지적장애인, 에이즈 환자와 가족, 위기에 처한 가족 등 사회복지사의 도움이 필요한 인구가 지속적으로 증가하기 때문이다. 이민 · 한부모가정의 자녀, 10대 미혼모의 증가와 장애아동 통합교육의 강화도 사회복지사의 수요를 증대시켰다. 사회복지사 중에도 병원 사회복지사, 가정보건케어서비스 종사 사회복지사, 민간부문 종사 사회복지사(민간건강보험회사와 민간 전문서비스 부문)가 특히 많이 증가했다.

미국 사회복지사의 특징 중 하나는 개원 사회복지사(social workers of clinical entrepreneurs) 또는 프라이비트 사회복지사(private social workers)이다. 이들은 개원 의사와 유사한데, 심리학자, 의사와 함께 클리닉을 개원해 전문적 서비스를 제공한다. 주로 의사나 정신과의사로부터 클라이언트를 의뢰받아 요금을 받고 정신치료와 집단치료를 제공한다. 개원 사회복지사는 사회복지석사(MSW)만 가능하고 사회복지학사(BSW)는 안 된다.[8)] 개원 사회복지사는 1970년대부터 증가하기 시작해 1975년 약 1~2만 명으로 추산되었고, 1983년에는 약 3만 명으로 증가했다(민간부문에 종사하는 사회복지사의 약 32%). 1990년대 초 NASW는 한 보고서에서 약 1만 5천 명의 사회복지사(NASW 회원 수의 11.1%)가 독립적으로 개업을 하고 있다고 밝혔는데, 이는 영리부문에 종사하는 NASW 회원의 약 1/3에 달하는 것이었다. 개원 사회복지사들의 수가 크게 늘어나자 미국의 각 주정부는 이들에 대한 규제를 강화시켰다.

7) http://www.socialworkers.org/nasw/default.asp (NASW 검색일 2016/4/20)

8) BSW는 일선 업무, 제너럴 업무, 케이스매니지먼트 업무 등을 담당한다. MSW는 주로 시니어 임상사회복지사로 활동하고 있다(Colby, 2009: 122-123).

2) 사회복지사의 교육

미국의 사회복지실천교육은 2년제 교육, 학부(4년제 대학) 교육, 대학원 교육 등 세 가지 수준에서 이루어지고 있다(Zastrow, 2000a: 118-119).

(1) 2년제 교육(two-year associate programs)

지역사회대학(community college)과 기술전문대학(technical schools)에서 제공하는 2년 과정의 사회복지실천교육 프로그램이다. 본 교육 프로그램을 이수한 사람은 준학사학위(associate degree)를 취득한다. 이들은 사회복지사 활동을 지원하는 직업(aide, associate, assistant, technician)을 지향하며, 최근 20년 동안 그 수가 꾸준히 증가하고 있다.

(2) 학부 교육(undergraduate education)

미국 사회복지교육기관들의 협의체인 사회복지실천교육협의회(the Council on Social Work Education, CSWE)가 학위를 인정한다. 1970년대 초 이전까지만 해도 사회복지실천석사(Master of Social Work, MSW)학위만 전문적 활동에 필요한 학위로 인정받고, 사회복지실천학사학위는 학문적·전문적 교육을 이수한 것으로 인식되었다. 그러나 MSW 학위 없이 학사학위만으로 사회복지사로 취직하는 사람이 많고, 학사학위 소지 사회복지사를 전문가로 훈련, 양성시켜야 하는 현실을 수용하여 1974년 7월부터 CSWE가 공식적으로 학사과정에서도 전문가를 지향하는 교육훈련을 강화하도록 권고했다.

(3) 대학원 교육(graduate education)

MSW 교육과정은 2년이다. 학부에서 사회복지실천을 전공한 학생을 대상으로 한 1년의 심화과정(advanced standing)을 개설하고 있는 대학원도 많다. 전문가를 준비하는 과정이기 때문에 사회복지현장실습을 매우 중시한다. 학생들은 기관의 집중적 실습 슈퍼비전 아래 평균 일주일에 2~3일 실습에 임해야 한다. 교과목은 ① 제너럴리스트(generalist) 양성에 필요한 사회복지실천 기초 과목들과 ② 정책 분석, 계획, 사회조사와 사회복지행정, 지역사회조직, 개인과 집단에 대한 직접적 실천(direct practice, 사회복지실천기술), 프로그램 개발, 지역사회정신보건, 가족기능 향상, 보건의료, 도심 근린 서비스, 고령화, 범죄·비행 등 특정한 영역이나 대상자에 초점을 둔 집중 과목 등 두 부분으로 나눠진다. MSW 이상의 교육 프로그램은 ① 전문적 사회복지실천기술의 심화를 목적으로 하는 1년 과정의 3년차 프로그램(a third-year programs), ② 2~3년 과정의 사회복지실천박사(Doctor of Social Work, DSW) 또는 철학박사(Doctor of Philosophy, PhD) 과정이 있다.

2016년 미국 사회복지대학교육 프로그램 수는 〈표 5-2〉와 같다. 표에서 보듯이 학부 과정은 모두 526개가 있고, 대학원 석사과정은 261개, 박사과정은 73개가 있다.

〈표 5-2〉 미국 사회복지대학교육 프로그램 수(2016년)

구 분	인증 프로그램	인증 후보 프로그램	합 계	평균 교수 수
학부	511	15	526	5.6
대학원 석사과정	245	16	261	38.7
대학원 박사과정			73	

출처: http://www.cswe.org/Membership/27021.aspx (CSWE 검색일 2016/4/21)

미국 사회복지교육의 가장 큰 특징은 사회복지현장실습을 매우 중시하는 것이다. 대학 또는 대학원에서 사회복지를 전공하는 학생들 중 상당수가 사회복지현장실습을 통해 취업의 기회를 얻고 있다. 그리고 MSW 학위 소지자가 취업이나 취업 후 보수나 승진에서 유리한 것은 사실이지만, 사회복지기관들이 MSW 학위를 반드시 요구하는 것은 아니며, 학사학위만 가지고도 상당수가 취업을 하고 있다(Zastrow, 2000a: 63).

3) 사회복지사의 윤리

사회복지사의 윤리란 사회복지사가 추구해야 할 가치를 말한다. 미국사회복지사협회(NASW)는 사회복지사 윤리강령에서 사회복지사의 6개 핵심 가치를 제시하고 있다(Kirst-Ashman, 2003: 31).

- 서비스(service) 제공: 원조, 자원, 급여를 제공함으로써 사람들이 자신의 잠재능력을 극대화할 수 있도록 만든다.
- 사회정의(social justice): 모든 시민이 자신의 배경이나 소속 집단의 성격에 관계없이

권리, 보호, 기회, 의무, 사회적 혜택을 받을 수 있는 조건을 만든다.

- 인간의 존엄성과 가치(dignity and worth of the person): 개인의 자존심을 지켜 주고 개인적 가치관을 인정한다.
- 인간관계의 중요성(importance of human relationship): 사회복지사가 클라이언트를 위해 노력하고 클라이언트가 도움을 받는 분위기를 만들기 위해 사회복지사와 클라이언트 사이에 존재하는 상호 정서적 교환, 역동적 상호 작용, 감정적 · 인지적 · 행동적 연관관계(connections)를 중시한다.
- 성실성(integrity): 도덕적 이상에의 믿음과 충실함을 견지한다.
- 역량(competence): 클라이언트를 돕는 데 필요한 기술과 효과적으로 일할 수 있는 능력을 보유한다.

사회복지윤리는 사회복지사의 윤리적 책임을 말하는데, 미국사회복지사협회(NASW)는 그것을 클라이언트에 대한 윤리적 책임, 동료에 대한 윤리적 책임, 기관에 대한 윤리적 책임, 전문직으로서의 윤리적 책임, 사회복지사 전문직에 대한 윤리적 책임, 사회에 대한 윤리적 책임 등 6개 차원에서 규정하고 있다(Kirst-Ashman, 2003: 35-43).

(1) 클라이언트에 대한 윤리적 책임

- 자기결정권(self-determination): 사회복지사는 클라이언트의 자기결정권을 존중해야 한다. 이는 사회복지사가 클라이언트에게 ① 유효한 자원에 관한 정보를 제공하고, ② 클라이언트가 선택할 수 있는 대안에 대해 잘 파악하도록 돕고, ③ 선택한 결과를 잘 평가하도록 도울 의무가 있다는 것을 의미한다.
- 사생활과 비밀 보장(privacy and confidentiality): 사회복지사는 클라이언트와의 접촉과 상담 등 관계를 통해 얻은 클라이언트의 사생활에 관한 정보나 자료를 누설해서는 안 된다.
- 성관계(sexual relationship): 사회복지사는 클라이언트와 그 주변 사람들과 성관계를 맺으면 안 된다. 현재는 물론 과거의 클라이언트와도 안 된다.

(2) 동료에 대한 윤리적 책임

- 존중(respect): 사회복지사는 동료를 존중하고 협력하면서 일해야 한다. 동료를 근거 없이 비난해서도 안 된다.
- 서비스의 의뢰(referral for services): 사회복지사는 클라이언트를 돕는 데 필요한 지식과 기술을 보유한 전문직에게 클라이언트를 의뢰하는 데 주저해서는 안 된다. 의뢰는 가급적 매끄럽게 이루어져야 하며, 의뢰 시 클라이언트에 관한 정보를 빠짐없이 제공해야 한다.

(3) 기관에 대한 윤리적 책임

- 슈퍼바이저 위치에 있는 사회복지사는 슈퍼비전 능력을 갖춰야 하고 공정하게 감독해야 한다.
- 사회복지사가 기록하는 정보와 자료는 정확해야 한다.
- 기관의 공동모금에 협조한다.
- 기관의 고용정책에서 발생할 수 있는 차별을 방지하기 위해 노력한다.
- 기관의 고용주가 비윤리적 처사를 분명히 인지하도록 노력한다.

(4) 전문직으로서의 윤리적 책임

- 자신의 직무에 관한 자질과 능력을 갖추고 있어야 한다. 그렇지 못할 경우 다른 일을 찾거나 사회복지사 직무 수행에 필요한 교육을 더 받아야 한다.
- 인종, 국적, 피부색, 성, 성 취향, 연령, 결혼 여부, 정치적 신념, 종교, 정신 · 신체장애 등을 이유로 차별해서는 안 된다.
- 정직해야 하며, 뇌물을 수수해서는 안 되며, 자신의 개인적 문제가 자신의 일에 영향을 주도록 해서도 안 된다.
- 사회복지사 자격에 허위가 있어서는 안 되고, 타인의 공을 가로채서도 안 된다.

(5) 사회복지사 전문직에 대한 윤리적 책임

- 성실성(integrity): 높은 수준의 실천기준을 향상시키기 위해 노력해야 한다. 전문적 지식, 가치, 윤리를 유지하고 확대시키기 위해 노력해야 한다. 교육, 연구, 자문,

서비스, 법적 증언, 지역사회 대표, 사회복지사 전문직 단체에의 참여 등 전문성의 향상을 위한 활동에 적극적으로 참여해야 한다.

- 평가와 연구(evaluation and research): 사회복지실천의 효과를 평가하고 연구하는 데 노력을 경주해야 하고, 사회복지실천 관련 정책과 개입을 모니터해야 하며, 평가 방법에 관한 지식을 쌓아야 한다. 연구는 윤리적이고 정직한 방법으로 수행되어야 한다.

(6) 사회에 대한 윤리적 책임

- 사회복지사는 사람의 일반 복지(general welfare)의 향상을 위해 노력해야 한다.
- 사회복지사는 공공정책의 형성에 적극 참여해야 하고, 긴급 재난(홍수, 태풍, 지진 등)이 발생하면 사람을 돕는 데 앞장서야 한다.
- 자원과 기회에 대한 접근성이 공정하고 평등하도록 만드는 것을 목적으로 하는 사회적 · 정치적 행동에 나서야 한다.
- 인간의 조건을 향상시키고 사회정의를 진작시키는 정책을 적극 지지해야 한다.
- 취약계층, 차별받는 계층, 억압받는 계층, 착취받는 계층의 기회를 확대하는 일에 나서야 한다.
- 문화적 다양성을 존중하는 조건과 정책을 만들기 위해 노력한다.
- 사회적 약자를 차별하는 조건과 정책을 제거하기 위해 노력한다.

4) 윤리적 딜레마

사회복지사는 사회복지사가 지켜야 할 기본 가치와 일반 사회의 가치가 충돌할 경우(낙태, 서비스에 대한 대가, 자기결정권 등) 윤리적 갈등에 직면한다. 이를 윤리적 딜레마라 한다. 윤리적 딜레마는 다음과 같은 것들이 있을 수 있다.

(1) 클라이언트의 자기결정권과 고지된 동의

문제가 있거나 위기상황에 빠진 클라이언트가 사회복지기관에서 사회복지사의 도움을 받게 되면 사회복지사가 제공한 서비스의 내용에 대해 제대로 이해하지 못할 수가 있다. 따라서 사회복지사는 클라이언트의 권리를 보호해야 하고, 클라이언트가 자율적으로 결정을 내릴 수 있도록 도와야 한다. 클라이언트의 권리를 보호하는 장치가 '고지된 동의'이다. 고지된 동의(informed consent)란 사회복지사가 제공하는 서비스의 목적, 위험성, 한계점, 감수 사항, 대안, 거부권, 시간 설정 등에 관해 클라이언트에게 자세히 명확하게 알려 주는 것이다. 그러나 서비스의 어느 부분까지 고지해야 하는가 하는 문제가 발생한다. 너무 많은 정보를 한꺼번에 제공해 클라이언트를 혼란에 빠지게 하는 것은 바람직하지 않기 때문이다. 서비스에 관한 정보 제공이 클라이언트에게 심각한 위험을 초래하는 경우(심각한 질병 등) 예외적 상황으로 규정해 제한할 수 있어야 하는 것이다(NASW 윤리강령). 여하튼 이처럼 정보를 제한하는 것과 클라이언트의 자기결정권은 충돌할 소지가 있다(김기태 외, 2002: 90-91).

(2) 비밀 보장

전술한 대로 사회복지사는 클라이언트와의 접촉과 상담 등 관계를 통해 얻은 클라이언트의 사생활에 관한 정보나 자료를 누설해서는 안 된다. 그러나 지나친 비밀 보장은 또 다른 피해를 가져올 수 있다. 예를 들어, 클라이언트가 배신한 여자 친구를 살해할 계획을 가졌다는 사실을 알게 된 사회복지사가 비밀 보장의 윤리를 지키기 위해 이를 비밀로 붙였다가 실제 살인 사건이 발생할 경우 그 책임을 누가 져야 할 것인가? 이는 미국 캘리포니아 주에서 발생한 실화로서 캘리포니아 법원은 클라이언트와 치료자의 관계는 특수한 만큼 치료자는 클라이언트에 관한 정보를 제삼자에게 제공하는 보호 차원의 행위를 할 책임이 있다고 판결했다(김기태 외, 2002: 94).

(3) 기관의 정책과 규정

사회복지사는 직장인의 한 사람으로서 자신을 고용한 기관의 정책과 규정에 순응해야 하는 의무가 있다. 동시에 사회복지사는 사회복지 전문직으로서 클라이언트의 편에서서 클라이언트의 이익을 위해 노력해야 할 의무도 있다. 기관이 클라이언트에게 필요한 서비스를 제대로 제공하지 못할 경우 사회복지사는 윤리적 딜레마에 봉착한다.

한편 이러한 윤리적 딜레마에 봉착할 경우 사회복지사의 윤리적 의사 결정을 돕는 지침이 있다. 하나는 윤리적 규칙 스크리닝(Ethical Rules Screen, ERS)과 다른 하나는 윤리적 원칙 스크리닝(Ethical Principles Screen, EPS)이다.

ERS는 다음과 같다(Lowenberg & Dolgoff, 2000: 89).

① 사회복지사 윤리강령을 살펴보고 어떤 규칙을 적용할 수 있는지 결정한다. 이러한 규칙은 사회복지사 개인의 가치체계보다 우선한다.
② 적용 가능한 한 가지 또는 여러 가지의 강령규칙을 따른다.
③ 구체적 문제에 대해 강령규칙이 부합되지 않거나 여러 개의 강령규칙들이 상충하는 경우에는 윤리적 원칙 스크리닝(EPS)을 활용한다.

EPS는 다음과 같다(Lowenberg & Dolgoff, 2000: 90-92).

① **윤리원칙 1-생명보호의 원칙**: 생명의 권리는 그 어떤 권리보다 우선시되는 가장 기본적인 것이다.
② **윤리원칙 2-평등과 불평등의 원칙**: 동등한 사람은 평등하게 처우받아야 하고, 동등하지 않는 경우는 불평등하게 처우받아야 한다. 동등하지 않는 것 그 자체가 문제가 되는 경우, 예컨대 학대아동의 경우 성인과 다르게, 즉 불평등하게 대우받아야 한다는 것이다.
③ **윤리원칙 3-자율성과 자유의 원칙**: 사회복지사는 개인의 자율성과 독립성 및 자유를 최대한 존중해야 한다.
④ **윤리원칙 4-최소한 손실의 원칙**: 사회복지사는 항상 최소한의 영구적 손상 또는 가장 쉽게 회복 가능한 손실을 초래하는 기회를 선택해야 한다.
⑤ **윤리원칙 5-삶의 질의 원칙**: 사회복지사는 모든 사람들의 삶의 질을 향상시키는 기회를 선택해야 한다.
⑥ **윤리원칙 6-사생활 보호와 비밀 보장의 원칙**: 사회복지사는 개인의 사생활 보호 권리를 지키는 결정을 해야 한다. 비밀 유지는 이러한 결정의 직접적인 결과이다.
⑦ **윤리원칙 7-진실성과 정보 개방의 원칙**: 사회복지사는 진실을 말하고 관련 정보를 충분히 개방해야 한다.

제3절 사회복지의 대상

1. 사회복지 대상자

사회복지 대상자는 사회복지의 급여나 서비스를 받는 사람을 의미한다. 사회복지실천(socialwork practice)에서는 대상자를 '클라이언트(client)'라 지칭한다. 우리나라에서도 사회복지서비스를 받는 대상자를 클라이언트라 칭하고 있으나, 최근 들어서는 사회복지 수급자(social welfare beneficiary), 서비스 이용자(service user)라는 용어도 함께 사용되고 있다.

과거에는 사회복지의 대상자가 노인, 장애인, 고아 등 사회적 약자와 빈곤층이었으나, 현대사회에서는 산업화가 야기하는 질병, 실업, 사고 등 사회적 위험을 안고 살아가는 전 국민을 대상으로 하고 있다. 그러나 전 국민이 모든 사회복지서비스를 동일하게 제공받는 것은 아니다. 한정된 사회복지 자원을 효율적으로 사용하기 위해서는 욕구수준이 상대적으로 높은 대상자를 선정하여 우선적으로 복지서비스를 제공하자는 주장도 있고, 현대사회에서는 복지수급이 사회권으로 하나의 권리이기 때문에 전 국민을 대상으로 하여야 한다는 주장도 있다.

2. 사회복지 대상의 분류

'사회복지의 대상을 누구로 할 것인가' 하는 사회복지 대상자의 분류 개념으로 매우 유용한 것이 보편주의(universalism)와 선별주의(selectivity)라는 두 개의 원칙이다.

1) 보편주의(universalism)

보편주의는 전 국민을 사회복지의 대상자로 하는 것을 말하는데, 시민권(citizenship)에 입각해 하나의 권리로서 복지서비스를 제공하고, 복지 수혜 자격과 기준을 균등화하여 복지서비스의 수급자들이 그 어떤 낙인감, 열등감, 굴욕감도 갖지 않게 한다는 것이다(Titmuss, 1976: 129).

보편주의에서 가장 중요한 것은 사회복지 수급이 국민의 기본권이라는 사실이다. 모든 노인을 위한 사회보장연금과 모든 취학아동을 위한 초·중등교육이 좋은 예이다. 길버트와 테렐(Gilbert & Terrell, 2002: 89–90)은 보편주의 원칙을 다음과 같은 네 가지로 정리했다.

(1) 모든 시민을 대상으로 한 프로그램

보편주의는 사회복지를 빈민이나 장애인과 같은 특정한 집단뿐만 아니라 모든 시민이 봉착하게 되는 일상적 생활문제에 대한 대책으로 간주한다. 보편주의에서 생활문제는 모든 시민이 한두 번쯤은 위기에 빠질 수 있는 공통의 사회적 욕구이다. 즉, 빈민과 부자, 남성과 여성과 같은 사회적 범주에 따라 차등을 두지 않고 사회적 욕구를 보편적으로 충족시킬 수 있는 사회적 프로그램을 시행하는 국가가 복지국가라는 것이다.

(2) 권리 보장

보편주의는 모든 시민에게 정치권이 부여되어 있는 것과 같이 모든 시민에게 그들의 수입에 관계없이 복지권을 보장해야 한다고 믿고 있다. 청소년을 위한 교육, 환자를 위한 보건의료, 실업자를 위한 소득보장 등이 하나의 권리로서 보장되어야 한다는 것이다.

(3) 사회통합

보편주의는 사회복지 프로그램에서 기여자(givers)와 수혜자(receivers)를 구별해서는 안 된다고 본다. 양자를 구별하는 것은 사회적 통합과 인간존엄성의 가치를 손상시키기 때문이다. 사회복지 수급자는 사회복지 급여가 권리로 보장되어 있다 하더라도 자신의 인격이 손상되는 것을 느낀다. 공공부조 수급 빈민이나 특수교육의 대상이 되는 장애학생이 느끼는 낙인감이 그것이다.

(4) 정치적 장점

보편주의는 포괄성(inclusiveness)의 원칙에 입각한 복지프로그램의 정치적 장점(political advantages)을 중시한다. 보편주의 프로그램이 비용이 많이 드는 것은 사실이지만, 사회적 주변 집단만을 대상으로 하는 자산조사(means test) 프로그램보다 훨씬 더 대중적이라는 것이다. 배타적으로 빈민만을 대상으로 하는 공공부조는 정치적으로 매우 취약한 것이 사실이다.

2) 선별주의(selectivism)

선별주의는 사회복지 대상자들을 사회적 · 신체적 · 교육적 기준에 따라 구분한 다음 복지서비스를 제공하는 것을 의미한다. 자산조사를 통해 원조의 필요가 있다고 인정된 사람들, 즉 결손가정, 장애인, 무능력자, 노인, 빈민 등을 복지서비스의 대상으로 하며, 공공부조나 공공임대주택이 여기에 속한다. 수혜 조건을 갖추었는지를 조사하는 과정과 일반 시민(조세를 통해 그 비용을 부담하는)들과의 사회적 관계에서 낙인을 피할 수 없다(Townsend, 1975: 124).

선별주의는 사회복지 대상자를 신중하게 선정된 수혜자들로 국한해야 한다고 믿는다. 개인이나 가족의 드러난 욕구가 대상자 선정에서 최우선시 되어야 하고, 보편주의 급여보다는 제한적 급여가 필요하다는 것이다. 그리고 자신의 욕구를 스스로 해결할 수 있는 사람은 정부의 사회복지급여를 받아서는 안 된다고 본다. 사회복지 수급자는 자활이 불가능한 주변 집단에 한해야 하며, 그래야 사회복지 재정에 필요한 돈을 부담하는 납세자들을 납득할 수 있다고 믿는다. 대상자의 제한을 위해서는 자산조사가 필수적이다. 정치적으로 힘이 강한 중산층에게로 사회복지급여가 가지 않도록 하기 위해서는 사회복지가 꼭 필요한 사람에게만 가도록 만들어야 하는데, 자산조사가 있어야 이것이 가능하다. 사회적 욕구가 거의 없거나 아주 약간 있는 사람들까지 사회복지 대상자로 삼을 필요는 없다고 본다.

3) 공통점과 차이점

이 두 가지 원칙의 공통점은 모두 비용효과성(cost effectiveness)을 중시한다는 것이다. 보편주의에서는 무상의 보편적 교육과 보건의료서비스를 선호한다. 이는 이러한 프로그램이 없을 때 야기될 수 있는 장래의 문제들, 예컨대 청소년 비행이나 정신적 · 신체적 장애로 인한 제반 사회적 비용들을 사전에 예방하는 효과가 있다는 것이다. 또한 장기적으로 보면 보편주의 프로그램이 비용을 절감하는 효과가 있다는 것이다. 그리고 보편주의 프로그램은 선별주의 프로그램에 반드시 필요한 지속적 감시, 점검, 급여 조정에 필요한 비용도 절약할 수 있다.

그리고 보편주의에서도 욕구가 가장 큰 사람에게 원조를 집중하여 재분배가 이루어지길 원한다. 대부분의 나라에서 보편주의 조세정책이라 하더라도 조세 감면제도에서 보듯이 일정 소득 이하인 저소득층에게는 세금을 감면해 주고, 중간 계층 이상에게는 일정한 세율의 세금을 부과함으로써 소득재분배가 이루어지도록 하고 있으며, 연금과 같은 사회보장 급여의 경우 일정 급여 이하인 사람에게는 과세를 하지 않는 것이 좋은 예이다. 보편적 가족수당제도 안에 한부모, 저소득층, 장애아동을 가진 가족에게 추가적 부가 급여를 제공하는 것도 좋은 예가 된다. 보편주의는 모든 시민에게 최저한의 동일한 급여를 제공하는 한편 욕구가 가장 큰 취약집단에게는 상대적으로 많은 급여를 제공하여 소득재분배를 기한다. 이런 식으로 빈민을 위한 급여를 중산층을 대상으로 하는 프로그램에 통합시킬 수 있다.

선별주의도 보편주의가 중시하는 사회적 평등성 또는 사회적 효과성(social effectiveness)을 나름대로 추구한다. 다시 말해서, 사회가 보다 평등한 방향으로 나아가길 원한다고 할 때, 사회복지 급여를 빈민에게만 국한시켜 제공하는 것이 모든 사람에게 배분하는 것보다 평등을 제고하는 데 더 효과적이라고 본다는 것이다. 게다가 사회복지 급여를 사회적 욕구가 있는 사람에게만 집중시키면, 오히려 긴장과 적대감을 야기하는 사회적 반목도 경감시킬 수 있다고 한다. 요컨대, 사회적 욕구가 제대로 충족이 안 되는 사람이 아주 많을 경우, 부족한 자원을 사회적 욕구가 큰 사람에게 우선적으로 배분하면, 사회적 형평성이 제고되고 사회적 평등을 기하는 데도 효과적이라는 것이다(Gilbert & Terrell, 2002: 90-93).

정리하면, 선별주의는 도움이 필요한 사람에게 서비스를 집중시킬 수 있고, 자원의 낭비가 없으며, 비용이 적게 드는 장점이 있고, 보편주의는 최저소득을 보장함으로써 빈곤을 예방할 수 있고, 수혜자에게 심리적·사회적 낙인을 가하지 않으며, 행정절차가 용이하고, 시혜의 균일성을 유지할 수 있으며, 모든 시민의 구매력을 일정 수준에서 유지(유효 수요)함으로써 경제적 안정과 성장에 기여하는 장점이 있다.

〈표 5-3〉 보편주의와 선별주의의 장단점

구분	보편주의	선별주의
주요 내용	보편주의는 전 국민을 사회복지의 대상자로 삼는 것을 말하는데, 시민권(citizenship)에 입각해 하나의 권리로 복지서비스를 제공하고, 복지 수혜 자격과 기준을 균등화한다.	사회복지 대상자들을 사회적 · 신체적 · 교육적 기준에 따라 구분한 다음 복지서비스를 제공한다. 자산조사(means test)를 통해 원조의 필요가 있다고 인정된 사람들, 즉 결손가정, 장애인, 무능력자, 노인, 빈민 등만을 복지서비스의 대상으로 한다.
장점	최저소득을 보장함으로써 빈곤을 예방할 수 있고, 수혜자에게 심리적 · 사회적 낙인을 가하지 않으며, 행정절차가 용이하고, 시혜의 균일성을 유지할 수 있으며, 모든 시민의 구매력을 일정 수준에서 유지(유효 수요)함으로써 경제적 안정과 성장에 기여한다.	서비스를 도움이 필요한 사람에게 집중시킬 수 있고, 자원의 낭비가 없으며, 비용이 적게 든다.
단점	한정된 자원을 꼭 필요한 부분에 효과적으로 사용하는 데 한계가 있다.	자산조사 과정과 일반 시민들과의 사회적 관계에서 낙인을 피할 수 없다.

3. 사회복지 대상의 선정기준

보편주의-선별주의 이분법(the universal-selective dichotomy)은 사회복지 대상자 선정 문제를 단순화시켜 이해를 쉽게 한다. 그러나 현실은 이런 이분법으로 파악하기 힘들 정도로 복잡하다. 다시 말해서, 자산조사를 하면 선별주의, 그렇지 않으면 보편주의라고 할 수 없는 경우가 현실 사회복지에 적지 않게 존재한다는 것이다. 예컨대, 아동수당의 경우 자녀를 가진 모든 가족을 대상으로 하기 때문에 보편주의 제도인 것 같지만, 적어도 자녀가 한 명 이상이어야 대상이 된다는 점에서 선별주의 제도도 된다.

이런 점들을 고려하여 길버트와 테렐(2002: 108-109)은 사회복지 대상자 선정의 기준을 귀속 욕구, 보상, 등급 분류, 자산조사 욕구 등 네 가지로 세분화했다.

(1) 귀속 욕구(attributed need)

특정한 집단구성원으로서의 조건을 갖춘 사람을 대상으로 한다. 예컨대, 전 국민이 될 수도 있고, 맞벌이 부부, 고령층, 하층민, 농어촌 지역 학생 등 특정 계층이나 지역주민이 될 수도 있다. 모든 시민을 대상으로 무상의 보건의료서비스를 제공하는 영국의 국민보건서비스(시민권자), 모든 노인에게 지급되는 노령수당, 모든 아동에게 지급되는 아동수당 등이 여기에 속한다. 이 경우 욕구에 대한 전문가의 규범적 판단기준(normative criteria of need)에 따라 특정한 집단이 대상자로 선정(group-oriented allocations)된다.

(2) 보상(compensation)

건강보험이나 사회보장연금 등 사회보험의 가입 대상자로서 요건을 갖추고, 일정한 보험료를 납부한 사람, 즉 사회보험제도의 가입 조건과 보험료 납부 실적을 가진 사람을 대상으로 하는 경우가 있고, 사회적 희생자(인종차별과 성차별의 희생자)를 대상으로 하는 경우가 있다. 이들에게는 사회복지 급여가 하나의 보상으로 주어진다. 보상의 원칙에서 중시하는 조건은 형평성에 맞춰 전문가가 규범적으로 판단한(normative criteria for equity) 특정한 집단을 대상자로 선정(group-oriented allocations)하는 것이다.

(3) 등급 분류(diagnostic differentiation)

신체적 혹은 정신적 손상을 입은 사람과 같이 특정한 재화와 서비스가 필요한 개인을 대상으로 하는데, 이 경우 판단은 전문가의 분류 심사에 의거한다. 장애연금의 등급 분류가 좋은 예이다. 등급 분류 원칙에서 중요한 조건은 욕구에 대한 기술적 분류 기준(technical diagnostic criteria of need)에 따라 개별적으로 대상을 선정(individual allocation)하는 것이다.

(4) 자산조사 욕구(means-tested need)

재화와 서비스를 구입할 능력을 상실했다는 명백한 증거를 자산조사에 의해 제시하는 것이 가장 중요하다. 사회복지 급여 수급 여부는 개인의 경제적 여건에 좌우되며, 매우 제한적이다. 욕구의 경제적 기준(economic criteria of need)에 따라 개별적으로 대상자를 선정(individual allocation)하는 것이 기본 원칙이다.

이상과 같은 네 가지 대상자 선정기준을 욕구 판단 기준에 초점을 두고 요약하면 〈표 5-4〉와 같다. 귀속 욕구는 집단을 대상으로 하고, 규범적으로 욕구를 판단한다.

보상은 집단을 대상으로 하고, 형평성에 입각해 규범적으로 욕구를 판단한다. 등급 분류는 개인을 대상으로 하고, 기술적 분류 기준에 따라 욕구를 정한다. 자산조사 욕구는 개인을 대상으로 하고, 경제적 기준에 따라 욕구를 결정한다.

〈표 5-4〉 대상자 선정과 욕구 판단 기준

구 분	대상자	욕구 판단 기준
귀속 욕구	집단	규범적 판단
보상	집단	형평성에 입각한 규범적 판단
등급 분류	개인	기술적 등급 분류
자산조사 욕구	개인	경제적 기준

길버트와 테렐(2002: 112)은 이러한 대상자 선정의 네 가지 원칙을 사회복지의 제도적 개념과 잔여적 개념에 대입시켜 〈표 5-5〉와 같이 기술했다. 〈표 5-5〉에서 보듯이 귀속 욕구는 제도적 개념에, 자산조사 욕구는 잔여적 개념에 대응되고, 보상과 등급 분류는 두 개념의 중간에 위치하되 보상은 제도적 개념에, 등급 분류는 잔여적 개념에 가깝다. 보상이 제도적 개념에 가까운 이유는 급여 수급 자격 여부가 개인의 조직 내에서의 지위에 따라 정해지기 때문이다. 등급 분류가 잔여적 개념에 가까운 이유는 수급 여부가 개인적 장애 여부에 의해 결정되고, 개인의 특정한 수급 요건 판정이 다소 기계적으로 이루어지기 때문이다.

〈표 5-5〉 대상자 선정의 네 가지 원칙

귀속 욕구	보상	등급 분류	자산조사 욕구
사회복지의 제도적 개념	←	→	사회복지의 잔여적 개념

출처: Gilbert & Terrell(2002: 112)의 표 4.2.

제4절 사회복지의 급여

1. 사회복지 급여의 개념과 종류

사회복지 급여(provisions)란 사회복지를 통하여 제공되는 다양한 재화와 서비스를 의미한다. 최초로 복지국가의 청사진을 제시한 베버리지 보고서에서는 당시 영국의 5대 악에 대처하기 위한 사회복지 급여를 사회보험, 공공부조, 민간보험으로 구성된 사회보장과 아동수당, 보편적 보건서비스 및 재활서비스, 의무교육, 공공주택 그리고 완전고용 등으로 광범위하게 규정하였다(Beveridge, 1942). 또한 독일 「사회법」에서도 사회정책에서 제공하는 급여를 사회보장뿐만 아니라, 교육, 주택, 환경정책 등을 포괄한다고 규정하고 있다(전광석, 1994: 25).

1935년에 제정된 미국의 「사회보장법」에서는, 사회보장이란 "일반 복지(general welfare)의 증진을 위해 연방정부가 관장하는 노령급여제도를 실시하고, 주정부가 관장하는 노인, 맹인, 요보호아동, 장애아동을 위한 복지, 모자복지, 공중보건 및 실업보상법의 관리 운영을 지원하며, 사회보장청의 신설과 재정 조달 및 기타 목적을 추진하기 위한" 것이라고 하였다(Douglas, 1936: 327). 즉, 미국의 「사회보장법」에서 규정하고 있는 사회복지의 급여는 일반 복지의 증진을 궁극적 목적으로 하는 연방정부 관장 사회보장연금, 주정부 관장 실업보험, 공공부조, 사회복지서비스(노인복지, 아동복지, 장애인복지, 모자복지 등) 및 공중보건 등이다.

우리나라의 「사회보장기본법」에서도 사회복지의 급여를 사회보험, 공공부조, 사회서비스로 규정하고 있다. 사회보험이나 공공부조는 급여의 성격상 공공부문에서 제공하고, 사회서비스는 공공부문 또는 민간부문에서 제공한다. 현재 우리나라에서 제공되는 대표적인 사회복지급여는 다음과 같다.

〈표 5-6〉 사회보장의 영역별 현황

영역		수급자 특성	급여유형	운영주체
소득보장	사회보험	-사회보험 가입자 -사회적 위험 발생	-현금급여 -서비스	-중앙정부, 지방정부 -공공기관
	공공부조	-빈곤 가구	-현금급여 -서비스	-중앙정부, 지방정부 -민간(영리/비영리 조직, 이웃)
사회서비스	아동	-빈곤 아동 -일반 아동	-현금급여 -보육서비스	-중앙정부, 지방정부 -공공기관 -민간(영리/비영리 조직, 가족)
	노인	-빈곤 노인 -장기요양 노인 -일반 노인	-현금급여 -요양서비스 -돌봄서비스	-중앙정부, 지방정부 -공공기관 -민간(영리/비영리 조직, 가족)
	장애인	-신체장애인 -정신장애인	-현금급여 -의료·재활서비스 -직업재활 및 고용지원서비스	-중앙정부, 지방정부 -공공기관 -민간(영리/비영리 조직, 가족)

2. 사회복지 급여의 유형

사회복지 급여는 자격 취득을 위한 두 가지 기준, 즉 기여(contribution) 여부와 자산조사(means test) 여부에 따라, 보험유형(social insurance type), 부조유형(assistance type), 수당유형(demogrant type)으로 분류할 수 있다(이성기, 1996: 16-17).

〈표 5-7〉 사회복지 급여의 유형

	자산조사	비자산조사
기여	-	보험
비기여	부조	수당

사회복지 수급자가 기여를 했으면서도 급여를 받기 위하여 자산조사를 받아야 하는 급여유형은 없다. 이는 기여가 급여를 받을 수 있는 권리, 즉 수급권을 전제로 한 것이

기 때문에, 수급권의 조건이 충족되면 수급권자의 자산상태에 대하여 고려를 하지 않고 급여를 지급하는 것이 원칙임을 의미하는 것이다. 따라서 기여를 한 경우에는, 자산조사를 거치지 않고(contributory and non-means test) 수급권이 인정되는 보험유형이 일반적이며, 사회보험(social insurance)이 여기에 속한다.

이와는 달리 기여를 하지 않는 경우에는, 수급 시에 자산조사를 받아야 하는지에 따라 부조유형과 수당유형으로 나누어진다. 부조유형은 비기여 자산조사(non-contributory and means test) 방식으로 공공부조(public assistance)가 대표적이며, 사회복지 급여 중 가장 오랜 역사를 갖고 있다. 그리고 수당유형은 비기여 비자산조사(non-contributory and non-means test) 방식으로, 수급자의 과거의 기여 여부나 현재의 자산에 대한 조사 없이 누구나 일정 조건만 갖추면, 예를 들어 아동이나 노인 또는 장애인이면, 급여를 받을 수 있는 사회복지 급여이다. 수당유형은 사회복지 급여 중에서 권리성이 가장 강하게 반영되는 것으로, 가장 보편적인 급여라고 할 수 있다.

이와 유사하게, 미국의 레즈다(Rejda)는 사회복지 급여를 사회보험(social insurance), 공공부조(public assistance), 수당(demogrant)과 함께 공적 개인저축계정(public provident funds)으로 구분하였다(Rejda, 1999: 10–12).

사회보험은 "위험분산(pooling of risks)을 위한 정부의 이전 지출 수단(a device transfer)으로서 법에 따라 피보험자에게 제공되는 재정적 급여나 서비스"(미국손해보험협회 산하 사회보험용어위원회의 정의)로서 건강보험, 사회보장연금, 실업보험, 산재보험과 같은 이른바 4대 사회보험으로 구성된다.

공공부조는 빈민에 대한 현금급여 및 기타 서비스로서 대상은 빈민에 한정되고, 빈민 여부를 가리기 위해 자산조사(means test)가 필요하다. 급여 혜택은 그 대상자의 재정상태와 욕구에 따라 결정되고, 재정은 정부의 일반 세입에서 충당된다. 보통 사회보험의 비대상자가 대상이 된다. 공공부조는 사회보험을 보완한다.

보편적 수당은 수급자의 소득, 고용, 재산과 관계없이 모든 시민과 주민에게 정액의 현금급여를 제공하는 것으로 재정은 조세로 충당된다. 노령수당과 가족수당이 여기에 속한다.

공적 개인저축계정은 베버리지 당대에는 없었던 제도로서 싱가포르와 말레이시아 그리고 일부 개발도상국가가 시행하고 있는데, 공적 강제저축제도를 말한다. 피용자가 고용주가 공동 부담하는 보험료가 개인 계좌에 적립되고, 가입자가 퇴직하면 개인별로 저축한 적립금 총액과 그 이자 수입을 합한 금액을 되돌려 주며, 가입자가 사망하면 수급권은 유족에게 승계된다.

3. 사회보장 급여의 지급방식

사회복지 급여는 지급방식에 따라 현금급여(in cash)와 현물급여(in kind)로 구분할 수 있다. 현금급여는 소득의 상실을 현금으로 보전(replace)하는 것을 말하고, 현물급여는 입원, 의료서비스, 재활서비스 등과 같은 현물의 서비스를 뜻한다.

현금급여와 현물급여는 선택의 자유와 사회통제를 둘러싸고 각기 장단점이 있다. 현금급여는 수급자의 선택의 자유와 효율적 사용은 높이지만, 자칫 다른 용도로 사용될 수 있어 정책적 효과성을 저해할 수 있다. 이에 반하여 현물급여는 수급자가 필요로 하는 재화, 서비스 등을 직접적으로 급여한다는 점에서 사회복지의 정책적 효과성을 높일 수 있지만, 개인의 선택의 자유와 효율성을 제한할 수 있다.

제5절 사회복지의 재원

사회복지는 공공부문과 민간부문 모두 재원을 필요로 한다. 1970년대 이후 복지국가의 위기는 경제침체로 사회복지 재원을 확보하는 것의 어려움에서 시작되었으며, 이후 신자유주의의 확산으로 사회복지 재원의 마련은 계속 어려움을 겪고 있다. 특히 우리나라는 사회복지 예산이 서구 복지국가들에 비해 상대적으로 부족하기 때문에 사회복지의 재원확보가 보다 중요하다고 할 수 있다.

사회복지의 재원은 매우 다양하며, ① 정부 예산, 또는 정부가 지원하는 정부보조금, ② 재단지원금, 후원금, 기증 등과 같은 기부금, ③ 서비스 요금, 임대료, 상품판매 수익 등과 같은 수익사업에 의한 수입, ④ 기타 특별행사 수익이나 투자수익 등이 있다.

이러한 재원은 사회복지 부문별로 차이가 난다. 미국의 공공부문은 대부분 정부의 예산 배정으로 충당되며, 민간의 지정 기탁금이 약간 있을 수 있다. 민간부문에서 비영리조직은 기부금, 서비스 이용료, 정부보조금, 재단의 지원, 모금, Medicaid/Medicare 등 다양하게 재정을 충당한다. 민간부문 영리조직은 서비스 이용료, 정부보조금, Medicaid/Medicare 등 비영리조직과 비슷하나 규모가 조금 적다.[9]

〈표 5-8〉 사회복지 부문별 재원

사회복지 부문		주 요 재 원	
공공부문		• 정부의 예산	• 민간의 지정 기탁금
민간부문	비영리	• 기부금 • 정부보조금 • 모금	• 서비스 이용료 • 재단의 지원 • Medicaid/Medicare
	영 리	• 서비스 이용료 • Medicaid/Medicare	• 정부보조금

출처: Gibelman(2000: 124)의 표 6.2.

9) 비영리조직이나 영리조직의 서비스 이용자나 시설 수용자가 Medicaid 대상자이거나 Medicare 수급자일 경우 서비스나 케어 비용을 Medicaid나 Medicare가 지불한다.

1. 정부예산 및 정부보조금

우리나라에서는 공공부문에 대해서는 정부예산을 배정하고 있으며, 민간부문의 비영리조직에 대해서도 재정적으로 지원하고 있다. 정부의 민간부문 사회복지조직에 대한 예산지원을 보조금(grants)이라 한다.

정부보조금은 정부가 해야 할 사회복지사업을 민간사회복지기관에게 위임하면서 지불하는 자금이다. 정부가 민간사회복지기관에 사업을 대행시키는 이유는 정부조직의 관료주의를 피하고 민간조직의 장점인 전문성과 융통성을 살기기 위해서이다. 그리고 민간사회복지기관의 입장에서 정부보조금은 매우 안정적인 재원이 되므로 선호한다. 그러나 정부보조금을 받게 되면 정부의 감사 등 상당한 제약과 통제를 받게 된다. 정부예산을 사용하기 때문에 불가피한 것이다. 그렇기 때문에 독립성과 자율성을 중시하는 사회복지기관은 정부보조금 신청을 기피한다.

우리나라의 경우 정부보조금은 「보조금의 예산 및 관리에 관한 법률」(제2조)에 규정되어 있다. "보조금이라 함은 국가 외의 자가 행하는 사무 또는 사업에 대하여 국가가 이를 조성하거나 재정상의 원조를 하기 위하여 교부하는 보조금과 부담금, 기타 상당한 반대급부를 받지 아니하고 교부하는 급부금으로서 대통령령으로 정하는 것을 말한다."

그리고 「사회복지사업법」(제42조)에도 사회복지사업에 대한 정부보조금에 관한 규정이 있는데, "국가 또는 지방자치단체는 사회복지사업을 수행하는 자 중 대통령령이 정하는 자에 대하여 필요한 비용의 전부 또는 일부를 보조할 수 있다."(보조금) 그리고 "보건복지부장관은 시 · 도지사 및 시장 · 군수 · 구청장에게 사회복지사업의 수행에 필요한 비용을 지원할 수 있다."(지방자치단체에 대한 지원금)라고 되어 있다.

정부보조금의 지급대상사업의 범위와 기준보조율은 〈표 5-9〉와 같다. 〈표 5-9〉에서 보듯이 중앙정부의 지방정부에 대한 기준보조율은 지방이 서울에 비해 높고, 지방자치단체에 대한 정부보조율은 재정자주도에 따라 차등 적용되고 있는데, 재정자주도가 낮은 지역일수록 정부보조율이 높다.

〈표 5-9〉 보조금 지급대상사업의 범위와 기준보조율

보조금지급 대상사업	기준보조율
지역아동센터	서울 30%, 지방 50%
기초생활보장 수급자 생계급여, 주거급여, 의료급여	서울 50%, 지방 80%
영유아보육사업지원	서울 20%, 지방 50%
저소득장애인 보장구, 의료비, 자녀학비 지원	서울 50%, 지방 80%
장애수당 · 장애아동부양수당 및 보호수당	서울 50%, 지방 70%
저소득 한부모가족지원	서울 50%, 지방 80%

출처: 보조금의 예산 및 관리에 관한 법률 시행령 별표 1에서 발췌.

2. 기부금과 후원금

1) 기부금과 기부재단

기부금(contributions)이란 개인이나 단체가 사회복지기관이나 기관의 프로그램에 조건 없이 주는 증여를 말한다. 서비스 이용료와 마찬가지로 대부분의 기부금은 사회복지조직에게 유동적인 재원이다. 따라서 사회복지조직들은 기부금을 만들기 위해 다양한 전략을 추구하며, 이러한 전략은 특히 이사진의 적극적인 참여를 요구하는데, 이의 지속을 위해서는 조직 차원에서의 상당한 노력이 필요하다.

기부금은 오랫동안 사회복지기관의 주요 재원이었다. 그러나 현재는 다소 감소하는 추세에 있다. 미국에서 기부금을 많이 내는 재단은 네 가지 유형이 있다(라프 · 퍼트너, 2002: 205–206).

① 독립재단 또는 가족재단(independent or family foundations): 한 가족이나 집단이 운영하는 재단으로서, 종교, 교육, 사회복지 부문의 단체나 조직에 일정한 기부를 한다. 기부 여부를 결정하는 이사회는 대개 가족구성원이나 친구로 구성된다.

② 기업재단(corporate foundations): 기업이 자신의 이윤을 재원으로 해서 만든 재단이다. 기업의 간부와 지역사회 주민으로 이사회를 구성한다. 지역 기부금위원회를 둔 기업도 있다.

③ 운영재단(operating foundations): 기관의 프로그램 또는 프로젝트 운영자금을 지원하는 재단으로서 대학의 프로젝트에 예산을 지원하는 지역대학지원재단이 좋은 예이다.

④ 지역사회재단(community foundations): 기부자의 신탁으로 자금이 마련되는 재단이다. 기부자의 지침과 관심에 따라 지원 여부가 결정된다.

2) 후원금

우리나라의 경우 '사회복지기관이 후원자로부터 아무런 대가 없이 무상으로 받은 금품 기타의 자산'을 후원금이라고 한다(「사회복지사업법」 제45조). 우리나라 사회복지기관의 후원금 관리는 「사회복지법인 재무 · 회계 규칙」에 규정되어 있다. 그에 의하면 후원금의 범위, 영수증 교부, 사용내역 통보, 결과보고, 용도 등은 다음과 같다(제41조).

① 후원금의 범위: 법인의 대표이사와 시설의 장은 아무런 대가 없이 무상으로 받은 금품 기타의 자산의 수입 · 지출 내용과 관리에 명확성이 확보되도록 해야 한다.

② 후원금의 영수증 교부: 법인의 대표이사와 시설의 장은 후원금을 받은 때에는 별도의 양식에 의한 후원금 영수증을 후원자에게 즉시 교부하여야 한다.

③ 후원금의 수입 및 사용내역 통보: 법인의 대표이사와 시설의 장은 연 1회 이상 해당 후원금의 수입 및 사용내용을 후원금을 낸 법인 · 단체 또는 개인에게 통보하여야 한다. 이 경우 법인이 발행하는 정기간행물 또는 홍보지 등을 이용하여 일괄 통보할 수 있다.

④ 후원금의 수입 및 사용결과 보고: 법인의 대표이사와 시설의 장은 매 반기(상반기, 하반기) 종료 후 10일 이내에 후원금 수입 및 사용결과 보고서를 관한 시장 · 군수 · 구청장에게 제출하여야 한다.

⑤ 후원금의 용도 외 사용금지: 법인의 대표이사와 시설의 장은 후원금을 후원자가 지정한 사용용도 외의 용도로 사용하지 못한다. 또한 후원금의 수입 및 지출은 예산안의 편성 및 확정절차에 따라 세입 · 세출예산에 편성하여 사용해야 한다.

3. 이용료

이용료(fees)는 클라이언트와 제3자(공공사회복지기관, 사회보장, 직업재활, 보험회사 등)가 사회복지기관의 서비스를 사용한 대가로 지불하는 돈을 말한다. 다시 말해, 서비스에 대한 클라이언트 부담(client charge)인 것이다(Roman, 1989: 119).

서비스 이용에 대한 대가인 이용료로 기관의 재정을 충당하는 것은 수익자부담이라는 자본주의 시장경제의 일반적 원칙에 부합된다. 그리고 서비스 이용자인 클라이언트가 지불하는 이용료 수입은 사회복지기관이 해당 프로그램을 주체적 · 자율적으로 운영할 수 있도록 만들기 때문에 기관으로서는 선호할 만한 재원이다.

이런 장점에도 불구하고 이용료는 유동적이고 불안정하다는 단점을 지니고 있다. 사회복지기관이 서비스 이용자의 이용료만으로 재정을 충당하는 프로그램을 운영한다고 할 때, 참여 이용자의 수가 기대 이하이면 재정 적자라는 심각한 문제에 봉착하는 것이다.

이용료를 재정의 주요 수단으로 활용하는 기관의 경우 가장 중시해야 하는 것이 이용료 수입총액에 대한 예측 가능성이다. 이를 위해 기관은 가능하면 장기간 이용료를 지불하는 클라이언트를 확보하기 위해 노력해야 하며, 가급적 개인 클라이언트보다 집단 클라이언트를 이용자로 만드는 것이 좋다. 사회복지기관의 이용료의 종류는 다음과 같다(Roman, 1989: 125–126).

① 참가비(participation fees): 사회복지기관의 프로그램에 참가할 때 지불하는 일정액을 말한다.

② 고정이용료(fixed fees): 특정 프로그램을 이용할 수 있는 권리를 구입하는 비용이다.

③ 슬라이딩스케일 이용료(sliding–scale fees): 클라이언트의 지불능력을 고려한 이용료이다. 일정 소득 이하의 클라이언트는 이용료를 면제해 주고, 그 이상의 소득을 가진 클라이언트에게는 누진적 이용료를 부과한다.

④ 공평 부담이용료(fair fees): 전체 비용을 참가자 수로 나눈 이용료이다. 예를 들어, 주말 여행경비 총액을 참가자 수로 공평하게 나누어 개인 이용료를 책정하는 방식이다.

⑤ 삼자 지불이용료(third party fees): 미국의 Medicare나 Medicaid, 우리나라의 장기요양보험(건강보험공단) 등과 같은 제3자가 사회복지기관의 서비스 이용료를 대신 지불하는 방식이다.

4. 모금

1) 모금의 개념과 목적

모금은 사회복지기관의 재정 충당방법의 하나로서, 조직목표를 달성하는 데 필요한 자금을 획득하는 것과 지역사회 주민을 모금활동에 참여시킴으로써 조직목표에 대한 관심을 증진시키는 것이 목적이다. 말하자면 모금은 기관의 재원일 뿐만 아니라 기관을 홍보하는 수단도 된다는 것이다.

2) 후원투자자

모금전문가 그레이스(Grace, 2000: 53-55)는 효과적인 모금을 위해 후원투자자 개념을 주장하였다. 후원투자자 모금은 기존의 구걸식 모금태도[10]를 지양하는 전략적 · 혁신적 모금방법이다. 후원투자자는 자신의 기부금에 대한 대가로 모금기관으로부터 어떤 보답을 받음으로써 후원금을 일종의 투자로 생각하게 된다. 그 보답은 재정적인 보답과 가치적인 보답이 있다. 재정적인 보답은 탄탄한 프로그램, 모금활동, 기부금의 건전한 관리 등의 형태로 나타나고, 가치적인 보답은 문제해결, 서비스 제공, 지역사회 삶의 질 개선 등 기관이 지역사회에 기여하는 것으로 나타난다.

그리고 그레이스(2000: 414-417)는 효과적인 모금에 필요한 자원으로 다음과 같은 세 가지를 꼽고 있다.

① 인력: 효과적인 모금을 위해서는 유용한 인력의 동원이 필수적이다. 이사회, 자원봉사자, 직원, 잠재적 기부자, 기부자, 지역사회 주민, 기관과 이해관계에 있는 사람 등을 포함한다. 이들의 참여를 유도하고 그들의 헌신성을 높여야 한다.

10) 모금을 거절당할지 모른다는 두려움 때문에 생기는 태도로서, 거절의 두려움을 완화시키고자 미안해하는 자세를 말함

② 적절한 예산: 잠재적 기부자, 기부자, 자원봉사자와의 관계를 장기적으로 유지해야 모금에 성공할 수 있다. 이를 위해서는 이들과의 지속적인 관계 구축에 적절한 예산이 투입되어야 한다.

③ 기관의 계획: 기관의 비전, 목표 및 세부 목표에 대한 기부자의 확고한 믿음이 필요하다. 기부자는 모금 그 자체보다는 기관의 프로그램 때문에 기부한다. 기부자는 기관이 지역사회의 문제를 해결하거나 기관의 서비스가 지역사회를 개선한다고 기대하기 때문에 기관에 기부한다는 것이다.

3) 모금기법

사회복지조직의 모금기법은 DM(직접우편), 이벤트, 대중매체광고, ARS(자동응답기), 인터넷 등 매우 다양하다. DM은 후원을 요청하는 편지를 잠재적 후원자들에 발송해 후원자를 개발해 내는 전통적인 모금방법이다. 이벤트는 자선음악회, 모금만찬회, 전시회 등 이벤트를 통해 후원자의 후원 동기를 이끌어 내는 방법이다. 대중매체광고는 TV, 라디오, 신문, 잡지 등의 광고를 활용하는 방법이다. 자동응답시스템(ARS)은 최근 많이 이용되고 있는데, 자동응답전화를 이용하는 방법이다. 불특정 다수로부터 모금할 수 있는 장점이 있다. 인터넷의 경우 기관의 인터넷 홈페이지, 이메일, 인터넷 동호회 등을 활용할 수 있다.

우리나라 비영리 사회복지기관의 모금활동은 「사회복지공동모금회법」으로 창구가 일원화되고, 「기부금품모집규제법」에 의해 엄격한 규제(정부의 허가를 받아야 함)를 받아 사실상 개별 사회복지기관이 이벤트성 모금활동을 하기가 매우 어려운 실정이다. 과거 모금 관련 비리가 일부 있었으나, 이제는 시민의식이 성숙하여 그런 일이 발생하기 어렵다. 따라서 「기부금품모집규제법」을 폐지하여 비영리기관의 모금활동을 장려하고 발전시켜야 한다. 모금은 주요한 민간자원 동원방법인 동시에 시민의식을 고양시키는 동인이 될 수 있다.

4) 사회복지공동모금회

사회복지공동모금회는 우리나라의 가장 대표적인 모금단체이다. 사회복지공동모금회는 모금의 난립과 모금 관련 비리를 방지하기 위해 사회복지 모금을 일원화한 것이다.

1975년부터 정부에서 주관하던 이웃돕기모금사업이 1998년 7월 1일 사회복지공동모금법이 시행되고 그에 따라 민간법정단체인 전국공동모금회와 16개 지역공동모금회가 설립되면서 모금업무가 이관되었다.

그리고 1999년 4월 1일부터 「사회복지공동모금회법」으로 개정 · 시행되어 지원대상 사업의 적용범위가 사회복지사업 및 기타 사회복지활동으로 확대되고, 개별 독립법인이던 지역공동모금회가 공동모금회 지회로 전환되었다. 이와 함께 모금과 배분사업의 전문성을 인정하여 모금경비 및 관리운영비의 사용한도를 10% 이내로 대폭 확대하고, 예산안과 사업계획도 보건복지부 승인사항에서 보고사항으로 개정하여 자율성을 확보하였다.

공동모금회의 모금사업은 연말연시 집중모금과 연중모금이 있다. 2020년도 모금액은 중앙과 지회를 합해 8,461억 원에 달한다(사회복지공동모금회, 2021). 배분은 신청사업, 지정기탁사업, 기획사업, 긴급지원사업 등 다양하다. 신청사업은 전문프로그램 사업계획서를 제출받아 심사한 후 지원하는 것이고, 지정기탁사업은 기부자의 의도대로 배분하는 것이며, 긴급지원사업은 시급한 지원이 필요한 사람들에게 배분하는 것이다. 일반배분사업에서 제외된 것은 기획사업을 통해 지원된다. 배분 실적은 지정기탁사업에 가장 많이 배분되고(절반 정도), 기획사업에 약 3할, 나머지는 신청사업과 긴급지원사업에 배분되고 있다.

사회복지공동모금회의 기금은 우리나라 민간 사회복지기관 및 시설의 특별 프로그램의 운영이나 필요한 장비의 구입에 상당한 기여를 하고 있다. 앞으로 사회복지공동모금회는 우리나라를 대표하는 모금기관으로서 시민의 건전한 모금문화를 발전시키고 배분의 투명성과 공익성을 더욱 강화하여 책임 있는 모금기관으로 확고한 위상을 정립해야 한다.

5. 사회복지관의 재원

우리나라 사회복지관의 세입과 세출 현황을 보면 사회복지기관의 재원에 대해서 이해할 수 있다. 〈표 5-10〉에서 보듯이 세입, 즉 재원은 사업수입, 국고 및 지방정부 보조금, 후원금, 전입금 등으로 구성되어 있다는 것을 알 수 있다. 그리고 국고 및 지방비와 같은 정부보조금이 전체 재정의 약 84.4%를 차지하고 있고, 사업수입이 3.4%, 후원금이 7.8%를 차지하고 있다. 이는 우리나라 사회복지관의 재원 구조가 잘 나타나 있다.

〈표 5-10-1〉 D복지관 2024년 세입 현황 (단위: 원)

세입				
관	항	전년도	당해년도	증감액
사업수입	사업수입	76,060,000	81,800,000	5,740,000
과년도수입	과년도수입	1,000	1,000	0
보조금수입	보조금수입	2,176,769,000	2,019,809,000	▲156,960,000
후원금수입	후원금수입	242,064,000	186,240,000	▲55,824,000
차입금	차입금	2,000	2,000	0
전입금	전입금	20,001,000	20,001,000	0
이월금	이월금	201,979,000	82,989,000	▲118,990,000
잡수입	잡수입	6,056,000	1,031,000	▲5,025,000
		0	0	0
세입 합계		2,722,932,000	2,391,873,000	▲331,059,000

〈표 5-10-2〉 D복지관 2024년 세출 현황 (단위: 원)

세출				
관	항	전년도	당해년도	증감액
사무비	인건비	777,146,000	796,712,000	19,566,000
사무비	업무추진비	5,201,000	5,201,000	0
사무비	운영비	67,828,000	66,007,000	▲1,821,000
재산조성비	시설비	96,320,000	47,965,000	▲48,355,000
사업비	사업비	1,690,904,000	1,461,181,000	▲229,723,000
과년도지출	과년도지출	1,000	1,000	0
상환금	부채상환금	2,000	2,000	0
잡지출	잡지출	1,040,000	1,040,000	0
예비비 및 기타	예비비 및 기타	84,490,000	13,764,000	70,726,000
세출 합계		2,722,932,000	2,391,873,000	▲331,059,000

Part 2

사회복지학의 접근방법

사회복지학은 인간과 사회의 문제와 해결방안에 대해 연구하는 학문이다. 인간과 사회의 문제는 개인으로서의 인간의 문제와 집단으로서의 사회의 문제로 나누어 볼 수 있다. 따라서 사회복지학은 이 두 가지 차원의 문제에 모두 관심을 갖고 있다. 즉, 사회복지학에서는 개인적 차원에서 인간의 문제에 대한 분석과 해결방안을 모색하는 개별적 접근과 집단적 차원에서 사회의 문제에 대한 분석과 해결방안을 모색하는 제도적 접근이 동시에 이루어진다.

2부에서는 사회복지학의 교과목을 접근방법별로 나누어 장을 구성하였다.

6장은 사회복지학의 개별적 접근에 해당하는 과목으로, 인간에 대한 이해(인간행동과 사회환경), 인간의 문제를 분석하고 돕는 현장실천(사회복지실천론), 인간을 변화시키기 위한 실천기술(사회복지실천기술론), 사회복지실천을 위한 지역사회의 구성(지역사회복지론)으로 되어 있다.

7장은 사회복지학의 제도적 접근에 해당하는 과목으로, 사회문제를 조사 분석하는 사회복지조사(사회복지조사론), 사회복지의 가치를 정책으로 구체화시키는 사회복지정책(사회복지정책론), 사회복지정책을 급여로 바꾸는 사회복지행정(사회복지행정론), 사회복지제도에 관한 법적 규정(사회복지법제와 실천)으로 구성하였다.

8장은 사회복지학의 대상별 접근에 해당하는 과목으로, 인간의 성장과 특성에 따라, 아동(아동복지론), 청소년(청소년복지론), 여성(여성복지론), 장애인(장애인복지론), 노인(노인복지론)으로 구성하였다.

9장은 사회복지학의 분야별 접근에 해당하는 과목으로, 사회복지가 실천되는 현장을 중심으로, 학교(학교사회복지론), 병원(의료사회복지론), 정신건강(정신건강사회복지론), 산업체(산업복지론)로 구성하였다.

마지막 10장은 사회복지학이 새롭게 확장해 나가는 영역에 관한 과목으로, 다문화사회에 관한 사회복지와 문화다양성, 사회복지의 국제화에 관한 국제사회복지론으로 구성하였다.

6 사회복지학의 개별적 접근

Introduction to Social Welfare

학습개요와 목표

사회복지학의 개별적 접근은 사회문제를 개인적인 차원에서 접근하여 해결하고자 하는 접근방법이다. 이러한 접근방법은 미국에서 주로 발전하였으며, 미국의 개인주의에 뿌리를 두고 있다.

6장에서는 개별적 접근에 해당하는 과목으로, 인간에 대한 이해(인간행동과 사회환경), 인간의 문제를 분석하고 돕는 현장실천(사회복지실천론), 인간을 변화시키기 위한 실천기술(사회복지실천기술론), 이러한 변화를 위한 지역사회의 구성(지역사회복지론)을 다루고자 한다.

이 장의 학습목표는 다음과 같다.

- 사회복지실천의 대상이 되는 인간에 대하여 이해한다.
- 인간의 문제를 분석하고 돕는 현장의 실천인 사회복지실천의 의미와 목적을 이해한다.
- 인간을 변화시키기 위한 실천기술인 사회복지실천의 기술을 이해한다.
- 사회복지실천을 위한 지역사회를 구성하는 지역사회복지의 내용을 이해한다.

제1절 인간행동에 대한 이해

사회복지를 실천하기 위해서는 인간행동에 관한 기본적 이해가 반드시 필요하다. 인간의 행동을 이해해야 클라이언트의 행동을 파악하고 그 문제점을 발견해 내며, 그에 따라 해결책도 찾을 수 있기 때문이다. 인간행동을 이해하기 위한 이론은 의료 모델(medical model), 체계 모델(system model), 생태 모델(ecological model) 등 세 가지 이론이 있다.

1. 의료 모델

1920년대에서 1960년대까지 사회복지실천 프로그램에서는 인간의 행동을 사정하고 변화시키기 위하여 의료 모델을 사용했다. 의료 모델은 프로이트(Freud)의 정신분석이론에서 출발한다. 의료 모델에 따르면, 클라이언트는 환자(patients)이다. 서비스 제공자의 일차적 임무는 환자가 가진 문제의 원인을 진단(diagnosis)하고, 그런 다음 치료(treatment)를 하는 것이다. 환자의 문제는 환자의 내부에 있는 것으로 간주된다.

정서 또는 행동상의 문제를 가진 사람들은 정신분열, 사이코, 정신장애, 정신이상 등 의료적으로 규정된다. 그리고 환자의 마음이 혼란상태에 빠지는 이유는 환자 내부의 알 수 없는 조건(unknown internal condition) 때문이다. 알 수 없는 내부 조건이란 다양한 요인들, 즉 유전적 요인, 대사 장애(metabolic disorders), 감염성 질환, 내부 갈등, 화학적 불균형, 방어기제의 무의식적 사용, 아동기의 외상(trauma) 등을 말한다.

의료 모델은 정서 · 행동상의 문제를 가진 사람을 대상으로 한다. 프로이트 이전에는 정서 불안은 악마가 일으키는 것으로 인식되었다. 그들은 '미친 사람(mad)'으로 간주되었고, 사회적으로 비난받았으며, 때때로 매질이나 감금 등의 치료(사실상 처벌)를 받기도 했다. 의료 모델은 정신내부 과정(intrapsychic process)을 강조하고, 환자가 자신의 환경에 적응토록 만드는 데 초점을 둔다(Zastrow, 2000b: 55).

2. 체계 모델

1960년대 들어 의료 모델의 유용성에 대한 의문이 제기되었다. 환경적 요인이 클라이언트의 내부 요인에 못지않게 중요하다는 것이 밝혀지기 시작하였다. 환자의 문제를 치료하는 데 정신분석학이 그리 효과적이지 않을 수도 있다는 사실도 드러났다. 이와 함께 사회복지실천은 개혁적 접근(reform approach)으로 중심 이동을 시작했다.

개혁적 접근은 클라이언트에 유리하도록 시스템을 변화시키는 것을 추구한다. 1960년대 미국의 빈곤퇴치(anti-poverty) 프로그램이 좋은 예이다. 1960년대 이후 사회복지실천은 인간행동을 이해하는 데 생물학적 체계 이론을 받아들여 체계적 접근을 적용했으며, 사회복지사들은 개인, 집단, 가족, 조직, 지역사회를 위해 일을 할 때 체계적 관점을 갖도록 훈련되었다. 체계적 관점은 클라이언트의 생활환경의 복잡성과 상호 관계성을 사정함에 있어, 클라이언트의 현재 당면 문제를 넘어 클라이언트를 둘러싼 환경체계를 중시한다.

체계 모델은 체계 이론에 기초해 있다. 일반 체계 이론은 전체, 관계, 균형을 핵심 개념으로 한다. 전체(wholeness)란 '전체로서의 시스템은 이를 구성하는 요소의 합 그 이상이라는 것'을 의미한다. 체계 이론은 비환원론적(antireductionist)이다. 비환원론이란 전체가 부분들로 환원되지 않는다는 것을 말한다. 즉, 부분들에 대한 분석으로 전체를 파악할 수는 없다는 것이다. 예컨대, 신경망의 일부를 관찰한다 해서 중앙신경망이 인지과정을 파악할 수는 없다.

관계(relationship)란 체계의 구성요소들을 패턴화하고 구조화하는 것을 말한다. 예컨대, 부부갈등은 체계적 관계의 측면에서 보면, 부부간의 심리문제 때문에 발생하는 것이 아니라 남편과 아내 간의 본질적 관계에 원인이 있다.

체계 이론은 단순한 인과관계로 사회현상을 설명하는 데 반대한다. 예를 들어, 아동학대는 한 가지 요인이 아니라 다양한 변수에 의해 발생한다. 부모의 화(anger) 통제능력, 부모와 자녀의 관계, 부와 모의 관계, 심리적 스트레스 정도, 아동의 성격, 부모가 사회적으로 용납되는 방법으로 화를 분출하는 기회 등이 그것이다.

균형(homeostasis)이란 대부분의 살아 있는 체계가 자신을 유지하고 보존하는 균형점을 찾아간다는 것이다. 가족이 자신의 균형과 안정을 지키기 위해 이를 해치는 어떠한 변화에도 저항하고, 가족 안에서 불균형이 발생하면 가족은 균형을 되찾기 위해 노력하는 것이 좋은 예이다(Zastrow, 2000b: 55-56).

3. 생태 모델

최근 들어 사회복지실천에서 생태 모델이 중시되고 있다. 생태 모델은 개인과 물리적 · 사회적 환경 간의 역기능적 관계를 개념화하고 강조함으로써, 치료(개인)와 개혁(사회) 양자를 통합하고 있다. 인간은 환경적 요소 간의 상호 교류(transaction)를 통해 발전하고 적응하는 존재로 가정된다. 생태 모델은 내부적 요인과 외부적 요인 모두를 탐구한다. 생태 이론에서 인간은 환경에 반응하는 소극적 존재가 아니라 환경과 역동적, 호혜적으로 상호작용하는 적극적 존재이다.

생태 모델은 환경 속의 개인(person-in-environment)을 특히 강조한다. 생태 이론에 입각한 사회복지실천은 다음과 같은 세 가지 영역에 초점을 둔다.

① 개인에 초점: 개인의 문제해결 능력, 수습 능력 및 발전 능력의 계발을 강조한다.
② 개인과 환경 간의 상호작용에 초점: 개인이 자신에게 필요한 자원, 서비스, 기회를 얻기 위해 환경과 상호작용, 연계하는 것을 강조한다.
③ 시스템에 초점: 개인이 보다 효과적으로 자신의 욕구를 충족하도록 환경을 개혁하는 것을 강조한다.

생태 모델은 개인, 가족, 집단이 생애 한 단계(life stage)에서 다음 단계로 성장, 발전할 때 발생하는 전이문제와 욕구(transitional problems and needs)를 지니고 있다고 본다. 즉, 개인은 성장하면서 많은 변화에 직면한다는 것이다. 예를 들어, 걷는 것을 배우고, 학교에 들어가고, 졸업하고, 직장을 구하고, 결혼하고, 아이를 갖고, 자식을 출가시키고, 은퇴한다. 가족도 전이를 경험한다. 약혼, 결혼, 출산, 자녀 입학, 자녀 출가, 부모 상실(사망 또는 이혼으로 인한) 등이 그것이다. 집단도 전이한다. 집단구성원들은 서로 사귀고, 서로 신뢰하는 법을 배우고, 보다 깊이 서로를 알게 되고, 같이 일하는 법을 배우고, 갈등을 해소하는 법을 알게 된다.

생태 모델의 핵심은 개인, 가족, 집단의 전이문제와 욕구를 조절하는 것이다. 전이문제나 욕구가 표출되면, 개입방법이 선택되고, 개인, 가족, 집단이 전이문제를 해결하고 욕구를 충족하는 것을 돕는 방법을 모색한다.

생태 모델은 개인 간의 부적응문제와 욕구(maladaptive interpersonal problems and needs)에도 중점을 둔다. 생태학적 접근으로 가족과 집단의 커뮤니케이션의 부적응과 역기능적 관계를 해결할 수 있다는 것이다. 어려움의 예로는, 개인 간의 갈등, 권력 투쟁, 이중 구속(double-bind),[1] 커뮤니케이션 왜곡, 희생양 찾기, 차별 등을 들 수 있다.

생태 모델은 이러한 상호 간의 장애를 찾아낸 다음 적절한 개입전략을 적용시킨다. 예를 들어, 자녀의 정직을 지나치게 강조하는 가족이 있다. 그런 가족의 자녀는 점차 정직하지 않는 행동과 생각을 숨기기 시작하고 거짓말하는 법을 배우게 된다. 만약 부모가 자녀의 그런 부정직함을 알게 되면 자녀에게 크게 화를 낸다. 이런 경우 가족 커뮤니케이션 패턴을 개방해 부모가 자녀의 그런 행동을 이해하도록 돕는 것이 가장 적절한 개입이다. 즉, 생태 모델에서는 고립된 개인보다는 가족 속의 개인(person-in-family)이 중요하다는 것이다(Zastrow, 2000b: 57-58).

생태 모델에서 개인과 개인을 둘러싼 가족체계, 사회복지서비스체계, 교육체계, 경제체계, 종교체계, 고용체계 간의 관계는 [그림 6-1]과 같다.

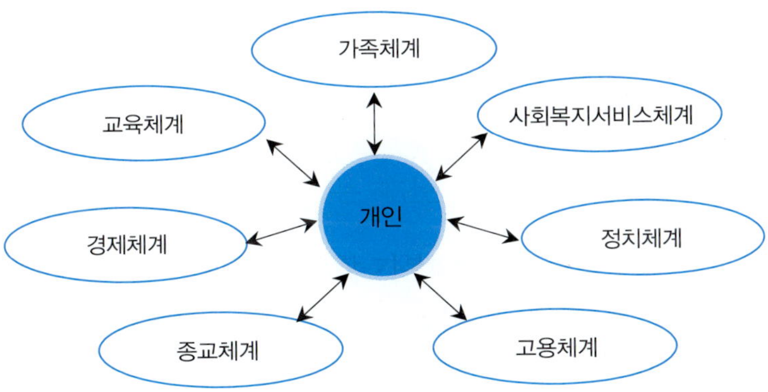

출처: Zastrow(2000: 57)의 그림 2.1.

[그림 6-1] 환경 속의 개인

1) 메시지 수령자와 전송자 간의 커뮤니케이션상의 갈등과 비방으로 인한 심리적 딜레마. 이중 구속 이론에 의하면 아동이 부모로부터 모순적인 메시지를 받게 되면 정신분열증을 일으킨다. 상호 모순적 메시지는 정신분열증뿐만 아니라 가족장애를 유발한다.

제2절 사회복지실천

1. 사회복지실천의 개념

사회복지실천(social work practice)이란 '사람들이 필요한 서비스를 받을 수 있도록 돕고, 개인, 가족, 집단을 위한 상담과 심리치료를 제공하며, 집단이나 지역사회에 사회복지 및 보건의료서비스가 제공될 수 있도록 지원하고, 유관 입법 활동에 참여하는 것 등을 목적으로 사회복지실천의 가치, 원칙, 기술을 전문적으로 적용하는 것'이다

2. 사회복지실천의 목적

미국사회복지사협회(NASW)는 사회복지실천의 목적(goals)을 다음과 같이 규정하고 있다(Zastrow, 2000: 58).

첫째, 개인의 문제 해결, 문제 수습 및 발전 능력의 확대이다. 사회복지사는 카운슬러, 교사, 케어 제공자, 행동을 변화시키는 사람(changer of specific behavior)으로서 활동하며, 주로 촉진자(facilitator)의 역할을 수행한다.

둘째, 개인에게 자원, 서비스, 기회를 제공하는 시스템에 개인을 연계시킨다. 개인과 시스템 간의 관계를 강화시키기 위해 사회복지사는 중개자(broker)의 역할을 수행한다.

셋째, 개인에게 자원과 서비스를 제공하는 시스템의 효과성과 작동 역량의 촉진이다. 시스템 자체의 역량을 강화시키는 것으로 사회복지사는 대변자(advocate)의 역할을 한다. 그리고 프로그램 개발자(program developer, 욕구 충족을 위한 프로그램을 촉진하고 설계하는 일), 감독자(supervisor, 서비스 전달체계의 효과성과 효율성 증대를 감독하는 일), 조정자(coordinator, 서비스 자원 간의 커뮤니케이션과 조정을 강화시킴으로써 서비스 전달체계를 개선하는 일), 컨설턴트(consultant, 서비스 효과성과 효율성 증대를 위한 방법을 기관과 단체에 조언하는 일)의 역할도 수행한다.

넷째, 사회복지정책의 개발과 개선이다. 자원과 연결된 법령과 사회복지정책을 발전시키는 것이다. 사회복지사는 기획자(planner) 또는 정책 개발자(policy developer)의 역할을 한다.

미국의 사회복지실천교육협의회(CSWE)도 사회복지실천의 목적을 다음과 같이 규정하고 있다(Zastrow, 2000a: 59).

첫째, 개인, 가족, 집단, 조직, 지역사회가 자신의 직무를 수행하고, 고통(distress)을 예방, 완화하고, 자원을 활용하는 것을 도움으로써 그들 각자의 기능을 촉진, 회복, 유지, 확대시킨다.

둘째, 인간의 기본 욕구를 충족하고 능력의 개발을 지원하는 데 필요한 사회복지정책, 서비스, 자원, 프로그램을 계획, 형성, 수행한다.

셋째, 위기에 처한 집단에게 힘을 부여하고(empower), 사회경제적 정의를 촉진하기 위해 조직적 · 행정적 대변 역할(advocacy)과 사회적 · 정치적 행동을 통해 사회복지정책, 서비스, 자원, 프로그램을 추구한다.

넷째, 이러한 목적과 관련된 전문적 지식과 기술을 발전시키고 검증한다.

CSWE가 제시한 네 가지 목적 중에서 첫째와 둘째는 NASW의 것과 동일하다. 셋째와 넷째는 새로운 것이다.

3. 사회복지실천의 지식 기반

이러한 사회복지실천의 목적을 달성하기 위해, 사회복지실천은 인간 발달과 행동, 사회적 · 경제적 · 문화적 제도들, 이러한 제반 요인들 간의 상호작용에 관한 지식을 필요로 한다(Zastrow, 2000a: 7). 이는 곧 사회복지실천은 자신의 지식체계뿐만 아니라, 인간의 욕구와 행동을 설명하는 다양한 학문 분야, 즉 심리학, 사회학, 정치학, 경제학, 생물학, 정신의학, 문화인류학 등의 지식을 필요로 한다는 것을 의미한다.

커스트 애쉬먼(Kirst-Ashman, 2003: 14)은 사회복지실천 전문직이 필요로 하는 지식들을 [그림 6-2]와 같이 정리했다. 심리학은 정신과 행동에 관한 과학적 연구를, 사회학은 집단의 발전, 상호작용, 행동, 기능에 관한 조직적 연구를, 정치학은 정치와 정부의 구조와 기능에 관한 연구를, 경제학은 상품과 서비스의 생산, 분배 및 소비에 관한 연구를, 생물학은 생물 유기체와 그 기능에 관한 연구를 통해 사회복지실천에 필요한 지식을 제공하고, 정신장애, 정서장애, 행동장애의 진단과 치료를 목적으로 하는 의학의 한 분야인 정신의학과 인간의 문화, 특히 그 역사, 사회구조, 언어, 기술을 다루는 인류학의 한 분야인 문화인류학도 사회복지실천의 지식 기반이 되며, 사회복지실천은 개인, 가족, 집단, 조직, 지역사회의 복지를 확대하기 위한 지식, 기술, 가치의 실천적 적용에 필요한 지식을 제공한다.

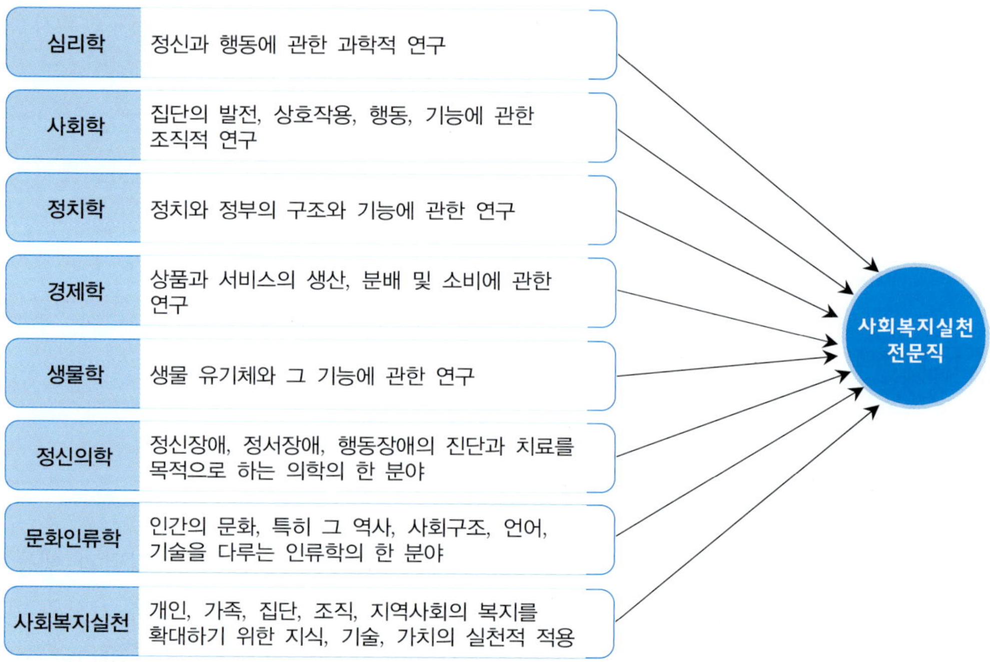

출처: Kirst-Ashman(2003: 14)의 그림 1.1.

[그림 6-2] 사회복지실천의 지식 기반

4. 사회복지실천의 두 가지 노선

사회복지실천은 역사적으로 두 가지 노선(tracks)이 긴장관계를 형성해 왔다. 하나는 원인(cause)을 강조하는 입장이고, 다른 하나는 기능(function)을 강조하는 입장이다. 기능 강조 노선은 사회구조보다는 개인의 변화를 추구하는 입장으로 전술한 COS 운동에, 원인 강조 노선은 개인 변화보다는 사회개혁(social reform)을 강조하는 입장으로 인보관운동에 그 기원을 두고 있다.

그러나 이 두 노선은 명백한 차이에도 불구하고 접점도 있다. 1929년 뉴욕박애학교(the New York School of Philanthropy) 학교장 리(P. R. Lee)는 전국사회복지실천대회(the National Conference of Social Work) 연설에서, 원인과 기능 노선 간의 긴장관계를 인정하면서, 원인은 참호로 둘러싸인 악(entrenched evil)의 제거를 지향하는 반면에 기능은 개인이 지역사회에서 독립적으로 살아갈 수 있도록 지원하는 것을 지향하는 점에서 서로 다르지만, 양자의 접점이 존재한다는 것을 강조했다. 그는 사회복지실천을 원인인 동시에 기능이라고 보았다. 다시 말해, 효과적인 사회복지실천(기능 강조)은 새로운 사회악을 끊임없이 발견하는 것(원인 강조)을 의미한다는 것이다. 체임버스(C. Chambers)는 두 입장을 알기 쉽게 소매상과 도매상에 비유했다. 그에 의하면 양 노선은 상호 의존적이다. 기능은 개인의 복지를 강조하며 심리학과 인사이드 접근방법의 영향을 크게 받았다. 반면에 원인은 사회과학의 영향을 크게 받아 개혁과 재건을 강조했다. 원인이 개별화된 소매서비스(personalized retail services)라면, 기능은 집단과 지역사회를 취급하는 도매서비스(wholesale services)이다(Dolgoff & Feldstein, 2000: 331).

슈워츠(W. Schwartz)는 사회복지사가 개인적 곤란(private troubles)과 공적 쟁점(public issues) 간의 간격을 메워 주는 조정 역할(the mediating role)을 수행함으로써 개인과 사회 모두를 변화시킬 수 있다고 보았는데, 이는 양 노선의 조화 가능성을 시사한다. 로이 루보브(Roy Lubove)도 양 입장의 접점을 제시했다. 즉, 임상 케이스워크가 사회복지실천의 기초(baseline)를 만들고, 다른 치료 전문직이나 원조 전문직과의 차별성을 보장한다면, 사회개혁은 사회복지 전문직이 다른 직업과 구별되는 독자성(uniqueness)을 담보한다. 이러한 실천의 기초와 직업적 독자성이 결합하여 사회복지사가 사회복지 영역 안에서 자신의 고유 영역을 만든다(Dolgoff & Feldstein, 2000: 333).

사실 사회변화를 전혀 고려하지 않고 기능적 전문화만 추구하는 사회복지실천(기능 강조)이 사회적 정당성을 얻기 힘든 것과 마찬가지로 개인과 가족에 대한 전문적 지식을 갖추지 않고 사회적 환경의 변화만 추구하는 사회행동(social action, 원인 강조)도 공허할 뿐이다.

5. 제너럴리스트와 스페셜리스트

사회복지실천은 기능 강조 노선과 원인 강조 노선 간의 긴장처럼 제너럴 실천(general practice)과 스페셜 실천(special practice) 사이에도 긴장이 존재한다. 기능 강조 노선과 원인 강조 노선 간의 긴장이 철학적 차이에 기인했다면, 제너럴 실천과 스페셜 실천 사이의 긴장은 방법론(methodologies)상의 차이에 그 원인이 있다.

1920년대 이후 사회복지사들의 활동 영역이 다양하게 확대되고, 케이스워크를 중시하는 사회복지기관에서 사회복지사들의 분업이 진전됨에 따라 사회복지실천은 점차 전문화(specialization)의 길로 나아갔다. 이를 전문화의 확산(professional diffuse)이라고 부른다. 사실 전문화는 직업의 자율성(autonomy)을 증대시키기 때문에 사회복지사들은 기꺼이 이를 추구했고, 상당 부분 성공했다. 전문화된 사회복지실천을 스페셜 사회복지실천(special social work)이라 하고, 전문사회복지사를 스페셜리스트(specialist practitioners)라 한다.

그러나 이렇게 되자 사회복지사들 간에 커뮤니케이션, 영향력, 협력관계에 문제가 생기기 시작했으며, 나아가 같은 사회복지 전문직임에도 공통의 언어가 결여되고, 타 사회복지 전문직을 동료로 수용하는 데도 저항이 생겼다. 이와 함께 여러 사회복지 세팅(settings)에서 사용하는 여러 사회복지기술들의 공통점을 추출하여 기능적으로 융합한 접근방법의 필요성이 제기되었다. 이를 제너럴 사회복지실천(general social work)이라 하고, 실천가를 제너럴리스트(generalist practitioners)라고 한다. 오늘날 제너럴리스트는 여러 분야의 절충적 지식, 전문적 가치, 폭넓은 기술을 적용한다(Kirst-Ashman, 2003: 87).

제너럴리스트는 개인, 가족, 집단, 조직, 지역사회가 직면한 문제를 사정하고 그 해결을 위해 개입하는 문제 해결 과정(problem-solving process)을 중시한다. 문제 해결 과정이란 ① 문제를 정확하게 인식하고, ② 가능한 문제 해결책을 찾고, ③ 문제 해결책을 평가하고, ④ 목표 달성에 가장 효과적인 문제 해결책을 선택하고, ⑤ 문제 해결책을 실천에 옮기고, ⑥ 문제 해결책이 어떻게 작동하는지 평가하여 그 지속 여부를 결정하는 일련의 과정을 말한다(Zastrow, 2000: 49).

제너럴리스트는 카운슬러, 교육자, 중개자, 케이스매니저, 동원가, 조정자, 촉진가, 대변자 등 매우 다양한 역할을 수행한다(Kirst-Ashman, 2003: 91).

① 카운슬러(counselor): 클라이언트에게 문제 해결에 필요한 지침을 준다. 10대 클라이언트에게 적절한 피임법을 상담해 주는 것을 예로 들 수 있다.

② 교육자(educator): 클라이언트에게 정보를 제공하고 기술을 교육한다. 부모에게 아동양육법을 가르쳐 주는 것이 좋은 예이다.

③ 중개자(broker): 클라이언트에게 필요한 자원을 연계시킨다. 예를 들어, 학대받아 치료가 필요한 아동을 학대치료센터로 이송한다.

④ 케이스매니저(case coordinator or case manager): 클라이언트의 입장에서 적절한 서비스를 조정한다. 그룹홈에서 생활하는 뇌성마비 환자에게 필요한 각종 서비스들을 조정해 제공하는 것이 좋은 예이다.

⑤ 동원가(mobilizer): 지역사회의 욕구를 해결하기 위해 지역사회 구성원을 조직한다. 예를 들어, 지역사회 주민을 조직하여 청소년 약물 교육 프로그램을 실시한다.

⑥ 조정자(mediator): 지역사회 주민들의 분쟁이나 갈등을 해결한다. 예를 들어, 장애인시설이 들어서는 것을 반대하는 지역주민들과 장애인시설을 신설하려는 기관 간의 갈등을 조정한다.

⑦ 촉진자(facilitator): 클라이언트에게 집단 경험을 제공한다. 예컨대, 과식증에 걸린 젊은 여성을 위해 지지집단(support group)을 만들어 지원한다.

⑧ 대변자(advocate): 클라이언트의 입장을 대변한다. 예를 들어, 클라이언트에게 유리하도록 공공기관의 정책을 변화시키기 위해 클라이언트와 함께 담당 공무원을 만나 설득한다.

스페셜리스트는 일반적으로 MSW 과정을 수료해야 하며, 가족치료, 사회복지(기관)행정, 교정, 임상사회복지실천 등의 분야에서 활동한다(Zastrow, 2000: 49).

제너럴 실천과 스페셜 실천 사이의 긴장은 사회복지실천교육과 밀접한 관계에 있다. 미국 사회복지실천교육협의회(CSWE)는 제너럴 실천에 필요한 교육을 강화시키기 위해 교육 프로그램을 제시했다. 제너럴 실천을 위한 교육 프로그램의 기초 과목으로는 인문학, 사회복지실천의 목적, 인간행동과 사회환경, 사회복지실천윤리, 사회복지가치와 철학, 전문가주의(professionalism), 기본적인 커뮤니케이션 기술과 원조 기술, 인종적 다양성, 사회변화의 과정, 인간관계의 이해 등이 권고되었다. 제너럴리스트는 클라이언트에 대한 폭넓고 다양한 개입기술을 보유하고 있어야 한다. 이는 제너럴 실천의 핵심 요소로서 제너럴리스트가 상황을 사정하고, 적절한 개입 수단을 강구하는 데 필수적이다(Dolgoff & Feldstein, 2000: 334-335).

제3절 사회복지실천기술

1. 사회복지실천의 수준

과거에는 사회복지실천의 3대 방법론이라 하여 케이스워크(casework), 그룹워크(group work), CO(community organization)를 꼽았으나, 사회복지실천의 기술이 다양해진 오늘날에는 사회복지실천을 수준별로 구분한다. 일반적으로 사회복지실천은 세 가지 수준(three levels)에서 이루어진다. 첫째, 마이크로 수준(micro level)으로서 개인을 대상으로 한 일대일(one-to-one basis)의 실천이다. 둘째, 메조 수준(mezzo level)으로서 가족과 집단을 대상으로 한 실천이다. 셋째, 매크로 수준(macro level)으로서 조직과 지역사회를 대상으로 한 실천과 사회복지 관련 법률과 사회복지정책의 변화를 추구하는 실천이다. 마이크로 수준의 실천과 메조 수준의 실천 사이에 마이크로-메조 수준(micro-mezzo level)의 실천을 포함시키기도 한다.

1) 마이크로 실천

케이스워크(casework)가 대표적 기술이다. 마이크로 수준에서 사회복지사가 수행하는 역할 중에서 대표적인 것 몇 가지를 꼽자면 다음과 같다.

① 카운슬러(counselor) 역할: 알코올 문제에 관해 상담한다.
② 교육자(educator) 역할: 아동학대 부모에게 아동 관리 방법에 관해 교육한다.
③ 중개자(broker) 역할: 노숙자에게 임시 거처나 재정적 지원을 제공받을 수 있는 곳을 연결해 준다.
④ 케이스매니저 역할(case manager role): 클라이언트의 편에 서서 클라이언트가 필요로 하는 서비스나 시설을 이용할 수 있도록 관리한다.

2) 마이크로-메조 실천

가족사회복지실천(family social work)이 대표적이다. 가족사회복지사(Family Social Worker,

FSW)는 가족성원의 성장 욕구 및 정서적 욕구가 충족되도록 원조한다. 예를 들어, 10대 자녀와 부모가 갈등에 빠졌을 경우 FSW는 양자가 서로를 보다 더 잘 이해할 수 있도록 돕는다. 그리고 FSW는 가족의 위기와 문제를 해결할 수 있도록 지지한다. 가족사회복지사가 가장 많이 활용하는 사회복지실천기술이 가족치료(family therapy)이다.

3) 메조 실천

그룹워크(group work)가 대표적이다. 그룹워크의 대상이 되는 그룹은 크게 볼 때 치료 집단(treatment groups)과 태스크 집단(task groups)으로 구분된다. 치료 집단은 개인의 문제를 해결하고, 잘못된 행동을 수정하고, 스트레스를 해소하고, 삶의 질을 개선하는 것을 목적으로 한다. 집단에 참여하는 개인들은 서로를 격려, 지지한다. 태스크 집단은 집단역동(group dynamics)을 활용해 문제 해결, 아이디어 개발, 계획 수립, 목표 달성을 기한다. 집단 참여 개인들의 역량을 조직해 문제 해결에 필요한 전략을 수립하는 것이 좋은 예이다.

치료 집단과 태스크 집단의 차이점은 추구하는 목표가 서로 다르다는 것이다. 태스크 집단은 설정된 목표를 달성하거나 집단 외부 환경을 변화시키는 것을 목표로 한다. 반면에 치료 집단은 집단 환경 안에서 참여하는 개인들의 행동이나 태도를 수정하는 데 목표를 둔다.

4) 매크로 실천

과거에는 지역사회조직(community organization), 사회행동(social action), 사회계획(social planning), 지역 개발(local development) 등 전통적 방법을 이용했으나, 오늘날에는 조직적 맥락(organizational context)에서 매크로 실천이 이루어진다. 매크로 실천은 다음과 같은 세 가지 기술을 활용한다.

① 기관정책 또는 공공사회정책(agency or public social policy)을 변화시켜 클라이언트에게 필요한 서비스와 급여를 확보한다.

② 기관 또는 지역사회 수준에서 프로젝트를 수행한다. 노숙자를 위한 기금 조성이 좋은 예이다.

③ 기관 또는 지역사회 수준에서 새로운 사회복지서비스 프로그램을 계획하고 집행한다. 대학 안에 성폭행 방지 교육 프로그램을 만들어 운영하는 것이나 장기요양 시설 입소 노인을 위한 레크리에이션 프로그램을 운영하는 것이 좋은 예가 된다 (Kirst-Ashman, 2003: 112-117).

매크로 실천에서 사회복지사가 주로 구사하는 사회복지실천기술은 지역사회복지실천과 사회복지행정이다.

사회복지실천수준, 즉 마이크로 실천, 마이크로-메조 실천, 메조 실천, 매크로 실천별로 사회복지사가 주로 활용하는 사회복지실천기술을 정리하면 〈표 6-1〉과 같다.

〈표 6-1〉 사회복지실천수준별 사회복지실천기술

실천수준	실천기술
마이크로 실천	케이스워크, 케이스매니지먼트
마이크로-메조 실천	가족복지실천(가족치료)
메조 실천	그룹워크
매크로 실천	지역사회복지실천, 사회복지행정

2. 케이스워크

1) 케이스워크의 개념

케이스워크(casework)는 개인의 문제나 사회적 문제를 해결하기 위해 일대일로 개인을 돕는 사회복지실천기술로서 클라이언트가 자신의 환경에 잘 적응하도록 돕거나 클라이언트의 삶에 부정적 압박을 가하는 사회경제적 문제를 변화시키는 데 목적이 있다 (Zastrow, 2000a: 49).

사회복지실천의 역사에서 보았듯이 케이스워크는 사회복지실천의 뿌리이자 사회복지사가 하나의 전문직으로 성장하고 사회로부터 인정받게 만든 디딤돌이었다. 케이스워크 기술은 COS 운동에서 시작하여 정신분석학, 행동수정론, 시스템 이론, 생태 이론

등 다양한 이론들을 받아들이면서 점진적으로 발전했다(김기태 외, 2002: 51–73).

케이스워크의 범위는 매우 넓은데, 가출청소년에 대한 상담, 실업자의 직업훈련과 취업을 돕는 활동, 자살 충동을 가진 사람에 대한 상담, 가정이 없는 아동을 입양시키거나 위탁가정에 보호하는 일, 학대아동과 그 가족에 대한 보호서비스, 병원 진료가 필요 없는 뇌졸중 환자에 대한 장기요양서비스, 성 문제를 가진 사람을 위한 상담, 알코올 문제를 가진 사람을 위한 원조, 죽음을 앞둔 사람을 위한 상담, 보호 관찰, 한부모 가족을 위한 원조, 재활 팀의 일원으로 병원 또는 정신병원에서의 활동 등을 들 수 있다(Zastrow, 2000a: 49).

2) 케이스워크의 실천 모델

케이스워크의 실천 모델은 심리사회 모델, 클라이언트 중심 모델, 인지행동 모델, 과제 중심 모델, 행동수정 모델 등 다섯 가지가 있다(엄명용 외, 2000: 271–357).

(1) 심리사회 모델(psychosocial model)

클라이언트의 문제를 내적 문제(생리 · 심리적 문제)와 외적 문제(사회환경적 문제) 또는 개인과 사회와의 상호작용상의 문제(적응 문제)로 파악하여 개인에 대한 개입, 사회환경에 대한 개입, 개인과 사회환경 간의 상호작용에 대한 개입을 통해 해결하고자 한다. 문제 해결이란 개인 또는 가족 내부 문제의 해결, 개인과 가족의 복지를 위협하는 사회환경의 변화, 개인 또는 가족의 사회적 기능의 회복과 강화를 의미한다. 초기에는 프로이트 정신분석학의 영향을 받아 개인 내부의 정신적 과정을 중시했으나 점차 사회환경도 동시에 강조하는 방향으로 발전했다.

(2) 클라이언트 중심 모델(client-centered model)

인간 중심 모델(person–centered model)이라고도 한다. 사회복지사가 클라이언트에게 각별한 관심을 표함으로써 문제 해결의 효과를 극대화한다. 예컨대, 사회복지사가 클라이언트에게 감정이입적 커뮤니케이션(empathetic communication), 수용(acceptance), 진정한 존중(genuine respect)을 표시하는 것이다. 쉽게 말해서 클라이언트와 사회복지사 사이에 따뜻하고 진정으로 보살피는 치료관계가 형성되면 클라이언트 스스로 자기에 대해 비로소 이해하게 되고 이것이 바탕이 되어 클라이언트가 자아실현을 할 수 있게 된다는 것이다.

(3) 인지행동 모델(cognitive-behavioral model)

클라이언트의 사회적 · 행동적 역기능이 자신, 타인, 삶의 상황에 대한 잘못된 인지에서 비롯된다고 보고(무의식이 아님), 클라이언트의 역기능적 감정과 행동을 유발시키는 비이성적 인지체계, 믿음, 자신에게 하는 말 등을 클라이언트 스스로 변화시키도록 돕는 데 초점을 둔다. 이를 위해 인지 재구성 전략을 사용하는데, 외부 세계에 대한 잘못된 생각을 변화시키거나, 자신에 대한 비합리적 인식을 수정시키거나, 문제 해결 능력과 의사 결정 능력을 증대시키거나, 자기 통제 능력 및 자기 관리 능력을 강화시키는 방법 등을 사용한다.

(4) 과제 중심 모델(task-centered model)

단기치료로서 클라이언트와 사회복지사가 계약한 구체적 당면 문제를 해결하는 데 중점을 둔다. 문제 해결 활동은 클라이언트가 동의한 과제를 중심으로 이루어지며, 이론보다는 경험적 자료를 바탕으로 진행된다.

(5) 행동수정 모델(behavioral modification model)

인간의 문제를 정신 내적 과정, 인지, 의지, 동기와 같이 추상적 개념으로는 설명할 수 없다고 보고, 관찰 가능한 행동의 자극-반응 도식으로 이해하고자 한다. 그에 따라 사회복지사는 클라이언트의 행동을 변화시키는 적절한 방법(보상, 강화, 처벌, 자극 등)을 통해 부적절한 행동을 수정한다.

3) 케이스워크에서 클라이언트와 사회복지사와의 관계

일찍이 비에스텍(Biestek, 1957)은 케이스워크에서 사회복지사와 클라이언트의 관계에 관한 7대 원칙, 즉 개별화, 의도적 감정 표현, 통제된 정서적 간여, 수용, 비심판적 태도, 클라이언트의 자기결정, 비밀 보장의 원칙을 제시했다(김융일 외, 2003: 184-186).

① 개별화(individualization): 인간은 누구나 독특한 개인으로 취급받아야 하는 권리가

있으므로 사회복지사는 클라이언트의 독특한 자질을 이해하고 그에 맞는 치료 원리와 방법을 적용해야 한다.

② 의도적 감정 표현(purposeful expression): 클라이언트가 자신의 감정, 특히 비난받을 수 있는 부정적 감정까지도 자유롭게 표현하도록 만들어야 한다.

③ 통제된 정서적 간여(controlled emotional involvement): 클라이언트가 표현하는 감정에 사회복지사가 정서적으로 간여하게 되더라도 적절히 통제해야 한다.

④ 수용(acceptance): 클라이언트의 가치와 감정을 사회복지사가 수용해야 한다. 단 클라이언트의 일탈적 행동까지 수용하는 것은 아니다.

⑤ 비심판적 태도(non-judgemental attitude): 클라이언트의 문제나 욕구에 대해 사회복지사는 심판하면 안 된다. 사회복지사가 비심판적 태도를 견지함으로써 클라이언트는 자신의 문제와 욕구에 대해 자유롭게 상담할 수 있다.

⑥ 클라이언트의 자기결정(client self-determination): 심리사회적 문제를 가지고 있는 클라이언트는 주체성이 약화되기 때문에 스스로 결정 내리길 주저한다. 그렇다고 해서 사회복지사가 결정을 대신 내려서는 안 된다. 사회복지사는 클라이언트가 주체성을 회복하도록 도와야 하며, 클라이언트의 문제를 놓고 클라이언트와 사회복지사가 협력하여 문제를 해결하는 동반자적 관계를 유지해야 한다.

⑦ 비밀 보장(confidentiality): 사회복지사는 클라이언트에 관한 정보를 누설시켜서는 안 된다.

3. 케이스매니지먼트

1) 케이스매니지먼트의 개념

케이스워크가 클라이언트에게 서비스를 직접적으로 제공(direct service)하는 실천기술이라면, 케이스매니지먼트(case management)는 클라이언트에게 필요한 서비스를 조정하고 관리하는 실천기술이다. 케이스매니저(case manager)가 하는 일은 전통적 케이스워커와 매우 유사한데, 활동 분야에 따라 차이가 난다. 예를 들어, 청소년 비행 보호 관찰 분야에서 근무하는 케이스매니저의 경우 클라이언트를 감독하고, 필요한 상담을 제공하고, 보호

관찰 규정에 따라 클라이언트를 모니터링하고, 클라이언트와 그 가족에게 필요한 서비스를 연계시키고, 법원 제출 보고서를 작성하고, 법원에서 증언하는 일 등을 한다. 반면에 긴급피난보호소(sheltered workshop)에서 일하는 케이스매니저는 클라이언트의 직업훈련, 상담, 교통편 마련, 클라이언트의 부적절한 행동 수정, 클라이언트의 대변자 역할, 사회복지 관련 기관(그룹홈, 위탁가정, 입소 치료시설 등)에 의뢰되어 있는 기간 동안 클라이언트를 감독하는 사람과의 연계활동 등의 일을 한다(Zastrow, 2000a: 49–50).

헵워스, 루니와 라슨(Hepworth, Rooney & Larson, 1997: 27–28)은 케이스매니저를 클라이언트의 욕구를 사정하고, 클라이언트에게 필요하지만 다른 기관에서 공급받아야 하는 상품과 서비스를 조달하고 조정하며, 그러한 상품과 서비스가 제때 공급될 수 있도록 보증하는 데 일차적 책임을 가진 사람이라고 정의했다. 바커(Barker, 1995. 47)는 케이스매니저를 클라이언트의 편에 서서 서비스를 계획, 모색, 모니터하는 사회복지기관의 직원이라고 정의했다.

케이스매니지먼트는 복합적 문제를 갖고 있는 클라이언트(노인, 청소년, 장애인 등)에게 필요한 서비스를 빠짐없이, 중복 없이, 가장 시급한 서비스부터 차례로, 지지적 · 효과적 · 효율적 방법으로 제공하기 위한 사회복지서비스 네트워크 안에서의 논리적 절차인 동시에 다양한 서비스를 제공하는 사회복지기관 간의 상호작용 과정이다. 한마디로 클라이언트에게 필요한 다양한 서비스를 체계적으로 연계하여 제공하는 실천방법인 것이다.

보통 한 기관이 클라이언트에 대해 일차적 책임을 지며, 서비스를 조정하는 역할을 하는 케이스매니저를 배치해 클라이언트를 대변, 보호하고, 때로는 자원을 통제하고 클라이언트에게 필요한 서비스를 구매한다. 이를 위해 케이스매니저는 지역사회 내 사회복지기관, 시설, 단체 및 비공식적 복지지원체계 등이 제공하는 서비스의 목록을 작성하고, 클라이언트를 대신해 그 기관에 서비스 공급을 요청, 조정한다.

클라이언트가 서로 다른 여러 전문직, 사회복지기관, 보건의료기관, 휴먼서비스 프로그램이 제공하는 다양한 서비스를 제공받는 과정을 모니터하는 것도 케이스매니저의 중요한 임무이다. 케이스매니저는 클라이언트와 항상 밀접한 관계를 유지해야 하며(필요하면 케이스워크 서비스를 바로 제공할 수 있어야 한다), 서비스 전달 계획과 계획에 따라 적절히 전달되도록 보장하기 위해 다른 기관의 서비스 제공자와도 긴밀한 관계를 맺고 있어야 한다.

케이스매니저는 여러 가지 제약으로 인해 서비스 접근에 애로를 겪는 클라이언트가 다양한 서비스 시스템과 협상하는 것을 도와줌으로써 클라이언트의 서비스 접근성을 향상시킨다. 그리고 제공되는 서비스가 클라이언트의 욕구에 적합한지 적절한 방법으로 서비스가 제공되는지도 점검한다. 이를 위해 케이스매니저는 케이스워크 기술뿐만 아니라 지역사회의 물적 자원, 자원봉사 조직망, 자원봉사 인력 상황 및 서비스, 정부의 사회복지정책 등 가용 자원에 대한 충분한 지식과 정보를 갖고 있어야 한다. 그런 다양한 자원에 관한 정보를 바탕으로 클라이언트의 복지를 향상시키기 위한 계획을 수립하고, 여러 기관, 단체들과 협상할 수 있는 능력을 갖추고 있어야 하는 것이다.

2) 케이스매니지먼트와 케이스워크

케이스매니지먼트는 사회복지실천의 전통적 방법인 케이스워크와 지역사회복지실천을 통합적으로 적용한 사회복지실천의 핵심적 기술 중 하나이다. 따라서 케이스매니지먼트는 사회복지실천, 특히 케이스워크와 상당히 유사하다. 그러나 양자의 차이점도 분명하다. 케이스워크는 사회복지사와 클라이언트 간의 관계 형성을 통해 구체적 목표를 달성하는 것을 지향하며, 구체적 · 제한적 개입 목표를 수립한 다음 개입을 통해 클라이언트 또는 주변 환경을 변화시키고자 하는 직접적 서비스(direct service)이다. 반면에 케이스매니지먼트는 케이스워크와 같은 직접적 서비스가 아니라 서비스의 연속성 보장, 비용효과성 증대, 접근성과 책임성의 증진, 1차 보호집단(가족 등)의 보호능력 향상 및 사회적 기능의 향상을 목적으로 하는 간접적 서비스(indirect service)이다.

양자는 대상에도 차이가 난다. 케이스워크는 단일 문제를 가진 개인을 대상으로 하지만, 케이스매니지먼트는 복합적 문제를 가진 사람을 대상으로 한다. 사회적응에 장애가 되는 심리사회적 문제를 가진 사람이 케이스워크의 대상이 된다면, 케이스매니지먼트의 대상은 허약한 노인, 만성 장애인, 자폐성장애아동 등 주로 장기적 케어가 필요한 복합적 문제를 가진 사람들이다(엄명용 외, 2000: 448-449). 양자의 차이점과 공통점을 정리하면 〈표 6-2〉와 같다.

〈표 6-2〉 케이스워크와 케이스매니지먼트의 차이점과 공통점

구분	케이스워크	케이스매니지먼트	비 고
목적	문제 해결을 통한 인격의 성장과 사회적 기능의 회복	복합적 문제를 가진 대상자에게 적극적이고 전향적 지역사회보호 제공	환경 속의 인간을 강조한다는 점에서 동일
철학	전문가 또는 기관 중심의 서비스	클라이언트 중심의 서비스	클라이언트 중심의 서비스 정신은 동일
대상	사회적응 문제를 가진 클라이언트	복합적 욕구를 가진 클라이언트	개입방법 유사
기능	상담, 치료, 의뢰	상담, 조정, 환경적 개입, 옹호, 서비스 연계	모든 시스템을 강조한다는 점에서 동일
개입 범위	클라이언트와 가족	클라이언트의 모든 시스템	모든 시스템을 강조한다는 점에서 동일
서비스 제공 장소	사회복지사 근무 기관	다양한 기관과 사회환경	케이스매니지먼트는 기관뿐만 아니라 다양한 장소에서 이루어짐
사회복지사의 역할	지지자, 상담자, 치료자	지지자, 상담자, 치료자, 연계자, 조정자	연계자의 역할이 케이스매니지먼트에서 강조

출처: 정순둘(2005: 27)의 표 1-1.

최근 들어 일부 사회복지기관들이 사회복지사를 케이스매니저라고 부를 만큼 케이스매니지먼트가 발전한 것은 사회복지서비스의 단편성(한 기관이 하나의 서비스만 제공)과 연속성 결여로 복합적 문제를 가진 클라이언트에 대한 대응의 한계, 사회복지서비스에서의 탈시설화 요구(시설보호 중심에서 지역사회보호 또는 재택보호 중심으로 변화), 복합적 욕구를 가진 인구의 증가(노숙자, 에이즈 환자, 장기보호가 필요한 노인의 증가) 등에서 그 이유를 찾을 수 있다(정순둘, 2005: 20-21).

4. 가족치료

1) 가족치료의 개념

가족치료(family therapy)는 집단치료의 하나로서 상호작용, 행동, 정서상의 문제를 가진 가족을 돕는 데 목적이 있다. 부모-자녀 간의 상호작용에 문제가 있는 가족, 부부 갈등, 고부 갈등, 조부모와의 갈등을 가진 가족이 가족치료의 대상이 된다. 친구 선택을 놓고 자녀와 부모가 갈등하는 경우, 알코올이나 약물 문제를 가진 가족, 가사, 외출금지, 의사소통 문제, 성적 가치 및 성적 행동, 공부 습관과 학업문제, 데이트 상대의 선택 등 다양한 문제들이 가족치료를 통해 해결될 수 있다(Zastrow, 2000a: 54).

가족치료는 문제의 원인을 개인에게서 찾는 게 아니라 가족성원 간의 관계(상호작용)에서 찾는다. 말하자면 가족치료는 한 개인의 문제나 증상을 가족성원 간의 상호작용의 문제로 보는 것이다. 그리고 가족치료는 개인의 변화를 추구하는 게 아니라 가족이 상호작용하는 방식을 변화시켜 문제를 해결하고자 하는 치료방법이다. 가족치료는 가족을 하나의 시스템으로 간주해 치료 대상으로 삼는 접근방법을 지칭하는데, 생물학의 일반 시스템 이론의 영향을 크게 받았다.

치료 대상으로서의 단위가족은 전체성(wholeness), 비합산성(non-summativity), 항상성(homeostasis)의 특성을 갖는다. 전체성은 "가족 내 모든 개인의 행동은 다른 모든 사람의 행동과 관련이 있고, 상호 의존적이라는 것"을 말하고, 비합산성은 "전체는 상호 의존된 부분들의 합보다 크다"는 것을 말하며, 항상성은 "일단 형성된 가족은 안정을 지속적으로 유지하려는 특성이 있는 보수적 시스템이라는 것"을 뜻한다.

가족치료의 대상이 되는 가족문제는 아동의 정서적 · 행동적 문제, 학교 부적응 문제, 우울증, 불안증, 기복이 심한 감정의 문제, 성 문제, 가족성원 간 의사소통 문제, 약물중독 문제, 경제적 무절제 문제, 이유 없는 피로감, 만성적 직장 부적응 문제, 폭력 및 강한 적개심 등 화 조절(anger control) 문제, 결혼과 가정생활에 대한 지속적 불만족 문제, 죽음, 이혼, 질병, 실직 등 위기 극복 문제, 자녀의 결혼, 부모의 은퇴 등 가족생활주기의 변화에 따른 적응상의 문제 등 매우 다양하다.

2) 가족치료의 유형

가족치료는 전략적 가족치료, 구조적 가족치료, 정신역동적 가족치료, 행동주의 가족치료 등 네 가지가 있다.

(1) 전략적 가족치료

전략적 가족치료(strategic family therapy)는 정신분열증 가족의 이중 구속(double-bind) 이론에서 발전했다. 이중 구속 이론에 의하면 정신분열증의 중요한 원인은 아동이 부모로부터 상호 모순적 메시지를 받는 데 있다. 상호 모순적 메시지는 정신분열증뿐만 아니라 대부분의 가족장애에 영향을 미친다. 따라서 가족치료 사회복지사는 모순적 메시지를 찾아내어 메시지를 전달하는 사람(부모)에게 그런 메시지가 정신분열증 발생에 나쁜 영향을 준다는 사실을 깨닫게 해야 한다.

잘못된 의사소통 시스템을 깨기 위해 치료자는 역설적 의도(paradoxical intention) 기법을 사용한다. 역설적 의도란 이미 진행되고 있는 클라이언트의 부적응 행동을 계속하라고 지시하는 것이다. 예를 들어, 아버지가 딸의 말을 방해하고 차단한다면 그러한 행동을 계속하라고 아버지에게 지시하는 것이다. 이를 통해 아버지와 딸이 의사소통상의 문제를 해결할 수 있는 방법을 스스로 찾도록 만든다.

(2) 구조적 가족치료

구조적 가족치료(structural family therapy)는 가족성원들을 일정한 역할을 수행하는 사람(보호자, 피보호자 등)으로 전제한다. 그리고 한 가족성원이 주어진 역할을 적절히 수행하지 않을 때 다른 가족성원들이 이에 저항하고, 그러한 가족성원 간의 갈등이 가족장애를 가져온다고 본다. 따라서 해결책은 가족성원이 좀 더 편안하고 유연한 역할을 수행하도록 만드는 데 있다.

(3) 정신역동적 가족치료

정신역동적 가족치료(psychodynamic family therapy)에서는 가족성원 간의 관계 형성의 장애가 무의식적 충동과 그것에 대한 방어기제에 기인하다고 본다. 정신역동적 가족치료는 정신역동적 심리치료와 유사한데, 듣기와 해석 기법을 중시한다.

(4) 행동주의 가족치료

행동주의 가족치료(behavioral family therapy)는 행동장애가 있는 아동의 부모를 훈련시켜 아동의 반사회적 행동을 줄이고 친사회적 행동을 강화시키는 것이다. 보상과 처벌을 적절히 사용해 치료 효과를 높인다.

5. 그룹워크

1) 그룹워크의 개념

그룹워크(group work)는 집단 경험을 통해 개인의 문제를 해결하는 사회복지실천기술의 하나로서 전술한 대로 설정된 목표를 달성하거나 집단 외부 환경을 변화시키는 것을 목표로 하거나(태스크 집단), 집단에 참여한 개인의 행동이나 태도를 집단 환경 안에서 수정하는 데 목표를 둔다(치료 집단).

그룹워크는 인보운동과 깊은 관련이 있다. 20세기 초 인보운동가들은 사회개혁의 입장에서 문화예술 집단, 레크리에이션 집단, 교육 및 신체 건강 등을 포함한 집단서비스를 중시하고 발전시켰다. 그들은 사회참여, 조직화, 상호부조, 협동적 문제 해결, 민주적 과정, 학습과 성장, 서로 다른 사람들 간의 상호작용을 통한 배려, 인간에 대한 환경의 영향, 환경에 대한 인간의 영향 등 진보적 문제에 관심을 두었다. 그룹워크는 지역사회복지관, 캠핑, 청소년단체(youth service organization) 같은 곳에서 발전했는데, 이런 활동을 통해 참여자들이 민주적 절차에 관해 학습할 수 있도록 지도했다. 그룹워크는 존 듀이(John Dewey)의 진보적 교육 이론으로부터 많은 영향을 받았다.

그룹워크에 관한 본격적 강의는 1923년 클리블랜드에 있는 웨스턴레저브 대학교(Western Reserve University)가 최초로 개설했다. 1930년대 들어 피츠버그 대학교(Pittsburgh University)와 뉴욕스쿨(New York School, 후에 컬럼비아 대학교 사회복지실천대학원)에서도 그룹워크 강좌를 개설했다. 1936년에는 미국그룹워크교육협의회(the American Association for Study of Group Work)가 조직되었다. 제2차 세계대전 기간 동안 정신과에서 집단을 활용하는 방법이 활성화되면서 그룹워크 전문가가 많이 필요하게 되었고, 그에 따라 그룹워크도 크게 발전하였다. 1946년 전국사회복지실천대회(the National Conference of Social

Work)에서 그룹워크를 사회복지실천 전문직의 하나로 공식 인정하였다. 그룹워크가 사회복지실천의 3대 방법론의 하나로 확고하게 자리를 잡게 된 것이다. 초기 그룹워크의 목적은 ① 민주주의의 경험(democratic experiences), ② 협동적 문제 해결 및 상호 지원(cooperative problem solving and mutual support), ③ 사회개선(social improvement), ④ 개성 계발(character development) 등이었다.

2) 그룹워크의 모델

1960~1970년대 들어 그룹워크는 사회목적 모델(social goals model), 치료 모델(remedial model), 상호 교류 모델(reciprocal model)과 같은 3개 모델로 발전한다. 사회목적 모델은 사회적 자각과 사회적 책임을 중시하고, 교양 있고 유능한 민주적 시민의식을 발전시키는 데 관심을 둔다. 치료 모델은 개인의 기능 향상과 집단과정 안에서의 변화에 초점을 둔 치료적 목적을 중시한다. 상호 교류 모델은 사회와 개인 양쪽 모두에 관심을 두는데, 상호원조체계의 하나인 집단 안에서 문제가 해결되는 것을 추구한다. 그리고 개인과 사회의 상호 연관성을 중시해 양자 모두의 기능을 동시에 향상시키는 것을 강조한다(김동배 · 김윤로, 2004: 21-24). 그룹워크의 세 가지 모델의 특징을 목적, 기관, 작업의 초점, 그룹워커의 역할, 집단성원의 유형, 집단에서 사용하는 방법 등을 중심으로 정리하면 〈표 6-3〉과 같다.

〈표 6-3〉 그룹워크의 세 가지 모델

특성	사회목적 모델	치료 모델	상호 교류 모델
목적	사회의식 고양, 사회적 책임감, 시민정신, 정치 · 사회운동 지향	역기능적으로 행동하는 집단성원의 회복, 재활	집단성원 간 상호 원조 체계 형성, 적응능력 성취 및 사회화
기관	인보관, 지역사회센터	임상 세팅	임상 세팅, 지역사회센터
작업의 초점	환경 속의 개인, 사회환경	개인의 변화	자조, 상호 원조 체계 형성
그룹워커의 역할	역할 모델, 가능하게 하는 자	조사, 진단, 치료를 통해 개인이 치료 목표를 달성하도록 돕는 변화 대행자	집단성원의 욕구와 집단 · 사회의 욕구 간의 중재자 역할

특성	사회목적 모델	치료 모델	상호 교류 모델
집단성원의 유형	일반 시민	적절히 기능하지 못하고 생활 과업을 극복하는 데 도움이 필요한 클라이언트	공통 관심사(문제)를 가지고 함께 일할 수 있는 사람
집단에서 사용하는 방법	사회운동이나 지역사회변화에 필요한 기술 취득을 위한 집단 과업, 지역사회조직, 프로그램 개발·수행을 위한 토론, 참여·동의 유도 기술	집단성원의 행동 패턴 변화에 직·간접적으로 영향을 주는 구조화된 프로그램과 연습	집단성원의 공통 관심사에 대해 토론·지지, 권한 공유

출처: 김동배·이윤로(2004: 24)의 표 1.

치료 모델에 입각한 그룹워크를 집단치료(group therapy)라 한다. 집단치료는 집단과정을 통해 개인의 사회적·행동적·정서적 적응을 돕는 데 목적이 있다. 집단치료에 참여하는 사람들은 정서, 인간관계, 행동상의 곤란을 겪고 있다. 집단치료는 일대일 상담에 비해 몇 가지 장점을 가진다. 집단의 멤버가 원조자(helper)가 되어 집단의 다른 멤버에게 도움을 주고, 또 이런 경험을 통해 자신의 문제를 치료할 수 있다. 이를 원조자 치료 원칙(helper therapy principle)이라고 한다. 때때로 개인의 부적응 행동을 변화시키는 데 일대일 상담보다 집단 압력(group pressure)이 더 효과적이고, 치료자가 동시에 많은 사람들을 치료할 수 있어 시간적으로도 효과적이다. 강한 스트레스를 받고 있는 사람, 알코올 문제를 가진 사람, 약물에 심리적으로 중독된 사람, 죽음을 앞둔 가족이 있는 사람, 혼전 임신한 사람, 최근에 이혼한 사람, 음식장애를 가진 사람 등에게 집단치료가 필요하다(Zastrow, 2000a: 53-54).

3) 그룹워크 대상 집단의 유형

그룹워크는 집단활동을 통해 개인의 지적·정서적·사회적 성장을 돕는 것인데, 케이스워크나 집단치료와 달리 그룹워크는 치료만을 목적으로 하지는 않는다. 집단들은 지향하는 목표가 다르다. 예컨대, 사회화 능력 향상, 정보 교환, 청소년 비행 해결, 레크리에이션 제공, 사회적으로 바람직하지 않는 가치의 변화, 문화적·인종적 집단 간의 관계 개선 지원, 입양절차의 설명, 입양을 준비하는 부모의 원조 등이 그것이다.

집단의 활동이나 중점 사항도 다르다. 예술, 기술, 댄스, 게임, 드라마, 음악, 사진, 스포츠, 자연탐구, 목재, 가정관리, 정보 교환 및 정치, 성, 결혼, 종교, 직업 선택 등 특정 주제에 관한 토론 등을 예로 들 수 있다(Zastrow, 2000a: 53).

그룹워크의 대상이 되는 집단을 그 목적을 중심으로 분류하면, 토론 집단, 레크리에이션 집단, 레크리에이션 · 스킬 집단, 교육 집단, 태스크 집단, 문제 해결 · 의사 결정 집단, 자조 집단, 사회화 집단, 치료 집단, 감수성 집단 등이 있다(Zastrow, 2000: 81–88).

① 토론 집단(social conversation groups): 공식적 아젠다(agenda, 목적의 리스트)가 없는 느슨한 집단이다. 토론 주제가 자주 바뀐다. 개인은 어떤 목적의식하에 참여하나 그것이 집단의 아젠다가 되는 것은 아니다.

② 레크리에이션 집단(recreation groups): 즐거움과 경험을 얻기 위한 집단이다. 활동이 즉흥적이고 리더가 없는 경우도 있다. YMCA, YWCA, 지역사회센터 등의 공간과 시설을 활용하기도 한다. 즉흥적 경기, 비공식적 체육활동, 게임 등의 활동이 여기에 속한다.

③ 레크리에이션 · 스킬 집단(recreation–skill groups): 즐거움과 기술 습득을 동시에 추구한다. 레크리에이션 집단과 달리 조언자, 코치, 교육자가 있으며, 보다 태스크 지향적이다. 골프, 농구, 미술, 공작, 수영 등을 예로 들 수 있다.

④ 교육 집단(education groups): 보다 복잡한 기술과 지식을 습득하기 위한 집단이다. 리더는 보통 전문가이며, 자녀 양육법, 부모 훈련, 입양 준비, 사회복지기관의 자원봉사 활동 등에 관한 교육이 좋은 예가 된다.

⑤ 태스크 집단(task groups): 특정한 태스크 또는 목적을 달성하기 위한 집단이다. 정부기관의 프로그램에 관한 정책을 만드는 책임자들의 집단, 기관의 특정한 태스크나 사업을 논의하는 위원회 위원들의 집단 등이 여기에 속한다.

⑥ 문제 해결 · 의사 결정 집단(problem–solving and decision masking groups): 문제 해결 및 의사 결정에 참여하는 사회복지서비스 제공자와 소비자의 집단이다. 태스크 집단과 유사하다. 가장 효과적 자원 조달 방법이나 전달체계 등에 대해 논의한다. 사회복지사는 그러한 노력들을 조직하고 촉진하는 역할을 한다. 보통 공식적 리더가 있으며, 집단활동 과정 중에 새로운 리더가 등장하기도 한다.

⑦ 자조 집단(self-help groups): 매우 대중적 집단으로서 알코올 의존자 자조 집단, 학대받은 여성의 자조 집단, 이혼자 자조 집단이 대표적이다.

⑧ 사회화 집단(socialization groups): 참여자의 태도와 행동을 보다 친사회적인 것으로 만들기 위한 집단이다. 사회생활 기술의 향상, 자신감 강화, 미래를 준비하는 능력의 개발, 청소년 정서 함양(청소년 비행의 예방)을 목적으로 하는 집단 등이 여기에 속한다.

⑨ 치료 집단(therapy groups): 심각한 정서적 문제나 개인적 문제를 가진 사람을 위한 집단이다. 리더는 인간행동과 치료에 관한 고도의 전문적 기술을 갖추고 있어야 한다. 참여자는 집단활동을 통해 스스로 문제의 본질을 이해하고 문제 해결 방법을 찾게 된다. 집단 치료자(사회복지사)는 치료를 위해 다양한 사회복지실천기술을 적용한다.

⑩ 감수성 집단(sensitivity groups): 개인 상호 간의 각성(interpersonal awareness)에 목적을 둔다. 참여자는 자기 고백(self-disclosure)을 통해 타인과의 관계를 개선하는 경험을 한다. 개인적 · 정서적 문제를 심도 있게 탐구하고, 개인적 각성을 경험함으로써 그러한 문제를 해결할 수 있는 능력을 배양한다.

한편 1970년대 이후 그룹워커의 관심사가 더욱 확대되면서 에이즈 환자와 가족, 한부모가족, 성적 학대의 피해자, 근친상간 피해자와 가족, 폭력 남성, 도심의 청소년, 이민자 집단, 가족을 모두 잃은 사람, 대량 학살 피해자 유가족, 알츠하이머병 환자 등 다양한 집단들을 위해 봉사하고 있다. 그룹워크에 페미니스트 관점을 접목한 페미니스트 그룹워크(feminist group work)도 모색되고 있다(Dolgoff & Feldstein, 2000: 314-315).

제4절 지역사회복지

1. 지역사회조직의 개념

매크로 실천의 가장 대표적인 기술이 지역사회조직(Community Organization, CO)이다. 지역사회조직의 뿌리는 COS와 인보운동에 있다. COS의 과학적 자선을 위한 지역사회 자원의 조직화와 인보운동이 전개한 이웃의 조직화가 지역사회조직의 기원이 되었다.

지역사회조직에 관한 학문적 연구는 1909년 애덤스(Jane Addams)가 전국자선교정대회(the National Conference of Charities and Corrections) 의장으로 선출되면서 산업사회에서의 최저생활 소선에 내해 언구하는 위원회를 설치한 데서 출발했다. 동 위원회이 연구는 하루 8시간 노동, 일주일에 6일 노동, 근로자 기숙사에서 집단기숙하면서 노동하는 관행의 폐지, 주거 조건의 개선, 16세 이하 아동 노동의 금지, 여성 고용에 대한 규제, 산재보험, 노령연금, 실업보험의 연방정부 차원에서의 실시 등 이른바 '산업의 사회적 표준(Social Standards for Industry)'을 만드는 데 기여했다. 그리고 사회복지사들은 새로운 아동노동법, 건강 및 안전 관련 입법활동, 사회보험 등 여러 사회적 쟁점을 둘러싼 논쟁에서 개혁 노선을 지지했고, 국민의 사회복지 의식을 높이는 데 앞장섰다.

20세기 들어 지역사회조직은 보건과 복지 관련 각종 위원회의 조직, 공동모금의 확충, 복지서비스의 계획과 조정 등 다양한 자원봉사조직의 활동에서 선구적 역할을 했다. 그 외에도 풀뿌리 조직(grassroots organizing), 즉 정치적 권리와 문제의 극복을 통한 이웃의 삶의 질의 개선, 소수 인종을 위한 자조 집단의 조직, 전기, 수도 등의 확충을 위한 농촌 지역사회의 조직, 상호부조, 학교, 소방서 등 기본 서비스의 확대를 위한 사회개발 등의 활동도 전개했다. 최근에는 여성과 동성애자를 위한 지역사회조직 활동도 강화하고 있다.

한편 지역사회조직은 1930년대 말부터 사회복지실천의 한 방법론으로 자리 잡기 시작했으며, 지역의 사회복지협의회를 중심으로 지역사회의 자원과 욕구를 일치시키기 위한 지역의 계획과 조정활동이 강조되었다. 제2차 세계대전 기간 중에는 지역사회조직 사회복지사들이 전쟁을 지원하는 사회활동의 한 부분, 즉 보건과 복지서비스의 조정, 관과 민의 협력을 위한 국방부와 보건복지부의 활동에 참여함으로써 사회적으로 인정받았다.

1960년대에는 참여민주주의의 관념이 확산되면서 지역사회조직은 청소년 비행의 해결, 시민권의 확대, 빈곤퇴치운동을 통한 지역사회의 발전, 도시 재개발 등의 활동에 크게 기여했다. 당시 지역사회조직은 풀뿌리 조직화, 지역사회 참여 및 행동을 강조했다. 오랫동안 지역사회조직은 지역사회의 사회복지서비스를 조직하는 데 주력했다. 그 기본적 방법은 합의의 도출이었다. 협력과 상호 이해에 이르는 과정을 잘 활용함으로써 갈등을 최소화시켰던 것이다.

오늘날 지역사회조직은 다음과 같은 일을 한다(Dolgoff & Feldstein, 2000: 316–318).

① 지역 차원에서 삶의 질을 개선하는 데 필요한 지역주민들의 역량을 개발하기 위한 지역사회조직
② 지역사회, 국가 또는 국제적 차원에서 특정한 쟁점이나 특정한 집단을 대변하기 위한 지역사회조직
③ 소득, 자원 및 사회적 지원책을 개선하기 위한 지역사회개발
④ 정부의 사회복지조직에 대한 시 또는 지역사회 차원의 사회계획
⑤ 복지서비스의 효과를 개선하고 새로운 복지서비스를 조직하기 위한 프로그램과 서비스의 개발과 특정 집단의 지역사회 연결
⑥ 시민의 정치적 파워를 조직해 정책이나 정책 입안자를 변화시킴으로써 제도를 변화시키는 정치사회적 행동
⑦ 프로그램의 방향에 영향을 주기 위한 협력활동과 특정한 쟁점, 사회적 욕구 또는 관심에 관련된 자원을 획득하기 위한 노력
⑧ 특정한 인구 집단 또는 쟁점과 연관된 사회정의를 위한 사회운동과 행동

지역사회조직은 사회복지사 또는 다른 전문직이 개인, 집단, 공통의 이익 또는 동일 지역에 거주하는 사람들의 공동체를 돕는 활동으로서 계획된 집단행동(planned collective action)을 통해 지역사회에 보건의료, 사회복지, 레크리에이션이 제공되도록 하는 노력들을 평가, 계획, 조정하는 데 목적이 있다. 그 방법으로는 문제 지역 발견, 원인 분석,

계획 작성, 전략 개발, 필요한 자원 동원, 지역사회 지도자의 발견 및 충원, 지역사회 지도자들의 노력을 고무시키기 위한 그들 간의 상호작용의 진작 등이 있다(Barker, 1995: 69).

지역사회조직 사회복지사(CO worker)의 역할을 간단하게 규정하기는 쉽지 않지만 몇 가지로 정리하면, 시민참여의 독려, 기관 간 또는 집단 간 활동의 조정, 홍보활동, 대중교육 프로그램의 제공, 사회조사와 사회계획, 자신이 자원(resource person)이 되어 돕는 활동 등을 들 수 있다. 지역사회조직 사회복지사가 스페셜리스트(specialist)로 근무하는 곳은 지역사회복지협의회(community welfare councils), 사회복지계획기관(social planning agencies), 공공보건계획위원회(health planning councils), 지역사회행동기관(community action agencies) 등이다.

그리고 지역사회조직(community organization)이 점차 계획(planning), 사회계획(social planning), 프로그램 개발(program development), 정책 개발(policy development), 매크로 실천(macro practice) 등의 용어로 대체되고 있다(Zastrow, 2000: 54).

2. 지역사회복지실천의 모델

지역사회조직의 대표적 실천 모델은 지역개발 모델(local development model), 사회계획 모델(social planning model), 사회행동 모델(social action model) 등 세 가지가 있다. 지역개발 모델은 낙후된 지역사회의 물리적 · 사회적 환경을 개선하기 위해 주민의 참여를 조직하는 데 초점을 둔 것이고, 사회계획 모델은 지역사회 문제의 해결을 위해 주로 전문가의 기획과 문제 해결 능력에 의존하는 것이며, 사회행동 모델은 지역의 피억압 계층을 조직한 다음 권력 구조에 대항하게 하여 문제를 해결하는 방법을 중시하는 모델이다. 이 세 가지 모델의 특징을 목적, 지역사회에 대한 가정, 기본 변화 전략, 변화를 위한 전술과 기술, 실천가(사회복지사)의 역할, 권력 구조 · 클라이언트 · 클라이언트의 역할에 대한 관점을 중심으로 정리한 것이 〈표 6-4〉이다.

〈표 6-4〉 지역사회복지실천의 세 가지 모델

성격	지역개발 모델	사회계획 모델	사회행동 모델
목적	자조, 지역사회생활의 개선, 과정 목표의 강조	지역사회 문제 해결을 위해 문제 해결 접근방법 활용, 태스크 목표 강조	억압받는 사람을 위해 권력 관계와 자원을 강화, 근본적인 제도 변화 추구, 태스크 목표와 과정 목표 모두 강조
지역사회에 대한 가정	지역사회 주민 모두 생활 조건의 개선을 원하고, 이를 위한 활동에 동참하는 것으로 가정	지역사회의 문제는 기획 전문가의 노력을 통해 해결될 수 있다고 가정	지역사회에는 권력 구조와 피억압 계층이 존재하고, 사회 부정의(injustice)가 가장 큰 문제라고 가정
기본 변화 전략	문제 발견과 해결에 주민이 광범위하게 참여	전문가가 사실에 관한 자료를 수집하고 문제 해결 접근방법을 적용	적대적 권력 구조에 대항하기 위해 피억압 계층을 조직
변화를 위한 주요 전술과 기술	합의, 주민 간 커뮤니케이션, 집단 토론	합의 또는 갈등	갈등 또는 경합, 대치, 직접 행동, 협상
실천가의 역할	촉매자(catalyst), 촉진자, 조정자, 문제 해결 기술의 교육자	전문 기획자, 사실 수집가, 분석가, 프로그램 개발자 및 수행자	행동가, 대변자, 선동가, 브로커, 협상가, 동지(partisan)
권력 구조에 대한 관점	과감한 시도를 관철함에 있어 권력 구조의 구성원을 같은 편으로 간주	권력 구조를 고용주와 스폰서로 간주	권력 구조를 행동의 타깃으로 간주, 피억압 계층은 피해자로 간주
클라이언트에 대한 관점	시민	소비자	피해자
클라이언트의 역할에 대한 관점	문제 해결 과정의 참여자	소비자 또는 수혜자	고용주, 구성원

출처: Zastrow(2000a: 101)의 표 3.6.

7 사회복지학의 제도적 접근

학습개요와 목표

사회복지학의 제도적 접근은 사회복지를 자본주의의 결함을 치유하기 위한 하나의 제도로 보고 사회문제를 제도적인 차원에서 접근하여 해결하고자 하는 접근방법이다. 이러한 접근방법은 유럽에서 주로 발전하였으며, 사회복지학의 기본적인 영역으로 인정받고 있다.

7장은 사회복지학의 제도적 접근에 해당하는 과목으로, 사회문제를 조사 분석하는 사회복지조사(사회복지조사론), 사회복지의 가치를 구체화시키는 사회복지정책(사회복지정책론), 사회복지정책을 급여로 바꾸는 사회복지행정(사회복지행정론), 사회복지제도에 관한 법적 규정(사회복지법제론)으로 구성되어 있다.

이 장의 학습목표는 다음과 같다.

- 사회복지가 해결하고자 하는 사회문제를 분석하기 위한 사회복지조사의 의의, 목적 그리고 필요성 등에 대하여 알아본다.
- 사회복지정책의 정의와 사회복지정책이 소득재분배에 미치는 영향 등을 분석해 본다.
- 사회복지행정의 개념과 체계를 분석해 본다.
- 사회복지법제의 개념과 구성요소, 생존권의 개입 등을 알아본다.

제1절 사회복지조사

사회복지조사는 사회복지의 제도적 접근의 첫 영역으로, 사회복지가 해결하고자 하는 사회현상이나 문제를 조사·분석하는 것이다. 사회복지가 사회문제를 효과적으로 해결하기 위해서는 사회문제를 있는 그대로 정확하게 분석하여야 한다. 따라서 사회문제에 대한 정확한 분석은 사회복지학의 제도적 접근의 시작이라고 할 수 있다.

1. 사회과학과 사회조사

사회복지학은 사회과학(social sciences)이다. 과학은 반증(反證)되지 않은 확실한 경험적 사실을 근거로 한 지식체계(knowledge system)이다. 과학의 궁극적 목적은 과학의 대상이 되는 현상을 설명하는 이론을 제시하는 데 있다.

보편적이고 객관적인 지식체계를 경험과학(empirical science)이라고 한다. 경험과학은 자연과학과 사회과학으로 나뉜다. 자연과학은 물리학, 생물학 등 물질과 생명을 다루는 좁은 의미의 과학을 말하며, 사회과학은 사회, 문화, 경제 등을 취급한다.

경험과학의 하나로서 사회과학은 인간에 관한 과학적 연구, 즉 인간학(human science)이다. 표현을 달리하면 사회과학은 인간 사회의 여러 현상을 과학적·체계적으로 연구하는 모든 경험과학이다. 인간학은 각 측면별로 경제학, 정치학, 법학, 종교학, 예술학, 행정학, 사회학, 사회복지학 등을 포함한다.

사회과학은 자연의 여러 현상을 과학적·체계적으로 연구하는 자연과학과는 분명 다르다. 자연과학의 연구대상인 자연현상은 비교적 규칙적이고 보편적이며 지속적이다. 반면에 사회과학의 연구대상인 사회현상은 특수한 것이 많고 규칙성이나 지속성도 자연현상에 비해 약하다. 그러나 사회과학과 자연과학을 구별하는 기준이 명확한 것은 아니다. 자연과학이 자연현상을, 사회과학이 인간현상을 다룬다는 점에서 분명히 다르지만, 과학적이고 객관적인 접근을 한다는 점에서는 차이가 나지 않기 때문이다. 사회과학은 끊임없이 자연과학으로부터 접근방법을 차용해 왔다.

사회과학을 순수과학과 응용과학으로 구분하기도 한다. 일반적으로 사회과학 중 사회학, 심리학은 순수과학(pure sciences)으로, 경영학, 행정학, 신문방송학, 사회복지학 등은 응용과학(applied sciences)으로 분류한다. 그러나 과학적 방법론의 차용 여부로 양자를 구분한다면, 사회학이나 심리학 역시 자연과학으로부터 방법론을 차용하고 있기 때문에 이런 구분은 사실상 무의미하다.

2. 실증주의와 해석학

1) 실증주의

실증주의(positivism)는 사회현상을 자연현상과 본질적으로 동일한 것으로 간주한다. 실증주의는 인간의 5관(시각, 청각, 후각, 미각, 촉각)으로 지각할 수 있는 '경험'을 통하여 인식하고, 그에 대한 진술(statements)인 이론의 타당성 여부도 인간의 경험적 '관찰'에 의해서만 확인할 수 있다고 본다. 경험적으로 관찰된 자료(데이터)를 수량화하고 가능한 한 간결한 공식으로 이론을 구성함으로써 자연의 법칙을 기술(description)하고 설명(explanation)한다.

실증주의는 일반적으로 초월적이고 형이상학적인 사변(思辨)을 배격하고, 관찰이나 실험 등 객관적 · 과학적 방법으로 검증 가능한 지식만을 인정하는 인식론적 · 방법론적 태도를 견지한다. 그리고 사실을 있는 그대로 관찰하여 설명하고자 하는 자연과학의 방법을 따른다.

실증주의라는 용어를 최초로 사용한 사람은 프랑스의 공상적 사회주의 사상가 생시몽(Comte de Saint-Simon, 1760~1825)이고, 실증주의를 철학의 한 경향으로 자리 잡게 만든 사람은 콩트(Auguste Comte, 1798~1857)이다. 콩트 사상의 가장 큰 특징은 과학에 대한 신뢰이다. 그는 자연과학에서 사용되는 실증적 연구방법이 인간과 사회현상에 대한 탐구에도 적용될 수 있으며, 그래야 한다고 믿었다. 그는 오직 사물의 본질에만 주의를 기울이는 형이상학적 철학을 실증적 과학이 대신해야 한다고 생각했으며, 과학적 방법을 인간 지식의 원천으로 인정하는 태도를 실증주의라고 명명했다.

실증주의는 19세기 후반 자연과학의 비약적인 성장과 함께 서구 사상계에 큰 영향을 미쳤다. 실증주의는 콩트의 사상을 넘어 형이상학이 아닌 사실에 대한 인식만을 참된 지식으로 보고 과학적 방법을 신뢰하는 태도들을 지칭하는 용어로 자리 잡았다.

사회복지조사는 이러한 실증주의의 매우 중요한 도구이다. 다시 말해, 연구자가 실증주의적 입장에서 어떤 명제를 검증하고자 할 때 사회복지조사는 과학적이고도 객관적인 수단이 된다는 것이다.

2) 해석학

인간은 자연과 달리 양심(conscience)과 의식(consciousness)을 가지고 있고 이것이 인간행위의 기본적 동기가 된다. 이는 인간을 제외한 자연현상과 인간행위는 본질적으로 다르다는 것을 의미한다. 그러므로 인간에 대한 이해의 방법도 자연과학과 근본적으로 달라야 한다. 이런 입장이 해석학(hermeneutics)이다. 해석학은 성서나 고전의 해석에서 출발해 정신과학으로서의 역사 연구에 적용되었다.

해석학적 연구의 대표적인 예가 연구자가 연구대상자의 입장이 되어 보는 것이다. 예를 들면, 결혼이주자의 사회적 의식을 연구하고자 할 때 연구자가 결혼이주자의 입장이 되어 그들의 의식을 이해(understanding)하는 것이다.

해석학은 이처럼 연구대상인 인간이 자연과 달리 양심과 의식을 갖고 있고, 따라서 자연과학과는 다른 인간에 대한 이해의 방법을 적용해야 한다고 본다. 그래서 실증주의와 해석학의 차이를 간단하게 '설명'과 '이해'의 차이로 요약하기도 한다. 실증주의가 사회현상을 설명하는 데 주력한다면 해석학은 인간의 행위를 이해하는 데 주력한다는 것이다. 따라서 해석학에서 사회조사는 큰 의미가 없다.

3. 사회복지조사의 개념과 목적

전술한 대로 실증주의는 경험적으로 관찰된 자료를 수량화하여 간결한 공식으로 이론을 구성함으로써 자연현상과 인간현상을 설명한다. 실증주의에 의하면 자연이 아닌 인간을 연구하는 사회과학도 자연과학과 마찬가지로 사실을 있는 그대로 관찰하여 설명하는 방법을 따른다.

사회복지조사(social welfare research)는 사회복지 분야에서 이러한 실증주의에 입각해

과학적 지식을 얻기 위한 관찰의 논리적 · 경험적 절차와 방법이다. 사회복지조사는 아이디어와 증거 간의 상호작용이다. 아이디어는 연구자로 하여금 경험적 증거를 의미 있게 만든다. 연구자는 아이디어를 확장 · 수정 · 검증하기 위해 경험적 증거를 사용한다. 사회복지조사는 이 증거를 수집하는 수단이다.

사회복지조사는 이론의 창조, 변수의 측정, 관찰(가설을 검증하기 위한 자료수집)을 포함한다. 이론은 사회생활의 특정한 측면에 관한 관찰결과를 체계적으로 설명한 것이자 변수들(variables) 간의 관계를 논리적으로 기술한 것이다. 변수는 속성(attributes)에 관한 일련의 논리이다. 예컨대, 성(gender)은 남자와 여자라는 두 개의 속성을 가진 변수이다. 변수는 독립변수와 종속변수로 나뉜다. 독립변수는 종속변수에 영향을 주는 것이고, 종속변수는 연구자가 설명하려고 하는 것이다. 예컨대, 약물 복용량의 차이가 질병 증후의 심각성에 어떻게 관련되는가에 대해 연구한다고 하면, 질병 증후의 심각성이 종속변수이고, 약물복용량의 관리가 독립변수이다.

사회복지조사의 목적은 사회현상을 탐색(exploration), 기술(description), 설명(explanation)하는 데 있다.

탐색이란 본격적인 연구 이전에 연구대상의 상태를 탐색하는 것이다. 탐색을 위한 조사를 사전조사 또는 탐색적 조사라고 한다.

기술은 조사대상의 상태를 있는 그대로 묘사하는 것이다. 조사대상의 상태에 관한 정보를 알려 준다. 기술을 목적으로 하는 조사를 기술적 조사라고 한다.

설명은 사회현상의 원인과 결과, 즉 인과관계를 규명하는 것이다. 보통 가설을 설정하고 그 가설의 진위 여부를 판단한다. 이를 목적으로 하는 조사를 설명적 조사라고 한다.[1]

1) 설명에는 두 가지 형태가 있다. 하나는 특수사례적(idiographic) 설명이고, 다른 하나는 법칙적(nomothetic) 설명이다. 특수사례적 설명은 과학자가 특정한 조건이나 사건에 관한 모든 가능한 설명을 찾는 것이다. 법칙적 설명은 소수의 요인으로 아주 많은 조건이나 사건을 설명하는 것이다. 예를 들면, 사람들의 직업선택을 연구할 때 특수사례적 설명은 어떤 직업을 왜 사람들이 선택하는지에 관한 모든 가능한 원인들을 망라해서 연구하는 것이고, 법칙적 설명은 직업을 원하는 사람들이 직업 선택을 결정함에 있어 가장 중시하는 핵심적인 요인을 찾는 것이다.

7-1 세계 최초의 사회복지조사 - 찰스 부스의 빈곤조사(1889)

사회조사는 사회복지 영역에서 세계 최초로 시작되었다. 1889년 찰스 부스(Charles Booth)의 빈곤조사가 그것이다. 그는 런던 시민을 대상으로 생활실태와 근로실태를 조사하여 런던 시민의 30%가 빈민이며, 빈곤의 원인이 나태와 음주와 같은 개인의 도덕적 · 성격적 결함이 아니라, 노령, 실업, 질병, 교육기회의 박탈과 같은 사회의 구조적 문제에 있다는 사실을 실증적으로 규명하였다. 그의 조사는 영국 중상층의 빈민에 대한 부정적 태도를 불식시켜 영국이 복지국가의 길로 나아가게 만든 결정적인 계기가 되었다.

그리고 부스의 사촌 여동생 베아트리스 포터(Beatrice Porter)[2]는 이 연구에 조사원으로 참여하여 빈민의 비참한 삶을 직접 목격했는데, 이 경험은 그녀가 평생을 사회적 약자를 위해 헌신하게 만들었다.

4. 사회복지조사의 필요성

사회복지학도 사회과학인 이상 사회복지조사를 필요로 한다. 물론 사회복지학자나 사회복지전문직 중에는 인간에 대한 과학적 설명보다는 인간주의적 이해나 접근을 중시하고 실증주의적 접근을 부정하는 사람도 있다. 이들에게 사회복지조사는 무용한 것이다.

그러나 대다수 사회복지학자와 사회복지사는 사회복지조사의 유용성과 필요성을 인정하고 있다. 사회복지 관련 전문가가 사회복지현상에 관한 가설을 세우고 이를 경험적으로 검증하고자 할 때, 사회복지 대상자에 대한 객관적인 정보를 얻고자 할 때, 사회복지 대상자가 가진 욕구를 파악하고자 할 때, 일반인의 사회복지에 대한 태도를 파악하고자 할 때, 사회복지 대상자의 사회복지서비스에 대한 인식을 파악하고자 할 때 등 사회복지 전문가가 사회복지조사를 필요로 할 때는 아주 많다.

사회복지조사의 필요성을 정리하면 대략 두 가지로 구분된다.

첫째, 사회복지의 과학화이다. 사회복지를 좁게 보면 클라이언트가 가진 문제를 해결하고 그들이 가진 욕구를 충족시키는 것이다. 이를 효과적으로 실천하기 위해서는

2) 저명한 사회개혁운동가 시드니 웹(Sidney Webb)과 결혼하여, 페이비언협회를 주도하였으며, 영국 노동당의 강령을 만들고, 영국 복지국가의 청사진인 베버리지 보고서를 만드는 데 결정적인 역할을 한다.

클라이언트에 대한 과학적 지식을 축적하고 효과적인 실천방법을 개발해야 한다.

둘째, 전문직으로서의 사회복지사의 사회적 인정과 발전이다. 사회복지사는 클라이언트에 대한 자신의 개입과 치료가 효과적이란 사실을 사회적으로 인정받아야 한다. 사회복지사만이 인정하는 것은 의미가 없다. 사회복지실천기술의 사회적 효과성을 실증적으로 입증하기 위해 사회조사가 필요하다.

사회복지조사는 사회복지 교육현장에서도 필요하다. 현재 우리나라에서는 사회복지조사론이 사회복지사 1급 국가시험의 과목 중 하나로 되어 있다. 따라서 사회복지사 1급 자격증을 취득하고자 하는 사람은 사회복지조사론에 대해 반드시 공부해야 한다. 그리고 사회복지 대학원 학생도 사회복지조사론을 잘 알고 있어야 한다. 우선 자신의 석사 또는 박사 학위논문을 사회조사를 통해 작성하고자 할 때, 조사방법론에 대한 이해는 필수적이다. 사회복지조사가 아닌 이론적 접근을 하는 학생에게도 사회조사방법론에 대한 이해가 요구된다. 왜냐하면 이론적 연구에 참고하는 논문들의 상당수가 사회조사와 같은 실증적인 접근방법을 취하고 있기 때문이다.

사회복지조사에 대한 이해는 사회복지 실무자에게도 필요하다. 클라이언트 욕구조사가 대표적이다. 사회복지기관이 인근지역의 주민을 대상으로 새로운 사회복지 프로그램을 시행하고자 할 때는 그들을 대상으로 한 욕구조사가 필수적이다. 이것은 생산기업으로 치면 일종의 시장조사와 같은 것이다. 클라이언트 욕구조사 없이 신규 프로그램을 실시하는 것은 시장조사 없이 물건을 생산하는 것과 같다.

사회복지기관의 프로그램 평가나 만족도 평가를 위해서도 사회복지조사가 필요하다. 사회복지 프로그램이 얼마나 효과적인지, 효율적인지, 클라이언트나 그 가족이 얼마나 만족하고 있는지를 파악하기 위해서는 사회복지조사가 반드시 필요하다. 이러한 욕구조사나 프로그램 평가조사를 사회복지기관 외부의 전문가에게 비용을 지불하고 용역을 주는 것도 좋지만, 사회복지기관의 실무자가 사회복지조사방법론을 잘 알고 있다면 직원들이나 자원봉사자들을 활용하여 직접 할 수도 있는 것이다. 특히 지역사회복지기관의 경우 지역주민의 생활상태와 지역여론을 잘 알고 있기 때문에 외부에 위탁하지 않고 직접 조사를 하는 것이 바람직하다. 사회복지기관의 실무자가 사회복지조사방법론을 잘 알고 있다면 얼마든지 가능한 일이다.

5. 사회복지조사의 윤리

1) 사회복지조사의 윤리

사회복지조사는 인간을 대상으로 하는 것이기 때문에 연구윤리(research ethics)를 준수해야 한다. 연구윤리는 다음과 같은 가치를 중시한다.

첫째, 인간존중(respect for persons)이다. 인간은 자신의 일을 스스로 결정하는 자율적 존재로 존중받아야 한다. 조사연구가 그 대상자의 자율성을 침해하는지 여부를 잘 살펴야 한다.

둘째, 혜택(beneficence)이다. 조사연구는 사회에 실질적으로 혜택을 주어야 한다. 사회에 아무런 기여가 없는 연구는 비윤리적이다.

셋째, 정의(justice)이다. 연구결과의 혜택은 공평(fairness)하게 배분되어야 한다. 연구결과가 모든 사람에게 평등하게 배분되어야 하고, 개인의 욕구에 따라 배분되어야 하며, 개인의 노력에 따라 배분되어야 하고, 개인의 사회적 기여에 따라 배분되어야 하며, 개인의 업적에 따라 배분되어야 한다는 것이다.

2) 사회복지실천 조사의 윤리

사회복지 분야의 경우 사회복지실천기술의 효과를 검증하기 위한 실험에 클라이언트 또는 가족을 참여시키는 경우가 있는데, 이런 실험은 클라이언트와 가족의 생활에 지장을 줄 수 있다. 연구자가 자신의 연구를 위해 참가자의 시간과 에너지를 희생시키는 것은 윤리적 위반이다. 그리고 사회복지 실험을 하는 연구자가 실험대상자에게 실험의 진짜 목적을 은폐하여 피해를 주는 경우가 있다. 어떤 경우든 연구자가 연구 참여자들에게 연구목적을 은폐하는 것은 속임수이다. 연구문제의 은폐는 명백한 윤리적 위반이다.

사회복지조사에의 참여는 자발적이어야 한다. 예를 들어, 사회복지실천 효과의 검증 작업에 참여하는 클라이언트나 사회복지 여론조사에 참여하는 대학생들도 반드시 자발성이 보장되어야 한다. 클라이언트가 사회복지사의 눈치를 보고, 사회복지 관련 과목을 수강하는 학생이 담당 교수의 눈치를 보며 조사에 참여하는 것은 바람직하지 않다. 이 또한 윤리적 위반이다.

빈민이나 정신적 문제를 가진 사람을 대상으로 조사하는 경우 조사대상자의 민감한 사생활을 파악하려는 질문이 포함될 수 있다. 이는 조사대상자를 불편하게 만든다. 조사를 빙자해 조사 참가자의 사생활을 조사하거나 침해하는 것도 윤리적으로 문제가 있다.

한편 사회복지조사 참여자를 보호하기 위해서는 익명성(anonymity)과 비밀 보장(confidentiality)이 중요하다.

익명성이란 연구자가 응답자의 신원을 알 수 없게 만드는 것이다. 그러나 조사과정에서 응답자는 자신의 신원을 연구자에게 노출시킬 수밖에 없다. 이를 피하기 위한 방법으로 우편조사나 인터넷설문조사가 있다. 익명성을 보장하면 응답자로부터 보다 신뢰성 높은 정보를 얻어 낼 수 있다.

비밀 보장도 중요하다. 보통 연구자는 응답자에게 비밀 보장을 약속하며 조사를 시작한다(보통 질문지 표지 인사말에 명시한다). 응답결과를 제삼자에게 유출하지 않는 것이 비밀 보장이다. 응답내용을 통계처리하면 비밀 보장은 자연히 해결된다.

최종 연구결과에 대한 윤리성도 중요하다. 어떤 사회복지실천기술이 특정 문제에 대해 효과가 있을 것으로 가정하고 조사를 실시했다고 하자. 실험결과 실험집단과 통제집단 간에 차이가 없는 것으로 나타났다 하더라도 이를 은폐해서는 안 된다. 솔직히 그 결과를 보고하고 다른 방법으로 그 이유를 찾아야 한다.

참여관찰에서도 윤리적 문제가 발생할 수 있다. 어떤 연구자가 정신병동에 자신의 신분을 숨기고 입원해 환자와 환자, 환자와 간호사 간의 관계를 관찰했다면 이는 윤리적으로 문제가 있다. 병원당국과 병원 내 환자와 간호사에게 자신의 신분과 연구목적을 사전에 분명히 고지해야만 윤리적 문제를 피할 수 있다.

그리고 실험을 위해 클라이언트의 서비스 수급권리를 침해해서는 안 된다. 예를 들어, 특정 사회복지실천기술의 효과를 검증하기 위해 클라이언트에게 제공되는 해당 서비스를 일정 기간 중단한다면 이는 윤리적으로 상당한 문제를 야기한다.

6. 사회복지조사의 방법

1) 과학적 탐구과정

과학적 탐구과정은 이론 → 가설 → 관찰 → 일반화로 요약된다. 다시 말해, 기존의 이론에서 새로운 가설을 이끌어 내고, 이러한 가설을 관찰을 통해 사실 여부를 판단하며, 관찰결과를 일반화시킴으로써 새로운 이론을 만들어 낸다는 것이다. 이 과정은 순환한다.

그리고 관찰을 통해 이론에 도달하는 것, 즉 각각의 특수한 경험적 사실로부터 공통의 일반성을 찾아내어 보편적 · 일반적 원리에 도달하는 추리방법을 귀납법(inductive method)이라 하고, 기존 이론에서 새로운 가설을 세우는 것, 즉 확실한 보편원리를 바탕으로 여기에서 특수한 명제를 끌어내어 진실한 인식에 도달하는 추리방법을 연역법(deductive method)이라고 한다. 또한 이론을 추상의 세계라 한다면, 관찰은 경험의 세계이다. 사회복지조사는 관찰의 가장 핵심적인 방법이다. 이를 정리하면 [그림 7-1]과 같다.

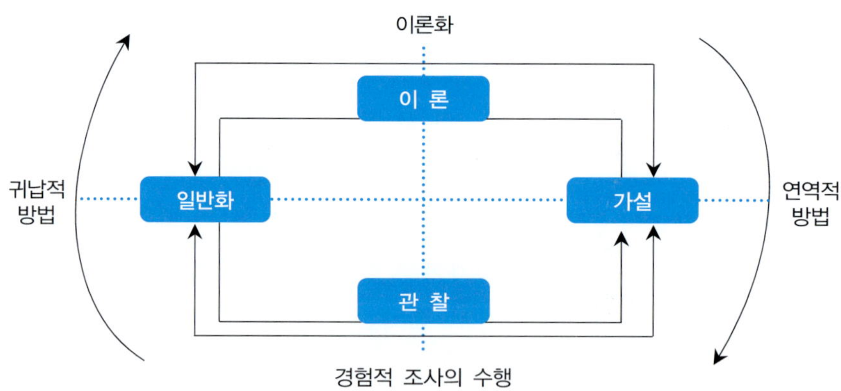

[그림 7-1] 과학적 탐구과정

2) 귀납법과 연역법

(1) 귀납법

귀납법은 소크라테스(Socrates)가 시작해 아리스토텔레스(Aristoteles)가 완성하였으며, 베이컨(F. Bacon)과 밀(J. S. Mill)이 근대적으로 발전시켰다. 귀납(induction)은 개별적인 특수한 사실이나 현상에서 일반적인 결론을 이끌어 내는 추리방법이다. 예를 들어 A도 사망하고, B도 사망하며, C도 사망한다는 사실을 보고 "모든 사람은 죽는다"는 일반적인 원리를 이끌어 내는 것이다.

귀납적 추리(inductive inference)는 몇 가지 방법이 있다. 가장 대표적인 것이 통계적 추리(statistical inference)이다. 통계적 추리란 여론조사에서 보듯이 모든 조사대상을 관찰하는 것이 아니라 표본을 추출한 다음 그 표본에 대한 관찰을 통해 일반적인 결론을 이끌어 내는 것이다. 그리고 유비적 추리(analogical inference)가 있는데, 사물이나 사태의 유사성에 근거하여 결론을 이끌어 내는 것이다. 또한 과거에 발생했던 일에 근거해 미래의 일을 예측하기도 하고, 현재의 사실에 근거하여 과거의 사실들에 대한 결론을 유도해 내기도 한다. 이와 같이 귀납은 주어진 사실이나 현상들에 근거해 새로운 정보와 지식을 얻을 수 있게 해 준다.

그러나 귀납법에는 한계가 있다. 귀납적 추리는 관찰이나 실험에서 얻은 부분적이거나 특수한 사례를 근거로 전체에 적용하는 일반화(이를 '귀납적 비약'이라 한다)를 거치기 때문에 언제든지 예외가 발생할 가능성이 있고 그렇게 되면 귀납적 추리의 결론이 무너진다. 다시 말해, 귀납에서 얻어진 결론은 필연적인 것이 아니라 단지 일정한 개연성을 지닌 일반적 명제 내지는 가설에 지나지 않는다는 것이다.

(2) 연역법

연역법은 이미 알고 있는 판단을 근거로 새로운 판단을 유도하는 추론방법이다. 다시 말해, 이미 알고 있는 하나 또는 둘 이상의 명제를 전제로 하여 형식적 논리에 근거해 새로운 명제를 결론으로 이끌어 내는 추리의 방법인 것이다.

귀납법이 진리일 가능성을 따지는 것인 것과 달리 연역법은 전제들로부터 절대적 필연성을 가진 결론을 이끌어 낸다. 말하자면 귀납적 추론은 전술한 대로 근본적으로 관찰과 실험에서 얻은 부분적이고 특수한 사례를 근거로 전체에 적용시키는 귀납적 비약을 통해 이루어지기 때문에 귀납에서 얻어진 결론은 일정한 개연성을 지닐 뿐 절대적인 진리가 아니지만, 연역적 결론은 논리적 형식의 타당성을 갖추고 있는 한 필연성을 가진다. 명제를 전제로 한 연역은 전제가 결론을 뒷받침하는 결정적 근거가 된다. 쉽게 말해 전제가 진실일 경우 그것에 근거한 결론 역시 반드시 진실이 된다는 것이다. 그리고 전제와 결론 사이의 이러한 필연적 관계는 논리적 형식과 규칙의 타당성에 근거해 있다.

연역적 추리는 기존의 명제들로부터 도출된 것이기 때문에 전제가 된 명제를 벗어난 새로운 명제를 만들지는 못한다. 모든 연역의 출발점이 되는 최초의 명제는 연역에 의해 도출될 수 없다는 것이다. 출발점이 되는 명제는 귀납법, 즉 인간의 다양한 경험이나 실천 등의 결과를 일반화하는 과정을 통해서 만들어진다. 이것은 학문연구에서는 연역과 귀납 모두가 필요하다는 것을 의미한다. 그리고 사회조사와 같은 관찰이 학문연구에 매우 중요하다는 것을 뜻한다.

연역적 추리는 논리적 일관성과 체계성을 갖추고 있으며 일상생활 속에 널리 적용되고 있다. 대표적인 것이 인간행위의 옳고 그름을 따지는 윤리적 판단은 보편적인 윤리규범으로부터 도출된 것인데, 이러한 윤리적 판단은 대부분 연역적 방법에 의해 도출된 것이다. 수학도 상당 부분 연역적 추리에 의존한다.

한편 연역적 추리의 대표적인 것이 삼단논법이다. 삼단논법의 형식은 잘 알려진 대로 아리스토텔레스가 완성했다. 연역적 추리는 하나의 전제에서 결론이 도출되는 직접추리와 2개 이상의 전제에서 결론이 나타나는 간접추리가 있다. 간접추리는 대전제 → 소전제 → 결론의 형식을 취한다. 이는 다음과 같은 유명한 예를 들 수 있다.

[대전제] 모든 사람은 죽는다.
[소전제] 소크라테스는 사람이다.
[결론] 소크라테스는 죽는다.

7. 사회복지조사의 절차

사회복지조사를 하기 위해서는 반드시 필요한 몇 가지 절차를 거쳐야 한다. 이러한 절차를 지침에 따라 체계화하는 작업을 사회복지조사의 설계(research design)라 한다. 사회복지조사의 설계는 건축설계와 같이 연구의 기본 아이디어에서부터 그것을 구체적인 연구과정에 적용·실시하는 절차에 이르는, 연구의 전반적인 '윤곽'을 체계 있게 보여 주는 하나의 지침이다.

보통 사회복지조사는 다음과 같은 단계를 거친다. 연구문제의 선정 → 이론적 틀 → 가설의 설정 → 조사의 구체적 설계 → 자료수집 → 자료처리 → 자료분석 → 조사결과의 해석 → 연구보고서 작성이 그것이다.

제2절 사회복지정책

사회복지정책은 사회복지의 제도적 접근의 대표적 분야로, 사회복지의 가치나 목적을 정책으로 구체화시키는 것이다. 따라서 사회복지정책은 '사회복지의 가치나 목적을 달성하기 위한 행동들의 원칙, 지침, 계획 및 조직화된 노력'이라고 할 수 있다. 사회복지정책은 영국과 독일을 중심으로 유럽에서 발전해 왔으며, 미국에서도 대공항 이후 「사회보장법」을 통해 도입되었다. 오늘날 사회복지정책은 사회복지의 제도적 접근의 핵심을 차지하고 있으며, 1980년대 이후에는 신자유주의의 이념이 사회복지정책에도 큰 영향을 미치고 있다.

1. 사회복지정책의 정의

사회복지정책(social welfare policy)을 정의하기는 쉽지 않다. 먼저 학자들마다 서로 다르게 정의하고 있기 때문인데, 사회복지정책을 광의로 복지국가와 동일시하는 학자가 있는가 하면, 아주 좁게 사회복지기관의 정책으로 간주하는 학자도 있다. 그리고 나라마다 사회복지정책의 범위를 다르게 보고 있는 것도 사회복지정책의 정의를 어렵게 만들고 있다. 예를 들어, 독일에서는 사회복지정책을 사회정책(Sozialpolitik)이라 하며, 사회보험을 중심으로 노동정책과 연계하여 파악하고 있다. 영국에서는 사회서비스(social service)라 하며, 사회보험은 물론 보건의료정책, 교육정책, 주택정책까지 포함시키고 있다. 그리고 미국은 사회보장을 사회복지정책의 핵심으로 간주하면서도 민간 사회복지기관의 정책을 매우 중시한다.

이처럼 복잡한 사회복지정책을 알기 쉽게 파악하기 위해서는 다양한 정의들을 단순화시키는 것이 가장 좋은 방법일 것이다. 사회복지정책에 관한 학자들의 여러 가지 정의들을 종합하면 두 가지 입장으로 대별되는 것 같다. 하나는 사회복지정책을 '사회복지'와 '정책'의 복합 개념으로 파악하는 입장이고, 다른 하나는 사회복지정책을 정의하기 힘든 이유가 사회복지정책을 시행한 주요 국가들이 사회복지정책을 조금씩 다르게 이해하는 데 있다고 보아 국가별 차이점에 초점을 두고 사회복지정책을 이해하는 입장이다.

미국의 길버트와 테렐(2002: 2)은 사회복지정책을 정의하기 어려운 개념(an elusive concept)이라고 하면서, 사회복지정책을 사회복지와 정책의 복합 개념으로 간주하여 '정책'과 '사회복지'의 개념을 각각 이해하는 편이 현명하다고 했다.

사회복지정책을 사회복지와 정책의 복합으로 보는 경우 '정책'에 관해서는 거의 일치된 견해를 갖고 있는 것 같다(Gilbert & Terrell, 2002: 3; 박정호, 2001: 14; 박병현, 2003: 18-19). 따라서 사회복지정책이란 "사회복지의 목적을 달성하기 위한 행동들의 원칙, 지침, 일정한 계획, 조직화된 노력"이라고 할 수 있다.

사회복지정책의 국가별 차이점을 중시하는 경우 독일, 영국, 미국 등 주요 3개국의 서로 다른 점을 강조한다. 독일과 미국에서는 사회복지정책에 사회보험, 공공부조, 사회복지서비스(노인복지, 장애인복지, 아동 · 청소년복지, 여성복지 등)만을 포함시킨다. 그에 비해 영국은 이 외에도 보건의료, 교육, 주택을 사회복지정책에 포함시킨다.

미국과 독일이 사회복지정책을 사회보험, 공공부조, 사회복지서비스로 구성되는 것으로 본다는 점에서 같지만, 세부적으로는 조금 다르다. 독일의 경우 비스마르크 사회정책(Sozialpolitik, 1880년대 세계 최초로 도입한 사회보험, 건강보험, 연금, 산재보험) 이후 사회복지정책에서 사회보험이 차지하는 비중이 압도적이다. 1970년대 말 사회보험이 모든 사회적 위험을 포괄하고 국민 모두를 대상으로 삼아 '국민보험'이 됨으로써 이런 경향은 더욱 강화되었다. 반면에 공공부조의 비중은 그리 크지 않다. 독일 공공부조의 특징은 지방정부가 운영과 재정을 '전적으로' 책임진다는 점이다(사회보험의 책임은 연방정부에 있다). 그리고 공공부조는 사회보험으로 해결되지 않는 주변 집단에 대해 물질적 · 비물질적 서비스를 제공한다. 그 밖에 지방정부가 관장하는 청소년복지와 장애인복지와 같은 사회복지서비스가 있다.

미국은 1935년 「사회보장법」을 제정하면서 사회보험, 공공부조, 사회복지서비스와 같은 사회보장의 3대 체계를 구축했으며, 이후 미국에서는 대체로 이 사회보장을 사회복지정책의 핵심으로 간주한다. 중앙정부가 사회보험을 책임지고, 지방정부가 공공부조와 사회복지서비스를 책임진다는 점에서 미국의 사회보장은 독일과 같다. 그러나 사회보험이 사회복지정책에서 차지하는 비중이 독일처럼 압도적이지 않다. 미국의 사회보험은 대체로 공적연금만을 연상할 정도로 연금의 비중이 크고, 유럽식의 전 국민을 포괄하는 건강보험은 시행하지 않고 있다. 그리고 실업보험도 특이하게 주정부가 관장하고 연방정부가 재정을 보조하는 방식으로 운영하고 있다. 사회복지서비스는 주정부가 관장하며, 주정부별로 다양한 프로그램을 운영하고 있다.

이에 비해 영국의 사회복지정책은 사뭇 다르다. 제2차 세계대전이라는 특수한 상황, 즉 전시 독일 공군의 폭격으로 인한 피해자를 치료하기 위해 또 파괴된 민간 주택을 복구하기 위해 보건의료와 주택정책이 국가의 사회복지 차원에서 제공됨으로써 이들이 사회복지제도에 포함되었고, 전쟁 중인 1944년 「버틀러 교육법」에 따라 무상의무교육이 중학교로까지 확대되면서 교육도 사회복지제도의 하나로 간주하게 되었다. 그리고 영국에서는 사회복지서비스를 퍼스널 사회서비스(personal social services)라고 하는데, 과거부터 지방정부가 수행하던 취약층(노인, 아동, 장애인 등)을 위한 시설보호 및 거택보호가 중심이 되어 있다. 이렇게 개별적 사회서비스를 별도로 취급함으로써 사회보장은 사회보험과 공공부조로 구성되는데, 사회보장이란 용어와 함께 소득유지정책(income maintenance program)이란 용어를 사용하고 있다. 그리고 영국에서는 이런 제도들을 모두 합쳐 사회서비스(social services)라 한다.

한편 영국의 저명한 사회복지정책학자 티트머스(Titmuss, 1963: 43–55)는 사회서비스 이외에 직업복지(occupational welfare)와 재정복지(fiscal welfare)까지 사회복지정책에 포함시켰다. 기업이 주체가 되어 근로자들의 복지를 위해 시행하는 기업복지 프로그램과 대가족이나 빈민층에 대한 세금 감면이나 공제 등을 통해 소득재분배를 기하는 정부의 조세정책까지 사회복지정책으로 간주했다.

〈표 7-1〉 영국·독일·미국의 사회복지정책체계

국가	제도	하위체계
영국	사회서비스 (social services)	• 소득보장(사회보험, 공공부조) • 보건의료(국민보건서비스, NHS) • 주택정책 • 교육정책 • 개별적 사회서비스(아동, 노인, 장애인, 여성복지)

국가	제도	하위체계
독일	사회정책 (sozialpolitik)	• 사회보험(국민보험)이 중심 • 공공부조와 사회복지서비스는 부차적
미국	사회보장 (social security)	• 사회보험 • 공공부조 • 사회복지서비스

2. 사회복지정책과 소득재분배

사회복지정책에서 소득재분배 기능은 대단히 중요한데, 사회복지정책을 경제제도나 경제정책과 차별화시키는 것이 바로 이 소득재분배이기 때문이다. 소득재분배란 "일개인 또는 한 집단으로부터 다른 개인이나 집단으로 이전(transfer)되는 소득 또는 소득으로 간주되는 급여"를 말한다(Webb, 1971: 11). 소득재분배를 사회복지정책의 요체로 본 티트머스(1974: 26)에 의하면, 소득재분배는 물질적 · 비물질적 자원을 부자에서 빈민에게로, 한 인종 집단에서 다른 인종 집단으로, 일하는 연령층에서 은퇴한 연령층에게로 이전하는 것이다.

소득재분배는 공적 메커니즘과 사적 메커니즘이 있다. 사적 소득 이전(private transfer)은 민간부문 안에서 자발적 동기에 의해 이루어지는 현금의 이전을 말한다. 가족구성원 간의 소득 이전이 가장 중요한 사적 재분배 메커니즘이고, 친인척이나 친지 간의 소득 이전도 여기에 포함된다. 각종 민간보험이나 기업복지도 민간부문이라는 점에서 사적 소득 이전의 한 형태가 된다. 공적 소득 이전은 정부의 소득 이전 메커니즘(the basic governmental mechanisms of transferring income)을 말하는데, 사회보험, 사회복지서비스, 조세가 이에 속한다(Kingson & Berkowitz, 1993: 13–17).

그리고 웹(Webb, 1971: 11–12)은 사회보장의 소득재분배 효과를 다음과 같이 세 가지로 구분했다.

① **수직적 재분배**(vertical redistribution): 부자로부터 빈민으로의 소득 이전을 말한다. 수직적 재분배는 빈민에서 부자로의 소득 이전인 긍정적 재분배(positive redistribution)와 빈민으로부터 부자로의 소득 이전인 부정적 재분배(negative redistribution)로 구

분된다.

② **수평적 재분배**(horizontal redistribution): 유사한 총소득을 가진 가족 간의 소득 이전이다. 사회적으로 요구의 차이가 있는 것으로 인정된 가족(소가족에서 대가족으로의) 간의 이전도 포함한다.

③ **우발적 재분배**(contingency redistribution): 특정한 우발적 사고(재해, 질병 등)로 고통받는 자로의 소득 이전을 말한다. 소득 집단 간의 소득 이전이 아니라 우발적 사고를 당하지 않은 집단으로부터 우발적 사고를 당한 집단(contingency group)으로의 소득 이전이다.

티트머스(1974: 88)는 소득재분배가 일어나는 시간을 기준으로 하여 장기적 재분배(redistribution in command-over-resources in time)와 단기적 재분배(immediate redistribution)로 나누었다. 단기적 재분배는 현재 드러난 사회적 욕구의 충족을 위해 현재의 자원을 사용하여 소득재분배를 기하는 것을 말한다. 공공부조가 대표적인 예가 된다. 장기적 재분배란 생애(time-span)에 걸쳐 발생하는 재분배를 말하는데, 적립 방식(fund system)의 연금이 좋은 예이다. 적립 방식의 연금이란 개인이 젊어서 일할 때 소득의 일부를 적립해 놓았다가 정년퇴직 후 적립했던 돈을 연금으로 되돌려 받는 방식을 말하는데, 개인으로 보면 청년기에서 노년기로 소득을 재분배하는 것이 된다.

한편 적립 방식의 연금은 장기적 재분배인 동시에 세대 내 재분배(intra-generational redistribution)이다. 젊은 시절의 소득을 적립해 놓았다가 노년기에 되찾는다는 것은 한 세대 안에서의 재분배이기 때문이다. 세대 내 재분배의 반대가 세대 간 재분배(inter-generational redistribution)이다. 세대 간 재분배란 한 세대에서 다음 세대로의 소득 이전을 말하는데, 부과방식연금(Pay-As-You-Go-System, PAYGS)이 가장 대표적이다. 부과방식연금은 현재의 퇴직자가 수령하는 연금의 재정을 현재 일하는 근로계층이 부담하는 연금 운용 방식을 말하는데, 이 경우 청년집단에서 노인집단으로의 소득 이전, 즉 세대 간 재분배가 발생하는 것이다. 현재 서구에서 일고 있는 사회보장연금을 둘러싼 논쟁은 바로 이 세대 간 재분배와 세대 내 재분배 중 어떤 것이 중요한가에 초점이 맞추어져 있다.

소득재분배는 기술적으로 보면 사회복지정책 대상 각 단위(개인 또는 가족)가 받은 급여 혜택에서 보험료 등으로 부담한 부분을 공제한 것(net transfer)이다. 이를 일차적 재분배 효과라 하는데, 일차적 재분배 효과는 계량화하기가 어렵지 않지만, 소득재분배의 최종 효과, 즉 사회보장을 통한 소득 이전이 경제 시스템에 미치는 여러 가지의 영향을 이론적, 실제적으로 밝혀내기는 대단히 어렵다.

사회복지정책이 제대로 되면 사회적 지위가 높은 계층으로부터 낮은 계층으로, 고소득층에서 저소득층으로, 젊은이에서 노인으로(이상 연금), 건강한 사람에서 환자로(건강보험), 소가족으로부터 대가족으로(가족수당), 경제활동인구가 많은 가족으로부터 그렇지 못한 가족(건강보험)으로의 소득재분배가 발생한다. 그러나 사회복지정책의 수직적 재분배 효과에는 한계가 있다. 왜냐하면 소득비례제(earning-related)를 채택하여 소득이 많을수록 더 많은 보험료를 부담하지만, 누진적 소득세(소득이 높을수록 세율까지 높은 누진세)에 비하면 그 효과가 적고, 보험료에 한도액(ceiling), 즉 일정 소득 이상은 동일한 보험료를 부과하고 있어 고소득층으로부터의 재분배에는 한계가 있으며, 사회보장연금에서 보듯이 보험료만이 아니라 연금급여도 소득에 비례하게 만들고 있기 때문이다.

〈표 7-2〉 소득재분배의 유형

유 형	내 용
사적 재분배	민간부문 안에서 자발적 동기에 의해 이루어지는 현금의 이전. 가족구성원 간의 소득 이전, 친인척이나 친지 간의 소득 이전, 각종 민간보험이나 기업복지
공적 재분배	정부의 소득 이전 메커니즘. 사회보험, 사회복지서비스, 조세
수직적 재분배	부자로부터 빈민으로의 소득 이전
수평적 재분배	유사한 총소득을 가진 가족 간의 소득 이전. 사회적으로 요구의 차이가 있는 것으로 인정된 가족(소가족에서 대가족으로의) 간의 이전도 포함
우발적 재분배	우발적 사고(재해, 질병 등)를 당하지 않은 집단으로부터 우발적 사고를 당한 집단으로의 소득 이전
장기적 재분배	생애에 걸쳐 발생하는 재분배. 적립 방식의 연금
단기적 재분배	현재 드러난 사회적 욕구의 충족을 위해 현재의 자원을 사용하여 소득재분배를 기하는 것. 공공부조
세대 내 재분배	젊은 시절의 소득을 적립해 놓았다가 노년기에 되찾는 것. 적립 방식 연금
세대 간 재분배	청년 세대에서 노인 세대로의 소득 이전. 부과 방식 연금

그리고 사회복지정책의 수직적 재분배 효과는 선진국에 비해 개발도상국이 더 미약하다. 그 이유는 ① 사회보장에 투입되는 국가 재정 규모 자체가 작고, ② 기업의 보험료 부담이 상품 가격에 바로 전가되며, ③ 국가가 사회보장의 재정 일부를 지원하면서 사회보장에서 저소득층을 제외시키는 경우가 많은데, 이렇게 되면 저소득층은 사회보장 재정에 간접적으로 기여만 하고 혜택에서는 제외되기 때문이다(Mallet, 1980: 368–379).

3. 사회복지정책의 차원

사회복지정책을 정책학적으로 보면 국가 또는 민간기관이 주체가 되어 시민의 복지를 향상시키기 위해 시행하는 정책들의 집합체라 할 수 있다. 사회복지사 입장에서 사회복지정책은 클라이언트를 위한 매우 중요한 자원이 되기 때문에 사회복지정책의 구조에 대한 정확한 이해가 필요하다.

사회복지정책을 차원적으로 분석하는 틀 중에서 가장 대표적인 것이 길버트와 테렐의 사회복지정책 차원 분석의 기본 틀(basic framework)이다. 이들은 사회복지정책이란, ① 사회복지급여를 누구에게 제공해야 할 것인가, ② 어떤 사회복지급여를 제공할 것인가, ③ 사회복지급여를 어떻게 전달할 것인가, ④ 재정은 어떻게 마련할 것인가에 대해 어떤 선택을 할 것인가를 결정하는 것이라고 규정했다.[3] 이를 네 가지 선택의 차원(dimensions of choice)이라고 하는데, 부연하여 설명하면 다음과 같다(Gilbert & Terrell, 2002: 60–69).

① **사회적 배분**(social allocations)이다. 다른 말로 급여 대상이다. 누가, 어느 집단이 사회복지의 대상자가 되는가 하는 것이다. 여기서 중요한 것은 사회복지급여를 소수에 국한시킬 것인가(선택주의) 아니면 전 국민에게 제공할 것인가(보편주의) 하는 문제이다.

3) 길버트와 테렐의 사회복지정책의 차원 분석은 에벨린 번스(Eveline Burns)가 1956년에 사회보장 프로그램을 분석하기 위해 디자인한 틀, 즉 ① 사회보장 급여의 본질과 총액, ② 사회보장 수급 자격과 급여 대상의 유형, ③ 재정 수단, ④ 사회보장행정의 구조와 특성 등 네 가지 정책 결정 유형으로부터 직접적 영향을 받았다(Gilbert & Terrell, 2002: 60).

② **사회적 공급**(social provisions)이다. 사회복지 대상자들에게 무엇을 제공할 것인가, 어떤 종류의 급여를 전달할 것인가, 즉 급여 형태의 문제를 말한다. 예컨대, 현물급여(in kind)로 할 것인가 아니면 현금급여(in cash)로 할 것인가 하는 것이다.

③ **전달체계**(delivery strategies)이다. 전달체계란 사회복지급여를 제공하는 주체와 그 수급자 간의 조직체계를 말한다. 여기서는 권한의 소재, 업무 수행자와 그 자격, 조직의 유형과 규모 등이 관건이 된다. 전달체계에서 중요한 점은 수급자들의 접근 용이성, 조직의 통합성, 연속성, 책임성 등이다.

④ **재정**(funding)이다. 어떤 재원을 사용하는가, 예컨대 일반세, 목적세, 보험료 중에서 무엇을 사용하는가 하는 문제이다.

요약하면 ① 급여 대상과 ② 사회적 공급은 '누구에게 무엇을(who and what)' 제공할 것인가의 문제라면, ③ 전달체계와 ④ 재정은 그런 것을 '어떻게(how)' 할 것인가, 즉 어떻게 전달하고, 그에 소요되는 재정을 어떻게 마련할 것인가의 문제인 것이다.

제3절 사회복지행정

사회복지행정은 사회복지학의 제도적 접근의 한 분야로, '사회복지정책으로 구체화된 사회복지의 가치나 목적을 사회복지 급여로 바꾸는 과정'이다. 따라서 사회복지행정은 국가(중앙정부와 지방정부)의 사회복지행정체계부터 민간의 사회복지기관의 운영에 이르기까지 사회복지정책의 목표를 달성해 가는 과정이라고 할 수 있다. 그러나 미국에서는 사회복지행정을 좁은 의미로 규정하여, 사회복지기관의 운영의 측면에 초점을 맞추고 있다.

1. 사회복지행정의 개념

사회복지행정(social welfare administration)의 개념 정의는 크게 두 가지로 나뉜다(한국사회복지행정학회 편, 2003: 22-23). 하나는 사회복지행정이란 "사회복지정책을 사회복지서비스로 전환하는 과정"으로 정의하는 것이다. 대표적인 학자가 미국의 킨데이(Kindeigh, 1950: 58)이다. 그는 '사회정책을 사회복지서비스로 전환시키는 과정이며, 이 과정에서 얻은 경험을 사회정책의 개선에 활용(피드백)하는 것'이 사회복지행정이라고 정의했다.

다른 하나는 사회복지행정이란 "사회복지의 목표를 설정하고 달성해 나가는 과정"으로 정의하는 것이다(Patti, 1983). 패티(Patti)의 정의에 의하면 사회복지행정은 '조직목표를 달성하기 위해서 사회복지기관 매니저가 수행하는 체계적인 개입과정'이다.

이 두 가지 정의를 비교해 보면, 사회복지행정을 한쪽은 정책을 서비스로 전환하는 과정이라고 하고, 다른 한쪽은 목표를 설정해 달성해 나가는 과정이라고 하지만, 정책을 서비스로 바꾸는 것이나 목표를 설정해 달성해 나가는 과정이 표현만 다를 뿐, 내용이 사실상 같다는 것이다. 왜냐하면 정책이 바로 목표를 설정하는 것이기 때문이다(Gilbert & Terrell, 2002).

트레커(Trecker, 1971: 24-25)는 이상과 같은 여러 개념을 검토한 후 사회복지행정을 다음과 같이 정의했다.

첫째, 행정은 일련의 역동적 과정이다.

둘째, 그 과정은 공통의 목적 또는 목표를 달성하기 위한 것이다.
셋째, 공통의 목적이나 목표를 달성하기 위해 인적·물적 자원이 동원된다.
넷째, 인적·물적 자원의 동원을 위해 협력과 조정이 필요하다.
다섯째, 행정의 주요 요소는 기획, 조직화, 리더십이다.

이상과 같은 검토를 바탕으로 사회복지행정을 정의하면, 사회복지행정은 '사회복지기관의 정책을 서비스로 전환하는 과정 또는 사회복지기관의 목표를 설정하고 달성해 나가는 과정'이다. 그리고 여기서 말하는 정책이나 목표는 사회복지가 궁극적으로 추구하는 목적인 사회문제의 해결 또는 사회적 욕구의 충족을 의미한다.

2. 사회복지행정의 유사 개념

사회복지행정에 대한 이해의 폭을 넓히기 위해서는 사회사업행정(social work administration), 사회복지매니지먼트(social welfare management), 사회행정(social administration), 공공행정(public administration) 등 사회복지행정과 유사한 용어와의 차이점을 알 필요가 있다.

1) 사회사업행정

사회사업행정과 사회복지행정은 강조하는 점이 약간 다를 뿐 내용은 같다. 사회사업행정은 사회사업의 3대 방법론, 즉 케이스워크, 그룹워크, 지역사회조직에 관한 지식과 기술을 강조한다. 그에 비해 사회복지행정은 휴먼서비스조직(human service organization)[4]을 관리하는 데 필요한 사회과학적 지식을 강조한다. 그렇다고 해서 사회복지행정이 사회사업의 3대 방법론을 부정하는 것은 아니다.

사회복지행정은 사회복지기관을 관리 운영하는 데 필요한 지식을 보다 광범위한 영역에서 구한다. 다시 말해, 사회복지행정에 필요한 지식과 기술을 개인과 집단의 행동에서 구하는 것을 넘어 사회복지정책이나 행정 영역의 사회과학적 지식을 받아들여 활용한다는 것이다. 요컨대, 사회복지행정은 사회사업과 사회과학 사이에 위치한다.

4) 휴먼서비스조직이란 보건, 정신보건, 교육, 사회복지서비스 관련 조직을 의미한다(Patti, 2000: 5).

이 경우 사회복지행정에서 사회사업 임상기술과 지식은 필수적인 것이 아니며, 사회사업방법론보다는 사회과학적 경영관리기법과 의사결정과정, 기관행정의 사정과 분석, 정보가 중요하다. 사회복지행정의 목표는 사회복지 급여와 서비스를 공정하고 효율적으로 배분하는 것이다.

2) 사회복지매니지먼트

매니지먼트는 경영 또는 관리로 번역되고 있는데, 경영학의 핵심 개념으로 양자는 사실상 동의어이다. 사회복지 분야에서는 전통적으로 매니지먼트라는 단어가 내포하는 통제와 이윤추구의 의미 때문에 매니지먼트보다는 행정이 더 많이 사용한다. 그러다가 1970년대 후반과 1980년대 초부터 두 용어는 혼용되었으며, 1990년대 이후 행정보다는 매니지먼트가 오히려 더 선호되고 있다.

1970년대 이후 매니지먼트가 선호되기 시작한 것은 당시 기업을 중심으로 확산된 경영효율을 강조하는 사회적 분위기 때문이었다. 사회복지기관도 이런 분위기의 영향을 받아 조직의 경영관리를 중시하기 시작했으며, 그와 함께 사회복지기관의 매니저는 자신을 이윤추구 기업의 경영자와 동일한 위치에 있다고 생각하였다. 그리고 경영학자들도 기업에서의 경영관리기법이 비영리기관에도 유용할 것이라고 믿었다. 『비영리조직의 경영: 실천과 원리(Managing Nonprofit Organization: Practices and Principles)』(1990)라는 저서를 써 비영리기관의 경영관리의 중요성을 강조한 저명한 경영학자 드러커가 대표적이다(Patti, 2000: 4-5).

3) 사회행정

사회행정은 영국에서 사용되는 용어이다. 영국에서 사회행정은 사회정책(social policy)과 거의 같은 의미를 갖고 있다. 예를 들어, 책 제목이 사회행정이나 사회정책인데 내용은 우리나라의 사회복지정책과 동일하고, 대학의 학과 명칭도 사회행정학과 사회정책학과가 있으나 성격이 동일하다. 사회정책을 학문적으로 나타내는 용어가 사회행정이다.

사회행정의 지식과 기술은 사회과학의 범위뿐만 아니라 거시적 사회제도들의 가치,

우선순위, 자원과 연관된다. 그래서 사회행정은 정치제도, 사회제도, 경제제도와 국가의 자원을 사회복지 욕구충족에 분배하는 결정과 관련된, 사회복지 상품 및 서비스의 정책, 기획, 행정에 초점을 둔다. 이 경우 사회행정은 사회복지 전문직의 수준을 넘어 국가발전이나 사회복지발전과 연관된다.

4) 사회복지행정과 공공행정

사회복지행정은 사회복지기관의 행정이라는 점에서 정부의 공공행정(public administration)과는 조금 다르다. 사회복지기관행정이 일반 행정이 추구하는 가치와 원리(평등성, 공정성, 효과성, 효율성 등)의 틀을 크게 벗어나지 않는다는 지적도 있지만, 사회복지행정이 다루는 사회복지의 대상(클라이언트), 지식(사회복지학), 기술(사회사업기술)이 독특하기 때문에 사회복지행정과 일반 행정은 차이가 날 수밖에 없다(한국사회복지행정학회 편, 2003: 30).

사회복지행정과 공공행정이 본질적으로 같다는 입장에서는 어떤 조직이건 행정의 기능이 필요하고 그 기능은 동일하다고 본다. 예를 들어, 교육기관의 교육행정, 보건기관의 보건행정, 문화단체의 문화행정이 각기 추구하는 목표와 행정서비스 대상자는 다르지만, 조직이 추구하는 목표를 달성하기 위해 수행하는 기획, 예산편성 및 집행, 직원배치 및 인사관리, 프로그램과 서비스 평가 등 기본적인 행정기능은 동일하다는 것이다.

반면에 사회복지기관행정의 특수성을 강조하는 입장에서는 공공행정과의 차별성을 강조한다. 사회복지기관은 기본적으로 휴먼서비스조직으로서 일반적인 조직의 성격과는 다르다는 것인데, 급여나 서비스를 단순히 전달하는 것을 넘어 사회복지 대상자인 클라이언트의 변화를 목표로 한다는 점에서 특수하다는 것이다. 그리고 사회복지조직은 일반 행정가가 아니라 사회복지사로 구성되고, 사회복지사뿐만 아니라 의사, 간호사, 교사 등 다른 전문직과 함께 일하는 조직이라는 점에서도 특수하다. 또한 휴먼서비스조직의 사회복지사는 경우에 따라서는 클라이언트의 권익을 대변하고 옹호하는 역할까지 수행해야 한다는 점에서도 일반 행정가와는 차이가 난다.

3. 사회복지행정의 주요 흐름

신자유주의의 영향으로 사회복지행정 분야에서도 상당한 변화가 일었다. 기관 간의 경쟁심이 강화되고, 민영화가 가속화되고, 기업의 경영기법을 더 많이 수용하는 등 사회복지기관의 매니저가 적극적으로 대응하지 않으면 안 되는 상황이 벌어진 것이다. 사회복지행정의 주요 흐름을 정리하면 다음과 같다(Martin, 2000: 63-65).

첫째, 보다 더 경쟁적(more competitive)인 분위기가 조성되고 있다. 전통적으로 사회복지기관 간의 관계는 경쟁적이기보다는 협조적이었다. 그러나 최근 들어 기금, 프로그램, 클라이언트를 놓고 기관 간의 경쟁이 심화되고 있다. 정부와의 계약, 재단의 후원금, 새로운 상품과 서비스 등이 경쟁의 대상이다.

둘째, 보다 많은 민영화(more privatization)이다. 공공 휴먼서비스의 상당 부분이 민영화 계약을 거쳐 민간기관에게 운영권이 넘어가고 있다. 앞으로 이런 추세는 가속화될 전망이다.

셋째, 보다 많은 재구조화(more restructuring)이다. 경쟁이 강화되고, 민영화가 더욱 진전되고, 더 많은 정보기술이 활용됨에 따라 기관의 조직구조도 그에 맞춰 변하고 있다. 다운사이즈(downsize)하는 기관도 있고 규모를 확대하는 기관도 있으나, 대부분의 기관들이 전문화되는 추세이다. 정보기술의 발전으로 관리자의 통제범위가 확대되고 중간관리자의 필요성이 줄어들고 있다. 기관 간의 협력과 협조가 증가하고, 공공기관과 민간기관, 비영리기관과 영리기관의 구분도 모호해지고 있다.

넷째, 보다 많은 마케팅(more marketing)이다. 전통적 기획과 욕구사정기술이 이제 프로그램과 기관의 장래 생존을 보증하지 않는다. 누가 비용을 부담할 것인지 그리고 클라이언트와 후원자가 진정으로 원하는 서비스가 무엇인지가 더욱 중요해지고 있다. 이 경우 사회복지기관 매니저에게 마케팅은 무엇보다도 필요한 기술이다.

다섯째, 보다 많은 기업경영기법(more entrepreneurial management)이다. 사회복지정책의 탈집중화와 위임 강화 추세, 정부의 재정적 지원 축소 흐름 속에서 사회복지기관 매니저의 기업가적 자세를 더욱 강조하고 있다. 사회복지행정의 초점이 임무의 수행에서 기업가주의로 옮겨지고 있다. 특정한 사회복지 프로그램을 잘 수행하는 전문가보다는 창조적이고 기업가적인 자세로 새로운 정책, 프로그램, 협력, 모금 등에 임하는 매니저가 더 선호되고 있다.

여섯째, 보다 나은 품질 관리(more quality management)이다. 전통적으로 사회복지서비스의 품질을 담보하는 방법은 전문가가 서비스 품질을 결정하는 방식이었다. 그러나 앞으로는 많은 사회복지기관이 고객 또는 클라이언트가 규정하는 사회복지서비스의 품질을 중시할 것이다. 서비스 품질을 관리하는 행정이 중시되고 클라이언트를 대상으로 하는 서비스 만족도 조사 등 클라이언트의 피드백을 활용하는 방법이 선호될 전망이다.

일곱째, 결과를 보다 더 중시(more emphasis on results)하는 것이다. 사회복지행정에서 과정보다는 산출과 결과가 더 중시되고 있다. 이런 변화는 사회복지사와 같은 전문직의 교육, 훈련, 직무경험 등에 반영되고 있으며, 사회복지사는 여기에 적응해야만 한다. 사회복지행정 실무에서는 직무수행의 측정, 실무적 예산수립, 정부와의 계약실무 등이 강조되고 있다.

여덟째, 보다 많은 전략적 기획(more strategic planning)이다. 대부분의 사회복지기관과 매니저는 외부 환경적 요인, 잠재적 클라이언트, 프로그램, 기관에의 영향 등을 사정하고 평가하는 데 있어서 보다 체계적인 접근을 하게 될 것이다. 비록 마케팅 기술이 이런 작업에 통찰력을 제공할 것이지만 외부 환경에 의한 기회와 위기에 초점을 둔 전략적 기획의 필요성이 증대하는 것이다.

아홉째, 보다 많은 대변자 역할(more advocacy)이다. 사회가 보다 보수화되고 고령화되면서 취약계층을 위한 사회복지를 위해 보다 공격적인 대변자 역할이 요구되고 있다. 아동, 정신질환자, 장애인 등 취약계층의 욕구가 보다 분명히 표출되어야 하고, 이들의 권익을 위해 다양한 차원에서 투쟁해야만 한다.

열째, 클라이언트를 보다 더 중시(more emphasis on clients)하는 것이다. 과거에는 사회복지행정에서 사회복지기관과 프로그램의 필요성이 우선시되는 경우가 많았다. 그러나 클라이언트와 기금을 놓고 기관 간의 경쟁이 심해지고, 직무수행의 책임, 질 관리, 마케팅, 전략적 기획, 대변자 역할의 중요성이 커지는 지금, 클라이언트가 사회복지행정의 진정한 포커스로 다시 자리매김하고 있다.

〈표 7-3〉 신자유주의 이후 사회복지행정의 주요 흐름

흐름	주요 내용
보다 더 경쟁적 (more competitive)	전통적으로 사회복지기관 간의 관계는 상호 협조적이었으나 최근 들어 기금, 프로그램, 클라이언트를 놓고 기관 간의 경쟁이 강화되고 있다.
보다 많은 민영화 (more privatization)	공공 휴먼서비스기관의 운영권이 민영화 계약을 거쳐 민간기관으로 이양되고 있는 추세가 더욱 가속화될 전망이다.
보다 많은 재구조화 (more restructuring)	민영화와 정보기술 발전으로 기관 규모를 축소하거나 확대하거나 전문화하고 있으며, 기관 간의 경계가 모호해지고 있어 재구조화의 필요성이 증대하고 있다.
보다 많은 마케팅 (more marketing)	전통적 기획과 욕구사정기술의 중요성이 줄어들고 있어 기관의 서비스와 프로그램에 대한 마케팅 기술의 중요성이 커지고 있다.
보다 많은 기업경영기법 (more entrepreneurial management)	프로그램 수행 전문가보다는 새로운 정책, 프로그램, 협력, 모금 등에서 보다 창조적이고 기업가적인 자세를 가진 매니저를 원하고 있다.
보다 많은 질 관리 (more quality management)	서비스 질 관리가 중시되고 클라이언트를 대상으로 하는 서비스 만족도 조사 등 클라이언트의 피드백을 활용하는 방법이 선호된다.
결과를 보다 더 중시 (more emphasis on results)	과정보다는 산출과 결과가 더 중시되고 있는데, 전문직 교육, 훈련, 직무경험에 반영되고 있고, 직무수행의 측정, 실무적 예산수립, 계약실무가 강조된다.
보다 많은 전략적 기획 (more strategic planning)	외부 환경적 요인, 잠재적 클라이언트, 프로그램, 기관에의 영향 등을 사정하고 평가하는 데 있어서 보다 체계적인 접근을 하게 된다.
보다 많은 대변자 역할 (more advocacy)	사회가 보다 보수화되고 노령화하면서 사회적 약자를 위한 사회복지를 위해 보다 공격적인 대변자 역할이 요구되고 있다.
클라이언트를 보다 더 중시 (more emphasis on clients)	기관을 둘러싼 환경의 변화와 함께 클라이언트가 다시 사회복지행정의 중심이 되고 있다.

4. 사회복지행정의 체계

1) 운영주체

사회복지행정의 형태별 운영주체(operating authority)를 정리하면 〈표 7-4〉와 같다. 공공부문은 정부가 법에 의거 설립하고 운영한다. 정부의 산하 기관으로 상급 기관과 행정적으로 연계된 경우도 있다. 민간부문은 비영리부문과 영리부문으로 나눌 수 있으며, 비영리부문은 민간기관으로서 자체 규정이나 법에 의해 운영된다. 종교단체가 운영주체인 경우도 있다. 영리부문은 기업, 파트너십, 소유자 개인, 협회 등 법적 실체에

의해 조직되며, 자체 규정에 의거하여 운영된다.

〈표 7-4〉 휴먼서비스조직의 운영주체

유 형		운영주체
공공부문		정부가 법에 의거 설립하고 운영한다. 공공기관의 산하 기관으로 상급 기관과 행정적으로 연계된 경우도 있다.
민간 부문	비영리	민간기관으로서 자체 규정이나 법에 의해 운영되며, 자체 운영조직을 갖고 있다. 종교단체가 운영주체인 경우도 있다.
	영리	기업, 파트너십, 소유자 개인, 협회 등 법적 실체에 의해 조직되며, 자체 규정에 의거 운영된다.

출처: Gibelman(2000: 117)의 표 6.1.

사회복지행정조직은 조직의 사명(mission)에 따라 작동된다. 조직의 사명이란 조직이 존재하는 이유와 추구하는 일을 의미한다. 공공부문은 법령이나 조례 및 규정에 의해 정해진다. 중앙정부와 지방정부의 사회복지행정기관이 그러하다. 민간부문의 비영리 기관의 경우 조직의 사명은 이사회의 권한에 속한다. 사명은 기업의 경우 통상 사훈의 형태로 표시된다. 사명은 이사회의 결정에 따라 변경되기도 한다. 사명은 영리조직과 비영리조직이 현저히 다르다. 영리조직은 영리추구를 사명으로 한다. 반면에 비영리조직은 직원, 후원자, 수혜자가 공통으로 추구하는 것이 사명이 된다.

2) 거버넌스

모든 조직은 정책의 수립, 서비스의 결정, 개발지침, 사회적 책임 등을 책임지는 관리기구(governing body)를 갖고 있다. 이를 거버넌스(governance)라고 한다. 공공부문은 법령에 의해서 정해지며, 비영리기관의 거버넌스는 이사회이다. 기업의 경우 사규에 따라 정하며, 소유자 개인이 거버넌스가 될 수도 있다.

거버넌스는 일반적으로 기관의 규정에 의해 정해지며, 거버넌스의 운영절차는 다음과 같은 내용을 담고 있다(Gibelman, 2000: 118).

첫째, 이사회, 자문위원회 등 거버넌스 조직의 구조, 규모, 책임

둘째, 임원이나 위원의 선출, 교체, 임기
셋째, 공식적 회의와 전체 이사의 수
넷째, 회의의 의결정족수
다섯째, 이사회나 자문위원회가 위임하는 집행부서

거버넌스의 효과성은 거버넌스 조직구조가 잘 만들어졌다고 해서 보장되지는 않는다. 이사회의 개입이나 관심이 거버넌스의 과정과 결과에 심대한 영향을 주기도 한다. 절차가 모호한 경우도 있다. 이사 중에는 조직의 규정이나 프로그램에 대해 잘 모르는 경우도 있다.

비영리조직에서 조직의 정책을 결정하는 일은 이사회의 권능이다. 이사회가 결정하는 정책은 조직의 운영방향에 대한 틀과 지침을 제공한다. 공공기관이나 영리조직의 경우 자문위원회의 자문을 받지만 그들의 권고사항이 조직의 운영에 항상 반영되는 것은 아니다.

대부분의 조직은 조직관리를 CEO(Chief Executive Officer)에게 위임한다. 이를 운영권한의 위임(delegation of operating authority)이라고 한다. 기업의 경우 CEO는 기업의 소유자나 파트너가 맡기도 한다. CEO는 이사회가 선임한다. CEO의 임무는 조직마다 다르겠지만 대표적인 책임은 이사회와 협력 아래 기획과 정책을 개발하고, 거버넌스의 모든 회의에 참석하는 것이다. CEO는 조직의 인사관리 업무도 위임받아 처리한다. CEO의 능력과 성과는 CEO가 이사회에 제출하는 보고서로 평가된다. 사회복지기관의 CEO는 기관장이다. 사회복지기관의 기관장은 CEO로서 이사회의 임명을 받아 기관의 운영을 책임진다.

3) 하부구조

사회복지조직도 다른 조직과 마찬가지로 조직의 유지·발전을 위해 하부구조(substructure)를 갖는다. 국, 과, 계 등이 그것이다. 공식적 하부구조는 기관의 규정에 의해 조직된다. 하부구조는 수평적 차원과 수직적 차원이 있다. 수직적 차원은 상하의 위계서열에 의한 조직구조이고, 수평적 차원은 분업, 즉 업무분장에 의한 조직구조이다. 그런데 모든 조직 안에는 비공식적 하부구조가 있다. 직원 사이의 개인적 친분에 의한 자생적 소집단을 말한다. 이를 '심리사회적 하부시스템(psycho-social subsystem)'이라고 한다. 때로는 이러한 비공식적 하부구조가 전체 조직의 업무수행에 영향을 주기도 한다(Gibelman, 2000: 119).

사회복지기관에 고용된 전문직은 때로 조직의 관료제 구조와 갈등을 일으키기도 한다. 전문직의 가치와 신념이 조직의 그것과 다를 수 있기 때문이다. 예를 들어, 사회복지사와 일반 행정 관료는 일의 우선순위와 업무 스타일에서 차이가 날 수 있다. 그리고 일부 관료적 직원은 조직에의 무조건적 충성을 강조하는 데 반해 전문직은 자신이 가진 전문성을 중시한다.

4) 하이브리드 모델

공공기관과 민간기관은 운영주체, 사명, 거버넌스, 운용방식 등에서 차이가 나지만, 그 경계가 점차 모호(blurring)해지고 있다. 그 이유는 재정과 기능이 유사해지기 때문인데, 공공기관과 민간기관의 성격이 혼합된 것을 하이브리드 모델(hybrid model)이라고 한다(Gibelman, 2000: 125).

〈표 7-5〉에서 보듯이 공공기관도 민간기관도 아닌 중간 형태의 준공공기관(quasi-public agency)과 준민간기관(quasi-private agency)이 하이브리드 모델이다. 준공공기관은 Quangos라고 부르는데, 준(quasi)과 비정부조직(NGOs)의 합성어이다(1980년대부터 언론에서 사용). 정부와의 계약하에 공공 프로그램을 운영하기 시작한 준공공기관을 말한다. 비영리기관이지만 정부 자금에 전적으로 의존하기 때문에 독립성이 약하다.

〈표 7-5〉 휴먼서비스조직의 유형: 경계의 모호화

공공	준공공(quasi-public)	준민간(quasi-private)	민간
공무원의 전통적 관료조직	Quangos	민간에 의한 소유 및 운영	좌동
법적 위임	공적 자금에 전적으로 의존	이사회	이사회와 자문위원회
세금으로 운영	공공의 목적에 부합되는 사명	공공의 목적과 부합되지 않을 수도 있음	자체 강령에 규정된 사명

공공	준공공(quasi-public)	준민간(quasi-private)	민간
공적 권한을 가진 당국	법적 근거를 가진 기관(직업소개소, 지역보건소 등)	자체 강령을 가지고 있지만 정부로부터 상당한 재정지원을 받는 기관(요양원, 방문간호, 홈메이커서비스 등)	공공 부문의 지원 없이 운영, 공공 부문과 프로그램 운영계약은 가능
계약을 맺은 기관에 대표자 파견	영리, 비영리	영리, 비영리	대부분 영리, 비영리도 있음

출처: Gibelman(2000: 126)의 표 6.3.

준민간기관은 자체 강령에 따라 이사회의 권한과 책임 아래 운영되는 영리, 비영리 조직으로서 정부로부터 상당한 재정지원을 받는다. 미국의 경우 요양원, 방문간호, 홈메이커서비스 등이 여기에 속한다.

준공공기관과 준민간기관은 정부의 재정지원을 받는다는 점에서 같다. 그러나 준공공기관은 공적 자금에 전적으로 의존하는 반면에 준민간기관은 일부를 지원받는다는 점에서 다르다. 그리고 준공공기관은 원래의 공공기관이 민영화된 것이라면, 준민간기관은 원래부터 민간기관으로서 정부의 재정적 지원에 크게 의존하는 조직이다.

이처럼 공공기관과 민간기관의 경계가 모호해진 이유는 비정부기관에 대한 선호(nongovernment preferences)와 정부의 서비스 구매(purchase of services)에서 찾을 수 있다. 비정부기관의 선호란 정부가 제공하는 서비스보다는 민간이 제공하는 서비스를 더 선호하는 것을 말한다. 이는 민영화와 깊은 관계가 있다. 주지하듯이 1970년대 중반 이후 민영화는 경제부문뿐만 아니라 휴먼서비스 부문에서도 대세가 되었다. 민영화는 정부의 규모와 권한의 축소를 선호하는 정치적 이데올로기의 한 부분을 이룬다. 이러한 이데올로기는 정부에 대한 반감과 민간부문에 대한 선호를 포함한다. 그리고 이는 공공사회복지기관에 대한 거부감으로 이어졌고, 클라이언트에 대한 관료적 규칙의 적용, 공공 부문 내부의 반전문가주의(anti-professionalism), 이용자 비친화적 시스템(user-unfriendly system)에 대한 반감으로 나타났다. 그 결과가 민영화였다(Gibelman, 2000: 126).

정부의 서비스 구매란 중앙정부와 지방정부가 비영리기관으로부터 서비스를 구매하는 것을 말한다. 정부가 서비스 제공자에서 구매자로 그 지위가 변하게 된 것이다. 서비스 구매자로서 정부는 민간비영리기관과의 계약을 맺어 이들로 하여금 서비스를 제공케 하고 그 대가로 비용을 지불한다. 이를 프로그램 민영화라고 한다. 그리하여 비영리기관에 대한 정부보조금이 비약적으로 증가하여 정부보조금이 비영리휴먼서비스 기관 재정수입의 상당 부분을 차지하게 되었다.[5]

정부 지원이 이처럼 크게 증가하자 이들 비영리기관의 프로그램이 다양해지고 수준이 향상되었으며, 정부를 상대로 벌이는 계약협상기술과 재무관리기법도 비약적으로 발전하였다. 그러나 비영리민간기관의 정부 재정의존도가 커짐에 따라 그 독립성이 약해지는 부작용도 나타났다.

그리고 서비스 구매자로서 정부는 서비스의 결과(효과)와 전달과정에서의 문제점에 대한 감시 · 감독과 법적 규제를 강화했다. 이는 비용을 지불하는 자의 당연한 의무일 것이다. 간혹 서비스 제공자인 영리기관이 불법을 저지르는 경우도 발생하는데, 정부가 위임하는 프로그램의 사명이 공익에 있는 반면에 서비스 제공 기관의 사명은 영리에 있기 때문이다.

영리기관과 비영리기관의 경계가 더욱 모호해지는 현 상황에서 정부의 역할이 중요해지고 있다. 비영리기관의 공공친화적 강령이 유지될 수 있도록 적절히 지원하고, 영리기관이 지나친 영리추구를 하지 못하도록 적절히 규제하는 것이 정부의 몫일 것이다 (Gibelman, 2000: 128–129).

5) 정부의 직접 서비스 제공자 역할이 감소되고 영리기관과 비영리기관 간의 경쟁이 심한 곳이 직업훈련분야와 비영리 병원 부문이다. 그리고 비영리기관에서 영리기관으로의 변환(conversion)도 활발한데, 보건의료 분야, 특히 병원, 요양원, 건강관리산업 부문이 그렇다.

제4절 사회복지법제

현대의 사회복지는 인간다운 삶을 보장받을 권리를 근간으로 한다. 그러나 현대는 법에 기초한 사회이기 때문에, 이러한 권리도 법적 근거가 마련되어 있지 않으면 실현되기 어렵다. 사회복지법제는 '사회복지와 법이 만나는 영역'이며, '사회복지를 규율하는 법'이라고 할 수 있다. 따라서 사회복지 전문직은 전문직의 기초 지식으로서 사회복지법을 습득하여야 하고, 사회복지법을 통하여 사회복지를 실천할 수 있도록 하여야 한다. 본 절에서는 사회복지법제의 의의를 사회복지법의 개념과 구성요소로 나누어 살펴보고, 사회복지법 체계를 살펴보고자 한다.

1. 사회복지법제의 개념과 구성요소

1) 사회복지법의 개념

사회복지법제는 '사회복지에 관한 법체계'를 의미한다. 따라서 사회복지법제를 이해하기 위해서는 사회복지에 관한 법인 사회복지법의 개념을 먼저 알아야 한다. 사회복지법이란 용어는 '사회복지'와 '법'의 합성어이다. 즉, 사회복지법은 법으로서의 일반적인 성격과 틀을 지니고 있으되, 내용은 사회복지를 다루는 법이라고 할 수 있다.

사회복지란 '만족스럽고 안락한 삶을 누리기 위한 사회구성원들의 집합적 노력'을 의미하며, 법은 '인간의 행위를 규율하는 규범'이라고 할 수 있다. 따라서 사회복지법은 '만족스럽고, 안락한 삶을 누리기 위한 사회구성원들의 노력에 관한 행위규범'이다.

우리나라의 「사회보장기본법」은 사회보장을 '질병 · 장애 · 노령 · 실업 · 사망 등의 사회적 위험으로부터 모든 국민을 보호하고 빈곤을 해소하며 국민생활의 질을 향상시키기 위하여 제공되는 사회보험, 공공부조, 사회복지서비스 및 관련 복지제도'라고 정의하고 있다(제3조 제1호). 즉, 「사회보장기본법」에서는 사회보장과 사회복지를 동일한 개념으로 보고 있으며, 사회보장의 구체적 내용까지 규정하고 있다.

2) 사회복지법의 구성요소

사회복지법의 구성요소는 법의 행위 주체, 적용대상, 개입하려는 사회적 위험, 목적, 개입방법 등으로 구분할 수 있다(김훈, 2004: 67-70).

(1) 행위 주체

사회복지법의 행위 주체는 국민의 인간다운 생활을 보장하는 사회복지를 제공하는 주체를 말한다. 이런 의미의 행위 주체는 국가와 민간으로, 전 국민이다. 오늘날 모든 국가들이 복지국가를 표방하는 것처럼 사회복지의 실현에서 국가의 책임은 매우 막대하다. 그러나 실제로 국민의 복지실현은 국가의 단독 능력으로는 가능하지 않다. 오히려 민간의 다양한 참여에 의해서 사회복지는 보다 효과적으로 달성될 수 있다. 그러므로 사회복지실현에는 국가와 민간이 함께 하며, 사회복지의 역할도 공공부문과 민간부문으로 구별된다. 이 두 부문의 역할을 구별한다면, 국가는 예방적, 제도적, 재정적 역할을 하고, 민간은 자발적, 전문적, 개입적 역할을 한다. 국가는 국민의 복지실현을 위한 정책을 세우고, 법제도를 만들며, 필요한 재정적 지원을 제공하는 책임을 갖는다. 민간은 시설이나 기관의 운영이나 심리 · 사회적 개입 등 전문적 실천의 역할을 하는데, 이는 국가의 위임을 받아 주로 사회복지의 법제 내에서 이루어진다.

(2) 적용대상

사회복지의 대상은 협의로는 보호를 필요로 하는 대상자들(the rest)이며, 광의로는 전 국민이다. 보호를 필요로 하는 대상자는 연령, 건강, 소득, 장애 등으로 인한 생활상의 문제를 지니고 있어, 국가나 사회의 도움이 필요한 사람들이다. 이들은 도움이 없으면 자본주의 사회에서 독자적인 삶을 영위할 수 없는 사람들이다. 이들을 위한 사회복지법의 영역은 국민기초생활보장이나 사회복지서비스 등이다. 한편 미래의 사회적 위험에 처할 가능성이 있는 일반 국민도 사회복지의 대상이다. 여기에는 국민연금, 건강보험, 산재보험, 고용보험, 장기요양보험 등 사회보험과 일반적인 사회복지서비스가 포함된다.

(3) 사회적 위험

사회복지법이 개입하려는 사회적 위험은 빈곤, 노령, 질병, 장애, 산재, 실업, 정신질환 등 인간다운 삶을 저해하는 모든 위험이 해당된다. 또한 사회복지가 개입하려는 문제들은 시대환경에 따라 변화하기도 한다. 과거에는 빈곤, 질병, 장애 등이 주요한 개입의 대상이었다면, 최근에는 노령, 가정폭력, 마약, 학대 등이 추가되고 있다. 법은 사회현상을 반영하는 것이기 때문에, 사회현상이 변화하면서 사회복지법도 사회의 새로운 현상을 반영하고 있다.

(4) 목적

사회복지법의 목적은 인간다운 생활, 즉 생존권의 보장이다. 사회복지법은 생존권을 중심으로 발달하여 왔고, 사회법의 영역에서 노동법, 경제법, 「사회보장법」, 사회복지서비스법 등의 형태로 발달하여 왔다. 이러한 법들은 그 법이 정한 대상자의 생존권 보장이 그 내용의 핵심이다. 시민사회에서 보장되는 법적권리는 자유권과 참정권이 핵심이었으나, 자본주의가 발달하고 산업화가 진행되면서, 산업사회의 다수를 차지하는 임금노동계층의 인간다운 생활이 보장되어야 한다는 관점에서, 노동법을 중심으로 한 사회법이 발달하였다. 사회법이 보호하는 권리가 사회권, 즉 생존권이다. 이 사회권은 독일 「바이마르 헌법」에서 최초로 규정된 이래 현대사회의 모든 국가에서 인정하는 권리다.

(5) 개입방법

사회복지법의 개입방법은 사회문제로 인한 욕구의 결핍에서 출발한다. 인간의 욕구는 다양하지만, 기본적으로 물질적 욕구와 비물질적 욕구로 구별된다. 물질적 욕구는 소득지원에 의해서 해결될 수 있다. 그러나 비물질적 욕구는 비금전적이며 심리 · 사회적이며 의존적 성격을 갖고 있기 때문에 해결이 쉽지 않다. 사회복지법의 개입방법은 다양한 접근을 동원하고 있다. 즉, 소득의 차원에서는 물질적 접근과 비물질적 접근, 개입대상에 따라서는 아동, 노인, 장애인 등의 접근이 있으며, 서비스의 직접성에 따라서는 직접적 서비스, 간접적 서비스, 지원적 서비스 등이 있다.

2. 생존권의 개념과 헌법 규정

1) 생존권의 개념과 특색

1919년 세계 최초로 독일의 「바이마르공화국 헌법」에서 생존권이 「헌법」상의 기본권으로 규정되었다. 생존권은 자유권을 기초로 한 자본주의사회에서 임금 외의 생산수단을 갖지 못한 노동자 계층의 생존을 보장하는 사회권으로서, 노동자 계층의 요구와 투쟁에 의해 획득된 권리이다.

우리나라 「헌법」 제34조 제1항에서도 "모든 국민은 인간다운 생활을 할 권리를 가진다."고 규정함으로써, 생존권 보장의 원칙을 밝히고 있다. 생존권은 인간다운 생활을 위하여 필요한 여러 가지 조건이 국가권력의 적극적인 관여에 의해 확보될 것을 요청할 수 있는 권리이다. 즉, 생존권이란 국민이 최저생활의 유지를 위하여 필요한 제반조건의 확보를 국가에 대하여 요구할 수 있는 권리이다.

인간다운 생활의 보장을 국가의 의무로 하는 생존권은 다음과 같은 세 가지 특색을 지니고 있다(장동일, 1996: 29-30).

첫째, 생존권은 사회적 약자에 대한 국가의 은혜가 아니라 사회에서 생활해 나가는 자의 당연한 권리이다.

둘째, 생존권은 단지 살아간다는 정도가 아니라 문화적 생활에 상응하는 정도의 것이어야 한다.

셋째, 생존권은 소득보장, 의료보장뿐만 아니라 대인 사회적 서비스를 통한 사회복지서비스 보장까지 포함하는 것이어야 한다.

2) 생존권과 헌법규정

헌법상의 생존권은 헌법 전문, 헌법 제10조, 헌법 제31조~36조, 헌법 제119조에 명시적으로 규정되어 있다.

(1) 헌법 전문

우리나라 「헌법」 전문에는 "…… 정치, 경제, 사회, 문화의 모든 영역에 있어서 각인의 기회를 균등히 하고 능력을 최고도로 발휘하게 하며…… 자유와 권리에 따르는 책임과 의무를 완수하게 하여 안으로는 국민생활의 균등한 향상을 기하고……"라고 규정함으로써, 국민 각자가 정치, 경제, 사회, 문화 등 모든 부문에서 능력을 충분히 발휘할 수 있도록 생존권 확보를 위하여 주민 각자가 책임과 의무를 다할 것을 요구하고 있으며 국민생활의 균등한 향상을 기한다고 선언하여 생존권의 전체적인 방향을 제시하고 있다.

(2) 헌법 제10조

「헌법」 제10조에서 "모든 인간은 인간으로서의 존엄과 가치를 가지며 행복을 추구할 권리를 가진다. 국가는 개인이 가지는 불가침의 기본적 인권을 확인하고 이를 보장할 의무를 가진다"고 규정하여 기본권보장의 대원칙을 선언하고 있다. 즉, 인간의 존엄성과 행복추구권에 대한 국민과 국가의 권리, 의무관계를 밝히고 있다.

(3) 헌법 제31조

「헌법」 제31조는 제1항에서 "모든 국민은 능력에 따라 균등하게 교육을 받을 권리를 가지고 있다"고 규정하고 있다. 「헌법」에서 교육을 받을 권리를 중시하는 이유는 교육권이 기본적 인권을 확보하는 데 있어서 가장 중요한 기본권 중의 하나가 된다는 점과 생존권을 보장하기 위한 기회의 평등이 교육을 받을 권리로부터 구현될 수 있기 때문이다.

(4) 헌법 제32조 및 33조

「헌법」 제32조 제1항은 "모든 국민은 근로의 권리를 가진다. 국가는 사회적 · 경제적 방법으로 근로자의 고용의 증진과 적정임금의 보장에 노력하여야 하며, 법률이 정하는 바에 의하여 최저임금제를 시행하여야 한다"고 규정하고 있고 「헌법」 제33조 제1항에서는 "근로자는 근로조건의 향상을 위하여 자주적인 단결권, 단체교섭권 및 단체행동권을 가진다"고 규정되어 있다.

이상과 같이 「헌법」에서 근로의 권리와 노동 3권을 규정하고 있는 이유는 모든 국민이 그 자신과 가족을 부양하기 위해서 필요한 소득을 스스로의 노력에 의해서 해결할 수 있도록 노동의 기회와 노동 능력을 향상시켜 줌으로써 근로자의 생존권을 보장하기 위한 것이다.

(5) 헌법 제34조

「헌법」 제34조 제1항에서는 "모든 국민은 인간다운 생활을 할 권리를 가진다"고 규정하여 국민의 기본권으로서 생존권 보장의 원칙을 밝히고 있다. 여기서 인간다운 생활의 권리란 모든 국민이 건강하고 문화적인 최저생활을 국가에 대하여 요구할 수 있는 권리를 의미한다. 제2항에서는 "국가는 사회보장 · 사회복지의 증진에 노력할 의무를 진다"고 규정하고 있는데 사회보장 · 사회복지는 국민의 생활보장을 목적으로 하는 국가의 종합적인 시책이다. 이에 관한 법률로 「사회보장기본법」, 「사회보험관련법」, 「국민기초생활보장법」, 「사회복지사업법」 등 다양한 형태가 있다.

「헌법」 제34조 제3항~제6항은 여자, 노인, 청소년, 장애자, 빈곤자 및 재해자의 특별한 보호를 규정하고 있다. 즉, 제3항에서 "국가는 여자의 복지와 권익의 향상을 위하여 노력하여야 한다"고 규정하고, 제4항에서 "국가는 노인과 청소년의 복지향상을 위한 정책을 실시할 의무를 진다"고 규정하고 있으며 제5항에서 "신체장애자 및 질병 · 노령 기타의 사유로 생활능력이 없는 국민은 법률이 정하는 바에 의하여 국가의 보호를 받는다"고 규정하고 있다. 또한 제6항에서 "국가는 재해를 예방하고 그 위험으로부터 국민을 보호하기 위하여 노력하여야 한다"고 규정하고 있다. 이와 같이 「헌법」이 생존권을 구체적으로 규정하고 있는데 일반적으로 생활 미자립자는 생활능력이 미흡하거나 상실한 사람들이며 이러한 특성은 여성, 노인, 청소년, 장애인, 빈곤자, 재해자에게 주로 나타나기 때문에 국가에서 이들의 보호에 특별히 관심을 보이도록 한 것이다(김훈, 2004: 83).

이들의 보호를 위한 법으로는 「국민기초생활보장법」, 「사회복지사업법」, 「아동복지법」, 「노인복지법」, 「장애인복지법」, 「모 · 부자복지법」, 「재해구호법」 등 다양하다.

(6) 헌법 제35조

「헌법」 제35조 제1항에서는 "모든 국민은 건강하고 쾌적한 환경에서 생활할 권리를 가지며 국가와 국민은 환경보전을 위하여 노력하여야 한다"고 규정함으로써 환경권을 생존권의 한 분야로 천명하고 있다.

(7) 헌법 제36조

「헌법」 제36조 제1항에서 "혼인과 가족생활은 개인의 존엄과 양성의 평등을 기초로 성립되고 유지되어야 하며 국가는 이를 보장한다"고 규정함으로써 국가에 의한 개인의 존엄과 양성 평등에 기초한 혼인과 가족생활의 보장이 생존권임을 천명하고 있다.

(8) 헌법 제119조

「헌법」 제119조 제2항에서 "국가는 균형 있는 국민경제의 성장 및 안정과 적정한 소득의 분배를 유지하고, 시장의 지배와 경제력의 남용을 방지하며, 경제 주체 간의 조화를 통한 경제의 민주화를 위하여 경제에 관한 규제와 조정을 할 수 있다"고 규정하고 있는데 이와 같이 소득분배 및 경제 민주화와 관련하여 국가와 경제에 관한 규제와 조정을 함으로써 국민의 생존권을 보장할 수 있음을 밝히고 있다.

3. 사회보장기본법

우리나라에서 최초의 사회보장에 관한 기본적 성격을 띤 법률은 1963년에 제정된 「사회보장법에 관한 법률」이다. 그러나 이 법은 사회보장을 사회보험에 의한 제 급여와 무상으로 행하는 공적 부조로 제한하였고 전문 7개조에 불과한 상징적 의미의 법에 불과하였으며, 사회보장에 관한 기본법으로서의 기능을 수행할 수가 없었다. 이리하여 1995년 12월 30일에는 기존의 「사회보장에 관한 법률」을 폐지하고 법률 제5134호로 「사회보장기본법」을 제정하였다.

1) 총칙

(1) 사회보장기본법의 목적 및 이념

「사회보장기본법」은 사회보장에 관한 국민의 권리와 국가 및 지방자치단체의 책임을 정하고 사회보장제도에 관한 기본적인 사항을 규정함으로써 국민의 복지증진에 기여함을 목적으로 한다(제1조).

또한 「사회보장기본법」은 모든 국민이 인간다운 생활을 할 수 있도록 최저제도와 여건을 조성하여 그 시행에 있어 형평과 효율의 조화를 기함으로써 복지사회를 실현하는 것을 기본 이념으로 한다(제2조).

(2) 용어의 정의(제3조)

① **사회보장**

질병 · 장애 · 노령 · 실업 · 사망 등의 사회적 위험으로부터 모든 국민을 보호하고 빈곤을 해소하며 국민생활의 질을 향상시키기 위하여 제공되는 사회보험 · 공공부조 · 사회복지서비스 및 관련 복지제도를 말한다.

② **사회보험**

국민에게 발생하는 사회적 위험을 보험방식에 의하여 대처함으로써 국민생활과 소득을 보장하는 제도를 말한다.

③ **공공부조**

국가 및 지방자치단체의 책임하에 생활유지능력이 없거나 생활이 어려운 국민의 최저생활을 보장하고 자립을 지원하는 제도를 말한다.

④ **사회복지서비스**

국가 · 지방자치단체 및 민간부문의 도움을 필요로 하는 모든 국민에게 상담 · 재활 · 직업소개 및 지도 · 사회복지시설 이용 등을 제공하여 정상적인 사회생활이 가능하도록 지원하는 제도를 말한다.

⑤ **관련 복지제도**

보건 · 주거 · 고용 등의 분야에서 인간다운 생활이 보장될 수 있도록 지원하는 각종 복지제도를 말한다.

이상과 같이 「사회보장기본법」에서 사회보장의 정의는 과거와는 달리 공공부조 · 사회복지서비스 및 관련 복지제도를 포함함으로써 광의의 의미로 규정되고 있다.

(3) 사회보장의 책임과 외국인에의 적용

국가 및 지방자치단체는 국가발전의 수준에 부응하는 사회복장제도를 확립하고 매년 이에 필요한 재원을 조달하여야 하고(제5조), 가정이 건전하게 유지되고 그 기능이 향상되도록 노력하여야 하며(제6조 제1항), 사회복장제도를 시행함에 있어 가정과 지역공동체의 자발적 복지활동을 촉진하여야 한다(제6조 제2항)고 규정하고 있다. 다른 한편 모든 국민은 자신의 능력을 최대한 발휘하여 자립 · 자활할 수 있도록 노력하고 국가의 사회보장정책에 협력하여야 한다고(제7조) 국민의 책임을 규정하고 있다. 또한 국내에 거주하는 외국인에 대한 사회보장제도의 적용은 상호주의의 원칙에 의하되, 관계 법령에 정하는 바에 따른다(제8조).

2) 사회보장 수급권

(1) 사회보장을 받을 권리

모든 국민은 사회보장에 관한 관계법령이 정하는 바에 의하여 사회보장의 급여를 받을 권리를 가진다(제9조). 사회보장 수급권은 사회보험 수급권, 공공부조 수급권, 사회복지서비스 수급권, 관련복지제도 수급권으로 구분된다.

(2) 사회보장급여의 수준

국가는 모든 국민이 건강하고 문화적인 생활을 유지할 수 있도록 사회보장급여 수준의 향상에 노력하여야 한다(제10조 제1항). 또한 국가는 관계법령이 정하는 바에 의하여 최저생계비를 매년 공표하여야 한다(제10조 제2항). 국가 또는 지방자치단체는 최저생계비와 최저임금법에 의한 최저임금을 참작하여 사회보장급여의 수준을 결정하여야 한다(제10조 제3항).

(3) 사회보장급여의 신청

사회보장의 급여를 받고자 하는 자는 관계법령이 정하는 바에 의하여 국가 또는 지방자치단체에 신청하여야 한다(제11조 제1항)고 규정하여 기본적으로 신청주의를 채택하고 있다. 그리고 사회보장의 급여를 신청하는 자가 다른 기관에 신청하는 경우에는 당해 기관은 지체 없이 이를 정당한 권한이 있는 기관에 이송하여야 한다. 이 경우 사회보장급여의 신청은 정당한 권한이 있는 기관에 이송된 날에 신청된 것으로 본다(제11조 제2항).

(4) 사회보장수급권의 보호와 제한 등

사회보장수급권은 관계법령이 정하는 바에 따라 타인에게 양도하거나 담보로 제공할 수 없으며 이를 압류할 수 없다(제12조). 또한 사회보장수급권은 제한되거나 정지될 수 없다. 다만 관계법령이 따로 정하고 있는 경우에는 그러하지 아니하다(제13조 제1항). 그러나 사회보장수급권이 제한 또는 정지되는 경우에는 그 제한 또는 정지의 목적에 필요한 최소한에 그쳐야 한다(제13조 제2항).

(5) 사회보장수급권의 표기

사회보장수급권은 정당한 권한이 있는 기관에 서면으로 통지하여 이를 포기할 수 있다(제14조 제1항). 그러나 사회보장수급권의 표기는 이를 최소할 수 있다(제14조 제1항). 그러나 사회보장수급권의 표기는 이를 최소할 수 있다(제14조 제2항). 한편 사회보장수급권의 포기가 타인에게 피해를 주거나 사회보장에 관한 관계법령에 위반되는 경우에는 포기할 수 없다(제14조 제3항).

(6) 불법행위에 대한 구성

제3장의 불법행위에 의하여 피해를 입은 국민이 그로 인하여 사회보장수급권을 가지게 된 경우 사회보장제도를 운영하는 자는 불법행위의 책임이 있는 자에 대하여 관계법령이 정하는 바에 의하여 구상권을 행사할 수 있다(제15조).

4. 사회복지법의 체계

우리나라 사회복지에 관한 법체계는 「헌법」을 정점으로 하여, 법률, 시행령, 시행규칙의 순서로 체계화되어 있으며, 지방자치단체의 조례, 규칙 등이 이를 보완하여 시행되고 있다.

법률은 「헌법」 다음의 규범으로서 국회에서 의원입법 제안이나 행정부에서 법안을 제출하여 국회의 의결을 거쳐 만들어진다. 법률이 실효성을 갖기 위해서는 그에 따른 시행령과 시행규칙을 필요로 한다. 시행령은 대통령의 명령으로서 법률에서 구체적인 범위를 정하여 위임받은 사항과 법률을 집행하기 위하여 필요한 사항을 정한다. 시행규칙이란 국무총리나 행정 각부의 장이 대통령령의 위임에 의한 위임명령이나 직권에 의한 직권명령을 제정하는 규범이다.

법률과 시행령, 시행규칙은 중앙정부가 제정하는 반면 조례와 규칙은 지방자치단체가 정하는 규범이다. 이것은 「헌법」이 정한 지방자체단체의 자치입법권(헌법 제 117조)에 따라 지방의회가 정하는 조례와 지방자치단체장이 법령과 조례의 범위 안에서 정하는 규칙이 있다(장인협 · 이혜경 · 오정수, 1999: 184).

우리나라에서 사회복지 전반에 관한 기본적인 사항을 규정한 법인 「사회보장기본법」에 따라 사회복지법 체계를 분류하면 〈표 7-6〉과 같다.

〈표 7-6〉 **사회복지법의 체계**

사회복지법 (사회보장기본법에 따른 분류)	사회보험법	국민연금법 공무원연금법 사립학교 교원연금법 군인연금법 국민건강보험법 산업재해보상보험법 고용보험법
	공공부조법	국민기초생활보장법 의료급여법 재해구호법
	사회서비스법	사회복지사업법 아동복지법 노인복지법 장애인복지법 모 · 부자복지법 영유아복지법 정신보건법 윤락행의 등 방지법 사회복지공동모금회법 입양촉진 및 절차에 관한 특별법 성매매방지 및 피해자보호 등에 관한 법률 성폭력범죄의 처벌 및 피해자 보호 등에 관한 법률 가정폭력방지 및 피해자 보호 등에 관한 법률 장애인 · 노인 · 임산부 등의 요건의 증진에 관한 법률

		일제하 일본군 위안부 피해자에 대한 생활안정 지원 및 자립 사업 등에 관한 법률 농어촌 주민의 보건복지증진을 위한 특별법
	복지관련법	기타 공중위생과 연관된 법, 주택관련법, 노동 및 고용과 연관된 법, 재활과 연관된 법, 환경과 관련된 법 등 다수

8 사회복지학의 대상별 접근

Introduction to Social Welfare

학습개요와 목표

사회복지학의 대상별 접근은 사회복지의 대상자를 성숙단계나 특성별로 분류하여 접근하는 방법이다. 인간의 성숙단계는 태아기부터 노년기까지 9단계로 나눌 수 있으나, 이 장에서는 특히 사회복지의 관심이 되는 아동, 청소년, 노인에 한정하고, 대상자의 특성도 여성과 장애인에 한정하여 다루고자 한다.

8장은 사회복지학의 대상별 접근에 해당하는 과목으로, 아동을 대상으로 하는 아동복지(아동복지론), 청소년을 대상으로 하는 청소년복지(청소년복지론), 여성을 대상으로 하는 여성복지(여성복지론), 노인을 대상으로 하는 노인복지(노인복지론), 장애인을 대상으로 하는 장애인복지(장애인복지론)로 구성된다.

이 장의 학습목표는 다음과 같다.

- 아동복지의 개념과 필요성을 알아보고 아동복지서비스의 유형에는 무엇이 있는지를 살펴본다.
- 청소년의 정의와 특징을 알아보고, 청소년복지의 원칙, 필요성, 현황 등에 대하여 알아본다.
- 여성의 지위와 성불평등에 대해서 알아보고, 이를 해소하기 위한 여성복지의 내용을 분석해 본다.
- 노인이 직면하고 있는 문제와 이를 해결하기 위한 노인복지에 대해서 알아본다.
- 장애에 대한 인식 변화와 국제장애분류를 알아보고, 장애인복지의 내용을 분석해 본다.

제1절 아동복지

아동복지는 아동의 욕구를 충족시키고, 문제해결을 위한 자원 및 서비스를 제공함으로써 아동이 건강하게 성장 · 양육될 수 있도록 하는 사회복지 활동이다. 오늘날 아동복지는 아동을 보호하고 아동의 욕구를 해결하는 것을 넘어, 가족의 기능을 강화하고 가족을 위한 건강한 환경을 조성하는 것을 강조한다.

1. 아동복지의 개념

아동복지(child welfare)는 사회복지의 전통적 분야이다. 아동복지의 기본 목적은, ① 아동의 정서적 욕구와 행동 · 건강상의 욕구를 충족시키고, ② 빈곤이나 불충분한 보건의료와 같은 외부의 문제를 해결하기 위해 필요한 자원을 제공함으로써, 아동이 건강하고 문제없는 사회적 환경 속에서 성장 · 양육될 수 있도록 돕고, ③ 가족의 역량을 강화시켜 부모가 효과적으로 자녀를 양육 · 보호할 수 있게 만들고, ④ 가족성원 상호 간의 역동성, 의사소통, 실질적 학대 및 갈등 등을 포함한 가족 내부의 조건들을 개선하고, ⑤ 여러 가지 형태의 방임과 학대로부터 아동을 보호하고, ⑥ 필요한 경우 입양이나 후견인의 선정 등을 통해 항구적 가족생활 조건을 만들어 주는 데 있다.

아동복지는 두 개의 모델이 있다. 하나는 경제적 복지모델로서, 아동빈곤을 예방하고 대처하는 것이다. 다른 하나는 사회적 보호모델로서, 학대와 방임으로부터 가족구성원을 보호하는 것이다. 경제적 복지모델은 인간의 기본적 욕구를 충족시키는 자원을 배분하는 것이 목적인데, 이 경우 사회복지사는 가족과 아동이 사회복지서비스를 잘 받도록 돕는 것이 중요하다. 특히 사회복지사는 클라이언트의 사회복지 수급 자격여부를 잘 점검해야 한다. 사회적 보호모델은 가족의 자체적 보호기능을 가장 중시한다. 가족에게 가족구성원의 보호, 교육, 사회화 욕구를 충족시키는 책임이 있음을 주지시키고, 사회는 가족이 적절히 기능하도록 가족정책 등으로 지원한다. 가족 간의 폭력을 방지하는 것도 중시한다.

오늘날 아동복지는 아동을 보호하고 아동의 욕구를 해결하는 것을 넘어 가족의 기능을 강화하고 가족을 위한 건강한 환경을 조성하는 것을 강조한다. 아동이 성장하는 환경으로서 가족이 대단히 중요하다고 인식했기 때문이다. 그에 따라 아동의 복지를 위한 가족복지 또는 아동복지와 가족복지의 통합이 모색되었다. 과거 사회복지학의 주요 학술지의 하나였던 『아동복지(child welfare)』가 『현대사회와 가족(families in society)』으로 바뀐 것이 이러한 추세를 잘 반영하였다(Kirst-Ashman, 2003: 232-233).

2. 아동복지의 필요성

경제적 · 정서적으로 문제가 없는 부모가 자신의 자녀를 가정에서 양육하고 학교에 보내 교육시키는 것이 아동에게는 최선의 환경이다. 그러나 다음과 같은 이유로 아동복지가 필요한 가정이나 자녀가 있다(Popple & Leighninger, 2002: 318-320).

첫째, 부모역할의 결손(parental role unoccupied)이다. 한부모가정이라고 해서 모두 자녀 양육과 교육에 문제가 있는 것은 아니다. 그러나 부모 중 한 명 또는 부모 모두 없을 경우 자녀 양육과 교육에 상당한 문제가 발생한다.

둘째, 부모의 무능력(parental incapacity)이다. 부모가 수행해야 할 역할은 많다. 그러나 신체적 · 정신적 · 정서적 결함 또는 지식과 훈련의 결여로 부모역할을 제대로 수행할 수 없는 경우가 있다. 이러한 부모의 무능력은 자녀를 위험에 빠트린다.

셋째, 역할 거부(role rejection)이다. 배우자 중 하나가 자녀를 원하지 않거나 의식적 · 무의식적으로 부모역할을 거부하면 부모역할 수행에 실패하게 된다.

넷째, 역할 내 갈등(intra-role conflict)이다. 부부가 남편과 아내 역할을 놓고 갈등에 빠질 수가 있다. 맞벌이 부부 사이에서 역할 내 갈등이 발생할 확률이 높다. 부부 갈등은 자녀의 복지를 위협한다.

다섯째, 역할 간 갈등(inter-role conflict)이다. 부모역할과 책임에 대한 사회적 갈등을 말한다. 예를 들어, 맞벌이 부부가 자녀 양육과 교육을 어디까지 책임져야 하는가를 놓고 사회적 갈등이 일어날 수 있다. 부모가 자신의 역할과 책임을 외면하고, 사회적 개입이나 원조를 기대하면 자녀가 위험에 처할 수 있다.

여섯째, 자녀의 무능력과 장애(child incapacity and/or disability)이다. 신체적 · 정신적 ·

정서적 문제가 있는 자녀를 둔 부모는 자녀양육과 교육에 예외적인 부담을 갖는다. 유능한 부모라도 힘들어 한다.

일곱째, 지역사회 자원의 결여(deficiency of community resources)이다. 자녀 양육에 필요한 지역사회 자원이 부족해도 부모는 자신의 역할 수행에 애로를 겪게 된다. 예를 들어, 부모가 생계를 위해 일을 해야 하는데, 자녀를 안심하고 맡길 보육시설이 지역사회에 없으면, 일을 포기하거나 아니면 자녀를 집에 보호자 없이 방치한 채 일하러 가야만 한다.

〈표 8-1〉 아동복지의 필요성

부모역할의 결손	부모 중 한 명 또는 부모 모두 없을 경우 자녀 양육과 교육에 문제가 발생한다.
부모 무능력	신체적 · 정신적 · 정서적 결함 또는 지식과 훈련의 결여로 부모역할을 제대로 수행할 수 없으면 자녀를 위험에 빠트린다.
역할 거부	배우자 중 하나가 자녀를 원하지 않거나 의식적 · 무의식적으로 부모역할을 거부하면 부모역할 수행에 실패하게 된다.
역할 내 갈등	부부가 남편과 아내 역할을 놓고 갈등에 빠질 수가 있다. 맞벌이 부부 사이에서 발생할 확률이 높다.
역할 간 갈등	부모역할과 책임에 대한 사회적 갈등으로 자녀 양육과 교육의 책임에 대한 논쟁이 발생한다.
자녀의 무능력과 장애	신체적 · 정신적 · 정서적 문제가 있는 자녀를 둔 부모는 능력이 있다 하더라도 자녀 양육과 교육에 큰 부담을 갖는다.
지역사회 자원의 결여	자녀 양육에 필요한 지역사회 자원이 부족해도 부모는 자신의 역할을 제대로 수행할 수 없게 된다.

3. 아동복지서비스의 유형

아동복지서비스는 아동지원서비스(child supportive services), 아동대체서비스(child substitute services), 아동보호서비스(child protective services)로 나뉜다.

아동지원서비스란 부모와 아동이 자신의 지위에 맞는 책임을 완수하도록 그들의 능력을 지원하고 강화시키는 것이다. 즉, 가족 외부에서 가족의 기능을 강화시켜 주는 서비스가 지원서비스인 것이다. 기본적인 재정적 · 경제적 지원, 가족치료, 상담, 집단치료와 같은 정신보건치료, 집중적 가족유지서비스(intensive family preservation services), 데이케어서비스, 가족생활교육(family life education) 등이 여기에 속한다.

아동대체서비스는 아동의 가족을 대체해 주는 서비스로서, 일시적 또는 항구적으로 부모의 모든 역할을 대신해 주는 것이다. 집중적 가족유지서비스로는 해결이 안 되는 결함을 가진 가족의 아동이 대상이 된다. 친척보호(kinship care), 위탁가정보호(foster family care), 그룹홈, 치료센터, 독립생활시설(independent living arrangements)과 같은 생활시설, 입양이 여기에 포함된다.

아동보호서비스는 위기에 빠진 아동(the child at risk)을 보호하는 데 목적을 둔 개입방법이다. 위기에 빠진 아동이란 학대 또는 방임된 상태에 있는 아동을 말한다. 이 경우 아동보호서비스기관은 아동학대나 방임에 관해 조사해 보고서를 작성하고, 위기가 아동에게 어느 정도 해를 끼치고 있는지를 사정하며, 아동을 어느 곳에서 보호하는 것이 가장 적절한지를 결정하고, 가족이나 청소년법원과 긴밀하게 협력하여 아동의 안전과 복지를 위한 계획을 수립한다(Kirst-Ashman, 2003: 233-239).

〈표 8-2〉 아동복지서비스의 유형

유 형	내 용
아동지원서비스	가족 외부에서 가족의 기능을 강화시켜 주는 서비스. 기본적인 재정적 · 경제적 지원, 가족치료, 상담, 집단치료와 같은 정신치료, 집중적 가족유지서비스, 데이케어서비스, 가족생활교육
아동대체서비스	일시적 또는 항구적으로 부모의 모든 역할을 대신해 주는 서비스. 친척보호, 위탁가정보호, 생활시설(그룹홈, 치료센터, 독립생활시설), 입양
아동보호서비스	학대아동, 방임아동과 같은 위기에 빠진 아동을 보호하는 서비스

4. 아동복지서비스의 현황

1) 아동복지시설

우리나라의 아동복지시설은 아동양육시설, 아동일시보호시설, 아동보호치료시설,

공동생활가정, 자립지원시설, 아동상담소, 아동전용시설, 지역아동센터 등이 있다(「아동복지법」 제52조. 2016년 9월 개정). 각 시설의 목적과 기능은 〈표 8-3〉과 같다.

〈표 8-3〉 아동복지시설의 종류

시설의 종류	내 용
아동양육시설	보호대상아동을 입소시켜 보호, 양육 및 취업훈련, 자립지원 서비스 등을 제공하는 것을 목적으로 하는 시설
아동일시 보호시설	보호대상아동을 일시보호하고 아동에 대한 향후의 양육대책수립 및 보호조치를 행하는 것을 목적으로 하는 시설
아동보호 치료시설	① 불량행위를 하거나 불량행위를 할 우려가 있는 아동으로서 보호자가 없거나 친권자나 후견인이 입소를 신청한 아동 또는 가정법원, 지방법원소년부지원에서 보호위탁된 19세 미만인 사람을 입소시켜 치료와 선도를 통하여 건전한 사회인으로 육성하는 것을 목적으로 하는 시설 ② 정서적 · 행동적 장애로 인하여 어려움을 겪고 있는 아동 또는 학대로 인하여 부모로부터 일시 격리되어 치료받을 필요가 있는 아동을 보호 · 치료하는 시설
공동생활가정	보호대상아동에게 가정과 같은 주거여건과 보호, 양육, 자립지원 서비스를 제공하는 것을 목적으로 하는 시설
자립지원시설	아동복지시설에서 퇴소한 사람에게 취업준비기간 또는 취업 후 일정 기간 동안 보호함으로써 자립을 지원하는 것을 목적으로 하는 시설
아동상담소	아동과 그 가족의 문제에 관한 상담, 치료, 예방 및 연구 등을 목적으로 하는 시설
아동전용시설	어린이공원, 어린이놀이터, 아동회관, 체육 · 연극 · 영화 · 과학실험전시 시설, 아동휴게숙박시설, 야영장 등 아동에게 건전한 놀이 · 오락, 그 밖의 각종 편의를 제공하여 심신의 건강유지와 복지증진에 필요한 서비스를 제공하는 것을 목적으로 하는 시설
지역아동센터	지역사회 아동의 보호 · 교육, 건전한 놀이와 오락의 제공, 보호자와 지역사회의 연계 등 아동의 건전육성을 위하여 종합적인 아동복지서비스를 제공하는 시설

그리고 아동복지시설은 각 시설의 고유 업무 외에도 아동가정지원사업, 아동주간보호사업, 아동전문상담사업, 학대아동보호사업, 공동생활가정사업, 방과 후 아동지도사업 등을 실시할 수 있다.

〈표 8-4〉 아동복지시설의 부수사업

시설의 종류	내 용
아동가정지원사업	지역사회 아동의 건전한 발달을 위하여 아동, 가정, 지역주민에게 상담, 조언 및 정보를 제공해 주는 사업
아동주간보호사업	부득이한 사유로 가정에서 낮 동안 보호를 받을 수 없는 아동을 대상으로 개별적 보호와 교육을 통하여 아동의 건전한 성장을 도모하는 사업
아동전문상담사업	학교 부적응 아동 등을 대상으로 올바른 인격 형성을 위한 상담, 치료 및 학교폭력 예방을 실시하는 사업
학대아동보호사업	학대아동의 발견, 보호, 치료 및 아동학대의 예방 등을 전문적으로 실시하는 사업
공동생활가정사업	보호를 필요로 하는 아동에게 가정과 같은 주거 여건과 보호를 제공하는 것을 목적으로 하는 사업
방과 후 아동지도사업	저소득층 아동을 대상으로 방과 후 개별적인 보호와 교육을 통하여 건전한 인격 형성을 목적으로 하는 사업

2) 그룹홈과 위탁가정보호

정부는 1997년 요보호아동 5~6명과 보호자 1인으로 한 가구를 구성하여 가정적 분위기에서 정서적 안정감과 사회적응 능력이 배양될 수 있도록 그룹홈 제도를 도입하였다. 그리고 2003년 12월부터 아동복지시설만 그룹홈을 운영할 수 있는 법을 개정하여, 개인이나 법인도 그룹홈을 운영할 수 있도록 허용했다.

한편 우리나라 위탁가정보호의 대상은 친부모로부터 양육을 받을 수 없는 18세 미만의 아동이며, 학대로 인해 분리보호의 필요성이 있거나 방치된 아동, 소년 · 소녀가장도 위탁아동에 포함된다. 가정위탁은 친부모가 친권을 포기해야 하는 입양제도와는 달리 친권자가 있는 아동을 돌보는 제도로 위탁양육자는 친권자가 나타날 때까지 아이들의 양육권만 갖는다. 가정위탁은 조부모가 양육하는 대리양육 가정위탁, 조부모를 제외한 친인척이 양육하는 친인척 가정위탁, 혈연관계가 없는 가정이 양육하는 일반 가정위탁으로 나뉜다.

위탁가정 선정기준에 의하면 가정위탁보호를 하려는 사람은 25세 이상(부부인 경우에는 부부 모두 25세 이상)으로서 위탁아동과의 나이 차이가 60세 미만이어야 하고, 자녀가 없거나 자녀(18세 이상인 자녀는 제외)의 수가 위탁아동을 포함하여 4명 이내여야 하며, 가정에 성범죄, 가정폭력, 아동학대, 정신질환 등의 전력이 있는 사람이 없어야 한다.

위탁가정으로 지정되면 전세자금, 상해보험, 부모교육 등이 지원되며 「소득세법」에 의한 소득공제 혜택을 받게 된다. 위탁아동은 심리치료 상담과 일정한 양육비를 지원받는다. 「국민기초생활보장법」에서 규정한 생계비, 의료비, 교육비도 제공되며 상해의 료비와 보험료도 지원된다. 위탁가정 종료 후 자립할 수 있도록 지원프로그램도 있다.

정부는 가정위탁의 연계성을 위하여 중앙가정위탁지원센터를 운영하고 있으며 시·도 및 시·군·구에 지역가정위탁지원센터를 두고 있다.

3) 입양

우리나라는 '아기 수출국'이란 오명을 쓸 정도로 많은 아이들을 해외로 입양시켰다. 하지만 정부가 국내 입양을 적극적으로 지원하면서 국내 입양이 증가하는 추세에 있다. 정부의 국내 입양 지원책은 입양기관을 중심으로 한 다양한 홍보활동, 18세 미만 입양 아동에 대한 의료급여 제공, 입양 아동에 대한 중·고등학교 입학금 및 수업료 면제, 장애아동을 입양한 가정에 대한 양육보조수당과 의료비 지원 등이 있다.

4) 소년·소녀가정 아동보호

소년·소녀가정(juvenile-headed family)이란 부모의 사망, 질병 등 가정의 결함으로 생활이 어려워 18세 미만의 소년·소녀가 가족의 생계를 꾸려 나가는 세대이다.[1] 현재 정부는 소년·소녀가정을 국민기초생활보장수급자로 우선 책정하여 생계·의료보호 및 교육보호를 받을 수 있도록 배려하고 있다. 그리고 피복비, 영양급식비 및 학용품비, 교통비 등을 추가 지원하고 있으며, 지역사회 인사와의 결연을 통해 정서적 측면에서 생활상의 어려움을 극복하고 자립 의욕을 고취할 수 있도록 지원하고 있다.

1) 선진국에는 소년·소녀가정이 없다. 왜냐하면 보호가 필요한 청소년은 위탁가정이나 입양가정 또는 아동복지시설에서 보호받으며, 우리나라와 같이 지역사회에 거주하면서 정부나 이웃의 도움을 받아 생활하는 경우는 없기 때문이다.

5) 영유아보육서비스

아동데이케어를 우리나라에서는 영유아보육서비스라고 한다. 현재 영유아보육서비스는 여성 노동력 활용을 위한 중요한 수단으로 정부가 적극 권장하고 있으며, 영유아 보육비용에 대한 정부 지원도 확대되고 있다.

(1) 보육사업의 변천과정

우리나라의 보육사업은 1921년 서울 태화기독교사회관의 탁아 프로그램이 시초였다. 이후 빈곤가정 자녀를 위한 구빈사업의 하나로 발전했다. 그러다가 1982년 「유아교육진흥법」이 제정되면서 보육사업의 성격이 완전히 바뀌었다. 즉, 기존의 어린이집, 새마을협동유아원 및 농번기탁아소를 새마을유아원으로 흡수 · 통합시켜, 빈곤가정뿐만 아니라 일반가정의 자녀를 위한 보육사업을 할 수 있도록 만든 것이다. 이렇게 되자 탁아시설과 기존의 유치원의 성격이 비슷해졌다.

한편 1980년대 후반 들어 정부는 가정의 여성 노동력을 활용하기 위해 탁아제도의 확충에 적극 나서게 된다. 1987년 12월 노동부가 「남녀고용평등법」에 의한 직장탁아제도를 도입했고, 1989년 9월 보건복지부가 「아동복지법」에 의한 보육사업을 실시한 것이 그것이다.

아울러 영유아보육 관련 사업의 소관 부처가 분산되어 있어 보육사업의 체계화에 문제가 있다는 지적이 나오면서 보육사업의 통합 일원화를 주된 내용으로 한 「영유아보육법」이 의원입법으로 추진되어 1991년 1월 「영유아보육법」이 제정(1991년 8월 시행령 및 시행규칙을 제정)되었다. 그에 따라 보육사업 주관 부처가 보건복지부로 일원화되었고, 종전의 단순 '탁아사업'에서 보호와 교육을 통합한 '보육사업(edu-care)'으로 확대 발전하게 되었다.

그 후 보육 수요에 보다 적극적으로 대처하기 위해서는 보육사업을 보건복지부에서 여성가족부로 이관하는 것이 좋다는 여론이 힘을 얻으면서, 2004년 3월 정부조직법의 개정과 함께 2004년 6월부터 여성가족부가 보육사업의 총괄 부처가 되었다. 그러나 2008년 정부조직법 개정으로 보육사업은 다시 보건복지부 소관으로 이양되었다.

(2) 영유아보육시설

우리나라의 영유아보육시설은 국공립어린이집, 사회복지법인어린이집, 법인·단체 등 어린이집, 직장어린이집, 가정어린이집, 협동어린이집, 민간어린이집이 있다(「영유아보육법」 제10조. 2011년 개정). 각 시설의 성격은 <표 8-5>와 같다.

<표 8-5> 영유아보육시설의 종류

시설의 종류	내 용
국공립어린이집	국가 또는 지방자치단체가 설치·운영하는 어린이집
사회복지법인 어린이집	「사회복지사업법」에 의한 사회복지법인이 설치·운영하는 어린이집
법인·단체 등 어린이집	각종 법인(사회복지법인을 제외한 비영리법인)이나 단체 등이 설치·운영하는 어린이집
직장어린이집	사업주가 사업장의 근로자를 위하여 설치·운영하는 어린이집(국가나 지방자치단체의 장이 소속 공무원을 위하여 설치·운영하는 어린이집 포함)
가정어린이집	개인이 가정 또는 그에 준하는 곳에 설치·운영하는 어린이집
협동어린이집	보호자 또는 보호자와 보육교직원이 조합(비영리 목적 조합에 한정)을 결성하여 설치·운영하는 어린이집
민간어린이집	상기 시설에 해당하지 않는 어린이집

(3) 무상보육과 양육수당

정부는 2013년 「영유아보육법」을 개정하여 무상보육, 즉 영유아보육을 무상으로 제공하고 있다. 무상보육 실시에 소요되는 비용은 국가와 지방자치단체가 부담 또는 보조하고 있다. 보건복지부는 어린이집 표준보육비용 등을 조사하고, 그 결과를 바탕으로 예산의 범위에서 관계 행정기관의 장과 협의하여 무상보육비용을 결정한다.

한편 자녀 중 영유아가 있음에도 어린이집이나 유치원을 이용하지 않는 경우, 국가와 지방자치단체는 양육에 필요한 비용을 양육수당으로 지원하고 있다(「영유아보육법」 제34조).

제2절 청소년복지

과거에는 아동과 청소년의 구분이 모호하였으나, 현대에서는 아동과 청소년을 구분하고 있다. 따라서 과거 아동복지 속에 포함되었던 청소년복지도 사회복지에서 중요한 영역으로 떠오르고 있다. 따라서 청소년복지의 기본 관점을 살펴보고 청소년복지가 필요한 경우를 점검해 보아야 한다.

1. 청소년 및 청소년복지의 정의

1) 청소년의 정의

일반적으로 청소년이라 함은 청년과 소년을 아울러 이르는 말이다. 청년은 청춘기에 있는 젊은 사람, 소년은 아직 성숙하지도 않은 아이로 정의될 수 있다.

우리나라 청소년 육성정책의 기본 사항을 규정하고 있는 「청소년기본법」에서는 만 9세 이상 24세 이하의 자를 청소년으로 정의하고 있다. 그러나 청소년을 각종 유해 물질 및 환경으로부터 보호함을 목적으로 제정된 「청소년보호법」에서는 만 19세 미만의 자를 청소년으로 정의하고 있고, 이에 따라 청소년 관련 각종 단속 법규에서도 청소년 보호연령이 만 19세 미만의 자로 통일되었다.

개인의 법적 권리에 관한 내용을 담고 있는 「민법」과 반사회성을 가진 소년에 대한 특별조치 내용을 담고 있는 「소년법」에서는 20세 미만의 자를 미성년자 또는 소년으로 정의하고 있다. 「소년법」에서는 촉법소년[2]과 우범소년[3]을 규정할 때, 10세 이상의 나이를 명시하고 있다. 청소년복지와 밀접히 관련되어 있는 「아동복지법」에서는 만 18세 미만의 자를 아동이라고 정의하고 있다. 이는 아동복지의 대상에 아동과 청소년이 모두 포함되어 있음을 보여 주는 것이다.

이렇듯 한국의 법체계 속에서 청소년은 아동의 개념과 혼재되어 다양한 연령대로 정의되고 있다. 이처럼 법체계 속에서 아동과 청소년의 정의가 명확하지 않음으로써,

2) 형벌 법령에 저촉되는 행위를 한 10세 이상 14세 미만인 소년(「소년법」 제4조 제1항의 2).
3) 장래 형벌 법령에 저촉되는 행위를 할 우려가 있는 10세 이상인 소년(「소년법」 제4조 제1항의 3).

사회복지 대상으로서 아동과 청소년을 구별하는 것도 용이하지 않았다. 이러한 이유로 청소년복지는 종래에 아동복지 속에 포함되어 왔으나, 최근 들어 아동복지와 청소년복지 영역을 구분해야 한다는 의식이 확산되면서, 청소년복지는 아동복지와 별개로 다뤄지고 있다. 아동복지에서 아동은 주로 보호의 대상으로 다뤄지는 측면이 강한 반면, 청소년복지에서 청소년은 '독립생활을 준비하는 과정에 있는 사람'으로 다뤄지는 측면이 강하다.

그렇다면 사회복지의 대상으로서 아동과 청소년을 어떻게 구별해야 할 것인가? 청소년기의 생리적 · 정서적 · 사회적 특성[4]으로 볼 때, 아동은 초등학교 시기, 즉 12세까지로 볼 수 있고(서울대 교육연구소, 1998), 청소년은 중학생부터 고등학생까지에 해당하는 사람이라 할 수 있으며, 이를 연령으로 계산하면 대략 만 13~18세의 나이라고 할 수 있다.

2) 청소년복지의 정의

청소년기는 인간의 생애주기 중 아동기와 성인기 사이에 위치해 있는 생의 중요한 한 부분인 동시에, 의존적인 아동기에서 벗어나 독립되고 개별화된 생활을 준비하는 시기이기도 하다. 따라서 인생주기의 한 부분에서 누릴 수 있는 기본적인 삶의 질과 권리들이 청소년에게 우선적으로 보장될 필요가 있다. 아울러 성인기를 준비할 수 있는 여건들도 보장되어야 할 것이다.

이러한 관점에 따라 「청소년기본법」에서 '청소년복지'는 "청소년이 정상적인 삶을 영위할 수 있는 기본적인 여건을 조성하고, 조화롭게 성장 · 발달할 수 있도록 제공되는 사회적 · 경제적 지원"(법 제3조 4호)으로 정의되고 있다. 즉, '청소년이 정상적인 삶을 영위하고, 더 나아가 성인기를 준비할 수 있는 제반 여건을 조성하기 위한 국가와 사회의 사회적 · 경제적 노력'이 바로 청소년복지인 것이다.

4) 신체적으로는 남녀의 특징을 두드러지게 하는 2차 성징들과 함께 급격한 신체발달이 일어나며, 정서적으로는 불안하여 감정의 기복이 심하고 쉽게 흥분하며 지나치게 남을 의식하는 경향이 있으며, 사회적으로는 부모로부터 독립하여 개별화되려는 경향과 함께 또래집단에 몰입하게 된다.

2. 청소년복지의 원칙

청소년복지는 문제가 있는 '위기 청소년'[5]뿐만 아니라, 일반 청소년까지 모든 청소년을 대상으로 한다. 청소년복지는 청소년을 건강하게 이끌고 보다 행복한 삶을 이루도록 하기 위해, 예방적 서비스, 보호적 서비스, 치료적 서비스 등 세 가지 측면에서 진행된다. 이러한 관점에서 청소년복지의 원칙을 제시하면 다음과 같다(김성천 외, 2015: 284-286).

첫째, 청소년은 독립된 인격체로, 성인과 동등한 인간으로서의 기본적 인권과 권리를 보장받아야 한다. 따라서 청소년의 현재 생활과 활동이 미래를 준비하는 단계로만 이해되어서는 안 되며, 현재의 삶 자체로 받아들여지고 인정되어야 한다. 이를 위해 청소년의 기본적인 생활수준이 보장되어야 하고, 이에 더하여 청소년 스스로 자신의 창의력, 자의식, 도전의식, 호기심 등을 발산하며 자신들의 문화를 향유할 수 있도록 제반 여건이 마련되어야 한다.

둘째, 청소년기는 미래를 준비하는 성장단계에 속하는 시기다. 따라서 청소년의 신체적 · 정서적 · 인지적 · 사회적 상태를 완성되고 고정된 것으로 받아들이고 비난 · 응징하기보다는 무한한 가능성을 지닌 가변적 상태로 받아들여, 이에 대해 긍정적인 관심과 지지를 제공함으로써 청소년이 바른 방향으로 성장하고 변화할 수 있도록 해야 한다. 이를 위해서는 청소년의 부정적인 어느 한 측면만을 보고 판단할 것이 아니라, 청소년이 지니고 있는 다른 측면에서의 강점과 장점을 찾아 종합적 · 통합적으로 청소년의 성장 · 변화 가능성을 찾아내야 한다.

셋째, 청소년복지를 위해서는 청소년의 변화와 성장을 위해 힘쓰는 동시에, 그러한 성장과 변화가 일어날 수 있도록 청소년 주변 환경의 변화와 조정에 힘써야 한다. 청소년의 변화와 성장을 위한 노력은 상담, 교육, 치료 등의 영역에서 행해질 수 있다. 주변 환경의 변화 노력은 가족, 학교, 지역사회를 변화시키기 위한 노력에서부터 국가의 사

5) 「청소년복지지원법」 제2조 4호에서는 "가정 문제가 있거나 학업 수행 또는 사회 적응에 어려움을 겪는 등 조화롭고 건강한 성장과 생활에 필요한 여건을 갖추지 못한 청소년'을 '위기 청소년'이라고 칭하고 있다. 다만 국민기초생활보장법 등 다른 법률의 적용을 받는 청소년을 제외한다"라고 정의하고 있다.

회보장제도, 교육정책, 노동정책, 문화정책 등의 보완, 수정, 수립 노력을 포함한다.

넷째, 청소년복지를 실현하기 위해 정부, 민간단체, 지역사회 주민, 학교, 가정 등 모든 체계들이 상호 협력해야 한다. 청소년의 문제와 욕구는 청소년의 특성에 따라 다양하게 나타나기 때문에 그에 대한 대처방식도 다양해야 한다. 청소년 문제와 욕구에 개별적으로 접근하기 위해서는 각계각층의 관심과 협력이 있어야 한다. 「청소년기본법」에서는 청소년 육성에 관한 1차적 책임을 가정에 두고, 사회적 책임과 국가 및 지방자치단체의 책임을 명시하고 있다.

3. 청소년복지의 영역

이러한 청소년복지의 원칙은 일반 청소년과 특별지원 청소년 모두에게 해당된다. 그러나 실제 청소년복지의 영역은 어려운 상태에 있는 청소년에게 그 초점이 맞춰지는 것이 현실이다. 「청소년기본법」 제7조 제4항에서는 "모든 국민은 경제적 · 사회적 · 문화적 · 정신적으로 어려운 상태에 있는 청소년들에게 특별한 관심을 가지고 이들이 보다 나은 삶을 누릴 수 있도록 노력하여야 한다"라고 규정하고 있다. 따라서 청소년복지의 영역은 다음과 같이 나누어 볼 수 있다.

첫째, 청소년이 자신의 가족으로부터 기초생활 욕구(소득, 보건, 교육, 주거, 문화 등)를 해결할 수 없는 경우다. 「청소년기본법」 제49조 제2항은 "국가 및 지방자치단체는 기초생활의 보장, 직업재활훈련, 청소년활동지원 등의 시책을 추진함에 있어서, 정신적 · 신체적 · 경제적 · 사회적으로 특별한 지원을 필요로 하는 청소년에 대하여 우선적으로 배려하여야 한다"라고 명시하고 있다.

둘째, 청소년이 가출하거나 각종 비행(폭력, 약물 오 · 남용, 성매매, 범죄행위 등)을 일삼아 가정이 청소년 자녀를 돌보기 힘든 경우다. 「청소년기본법」 제6조에서는 청소년의 가출 및 비행 등에 대한 보호의무의 책임을 가정에 두고 있으면서도, 동법 제8조 3항에서 국가 및 지방자치단체는 가정의 책임수행에 필요한 여건을 조성할 것을 명시하고 있다. 또한 동법 제52조 제3항은 "국가 및 지방자지단체는 청소년을 폭력 · 학대 · 성매매 등 유해한 행위로부터 보호 · 구제하여야 한다"라고 밝히고 있다.

셋째, 청소년의 생활환경 내에 청소년에게 유익한 환경을 조성하는 한편, 유해한 환경을 줄이기 위해 청소년복지가 필요하다. 「청소년기본법」 제51조는 청소년에게 유익한 환경의 조성을 위한 국가 및 지방자치단체의 의무를 규정하고 있다. 특히 동법 제51조 제3항은 "국가 및 지방자치단체는 주택단지의 청소년시설 배치 등 청소년을 위한 사회환경과 자연환경의 조성에 노력하여야 한다"라고 규정하고 있고, 그 외에 청소년에게 유익한 매체물의 제작 · 보급 등을 장려하기 위한 노력과 청소년의 정보화 역량을 배양하기 위한 환경 조성에 노력할 국가 및 지방자치단체의 책임을 명시하고 있다. 아울러 동법 제52조는 청소년 유해환경의 규제를 위한 국가 및 지방자치단체의 의무를 규정하고 있다. 특히 청소년에게 유해한 매체물과 약물의 유통을 막고, 청소년이 유해한 업소에 출입하거나 고용되지 아니하도록 할 책임을 국가와 지방자치단체에 부여하고 있다(동법 제52조 제1항, 제2항).

4. 청소년복지서비스의 현황

1) 지역사회 청소년통합지원체계(CYS-Net)

양극화에 따른 가정해체, 가정 내 갈등에서 비롯된 가출, 학교부적응, 학업 중단, 친구관계에서의 소외 등 복합적인 문제를 안고 있는 위기청소년들이 우리 사회에서 급증하고 있다. 이러한 위기청소년들의 다양한 욕구 충족과 상담, 긴급구조, 보호 · 지원, 자활, 활동 장려 등의 기능을 체계적으로 통합하는 역할을 수행하기 위한 지역사회 기반 통합적 지원체계가 지역사회 청소년통합지원체계(Community Youth Safety-Net)이다.

CYS-Net 사업은 지역사회 청소년 관련 기관 간의 연결망을 통해 위기청소년에 대한 전화상담, 구조, 보호, 치료, 자립, 학습 등의 서비스를 제공함으로써 위기청소년의 건강한 성장과 생활 역량을 강화하는 데 초점을 두고 있다. 2015년 현재 전국 208개 청소년상담지원센터에서 위기청소년에게 서비스를 제공 · 연계하고 있다(www.mogef.go.kr). 2012년 2월에 「청소년복지지원법」이 전면 개정됨에 따라 동법 제9조(지역사회 청소년통합지원체계의 구축 · 운영)의 1항과 2항에서 각각 "① 지방자치단체, 공공기관, 「청소년기본법」 제3조 제8호에 따른 청소년단체 등이 협력하여 업무를 수행하는 지역사회 청소년통합지원체계(이하 "통합지원체계"라 한다)를 구축·운영하여야 한다. ② 국가는 통합지원체계의 구축·운영을 지원하여야 한다"고 명시함으로써 지역사회통합지원체계(CYS-NET) 구축의 법적 기준이 마련되었다.

2) 방과 후 청소년 보호(청소년 방과 후 아카데미)

청소년 방과 후 아카데미 사업은 학교 수업 후 혼자서 시간을 보내는 저소득·맞벌이·한부모 가정의 청소년에게 청소년수련시설(청소년수련관, 청소년문화의 집, 공공청소년공부방, 청소년단체시설 등)을 활용해 학습능력을 배양하고 다양한 체험활동과 특기적성 계발활동 및 급식·건강관리·상담 등 종합적인 지원을 제공하는 사업이다. 이 사업은 오후 3시부터 10시까지 학생당 평균 4~5시간씩 운영되며, 프로그램은 기본공통과정(숙제지도, 보충학습 등), 전문선택과정(문화 · 예술 · 스포츠 활동 등을 통한 창의성 계발), 특별지원과정(부모 간담회, 가족 캠프, 부모교육 등), 생활지원(급식, 건강관리, 상담, 생활일정관리, 안전귀가 등) 등으로 구성된다. 이 사업은 여성가족부와 지방자치단체가 공동 운영하고 있으며 2008년 185개소가 운영되다가, 2009년 178개소, 2010년 161개소로 잠시 축소 운영되었으나, 2017년 250개소로 대폭 확대 운영되었다(www.youth.go.kr). 「청소년기본법」 제48조의2(청소년 방과 후 활동의 지원)가 2011년 5월에 신설됨으로써 청소년 방과 후 활동지원에 대한 법적 근거가 마련되었다. 동조 제1항에서는 "국가와 지방자치단체는 학교의 정규교육으로 보호할 수 없는 시간 동안 청소년의 전인적 성장발달을 지원하기 위하여 다양한 교육 및 활동프로그램 등을 제공하는 종합적인 지원방안을 마련하여야 한다"고 규정하고 있다.

3) 비행청소년 보호

청소년비행은 보통 청소년 일탈행위로 불리며, 사회와 문화에 따라 다르게 정의될 수 있는 속성을 갖고 있다. 일반적으로 우리나라에서 청소년비행이라 함은 형벌 법령을 어긴 행위에 해당하는 소년범죄와 법에 어긋나지는 않지만 사회의 윤리와 규범상 청소년으로서 바람직하지 않은 행위를 모두 포함한다. 우리나라 「소년법」 제4조에서는 소년부의 보호사건으로 다루어져야 하는 대상을 세 가지로 분류하고 있다. 첫째는 죄를 범한 소년,[6] 둘째는 형벌 법령에 저촉되는 행위를 한 10세 이상 14세 미만인 소년, 셋째는 ① 집단적으로 몰려다니며 주위 사람들에게 불안감을 조성하는 성벽(性癖)이 있는 것, ② 정당한 이유 없이 가출하는 것, ③ 술을 마시고 소란을 피우거나 유해환경에 접하는 성벽이 있는 것 등에 해당하는 사유가 있고 그의 성격이나 환경에 비추어 앞으로 형벌 법령에 저촉되는 행위를 할 우려가 있는 10세 이상의 소년이다. 흡연, 음주, 가출, 유흥업소 출입, 성도덕 문란행위 등은 비록 형벌 법령에 저촉되는 행위는 아니지만 「청소년기본법」을 위시한 청소년 관련 단속 법규에 의해 청소년에게는 금지된 행위들이다. 개인과 사회의 덕성을 해치는 행위에 어떤 것이 해당하는지에 대한 사회적 합의를 이끌어 내는 것은 매우 어려운 일이다. 그것들을 모두 열거하는 것 또한 매우 힘든 일이다.

청소년비행이 청소년복지에 부정적인 영향을 미치는 이유는 다음과 같다. 첫째, 청소년비행에 대한 적절한 대책이 없을 경우 범죄 문화에 젖어 비행이 습관화되고 청소년비행이 성인 범죄로 이어질 가능성이 크다. 둘째, 비행으로 말미암아 미래에 대한 준비가 소홀해짐으로써 이 사건이 청소년의 전 인생에 부정적인 영향을 미칠 수 있다. 셋째, 앞의 두 가지와 연관하여 청소년 및 성인 범죄의 처리, 미래 준비 소홀로 초래된 빈곤 및 기타 사회부적응 상태에 대한 개입 및 처방 등에 많은 사회적 비용이 소요될 수 있다. 즉, 청소년비행이 청소년복지에 부정적 영향을 미치게 되고, 이것은 곧 사회적 비용을 발생시킬 수 있다.

4) 시설 보호 청소년(자립 청소년)

시설 보호는 여러 가지 사정으로 가정생활을 할 수 없거나 가정에서 욕구가 제대로 충족될 수 없는 청소년을 위해 불가피하게 제공되는 서비스다. 우리나라의 시설보호는 전쟁고아 등을 긴급 보호하기 위해 만들어진 시설에서 출발하여 오늘에 이르기까지 보호를 필요로 하는 아동 · 청소년을 보호하는 방법으로 행해져 오고 있다. 시설에 입소해 있는 청소년들의 대부분은 한부모가정의 경제적 어려움으로 시설에 입소해 있거나 더 이상 부모나 친척의 도움을 받을 수 없는 상황에서 입소한다. 시설 보호 청소년

6) 20세 미만의 자를 의미한다.

은 가정과는 다른 환경에서 성장하기 때문에 일반 가정에서 생활하는 청소년과는 다른 미충족 욕구를 갖고 있을 수 있다. 가장 큰 차이는 그들의 애정 욕구를 충족시켜 줄 수 있는 부모나 형제가 그들의 생활 주변에는 없다는 것이다. 또한 지속적으로 그들의 인생을 안내하고 이끌어 줄 사람이 부족할 수 있다. 교육이나 문화적 욕구 또한 결핍될 가능성이 크다. 이러한 욕구 결핍으로 각종 정서 · 행동 · 심리적 문제를 표출시킬 수도 있다.

시설 보호 청소년이 갖고 있는 각종 욕구를 충족시켜 주기 위해 청소년을 보호하고 있는 시설이 다음과 같은 환경을 제공할 필요가 있다(김현용 외, 1997: 40–42). ① 생존에 필요한 보호 차원의 서비스, ② 청소년의 현재 상태에서 변화를 가져와 생활능력을 강화시키기 위한 변화 차원의 서비스, ③ 청소년의 건전한 심신 발달과 온전한 사회화를 이룰 수 있도록 하는 사회화 및 심신 발달 차원의 서비스, ④ 청소년으로 하여금 즐거움과 안락감을 경험하게 하는 생활의 질 향상 차원의 서비스다.

우리나라에서 청소년을 보호하고 있는 시설은 크게 두 가지 유형으로 나눌 수 있다. 하나는 청소년을 (연장) 수용하고 있는 아동복지시설이고, 다른 하나는 가출 청소년 등을 일시 보호하고 있는 청소년쉼터다. 아동복지시설은 「아동복지법」상 아동양육시설, 아동보호치료시설, 아동일시보호시설, 아동직업훈련시설, 자립지원시설, 아동전용시설, 아동복지관, 아동종합시설 등으로 구분된다. 하지만 대학 이하 재학, 직업훈련시설 등에서 교육 · 훈련 중인 청소년과 학원에서 교육 중인 20세 미만의 청소년, 장애 · 질병 등의 이유로 연장을 요청한 청소년 등은 보호 목적이 달성될 때까지 연장 보호를 받을 수 있다.

청소년쉼터는 「청소년복지지원법」에 의해 설치 · 운영되고 있는 시설로서 가출청소년의 일시보호 및 숙식 제공, 가출청소년의 상담 · 선도 · 수련 활동, 가출청소년의 학업 및 직업훈련 지원 활동, 청소년의 가출 예방을 위한 거리상담 활동 등을 담당하고 있다. 청소년쉼터에는 원래 9~14세의 청소년이 입소할 수 있으나 실제로는 20세 미만의 미성년자들이 입소해 있다. 2005년에는 가출 및 위기 청소년의 욕구와 특성에 따라 청소년쉼터가 일시쉼터, 단기쉼터, 중장기쉼터로 구분되었다. 보호기간은 일시쉼터는 24시간~9일 이내, 단기쉼터는 3개월 내외, 중장기쉼터는 2년 내외로 되어 있다.

제3절 여성복지

우리 사회에는 아직도 여성에 대한 각종 편견과 차별이 존재하며, 이는 다양한 차원에서 성 불평등 문제를 발생시킨다. 따라서 여성의 사회적 지위와 성 불평등에 대해서 이해하고, 이를 해소하기 위하여 노력하는 여성복지와 여성복지정책을 알아보는 것은 사회복지에서 매우 중요한 과제라고 할 수 있다.

1. 여성의 사회적 지위와 성 불평등

사회적 지위(social status)란 '사람들의 사회적 존경이나 위신의 정도에 따라 전체 사회 속에서 차지하는 위치'를 말한다. 여기서 지위는 '사람들이 가지고 있는 본래적이고 자연적인 특성이라기보다는 차별화와 가치 평가과정을 거쳐 사회적 구성으로부터 발생한 현상'을 이른다. 남녀 간에서도 이러한 현상이 제도로 굳어짐으로써 남성과 여성의 지위가 전체 사회 속에서 다르게 자리 잡고 있다(Bradley & Khor, 1993).

다양한 사회에서 성 차이(gender difference)에서 비롯되는 여성에 대한 사회적 불평등은 경제적 · 정치적 · 사회적 차원으로 나누어 볼 수 있다.

첫째, 경제적 지위는 노동시장에서 여성의 위치, 여성의 빈곤율, 여성과 일에 대한 법적 지위, 가정에서의 가사분담, 경제적 자원에 대한 분배 및 권리 등을 통해 알아볼 수 있다.

둘째, 정치적 지위는 여성의 조직화, 여성의 고위 공직자 수, 가정 내 의사결정에서 여성의 발언권 등으로 살펴볼 수 있다.

셋째, 사회적 지위는 여성의 고등교육률, 여성의 성적 자율권 및 여성에 대한 폭력 등 다양한 차원에서 파악할 수 있다. 특히 여성에 대한 폭력은 성폭력, 가정폭력 그리고 성매매 등을 포함하며, 사람이 사람답게 존엄한 생활을 영위할 수 있는 권리, 즉 인권(human rights)의 차원에서 여성의 사회적 지위를 설명하는 데 기본이 된다.

여성의 사회적 지위는 사회의 각 영역에서 여성이 어느 정도 참여활동을 하여 어떠한 사회적 지위를 차지하고 있는가 하는 실질적 차원에서뿐만 아니라, 여성의 사회적 지위를 향상시키고 성평등을 이루기 위해 여성과 관련해 어떠한 정책적 방향이 설정되어 있는가 하는 정책적 차원에서도 중요하다. 실제로, 여성의 사회적 지위는 성평등과 밀접하게 연결되어 있어, 이를 통해 여성 관련 정책방향 및 그 성격을 파악할 수 있다. 성불평등은 여러 맥락 속에서 행사할 수 있는 지위, 권력 또는 위세에서 나타나는 남녀 간의 차이를 말한다. 성불평등이 감소한다는 것은 구체적으로 법적 · 제도적 관점에서 정의되는 주요한 불평등의 차원이 줄어든다는 것을 의미한다(김성천 외, 2015: 335-336).

| 8-1 | 한국, 성평등 수준 세계 100위 밖으로 밀려났다.

세계경제포럼(WEF)이 내놓은 2023년 세계 젠더 격차 보고서(Global Gender Gap Report 2023)를 보면 한국의 젠더 격차 지수는 0.680을 기록, 전체 146개 국가 중 105위를 기록했다. 지난해보다 지수가 0.010 떨어지며 99위에서 6계단 하락한 것이다. 젠더 격차 지수는 1에 가까울수록 양성평등이 잘 이뤄져 있다는 의미다.

한국의 젠더 격차 지수는 2019년 108위, 2020년 102위, 작년 99위로 수년째 상승했으나 올해 다시 순위는 물론 지수 자체에서도 후퇴를 기록하며 양성평등 후진국이라는 오명을 벗기에는 역부족이라는 지적이 나온다. 한국은 올해 경제 참여 · 기회 부문(0.597)에서 114위, 교육 성취 부문(0.977)에서 104위에 머물렀다. 보건 부문(0.976)은 46위, 정치 권력 분배(0.169) 부문에선 88위였다. 특히 정치 권력 분배를 보면 '의회에서 여성 비율'에서 0.304를 기록, 84위에 그쳤다.

WEF는 "피지와 미얀마, 한국 등은 정치 권력 분배 부문에서 가장 퇴보한 국가들"이라고 꼬집었다. 1위는 지난해와 마찬가지로 아이슬란드(0.912)가 차지했다. 뒤이어 노르웨이(0.879), 핀란드(0.863), 뉴질랜드(0.856), 스웨덴(0.815) 순으로 북유럽 국가가 최상위권에 다수 포진했다. 영국(16위 · 0.792), 스페인(18위 · 0.791), 스위스(21위 · 0.783), 호주(26위 · 0.778), 캐나다(0.770) 등도 비교적 상위권에 올랐다. 이밖에 프랑스(0.756) 40위, 미국(0.748) 43위, 우크라이나(0.714) 66위, 이탈리아(0.705), 이스라엘(0.701) 83위 등이었다. 가나(100위 · 0.688), 부탄(103위 · 0.682), 세네갈(104위 · 0.680) 등도 한국보다 순위가 높았다.

한국보다 성평등 수준이 낮은 곳은 중국(107위 · 0.678), 부르키나파소(109위 · 0.676), 일본(125위 · 0.647), 인도(127위 · 0.643), 사우디아라비아(131위 · 0.637) 등이었다. 성평등 꼴찌는 여성 억압 정책을 펴는 탈레반 정권이 들어선 아프가니스탄(146위 · 0.405)이었다. 바로 위인 차드(145위 · 0.570)보다 젠더 격차 지수에서 0.165나 차이를 보였다.

WEF는 현재와 같은 젠더 격차를 고려할 때 여성이 각종 분야에서 남성과 동일한 기회를 얻는 데까지 131년이 걸릴 것으로 내다봤다. 재작년 136년, 작년 132년보다는 소폭 줄어든 셈이다.

(연합뉴스 2023-06-21)

2. 여성복지의 정의

우리나라의 경우, 1970년대까지 여성에 대한 사회복지적 접근은 매매춘여성, 미혼모 등 요보호여성을 중심으로 한 부녀복지로서 소극적으로 다루어졌다. 기존의 복지나 사회복지에 대한 개념 규정에서도 여성은 경시되었고 복지 관련 법이나 제도에서도 여성의 특수성을 적절하게 반영하지 못한 채 전반적인 복지체계에서 소외되었다. 부녀복지는 1980년대 들어와서 민주화운동 및 여성운동과 함께 여성복지라는 용어로 바뀌었다. 이는 남녀평등을 이루고자 하는 여성의 욕구(need)가 반영된 것이라고 하겠다. 따라서 여성복지는 요보호여성뿐만 아니라 일반 여성까지 포함하는 포괄적 개념으로서 사회전반적인 성차별문제에 대한 인식을 밑바탕에 깔고 있다. 복지의 초점도 종래의 요보호여성에게서 비롯되는 빈곤모자가족, 성매매여성, 미혼모, 근로여성 등의 문제와 더불어 일반 여성의 인권문제와 복지문제, 사회참여와 자아실현의 여건 조성, 성차별철폐운동으로 확대되었다(조흥식 외, 2000: 80).

여성복지는 '여성이 국가와 사회로부터 인간의 존엄성과 인간다운 생활을 할 권리를 동등하게 보장받음으로써 여성의 건강, 재산, 행복의 조건들이 만족스러워지는 상태'를 의미한다. 동시에 여성복지는 '적극적으로 가부장적 성차별주의와 그에 따른 법 및 기타 사회제도를 개선하는 등 이러한 상태를 실현하기 위한 모든 실천적 노력을 포함하는 개념'으로 사회전반적인 성차별문제에 대한 인식을 기반으로 하고 있다(한국여성개발원, 1990). 따라서 여성복지는 가부장제도와 자본주의 시장경제 속에 양성평등 사회의 구현을 위한 제도적이고 정책적 제반활동을 말하며, 여성복지정책은 여성을 위한 정책이나 법, 제도와 관련되는 정부의 정책으로 사회복지정책 분야로 간주된다. 즉, 여성복지정책은 여성의 기본적인 인권과 남녀동등권에 대한 신념을 바탕으로 현 제도를 비판적으로 분석·조명하면서 정치과정에서 실현하려는 목적의식을 가진 정책이라 할 수 있다(김인숙 외, 2000: 33–34). 이런 점에서 여성복지는 전반적인 사회변화를 반영하며 여타 사회복지 분야보다 그 대상의 폭이 넓다고 하겠다.

3. 여성복지서비스의 현황

여성복지는 여성을 주 대상으로 하는 사회복지다. 우리 사회에서 여성복지의 주 대상은 근로 여성을 포함한 일반 여성부터, 저소득층 한부모가정, 성매매 여성, 가정폭력 및 성폭력 피해 여성, 장애인 여성 그리고 결혼이주 여성까지 매우 넓다. 여성복지는 노동시장 부문으로 근로 여성을 위한 사회복지, 여성인권 부문으로 가정폭력 및 성폭력 피해 여성 및 성매매 피해 여성을 위한 서비스, 가족 부문으로 저소득층 한부모가정 및 결혼이주 여성 등 취약계층 여성을 위한 사회복지 등 세 유형으로 나누어 볼 수 있다(김성천 외, 2015: 342).

1) 노동시장 부문: 근로여성을 위한 복지

우리나라에서 근로여성을 위한 복지는 모성보호제도 및 직장과 가정의 양립지원 등 크게 두 가지로 나누어 볼 수 있다.

(1) 모성보호제도

근로여성을 위한 대표적인 복지제도가 모성보호제도다. 모성보호제도란 여성의 생리, 임신, 출산, 수유, 육아와 관련하여 사회적으로 보호하는 제도다. 이 제도는 여성의 모성 기능을 보호함으로써 임산부인 여성의 건강뿐만 아니라 태아와 출생아의 건강까지 보호하는 것이다. 특히 근로 여성의 모성 관련 규정들이 강조되고 있는데 자세한 모성보호와 관련된 사항은 「근로기준법」, 「남녀고용평등법」, 「고용보험법」 등에 명시되어 있다.

모성보호제도에는 생리휴가, 산전산후 휴가, 수유시간, 유산휴가, 육아휴직, 직장 보육시설 설치 등에 대한 내용이 들어 있다. ① 생리휴가란 여성 근로자가 생리휴가를 신청하지 않아도 사용자는 월 1일 유급휴가를 받도록 되어 있다. ② 산전산후 휴가란 임신 중인 근로자가 출산 전후에 유급출산휴가를 사용하는 것을 말한다. 2001년 개정된 「고용보험법」에 따르면 여성근로자의 출산휴가는 이전의 60일에서 현재는 90일로 연장되었다. 연장된 30일분의 휴가급여는 고용보험과 정부재정에서 충당된다. ③ 수유시간은 생후 1년 미만의 유아가 있는 여성근로자가 원하는 경우 1일 2회 30분 이상의 유급수유 시간을 주는 것이다. ④ 육아휴직이란 생후 1년 미만의 영아가 있는 여성 근로자나 그 배우자에게 양육을 위해 1년 이내의 휴직을 허용하는 것이다. 이 기간을 근속기간에 포함시켜 불리한 처우를 받지 못하도록 「남녀고용평등법」에 명시되어 있다. 여성뿐만 아니라 남편도 자녀 양육을 위해 휴직할 수 있도록 하여 자녀 양육의 책임을 부모 모두에게 부과하고 있다. ⑤ 직장보육시설 설치와 관련하여 「남녀고용평등법」에서는 사업주가 근로자의 취업을 지원하기 위해 수유, 탁아 등 육아에 필요한 직장보육시설을 설치하도록 하고 있다. 「영유아보육법 시행령」에서는 상시 여성근로자 300인 이상을 고용하고 있는 사업장에서는 직장보육 시설을 설치해야 하는 등 직장에서 여성이 용이하게 육아할 수 있도록 지원해야 함을 전제하고 있다.

(2) 직장과 가정의 양립 지원

모성보호제도 가운데 산전후 휴가, 유사산 휴가, 육아휴직, 배우자 출산휴가, 남편 육아휴직 등은 대표적인 제도로 직장과 가정의 양립을 지원한다. 이 중 가장 많이 활용되는 산전후 휴가와 육아휴직의 현황은 다음과 같다.

첫째, 산전후 휴가제도는 1953년 「근로기준법」 제정 때 도입된 제도로 60일 산전후 휴가기간을 부여했으나, 2011년 11월 「근로기준법」 개정 시 90일로 연장되었다. 또한 2006년부터 종전 행정 해석으로 인정되던 유산·사산 휴가를 법제화하여 임신 16주 이후 유산 또는 사산한 여성근로자에게도 임신기간에 따라 30~90일간의 유산·사산 휴가를 주어 모성을 보호하고 있다.

둘째, 육아휴직제도는 1988년 「남녀고용평등법」 제정 때 도입되었는데, 근로자가 피고용자의 신분을 유지하면서 자녀의 양육을 위해 일정 기간 휴직할 수 있으며 근로자의 직장생활과 가정생활의 양립을 지원하기 위한 제도다. 육아휴직제도는 몇 차례 제도 개선을 거쳐 2010년 4월부터 만 6세 이하 초등학교 취학 전 자녀가 있는 근로자가 1년간 사용할 수 있다.

육아휴직제도를 이용한 근로자의 수는 2003년 6,817명에서, 2009년 3만 5,400명, 2011년 5만 6,735명으로 증가했다. 2011년 육아휴직자 중 여성의 비율은 97.6%였다. 남성의 육아휴직의 경우, 2001년 법 개정 후 남성 육아휴직자의 수도 크게 늘어나고 있어 육아 책임에 대한 인식이 변화하고 있음을 보여 준다(한국여성정책연구원, 2013). 그럼에도 불구하고, 육아휴직 사용자는 대부분 여성이며, 남성 육아휴직자는 전체 휴직자의 2~3%에 불과하다. 육아휴직기간 동안 근로자의 소득을 보전하기 위하여 고용보험에서 육아휴직급여를 지원받을 수 있다. 육아휴직 등 장려금(대체인력채용장려금)제도가 있어, 대체인력을 채용한 사업주에게 장려금을 지원함으로써 육아휴직 등을 활성화하고 근로자의 고용 안정을 도모하고 있다.

2) 여성인권 부문: 여성폭력 방지 및 피해자 지원

(1) 가정폭력, 성폭력, 성매매 관련 법과 제도

첫째, 가정폭력이란 가족구성원에 의해서 신체적 · 정신적 · 재산상으로 피해를 입는 것을 말한다. 현재 우리나라는 가정폭력 관련 법이 있으며, 이에 가정폭력 피해자는 경찰서, 상담소, 가정폭력 피해자 보호시설 등에서 보호를 받을 수가 있다. 가정폭력의 유형으로는, ① 폭행, 구타, 흉기사용 등으로 신체에 피해를 입히는 신체적 폭력, ② 폭언, 모욕, 공포 조장, 외출금지 등으로 정신적인 피해를 입히는 언어적 · 정신적 폭력, ③ 수입을 강요하거나 생활비를 주지 않는 등 경제적으로 피해를 입히는 경제적 폭력 등이 있다.

1997년에 제정된 「가정폭력범죄의 처벌 등에 관한 특례법」과 「가정폭력방지 및 피해자보호 등에 관한 법률」은 2011년 개정을 통해 가정폭력 피해자의 방어권을 보장하고 신속한 구제를 추진할 수 있게 되었다.

둘째, 성폭력이란 상대방의 의사에 반해 성적으로 가해지는 모든 신체적 · 언어적 · 정신적 폭력을 의미하는데, 강간, 강간미수, 성추행, 성희롱, 어린이 성폭행, 아내 강간 등을 포함한다. 성폭력은 피해자가 고소해야 범인이 처벌되지만, 강간, 강제추행의 경우에는 고소 없이도 처벌된다. 성폭력피해자가 범인을 고소하기 위해서는 산부인과 진단 후 증거 자료를 확보해야 하며, 고소는 사건발생 1년 이내에 해야 한다. 1994년 제정된 「성폭력범죄 처벌 및 피해자 보호 등에 관한 법률」은 그동안 여러 차례에 걸쳐 개정되어 왔다. 2011년 성폭력과 관련하여 개정된 법률의 주요 내용으로 성폭력피해상담, 치료, 수사 등을 종합적으로 실시하기 위한 성폭력피해자 통합지원센터 설치 등이 있다.

셋째, 성매매란 영리를 목적으로 인간의 성을 사고파는 행위를 이른다. 성매매는 성교행위부터 구강, 항문 등 신체 일부나 도구를 이용한 유사 성교행위까지 포함한다. 불법 성매매란 성매매행위 외에 성매매 알선행위, 성매매를 위한 인신매매 행위, 성매매를 위해 사람을 모집하거나 직업으로 소개하는 등 불법으로 간주되는 행위를 말한다. 최근에는 인터넷 등 사이버를 통한 성매매가 증가하고 있다. 2008년 성매매를 방지하고, 성매매 피해자 및 성을 파는 행위를 한 사람의 보호와 자립을 지원하는 것을 목적으로 「성매매방지 및 피해자보호 등에 관한 법률」을 제정하고, 2011년에는 식품접객업소 등 사업장에 성매매방지 관련 정보를 게시하도록 의무화하는 등을 내용으로 법률이 개정되었다.

(2) 여성폭력 피해자에 대한 지원

여성긴급전화 1366의 원스톱 전화운영체계가 1997년에 제정된 「가정폭력방지 및 피해자보호 등에 관한 법률」에 근거하여 가정폭력 · 성폭력 피해자 및 성매매 피해여성을 위해 운영되고 있다. 여성폭력이 급증함에 따라 가정폭력 및 성폭력 관련 지원 서비스는 피해자를 상담하고 보호함으로써 신체적 · 정신적 안정을 되찾고 사회 복귀를 지원할 수 있도록 보호시설 운영 및 상담 사업으로 확대 운영되고 있다. 성매매 피해자에 대한 보호와 지원 서비스의 경우, 성매매피해 상담소 및 피해자 지원시설은 자활지원센터, 그룹홈 등이 있으며, 성매매 피해자 특성을 고려한 긴급구조, 상담, 의료, 법률지원, 심리치료, 진학, 취업지원, 일자리 제공 등의 맞춤형 서비스를 제공한다.

3) 가족부문: 취약계층 여성을 위한 복지

취약계층 여성은 주로 저소득층 한부모가정, 빈곤여성 가구, 그리고 최근에는 결혼이주 여성의 증가에 따른 다문화가족이 취약계층 여성 집단으로 편입되었다. 취약계층 여성을 위한 사회복지서비스로 상담사업, 시설보호사업 그리고 이 여성들을 위한 사업 운영 등을 들 수 있다.

(1) 한부모가정 등 취약가정 지원

한부모가정(모부자가정)이란 어머니 혹은 아버지 한 사람과 18세 미만의 자녀로 이루어진 가정을 말하며, 「한부모가정지원법」은 이 가정들을 대상으로 양육비, 교육비, 복지자금대여, 임대주택 우선입주 등의 혜택을 주는 제도다. 이 제도는 국민기초생활보장제도 같은 다른 제도와 중복혜택을 받을 수 없다. 신청 대상자는 한국 국적을 취득한 국민이어야 하며, ① 남편과의 사별, 이혼 또는 남편으로부터 버림받거나 남편의 장애로 인해 생활능력을 상실한 경우, 남편이 가출 또는 본인이 가출한 경우, ② 본인의 한국 국적 유무와 상관없이 한국 국적의 18세 미만 자녀를 양육하는 경우, ③ 저소득층 등의 전제조건이 있다.

최근 가족 내의 남녀관계를 보여 주는 가구주 분포, 즉 남성은 생계부양자, 여성은 보살핌을 받는 자라는 이분법적 구조에 큰 변화가 일어나고 있다. 가구의 생계를 책임지는 여성가구주는 2000년 2,653천 가구, 2015년 5,666천 가구로(전체 가구의 29.6%) 큰 폭으로 증가했다(www.index.go.kr). 혼인 상태별 여성가구주의 분포를 살펴보면, 예전과 달리 사별에 의한 여성가구주의 비율은 감소하고, 배우자가 있거나 이혼을 통해 가구주가 된 여성이 증가하여 여성이 보살피는 자뿐만 아니라 생계부양자 역할을 하는 등 남녀관계에서의 변화를 분명히 보여 준다.

여성가구주는 취업, 자녀 양육, 가사노동 등 삼중고를 떠맡아야 하며, 이 가정은 대체로 빈곤층으로 편입될 가능성이 크다. 저소득층 한부모가 증가함에 따라 우리나라는 「한부모가정지원법」을 제정하여 다양한 지원을 하고 있다. 저소득층 한부모가족지원 대상은 모 또는 부와 그에 의해 양육되는 만 18세 미만의 자녀(취학한 20세 미만의 자녀 포함)로 이루어진 가정이다(여성가족부, 2008). 저소득층 한부모를 위한 시설로는 모자자립시설, 일시보호시설, 미혼모시설, 양육모그룹홈 등이 있으며, 2012년에는 한부모, 미혼모 등 취약계층 가족의 지원을 위해 청소년 한부모 아동양육비 및 학습비 지원과 자립지원수당이 신설되었다. 저소득층 한부모가정의 자립을 위해 여성 가장을 대상으로 실업자 취업훈련도 지원한다.

(2) 결혼이주여성을 위한 복지

1990년대 후반부터 결혼이주여성이 증가함으로써, 이는 우리 사회에서 결혼의 한 형태로 떠오르고 있다. 결혼이민자의 국적은 중국, 베트남, 필리핀 순이며(김희연 외, 2016),

거주인구 중 결혼이민자의 비율은 농촌지역에서 현저히 높다. 결혼이주여성이 한국 남성과 결혼하여 자녀를 이룬 가정의 수는 점차 증대하고 있다. 2012년 9월에 발표한 국내 학교에 재학 중인 다문화가정 자녀의 수는 4만 6,954명으로 2006년에 비해 5배가 늘어났다(한겨레신문, 2012. 9. 7.). 결혼이주여성을 지원하는 다문화가족지원센터는 전국에 217개소가 설치되어 있다. 여기서는 ① 가족상담 및 교육, ② 방문교육서비스, ③ 한국어교육, ④ 자녀지원, ⑤ 통번역서비스 등을 제공하고 있다(www.mogef.go.kr). 또한 긴급복지지원제도로 결혼이주 여성이 주 소득자의 사망, 중한 질병, 가족폭력 및 화재 등 각종 위기상황에 효과적으로 대처하기 위한 일종의 공공부조가 있다.

제4절 노인복지

과거에는 장수가 축복이었으나, 현대사회는 고령화가 진행되면서 장수가 각종 사회문제를 낳고 있다. 노인이 현대사회에서 직면하고 있는 문제는 노인차별과 관련된 것이며, 이를 해결하기 위한 노인복지정책과 서비스도 다양하게 전개되고 있다.

1. 노인이 직면하는 문제

노인이 되면 여러 가지 문제에 직면한다. 일반적인 노인의 4가지 고통(四苦)은 신체적 노화, 경제적 빈곤, 심리적 소외, 사회적 배제이다. 그리고 이러한 문제들이 전체적으로는 노인차별(ageism)로 나타난다. 노인차별이란 노인을 늙고 무기력하고 쓸모없는 존재로 여겨 사회적 부담으로 보고 차별하는 것을 의미한다. 노인차별은 특정 연령층에 해당하는 모든 사람을 부당하게 처우한다는 점에서, 인종차별이나 성차별과 유사하다(Kirst-Ashman, 2003: 273-275; Zastrow, 2000b: 495).

다음은 조기퇴직과 고용차별이다. 대부분의 노인들은 지적 · 신체적으로 일할 수 있는 능력을 보유하고 있음에도 퇴직제도에 따라 강제로 은퇴해야 한다. 사람을 직업으로 평가하는 경향이 강한 현대사회에서, 실직한 노인들은 대접받기 어렵다. 퇴직은 은퇴한 사람을 주류사회에서 소외시킨다. 그리고 기업들은 대체로 젊은 사람을 선호하고 나이 든 사람을 배제한다. 미국은 1967년 「고용연령차별금지법(the Age Discrimination in Employment Act, ADEA)」을 제정해 40~65세 연령층을 고용에서 차별하는 것을 금지했다. 그럼에도 대부분의 기업들이 신규 고용 조건으로 해당 분야 2~3년의 경험을 요구하고 노인을 과잉 자격자(over-qualified)로 간주해 채용을 하지 않는 것이 현실이다. 게다가 65세 이상 노인은 「고용연령차별금지법」의 보호를 받을 수조차 없다(Kirst-Ashman, 2003: 276).

한편 노인은 만성 질환, 퇴행성 질환, 성인병 등 여러 질병에 시달리며, 유병률이 다른 연령층에 비해 매우 높다. 고독, 친구나 가족의 죽음, 퇴직, 지위 상실, 소득 감소, 육체적 약화 등으로 인한 스트레스 또한 노인의 유병률을 높인다. 높은 유병률은 높은 수진율로 이어진다. 따라서 노인의 의료비 부담도 과중해진다.

그리고 빈민의 상당수가 노인이다. 가난한 노인들은 의식주 등 기본적 욕구도 제대로 충족시키지 못하고 있다. 국가의 사회보장제도 역시 빈곤 노인에게 최저생계비 이상을 보장해 주지 못하고 있다.

그 밖에도 노인들은 가족과 친구의 상실, 주거 조건의 악화, 성 문제, 영양상태의 악화, 정서적 문제, 사망, 노인학대 등과 같은 문제를 안고 있다(Zastrow, 2000b: 503- 508; Kirst-Ashman, 2003: 279).

① 가족과 친구의 상실: 나이가 들면서 가족과 가까운 친구를 하나둘씩 잃게 된다. 이는 노인을 더욱 외롭게 만든다. 자녀들이 독립해 나가면 노인은 홀로 남는다.

② 주거조건의 악화: 자기 소유의 주택을 가지지 못한 노인들은 분가한 자녀나 친척의 집에 의지해 살아야 한다. 이 경우 노인의 주거조건은 열악하다.

③ 성 문제: 노인도 성적 욕구가 있으나 노인의 성에 대한 사회적 인식은 부정적이다. 따라서 노인의 성적 욕구는 충족되기 어렵다.

④ 영양상태의 악화: 이동의 부자유, 영양에 대한 지식의 부족, 경제적 곤란, 치아상태, 조리능력의 저하 등 때문에 노인의 영양은 만성적 악화상태에 있다.

⑤ 정서적 문제: 심리사회적 상실감(사랑하는 사람의 사망으로 인한)과 인생 목표의 상실 등으로 인해 노인들의 상당수가 우울증과 같은 정서적 문제를 안고 있다. 노인의 우울증은 자살로 이어지기도 한다.

⑥ 사망: 요양원 등 시설에서 사망하는 노인(점차 증가하는 추세)의 경우 인간존엄성을 상실한 채 사망할 확률이 높다.

⑦ 노인학대: 노인에 대한 신체적 · 정서적 학대이다. 노인을 경제적으로 이용하는 것과 노인을 방임(치료를 게을리 하는 것 등)하는 것도 포함된다. 노인을 부양하는 가족이나 노인시설의 직원에 의해 주로 발생한다.

〈표 8-6〉 노인문제

노인문제	내 용
노인차별	단지 나이가 들었다는 이유만으로 노인을 차별하고 편견을 갖는 것으로 노인에 대한 부정적인 이미지와 태도를 의미한다. 노인차별은 특정 연령층에 해당하는 모든 사람을 부당하게 처우한다는 점에서 인종차별이나 성차별과 매우 유사하다.
퇴 직	대부분의 노인들은 지적으로나 육체적으로 근로할 수 있는 능력을 보유하고 있음에도 퇴직제도에 따라 강제로 은퇴해야 한다. 사람을 직업으로 평가하는 경향이 강한 현대사회에서 실직한 노인들은 대접받기 어렵다. 퇴직은 은퇴한 사람을 주류사회에서 소외시킨다.
고용차별	기업들은 대체로 젊은 사람을 선호하고 나이 든 사람을 배제한다. 연령에 따른 고용차별을 금지하는 법이 있다 하더라도 노인은 과잉 자격자로 간주해 채용을 하지 않거나, 65세 이상 노인은 이의 보호마저 받을 수 없는 것이 현실이다.
질 병	노인은 만성 질환, 퇴행성 질환, 성인병 등 여러 질병에 시달리며, 유병률이 다른 연령층에 비해 매우 높다. 고독, 친구나 가족의 죽음, 퇴직, 지위 상실, 소득 감소, 육체적 약화 등으로 인한 스트레스 또한 노인의 유병률을 높인다.
빈 곤	빈민의 상당수가 노인이다. 가난한 노인들은 의식주 등 기본적 욕구도 제대로 충족시키지 못하고 있다. 국가의 사회보장제도 역시 빈곤 노인에게 최저생계비 이상을 보장해 주지 못하고 있는 실정이다.
가족과 친구의 상실	나이가 들면서 가족과 가까운 친구를 하나둘씩 잃게 된다. 이는 노인을 더욱 외롭게 만든다. 자녀들이 독립해 나가면 노인은 홀로 남는다.
주거조건의 악화	자기 소유의 주택을 가지지 못한 노인들은 분가한 자녀나 친척의 집에 의지해 살아야 한다. 이 경우 노인의 주거조건은 열악하다.
성문제	노인도 성적 욕구가 있으나 노인의 성에 대한 사회적 인식은 부정적이다. 따라서 노인의 성적 욕구는 충족되기 어렵다.
영양상태의 악화	이동의 부자유, 영양에 대한 지식의 부족, 경제적 곤란, 치아상태, 조리능력의 저하 등 때문에 노인의 영양은 만성적 악화상태에 있다.
정서적 문제	심리사회적 상실감(사랑하는 사람의 사망으로 인한)과 인생 목표의 상실 등으로 인해 노인들의 상당수가 우울증과 같은 정서적 문제를 안고 있다. 노인의 우울증은 자살로 이어지기도 한다.
사 망	요양원 등 시설에서 사망하는 노인(점차 증가하는 추세)의 경우 인간존엄성을 상실한 채 사망할 확률이 높다.

노인문제	내 용
노인학대	노인에 대한 신체적 · 정서적 학대이다. 노인을 경제적으로 이용하는 것과 노인을 방임(치료를 게을리 하는 것 등)하는 것도 포함된다. 노인을 부양하는 가족이나 노인시설의 직원에 의해 주로 발생한다.

2. 노인복지서비스의 유형

노인복지서비스의 가장 대표적인 것이 장기요양보호(long-term care)이다. 장기요양보호란 자신을 스스로 케어할 수 있는 능력의 일부 또는 전부를 상실한 사람을 장기간 보호하기 위한 보건의료서비스, 개인적 케어, 사회복지서비스를 말한다. 장기요양보호는 가정기반서비스, 지역사회기반서비스, 요양원 등 세 가지 유형이 있다.

1) 가정기반서비스(home-based services)

홈 케어(home care), 즉 거택보호를 말한다. 노인의 가족구성원이 노인을 케어하는 것과 사회복지기관이 가정에 있는 노인을 보호하는 것이다. 노인부양 네트워크는 비공식적 · 공식적 네트워크가 있다. 비공식적 부양 네트워크(informal support network)는 친구, 이웃, 교인이 제공하는 정서적 · 사회적 · 경제적 지원을, 공식적 부양 네트워크(formal support network)는 공공기관과 민간기관의 직원들이 제공하는 노인을 위한 보건의료, 사회복지서비스, 가사서비스를 말한다(Kirst-Ashman, 2003: 283).

2) 지역사회기반서비스(community-based services)

공식적 지원서비스로서 가정 밖의 지역사회에서 노인을 케어하는 것으로 다음과 같은 프로그램들을 포함한다(Kirst-Ashman, 2003: 284).

① 노인데이케어: 낮에 가족으로부터 케어받을 수 없는 노인을 위한 서비스이다.

② 호스피스(hospice): 시한부 환자가 편안하게 임종을 맞도록 돕는다. 환자 가정이나 호스피스시설에서 서비스를 받을 수 있다.

③ 시니어센터(senior centers): 연극, 강의, 예술, 공예, 체력 운동, 요리, 건강 체크 등

노인의 다양한 사회적 활동과 교육 및 레크리에이션 활동을 지원한다.

④ 단체급식 프로그램(congregate meal programs): 노인에게 단체로 따뜻한 음식을 제공한다. 노인이 서로 사귈 수 있는 기회도 된다.

⑤ 노인주택 유지 보수 프로그램(senior home repair and maintenance programs): 노인이 살고 있는 주택을 보수하고 유지하는 것을 돕는 프로그램이다. 자원봉사자들이 많이 참여한다.

3) 요양원(nursing homes)

자신을 보살필 능력이 없는 사람을 위한 생활시설이다. 미국의 경우 요양원 입소 노인은 고령, 독신, 백인 여성이 대부분을 차지하고 있다. 미국에서 요양원은 고가의 병원 진료를 대신하기 위해 발전했으며, 메디케어(Medicare, 사회보장연금 수급자를 위한 건강보험)와 메디케이드(Medicaid, 빈민을 위한 의료급여)가 케어 비용을 부담한다. 오늘날 약 160만 명의 노인(전체 65세 이상 노인 인구의 약 5%)이 요양 관련 시설에서 생활하고 있으며, 요양원 건설은 수십억 달러에 달하는 산업이 되어 있다. 요양원 병상 수가 병원보다 많다. 앞으로 65세 이상 노인 인구의 2할 정도가 요양원에서 생활하게 될 전망이다.

한편 미국에서도 요양원에 대한 인식은 부정적이다. 미국의 평균적인 노인은 요양원을 인간 쓰레기장(human junk yard), 감옥(인간 사회와 묘지 사이에 있는), 저승에 있는 망각의 강(oblivion)에의 첫걸음으로 인식하고 있다. 한마디로 노인이 죽음을 기다리는 장소로 생각하고 있다는 것이다. 요양원의 문제점은 요양원 직원에 의한 노인학대 가능성이다. 다음은 과밀 수용이다. 한 방에 많은 노인을 수용하는 것이다(Zastrow, 2000b: 511).

요양원이 제공하는 서비스는, ① 영양에 초점을 둔 식단, ② 산책, 공예, 게임, 축하 행사 등 다양한 활동, ③ 요양서비스, 데이케어서비스, 보건의료서비스, ④ 입소자의 사회적 · 정서적 욕구 충족, 입소 노인 가족에 대한 지원, 외부 서비스와의 연계 등과 같은 사회복지서비스, ⑤ 가사 및 세탁, ⑥ 의사, 물리치료사, 피부 전문가 등 의료진이 제공하는 일상적 의료서비스 등 매우 다양하다(Kirst-Ashman, 2003: 287-288).

이상적 요양원은 입소 노인들에게 수준 높은 레크리에이션, 사회적 · 교육적 프로그램을 제공하고, 안전하고 위생적인 설비를 갖춘 곳이다. 그리고 시설 안에서 남녀 노인이 자유스럽게 활동할 수 있는 기회와 폭넓은 치료적 · 사회적 서비스, 레크리에이션, 재활서비스도 제공해야 한다(Zastrow, 2000b: 512).

3. 한국의 노인복지정책 및 서비스

1) 노인복지시설

우리나라 「노인복지법」은 노인복지시설을 노인주거복지시설, 노인의료복지시설, 노인여가복지시설, 재가노인복지시설로 구분하고 있다. 노인주거복지시설은 양로시설, 노인공동생활가정, 노인복지주택이 있고, 노인의료복지시설은 노인요양시설, 노인요양공동생활가정이 있으며, 노인여가복지시설은 노인복지관, 경로당, 노인교실이 있고, 재가노인복지시설은 방문요양서비스, 주 · 야간보호서비스, 단기보호서비스, 방문목욕서비스가 있다.[7]

(1) 노인주거복지시설

노인주거복지시설은 노인을 입소시켜 보호하는 생활시설과 노인의 주거를 보장하는 시설로 양로시설, 노인공동생활가정, 노인복지주택을 포함한다.

양로시설은 노인을 입소시켜 급식과 그 밖에 일상생활에 필요한 편의를 제공함을 목적으로 하는 시설이고, 노인공동생활가정은 노인에게 가정과 같은 주거여건과 급식, 그 밖에 일상생활에 필요한 편의를 제공함을 목적으로 하는 시설이며, 노인복지주택은 노인에게 주거시설을 분양 또는 임대하여 주거의 편의 · 생활지도 · 상담 및 안전관리 등 일상생활에 필요한 편의를 제공함을 목적으로 하는 시설이다.

7) 원래 노인복지시설은 노인주거복지시설과 노인의료복지시설에 무료, 실비, 유료 등의 구분이 있었으나 노인장기요양보험의 실시로 구분의 의미가 없어짐에 따라 현재와 같이 개정되었다.

〈표 8-7〉 노인주거복지시설

노인문제	내 용
양로시설	노인을 입소시켜 급식과 그 밖에 일상생활에 필요한 편의를 제공함을 목적으로 하는 시설
노인공동생활가정	노인에게 가정과 같은 주거여건과 급식, 그 밖에 일상생활에 필요한 편의를 제공함을 목적으로 하는 시설
노인복지주택	노인에게 주거시설을 분양 또는 임대하여 주거의 편의 · 생활지도 · 상담 및 안전관리 등 일상생활에 필요한 편의를 제공함을 목적으로 하는 시설

(2) 노인의료복지시설

노인의료복지시설은 고령화에 따른 치매, 중풍 등 만성 질환으로 장기요양을 필요로 하는 노인 중 식사하기, 세수하기, 화장실 이용하기 등 일상생활기본동작에 장애가 있는 노인을 위한 시설이다.

노인요양시설은 치매 · 중풍 등 노인성 질환 등으로 심신에 상당한 장애가 발생하여 도움을 필요로 하는 노인을 입소시켜 급식 · 요양과 그 밖에 일상생활에 필요한 편의를 제공함을 목적으로 하는 시설이고, 노인요양공동생활가정은 치매 · 중풍 등 노인성 질환 등으로 심신에 상당한 장애가 발생하여 도움을 필요로 하는 노인에게 가정과 같은 주거여건과 급식 · 요양, 그 밖에 일상생활에 필요한 편의를 제공함을 목적으로 하는 시설이다.

〈표 8-8〉 노인의료복지시설의 종류

시설의 종류	내 용
노인요양시설	치매 · 중풍 등 노인성 질환 등으로 심신에 상당한 장애가 발생하여 도움을 필요로 하는 노인을 입소시켜 급식 · 요양과 그 밖에 일상생활에 필요한 편의를 제공함을 목적으로 하는 시설
노인요양 공동생활가정	치매 · 중풍 등 노인성 질환 등으로 심신에 상당한 장애가 발생하여 도움을 필요로 하는 노인에게 가정과 같은 주거여건과 급식 · 요양, 그 밖에 일상생활에 필요한 편의를 제공함을 목적으로 하는 시설

(3) 노인여가복지시설

노인여가복지시설은 노인복지관, 경로당, 노인교실 등 노인의 여가를 위한 시설(생활시설이 아니라 이용시설)이다.

노인복지관은 노인의 교양 · 취미생활 및 사회참여활동 등에 대한 각종 정보와 서비스를 제공하고, 건강증진 및 질병예방과 소득보장 · 재가복지, 그 밖에 노인의 복지증진에 필요한 서비스를 제공함을 목적으로 하는 시설이고, 경로당은 지역노인이 자율적으로 친목도모 · 취미활동 · 공동작업장 운영 및 각종 정보교환과 기타 여가생활을 할 수 있도록 하는 장소를 제공함을 목적으로 하는 시설이며, 노인교실은 노인에 대하여 사회활동 참여욕구를 충족시키기 위하여 건전한 취미생활 · 노인건강유지 · 소득보장 기타 일상생활과 관련한 학습 프로그램을 제공함을 목적으로 하는 시설이다.

〈표 8-9〉 노인여가복지시설의 종류

시설의 종류	내 용
노인복지관	노인의 교양 · 취미생활 및 사회참여활동 등에 대한 각종 정보와 서비스를 제공하고, 건강증진 및 질병예방과 소득보장 · 재가복지, 그 밖에 노인의 복지증진에 필요한 서비스를 제공함을 목적으로 하는 시설
경로당	지역노인이 자율적으로 친목도모 · 취미활동 · 공동작업장 운영 및 각종 정보교환과 기타 여가생활을 할 수 있도록 하는 장소를 제공함을 목적으로 하는 시설
노인교실	노인에 대하여 사회활동 참여욕구를 충족시키기 위하여 건전한 취미생활 · 노인건강유지 · 소득보장 기타 일상생활과 관련한 학습프로그램을 제공함을 목적으로 하는 시설

(4) 재가노인복지시설

재가노인복지시설은 노인을 가정에서 돌볼 수 없는 가정을 위한 노인복지서비스이다. 핵가족화 및 여성의 사회참여 확대로 인해 가정의 노인부양에 대한 전통적 책임의식이 붕괴되고 있고, 급속한 고령화로 노인인구가 크게 증가됨에 따라 노인재가복지시설의 수요가 크게 늘어나고 있다.

방문요양서비스는 가정에서 일상생활을 영위하고 있는 노인(재가노인)으로서 신체적 · 정신적 장애로 어려움을 겪고 있는 노인에게 필요한 각종 편의를 제공하여 지역사회 안에서 건전하고 안정된 노후를 영위하도록 하는 서비스이고, 주 · 야간보호서비스는 부득이한 사유로 가족의 보호를 받을 수 없는 심신이 허약한 노인과 장애노인을 주간 또는 야간 동안 보호시설에 입소시켜 필요한 각종 편의를 제공하여 이들의 생활안정과 심신기능의 유지 · 향상을 도모하고, 그 가족의 신체적 · 정신적 부담을 덜어 주기 위한 서비스이며, 단기보호서비스는 부득이한 사유로 가족의 보호를 받을 수 없어 일시적으로 보호가 필요한 심신이 허약한 노인과 장애노인을 보호시설에 단기간 입소시켜 보호함으로써 노인 및 노인가정의 복지증진을 도모하기 위한 서비스이고, 방문목욕서비스는 목욕장비를 갖추고 재가노인을 방문하여 목욕을 제공하는 서비스이다.

〈표 8-10〉 재가노인복지시설의 종류

시설의 종류	내 용
방문요양서비스	가정에서 일상생활을 영위하고 있는 노인으로서 신체적 · 정신적 장애로 어려움을 겪고 있는 노인에게 필요한 각종 편의를 제공하여 지역사회 안에서 건전하고 안정된 노후를 영위하도록 하는 서비스
주 · 야간 보호서비스	부득이한 사유로 가족의 보호를 받을 수 없는 심신이 허약한 노인과 장애노인을 주간 또는 야간 동안 보호시설에 입소시켜 필요한 각종 편의를 제공하여 이들의 생활안정과 심신기능의 유지 · 향상을 도모하고, 그 가족의 신체적 · 정신적 부담을 덜어 주기 위한 서비스
단기보호서비스	부득이한 사유로 가족의 보호를 받을 수 없어 일시적으로 보호가 필요한 심신이 허약한 노인과 장애노인을 보호시설에 단기간 입소시켜 보호함으로써 노인 및 노인가정의 복지증진을 도모하기 위한 서비스
방문목욕서비스	목욕장비를 갖추고 재가노인을 방문하여 목욕을 제공하는 서비스

2) 기초연금

우리나라 기초연금[8]은 노인에게 기초연금을 지급(2008년부터 지급)하여 안정적인 소득

8) 「기초연금법」은 2015년 9월에 제정되었다. 이 법은 2008년 제정된 「기초노령연금법」을 명칭과 내용의 일부를 개정한 것이다.

기반을 제공함으로써 노인의 생활안정을 지원하고 복지를 증진하는 데 목적이 있다. 기초연금 수급자는 65세 이상 노인으로 일정 소득 이하인 사람이고, 공무원, 사립학교 교직원, 군인, 별정우체국직원 등 직역연금 수급권자 및 그 배우자는 제외한다. 기초연금 재정은 가입자가 내는 보험료가 아니라 조세로 충당된다.

기초연금은 중하위 소득계층 노인(전체 노인의 70%)을 대상으로 하고 재정을 모두 정부가 부담하기 때문에 상당한 재정이 필요하다. 막대한 재정 부담에도 불구하고 우리나라 정부가 기초연금을 신설한 것은 급격한 고령화와 국민연금 사각지대에 놓인 노인에 대한 대책이 절실했기 때문이다.

(1) 적용대상

기초연금의 수급대상자는 65세 이상 노인으로서 일정 소득 이하의 조건을 갖추어야 한다. 소득기준은 소득과 재산을 소득으로 환산한 금액을 합해서 결정된다.

소득인정액의 산출기초가 되는 소득의 범위는 다음과 같다. 첫째, 근로소득이다. 단 비과세되는 소득은 제외한다. 둘째, 사업소득이다. 농업소득을 포함한다. 셋째, 재산소득이다. 재산소득은 임대소득과 이자소득을 포함한다. 이자소득은 금융재산으로부터 발생하는 이자와 배당 또는 할인에 의하여 발생하는 소득이다. 단, 만기시점에서 이자소득을 지급하는 금융재산 등 재산현황의 조사시점에서 이자소득의 발생을 확인할 수 없는 금융재산은 재산가액의 일정 비율을 이자소득으로 한다. 넷째, 기타 소득으로서 정기적으로 지급되는 각종 수당 · 연금 · 급여 및 보조금이다. 소득인정액의 산출을 위한 소득평가액은 이상의 소득 금액을 합산하여 월 평균한 금액으로 한다.

그리고 소득인정액의 산출기초가 되는 재산의 범위는 다음과 같다. 첫째, 일반재산이다. 토지, 건축물 및 주택을 포함한다. 단, 종중재산 · 마을공동재산과 그 밖에 이에 준하는 공동의 목적으로 사용하는 재산은 제외한다. 주택 · 상가 · 건물 등에 대한 임차보증금(전세금 포함)도 포함된다. 둘째, 금융재산이다. 금융자산, 보험상품을 포함한다. 셋째, 자동차이다. 단, 상이등급 판정을 받은 국가유공자 등이 소유한 자동차, 장애인이 소유한 자동차, 비과세 자동차는 제외한다. 넷째, 골프장 회원권이다. 다섯째, 부동산을 취득할 수 있는 권리이다. 조합원입주권, 건물이 완성되는 때에 그 건물과 이에 부수되는 토지를 취득할 수 있는 권리를 포함한다. 여섯째, 타인에게 증여된 재산이다.

단, 증여된 재산은 증여한 날부터 5년 동안만 재산에 포함한다. 그리고 재산의 가액은 조사일 현재의 시가표준액, 계약서상의 보증금 및 전세금, 금융재산별 가액 등을 기준으로 한다.

재산의 소득환산액은 이상과 같은 재산가액을 모두 합산한 금액에서 대출금 · 연체금 및 신용카드 미결제금액, 임대보증금, 부채를 뺀 금액을 12로 나눈 금액(월 소득 환산액)으로 한다. 재산의 소득환산율은 4%이다.

〈표 8-11〉 기초연금 소득 재산 기준

기 준	내 용
소 득	• 근로소득: 비과세 소득 제외 • 사업소득: 농업소득 포함 • 재산소득: 임대소득과 이자소득 포함 • 기타 소득: 정기적으로 지급되는 각종 수당 · 연금 · 급여 및 보조금
재 산	• 일반재산: 토지, 건축물, 주택 · 상가 · 건물 등에 대한 임차보증금(전세금 포함)도 포함 • 금융재산: 금융자산, 보험상품 포함 • 자동차: 상이등급 판정을 받은 국가유공자와 장애인 소유 자동차, 비과세 자동차는 제외 • 골프장 회원권 • 부동산 취득권 • 증여 재산: 증여 후 5년 동안만 재산에 포함

(2) 재정

기초연금의 재정은 국가 또는 지방자치단체가 부담한다. 국가는 지방자치단체의 노인인구 비율 및 재정여건 등을 고려하여 재정의 40~90%를 부담한다. 국가가 부담한 금액의 나머지 부분은 지방자치단체가 분담하되, 그 부담비율은 노인인구 비율 및 재정여건 등을 고려하여 시 · 도의 조례로 정한다.

3) 노인지원사업

노인지원사업은 노인의 노후 대비, 취업, 일자리 마련 등을 지원하는 사업으로서 지역시니어클럽, 노인취업알선센터, 노인공동작업장 등이 있다.

(1) 지역사회 시니어클럽

노인의 사회활동 참여 확대를 통해 노후생활에 대비하는 것을 지원하기 위해 2001년 하반기부터 지역사회 시니어클럽사업이 실시되고 있다. 현재 전국적으로 약 20개의 지역사회 시니어클럽이 운영되고 있는데, 청정 유기 농작물 재배·판매, 숲 해설 등 교육·문화사업, 주유원 파견 등 용역서비스업, 한과 제조·판매, 간병인 파견, 창업지원사업, 열린공부방 등 소득 창출 및 사회봉사활동을 하고 있다.

(2) 노인취업알선센터

노인취업상담 및 알선을 통하여 노인에게 소득을 올릴 수 있는 기회를 부여하고자 사단법인 대한노인회를 통하여 1981년부터 1996년까지 60개소의 노인능력은행을 운영해 왔으나 규모가 영세하고 전문성이 부족하여 활성화되지 못했다. 이를 감안하여 노인능력은행을 1997년부터 노인취업알선센터로 개편하였다.

(3) 노인공동작업장

노인의 적성과 능력에 맞는 일거리를 마련하여 여가 선용 및 소득 기회를 제공함으로써 보람 있는 노후생활을 보장하고자 1986년부터 노인공동작업장이 설치, 운영되고 있다. 경로당 또는 노인복지시설로서 작업장 설치가 가능한 시설을 활용하여 특별한 기술이 필요하지 않고 노인의 적성과 능력에 적합한 일거리를 선정, 노인에게 제공하고 있다.

4) 노인장기요양보험

노인장기요양보험(2008년 7월부터 시행)은 사회보험이므로 사회복지서비스의 하나인 노인복지 영역에서 다룰 필요는 없다. 그러나 노인장기요양보험의 도입으로 노인 케어에 소요되는 비용이 보험 처리되고, 노인복지시설에서의 무료, 실비, 유료의 구분이 없어지는 등 노인복지서비스에 큰 영향을 미치고 있기 때문에 노인장기요양보험에 대한 이해가 반드시 필요하다.

노인장기요양보험은 노령이나 기타 질병에 의해 거동이 불편하여 타인의 도움과 보호가 필요한 사람의 사회적 보호, 즉 장기요양보호(long-term care)의 비용을 사회보험방식으로 조달하기 위한 제도이다. 우리나라 노인장기요양보험의 주요 내용을 정리하면 다음과 같다.

(1) 적용대상

노인장기요양보험의 대상자는 65세 이상 노인 또는 65세 미만 노인성 질환자(치매, 중풍 등)로서 거동이 불편하거나 치매 등으로 인지가 저하되어 6개월 이상의 기간 동안 혼자서 일상생활을 수행하기 어려운 사람이다.[9] 대상자 여부는 등급판정위원회에서 판정한다. 등급판정위원회는 장기요양인정 및 등급판정을 위한 심의기구로서 지역단위(시 · 군 · 구)별로 설치하고, 위원은 15인 이내로 구성한다. 위원은 의료인, 사회복지사, 시 · 군 · 구 소속 공무원, 법학 또는 장기요양에 관한 학식과 경험이 풍부한 자 중에서 시장 · 군수 · 구청장이 추천하고, 의사 또는 한의사가 각각 1인 포함된다.

장기요양등급은 장기요양등급 신청인의 신청을 받아 소정의 교육을 이수한 간호사, 사회복지사, 물리치료사 등으로 구성된 건강보험공단 소속 장기요양 직원이 신청인 거주지를 방문하여 조사한 결과를 가지고 산정한다. 방문조사 일정은 사전 통보해 정하고, 원하는 장소와 시간은 공단직원과 협의하여 조정 가능하다. 조사내용은 기본적 일상생활활동(ADL),[10] 수단적 일상생활활동(IADL),[11] 인지기능, 행동변화, 간호처치, 재활영역 각 항목에 대한 신청인의 기능상태와 질병 및 증상, 환경상태, 서비스욕구 등 12개 영역 90개 항목이고, 이 중 52개 항목으로 요양인정점수를 산정한다. 조사에 사용되는 「장기요양인정조사표」는 〈표 8-12〉와 같다.

9) 일본의 경우 2000년 개호보험 도입 시 65세 이상 노인(전 인구의 17.3%, 2,200만 명) 중 95~130만 명을 개호보험의 대상으로 했고, 우리나라는 2008년 도입 시 65세 이상 노인(전 인구의 10%, 500만 명) 중 17만 명을 적용대상으로 삼았다(보건복지부, 2008: 6).

10) ADL(Activities of Daily Livings)은 ① 옷 갈아입기, ② 세수, 양치질 및 머리 감기, ③ 목욕하기, ④ 식사하기, ⑤ 누웠다가 일어나 방문 밖으로 나오기, ⑥ 화장실 이용하기, ⑦ 대소변 조절하기(실금) 등 일상생활수행능력을 말한다.

11) IADL(Instrumental Activities of Daily Livings)은 ① 머리 빗질, 손발톱 깎기, 화장 또는 면도하기, ② 집 안 청소하기, ③ 식사 준비하기(음식재료를 준비하고 요리하고 밥상을 차리는 일), ④ 빨래하기, ⑤ 걸어서 외출하기(근거리 외출), ⑥ 교통수단 이용하기(원거리 외출), ⑦ 물건 사기, ⑧ 금전 관리하기(용돈, 통장 및 재산 관리), ⑨ 전화 받고 걸기, ⑩ 약 복용하기 등 수단적 일상생활수행능력을 말한다.

〈표 8-12〉 장기요양인정조사표

시설의 종류	내 용	
신체기능 (12항목)	• 옷 벗고 입기 • 양치질하기 • 목욕하기 • 일어나 앉기 • 방 밖으로 나오기 • 대변 조절하기	• 세수하기 • 식사하기 • 체위 변경하기 • 옮겨 앉기 • 화장실 사용하기 • 소변 조절하기
인지기능 (7항목)	• 단기 기억장애 • 날짜 불인지 • 장소 불인지 • 나이/생년월일 불인지	• 지시 불인지 • 상황판단력 감퇴 • 의사소통/전달장애
행동변화 (14항목)	• 망상 • 물건 망가트리기 • 길을 잃음 • 슬픈 상태, 울기도 함 • 부적절한 옷 입기 • 밖으로 나가려 함 • 도움에 저항	• 서성거림, 안절부절못함 • 환청, 환각 • 돈/물건 감추기 • 폭언, 위협행동 • 불규칙 수면, 주야혼돈 • 대/소변 불결행위 • 의미가 없거나 부적절한 행동
간호처치 (9항목)	• 기관지절개관 간호 • 도뇨관리 • 욕창간호 • 산소요법 • 투석간호	• 경관영양 • 흡인 • 장루간호 • 압성통증간호
재활 (10항목)	운동장애(4항목)	관절제한(6항목)
	• 우측상지 • 우측하지 • 좌측상지 • 좌측하지	• 어깨관절 • 팔꿈치관절 • 손목 및 수지관절 • 고관절 • 무릎관절 • 발목관절

원래 장기요양등급은 3등급체계였으나 2014년 7월 노인장기요양 등급체계 개편으로 6등급체계로 확대되었다. 각 등급은 장기요양인정점수로 산정되는데 95점 이상이 1등

급, 94~75점이 2등급, 74~60점이 3등급, 59~51점이 4등급, 50~45점이 5등급이다. 44점 이하는 인지지원등급이다.[12]

〈표 8-13〉 장기요양등급

장기요양등급	심신의 기능상태	장기요양인정 점수
1등급	심신의 기능상태 장애로 일상생활에서 전적으로 다른 사람의 도움이 필요한 자	95점 이상
2등급	심신의 기능상태 장애로 일상생활에서 상당 부분 다른 사람의 도움이 필요한 자	75~94점
3등급	심신의 기능상태 장애로 일상생활에서 부분적으로 다른 사람의 도움이 필요한 자	60~74점
4등급	심신의 기능상태 장애로 일상생활에서 일정 부분 다른 사람의 도움이 필요한 자	51~59점
5등급	치매대상자(「노인장기요양보험법 시행령」에 따른 노인성 질병으로 한정)	45~50점
인지지원등급	치매대상자(「노인장기요양보험법 시행령」에 따른 노인성 질병으로 한정)	45점 미만

(2) 요양급여

장기요양인정으로 판정을 받은 대상자는 재가급여(방문요양, 방문목욕, 방문간호, 주·야간보호, 단기보호 등), 시설급여, 특별현금급여 등 세 가지 형태의 서비스를 받을 수 있다. 재가급여는 가정에서 요양보호사와 간호사 등이 제공하는 식사 도움, 화장실 도움, 세면, 목욕, 말벗, 외출동행, 간호서비스, 집 안 청소 등 일상 가사지원서비스를 말한다. 그리고 하루 중 일정 시간 동안 주·야간보호시설을 이용한 기본적 요양서비스, 신체 또는 정신 기능 유지 및 기능 향상 프로그램 등에의 참여, 가족 등이 불가피하게 일정 기간 동안 집을 비워야 할 경우 노인을 단기보호시설에 입소시켜 요양서비스를 제공하는 것도 재가급여에 포함된다.

12) http://www.longtermcare.or.kr/(국민건강보험/노인장기요양보험 검색일 2022/12/1)

〈표 8-14〉 요양급여의 종류

<table>
<tr><th>급 여</th><th colspan="2">내 용</th></tr>
<tr><td rowspan="6">재가
급여</td><td>가사지원</td><td>요양보호사와 간호사 등이 제공하는 식사 도움, 화장실 도움, 세면, 목욕, 말벗, 외출동행, 간호서비스, 집 안 청소 등</td></tr>
<tr><td>방문목욕</td><td>목욕장비를 갖추어 노인을 방문하여 목욕서비스 제공</td></tr>
<tr><td>방문간호</td><td>의사의 지시를 받은 간호사가 노인을 방문하여 간호서비스 제공</td></tr>
<tr><td>주 · 야간보호</td><td>하루 중 일정 시간 동안 주 · 야간보호시설을 이용하여 기본적 요양서비스 제공</td></tr>
<tr><td>단기보호</td><td>단기보호시설에 입소시켜 요양서비스 제공</td></tr>
<tr><td>기타 재가급여</td><td>수급자의 일상생활 · 신체활동 지원 및 인지기능의 유지 · 향상에 필요한 용구 제공</td></tr>
<tr><td rowspan="2">시설
급여</td><td>노인요양시설</td><td rowspan="2">요양에 필요한 시설과 설비 및 전문인력을 갖추고 있는 노인요양시설에 장기간 입소시켜 전문요양서비스 제공</td></tr>
<tr><td>노인그룹홈</td></tr>
<tr><td rowspan="3">특별
현금
급여</td><td>가족요양비</td><td>도서벽지 지역 등 요양시설이 없어 불가피하게 가족 등으로부터 요양을 받는 경우에 지원되는 현금급여</td></tr>
<tr><td>특례요양비</td><td>요양인정자가 요양서비스 제공기관으로 지정되지 않은 시설 이용 시 요양서비스비용의 일부 지급(양로원, 장애인복지시설 등)</td></tr>
<tr><td>요양병원간병비</td><td>요양인정자가 「노인복지법」상 노인전문병원 또는 「의료법」상 요양병원 입원 시 간병비(간병인 이용비)의 일부 지급</td></tr>
</table>

시설급여는 요양에 필요한 시설과 설비 및 전문인력을 갖추고 있는 노인요양시설에 장기간 입소하여 전문요양서비스를 받게 하는 것이다. 특별현금급여란 도서벽지 지역 등 요양시설이 없어 불가피하게 가족 등으로부터 요양을 받는 경우에 지원되는 현금급여 등을 말한다.

보건복지부는 요양서비스의 기본원칙으로, ① 요양서비스는 노인 등의 심신상태 및 생활환경과 노인 등 및 그 가족의 욕구와 선택을 종합적으로 고려하여 실시하되 필요한 범위 안에서 적정하게 실시하여야 하고, ② 노인 등이 가족과 함께 생활하면서 가정에서 수발을 받는 재가수발급여가 우선적으로 실시되어야 하며, ③ 노인 등의 심신상태나 건강 등이 악화되지 않도록 의료서비스와 연계하여 실시한다는 것 등을 제시하였다.

(3) 재정

노인장기요양보험의 재정은 노인장기요양보험료, 국가지원, 본인일부부담으로 충당된다. 노인장기요양보험료는 건강보험 가입자(직장가입자, 지역가입자)가 부담하며, 건강보험료액에 노인장기요양보험료율을 곱하여 산정된다. 노인장기요양보험료는 건강보험료와 통합 고지되고, 징수 후 노인장기요양보험료와 건강보험료는 각각의 독립회계로 관리된다. 노인장기요양보험료율은 장기요양위원회의 심의를 거쳐 대통령령으로 정하게 되어 있다. 장기요양위원회는 보건복지부 장관 소속 심의기구(위원장 보건복지부 차관)로서 근로자단체, 사용자단체, 시민단체, 노인단체, 농어민단체, 자영업자단체 등 적용대상자 대표들과 의료계 등 장기요양기관 대표, 학계, 고위공무원단 소속 공무원, 공단 추천자 등 공익 대표로 구성된다.

국가는 보험료예상수입액의 20%(국고) 및 의료급여수급권자의 장기요양급여비용(국가와 지자체가 각각 분담)을 부담한다. 본인일부부담은 시설급여서비스 비용의 20%, 재가급여서비스 비용의 15%이다(원래 정부안에는 시설급여와 재가급여 모두 비용의 20/100으로 하는 것으로 되어 있었으나 국회 입법과정에서 이처럼 수정되었다). 소득 · 재산이 일정 금액 이하인 저소득층은 본인일부부담금을 1/2로 경감(시설급여 10%, 재가급여 7.5%)받으며, 국민기초생활수급노인은 무료이다.

〈표 8-15〉 노인장기요양보험의 재정

구 분	내 용
노인요양보험료	• 건강보험 가입자 부담 • 건강보험보험료율 × 노인장기요양보험료율 • 건강보험료와 통합 고지
국가부담	• 보험료 예상수입액의 20%(국고) • 의료급여수급권자의 장기요양급여비용(국가와 지자체가 각각 분담)
본인부담	• 시설급여서비스 비용의 20%, 재가급여서비스 비용의 15% • 저소득층은 본인일부부담금 1/2로 경감 • 국민기초생활수급노인은 무료

(4) 요양보호사

요양보호사는 노인의료복지시설이나 재가노인복지시설에서 장기요양급여수급자에게 신체적, 정신적, 심리적, 정서적 및 사회적 보살핌을 제공한다. 그리고 요양보호사는 의사, 간호사 및 가족들로부터 대상자에 대한 정보를 수집하여 요양보호서비스 계획을 세우고 대상자의 청결유지, 식사와 복약보조, 배설, 운동, 정서적 지원, 환경 관리 및 일상생활 지원 업무를 수행한다.

장기요양보험제도 도입 초기에는 일정 기간 소정의 교육과정만 이수하면 요양보호사 자격증을 얻을 수 있었으나 2009년 「노인복지법」을 개정하여 요양보호사 교육기관에서 교육과정을 이수한 후 국가자격시험에 합격해야만 자격증을 취득할 수 있게 되었다.

요양보호사 시험 응시자격은 신규자, 국가자격(면허)증 소지자, 요양 및 간병 업무 종사 경력자로 구분된다. 신규자는 국가가 지정한 요양보호사 교육기관에서 이론, 실기, 실습을 각 80시간씩 총 240시간을 이수해야 한다. 국가자격증 소지자의 경우 간호사는 40시간, 사회복지사와 간호조무사, 물리치료사, 작업치료사는 50시간의 교육을 받아야 한다. 요양 및 간병 업무 종사 경력자는 경력 종류에 따라 교육시간이 120~160시간으로 차등 감면된다.

시험과목은 요양보호론(필기시험)과 실기시험 두 과목이다. 요양보호론 필기시험은 요양보호개론, 요양보호 관련 기초지식, 기본요양보호각론 및 특수요양보호각론 등을 포함한다. 필기시험, 실기시험 모두 객관식이며, 100점 만점에 60점 이상을 취득해야 합격한다.

제5절 장애인복지

과거에는 장애를 저주로 인식하였으나, 현대사회에서는 장애를 손상의 개념으로 이해하고 있다. 장애인복지는 사회복지의 주요 분야로 본 절에서는 장애에 대한 인식의 변화와 장애의 분류, 정의를 살펴보고, 장애인의 인권보장과 복지서비스에 대해서 알아보고자 한다.

1. 장애에 대한 인식의 변화

과거 기독교 사회에서 장애인은 무엇인가 잘못된 사람, 일반인과 분리되어야 하는 사람으로 간주되었다. 구약성서에는 장애인이 종교의식에 참여하는 것을 거부했다는 기록이 있다. 중세는 기독교 사회가 장애인에게 낙인을 가한 암흑기였다. 성자 아우구스티누스(Augustinus, 354~430)는 장애를 죄에 대한 하느님의 벌, 악마가 존재하는 증거임을 지속적으로 환기시켰다. 마음의 병(disordered minds)은 악마의 힘 때문에 생기고, 장애를 안고 태어난 아동은 악마에게 신체를 장악당한 것, 엄마가 마녀임의 증거라고 했다. 기독교 사회에서 장애는 두려움, 조롱, 냉소를 자아내는 수치였다. 장애인은 노약자, 병자, 정신병자, 결함이 있는 사람으로 낙인 찍혀 구빈원, 수용소, 각종 사회복지 시설에 수용되었다.

17세기에는 신체장애의 정도를 계량화하는 시도가 있었다. 바레마(Baremas)가 그것이다. 바레마는 신체상해의 범위를 비율로 환산한 상해보상의 기준을 말하는데, 17세기 프랑스 수학자 프랑수아 바렘(François Barreme, 1638~1703)의 이름에서 나온 용어이다. 바렘은 사망자를 보상하는 데 필요한 신체 부분의 비율을 계산했다. 그가 계산한 신체 부분의 목록과 비율은 신체상해보상에 사용되었다. 바레마 개념은 게르만법에서 말하는 '사람 값(wergeld or manngeld)', 즉 신체상해를 입힌 사람이 피해자와 그 가족에게 보복을 면제받는 대가로 지불한 보상금에 뿌리를 두고 있다.[13] 신체적 장애를 점수화

13) 독일어로는 '뼈 세금(Knochentaxe)', 영어로는 '뼈의 비율(bone-rate)'로 불렸다.

(정상에서 완전 장애까지 0~100%로 점수화)한 바레마는 유럽 여러 나라로 빠르게 퍼져 나갔다. 나라별로 기준과 범주에서 적지 않은 편차[14]가 있고 따라서 객관성에 의문이 제기되고 있음에도 바레마는 상해보상의 기준으로 현재까지 광범위하게 사용되고 있다.

20세기 중후반 들어 장애에 대한 패러다임이 바뀌었다. 장애인은 비정상적인 사람이 아니라 치료가 필요한 사람, 도움이 필요한 사람으로 간주되었으며, 신체적 · 정신적 장애를 이유로 사회적으로 낙인을 가하고 차별하는 대신 장애인을 사회와 가족에 통합시켰다. 신체적 손상을 입은 장애인이라도 본인이 원하면 일할 수도 있고 결혼도 할 수 있으며, 부모가 될 수도 있고 공동체 안에서 자신의 능력을 발휘할 수도 있게 되었다. 장애인에 관한 각종 부정적 호칭이 중립적 용어로 대체되었으며 장애인에 대한 사회적 낙인도 크게 감소했다.

장애에 대한 이런 인식의 변화는 NGOs와 UN, WHO 등 국제조직이 주도적인 역할을 했다. 유럽 각국 NGOs는 정부와 입법부에 장애인에 대한 인식의 전환을 꾸준히 요구했으며, UN은 1981년을 장애인의 해로 선포했고, 1983~1992년을 장애인 10년으로 선포했으며(유럽연합도 2003년을 유럽 장애인의 해로 선포), 장애인의 기회균등을 촉구했다. WHO는 신체구조와 신체기능의 장애뿐만 아니라 사회적 차별까지 장애에 포함시키는 국제장애분류를 제시했다.

장애인의 사회참여를 제한하는 각종 사회적 조건에 초점을 두고 장애를 정의한 것은 유럽이 가장 선진적이다. 1992년 유럽회의(the Council of Europe)[15]는 총회에서 장애를

---

14) 예컨대, 1960년대 영국에서는 손 상실과 무릎 아래 다리 절단(amputation)을 50% 상실로 인정했으며, 손가락 3개 상실, 발 절단, 시력 상실은 30%로 인정했다. 현재 핀란드는 발 절단을 100% 인정하고 있고, 독일은 30%, 벨기에는 50% 인정한다. 이태리는 양 발 절단을 70%만 인정한다. 아이슬란드는 엉덩이 아래 손실을 35%만 인정하고, 핀란드와 벨기에는 90% 인정한다. 발목 절단의 경우 덴마크는 30%를, 스웨덴은 9%만 인정한다. 이탈리아는 심장병을 100%, 벨기에는 30~60%만 인정하고 있다. 당뇨병은 프랑스 50~75%, 벨기에 60~100%, 리투아니아 30~100%, 이탈리아 51~60%, 아일랜드 75~100%, 독일 50%이다. 두 눈 실명은 독일, 덴마크, 노르웨이 100%, 프랑스 95%, 스웨덴 68%이다. 한 눈 실명은 벨기에 30%, 영국 40%, 프랑스 25%, 아이슬란드, 덴마크, 노르웨이 20%, 스웨덴 14%이다(OECD, 2003; Council of Europe, 2002).

15) 1949년 인권과 민주주의, 법치주의, 중동부 유럽지역에 대한 지원을 목적으로 설립되었다. 본부는 프랑스 스트라스부르에 있다. 조직은 각료위원회(각국 외무장관), 의원회의(각국 국회의원), 지방자치단체협의회, 사무처 등으로 이루어져 있으며, 유럽인권재판소(European Court of Human Rights)와 유럽인권위원회(European Commission of Human Rights) 등의 독립기구를 두고 있다. 1950년 "인권 및 기본적 자유에 대한 유럽협정"과 1989년 "고문과 비인간적 처벌 등의 금지에 관한 협정"이

장애인을 사회에 통합시키는 것을 막는 신체적 · 심리적 · 감각적 · 사회적 · 문화적 · 법적 장애물에 의해 야기된 제한(restriction)으로 정의했으며, 운동, 시각, 청각, 정신적 · 심리적 장애로 인한 모든 손상(impairments)과 무능력(incapacities)을 포함한다고 했다. 2002년 유럽연합 집행위원회(European Commission)[16]는 장애를 소득이나 제반 자원, 즉 개인적 · 가족적 · 사회적 · 문화적 자원이 충분치 않아 사회적으로 수용 가능한 삶의 질과 기준을 향유할 수 없는 상태로 정의했다(Maudinet, 2003: 13–14).

2. WHO의 국제장애분류

장애에 대한 인식의 변화와 관련해서 가장 중요한 것이 1976년 세계보건기구(WHO)가 발표한 국제장애분류(International Classification of Impairments, Disabilities and Handicaps)이다. WHO는 장애를 기능상실, 기능장애, 사회적 장애로 분류했는데, 그 내용은 다음과 같다.

① **기능상실**(impairment): 장애의 가장 기본적인 수준으로서 생리학적 신체 구성 요소의 기형, 손상, 손실로 인해 발생하는 신체구조와 신체기능의 장애(지체 일부 절단 등)와 같은 외적 손상뿐만 아니라 내장기관이나 감각기관의 상실과 뇌기능상실과 같은 정신적 기능의 상실을 포함한다. 기능상실은 원래 상태로 되돌아갈 수 없는 영구적 장애이다. 주로 의학적 진단에 의해 그 범위와 정도가 정해진다.[17]

② **기능장애**(disability): 기능상실로 인해 일상생활, 즉 가정과 직장생활을 영위하는 능력에 제한을 받는 것으로 이차적 장애이다. 기능상실이 반드시 기능장애로 이어지는 것은 아니다. 기능상실이 영구적인 데 비해 기능장애는 적절한 치료나 재활로 제거 또는 완화될 수 있다.

중요한 성과이다.

16) 유럽연합(EU, European Union)의 행정부 역할을 담당하는 유럽연합 집행위원회는 유럽통합 관련 조약의 수호, 유럽연합의 각종 정책 입안, 유럽연합의 이익 수호를 위해 활동한다. 유럽통합의 중심 기구이다.

17) 기능상실의 원인은 질병, 사고 후유증, 선천성 기형(congenital deformities) 또는 장기적인 미사용(prolonged disuse)(조직, 근육, 신경, 두뇌 기능 등) 등 다양하다.

③ **사회적 장애**(handicap): 기능상실과 기능장애로 인한 사회적 불이익, 즉 장애로 인한 기본권 제약과 사회적 차별과 같은 삼차적 장애이다. 기능상실과 기능장애는 의료적 치료나 재활이 필요한 데 비해 사회적 장애는 사회복지서비스가 필요하다.

여기서 보듯이 WHO는 장애를 신체구조와 신체기능의 장애라는 낡은 개념을 넘어 기능상실로 인한 일상생활의 장애 및 장애로 인한 기본권 제약과 사회적 차별까지 포함하는 완전히 새로운 개념을 제시했다. WHO의 장애분류는 장애에 관한 이론적 틀로서 현재까지도 중요한 역할을 하고 있다.

WHO는 장애분류를 한층 발전시켜 2001년 새로운 국제분류기준인 기능, 장애, 건강에 관한 국제분류(International Classification of Functioning, Disability and Health, ICF)를 공식적으로 승인하였다.[18] ICF는 장애에 관한 가장 광범위하고 역동적인 기준이라고 평가받았으며, 많은 나라들이 ICF를 자국의 건강 관련 조사에 사용하게 되면서 건강과 장애에 관한 국제기준으로 자리 잡았다.

ICF는 장애를 순수한 의학적 · 생물학적 개념 이상으로 간주하며, 개인이 기능을 발휘하는 데 영향을 미치는 환경적 요인도 같이 고려한다. ICF는 장애를 세 가지 범주로 나눈다.

첫째, 신체기능의 상실(impairments of body functions)이다. 신체기능(심리적 기능 포함)이란 신체시스템의 기능이고, 상실이란 상당한 일탈 또는 상실과 같은 신체기능에 문제가 있는 것이다.

둘째, 신체구조의 상실(impairments of body structures)이다. 신체구조란 장기, 수족, 부분 등 신체의 해부학적 부분이고, 상실이란 상당한 일탈 또는 상실과 같은 신체구조에 문제가 있는 것이다.

셋째, 행동 제한(activity limitations) 및 참여 제한(participation restrictions)이다. 행동 제한은 개인이 직무 또는 행위를 하는 데 곤란이 있는 것이고, 참여 제한은 개인이 생활 상황에 개입하는 데 문제가 있는 것이다. 행동 제한은 개인이 직무 또는 행위를 함에 있어 도움을 받아야 하는가에 초점을 둔다. 도움이란 다른 사람뿐만 아니라 도구나 이동수

18) http://www.who.int/classifications/icf/icf_more/en/(WHO 검색일 2016/1/31)

단, 방, 집, 작업장 환경의 수정을 포함한다. 참여 제한은 개인이 직무를 수행함에 있어 영향을 주는 모든 환경 요인을 고려한다. 환경 요인(environmental factors)은 개인이 삶을 영위하는 제반 환경들, 즉 물리적 환경, 사회적 환경, 태도 환경(attitudinal environment)을 포함한다. 환경 요인은 개인의 기능 발휘에 장애물(barriers)이 될 수도 있고 반대로 촉진제(facilitators)가 될 수도 있다.

ICF는 개인의 기능과 장애를 정의하는 데 목적이 있다. 하지만 누가 장애인이고 정상인인지 구분하는 것은 아니다. ICF는 사람이 아니라 기능과 장애를 분류하는 것이다. ICF는 인간의 기능과 장애를 기술하는 틀을 제공한다. 개인에게 장애인 라벨을 붙여 사회집단으로부터 분리하는 데 목적이 있는 것이 아니다. ICF는 건강한 사람, 건강하지 않은 사람을 포함한 모든 사람에게 적용할 수 있다. ICF는 장애는 사회적으로 조건화된 것, 즉 장애는 사람과 환경 간의 상호작용의 산물이라는 관념에 기초해 있다. 이는 장애가 무엇인가(What is disability?)에 더해 언제 장애가 발생하는가(When does disability occur?)를 문제 삼았다는 데 의의가 있다(WHO, 2013: 17-19).

3. 장애의 정의

장애를 근로능력의 장애와 신체 일부의 손상과 같은 의학적 상태로 정의하는 것을 의학적 모델(the medical model)이라고 한다. 의학적 모델에 의하면 장애는 신체, 마음, 출생, 질병, 사고 등으로 인한 비정상적인 기능구조로서 정상적인 삶의 능력을 제한한다. 장애는 일시적일 수도 있고 영구적일 수도 있다. 의학적 모델에서 장애는 일종의 불행이다. 불행은 보호, 간호 치료를 요한다. 장애는 사회참여(노동 또는 일상생활) 능력을 퇴보시킨다. 다른 사람(가족 또는 케어 직원)의 도움과 통제가 불가피하다. 독립생활과 적극적인 사회참여가 불가능해진다는 것이다. 근로활동 제한은 빈곤을 야기할 수도 있다.

장애의 의학적 모델은 장애를 근로 장애, 즉 정상적으로 일하는 데 제한이 있거나 일을 할 수 없는 기능상실로 간주한다. 근로 장애는 근로상황에 따라 다르다. 예컨대, 평발은 우편배달부에게는 장애가 되지만 실험실 연구원에게는 장애가 되지 않는다. 시각장애도 라디오 기자나 디스크자키보다 웨이터에게 더 큰 장애로 작용한다. 그리고 장애가 반드시 근로불능이 되는 것도 아니다. 기능상실이 모두 기능적 제한(functional limitations)이 되는 게 아니고, 기능적 제한이 모두 근로불능(장애)이 되는 건 아니라는 것이다. 이는 장애인이라 해서 곧바로 장애급여 수급자가 되는 건 아니란 것을 의미한다. 또한 장애인, 실업자, 조기퇴직자 간의 구별이 모호해지는 경우도 있다. 복지체제, 국가의 재정상황, 노동시장의 변화에 따라 실업자가 갑자기 조기퇴직자로 분류될 수도 있다. 연금이나 실업보험 등 사회보장 면에서 실업자를 장애인으로 분류하는 것이 국가에게 이롭기 때문이다. 건강과 질병, 의학적 치료의 필요와 불필요 간의 경계는 모호하다는 것이다.

근로 장애를 야기하는 기능상실은 임상적으로 확정되어야 한다. 하지만 기능상실에 대한 임상적 판단이 근로 장애 여부를 결정하고 장애급여 수급자격 여부를 판단함에 있어 완벽한 것은 아니다. 장애 판정은 근로 장애(직업적 임무 수행을 얼마나 제한하는가)뿐만 아니라 건강조건의 심각성, 치료 가능성 또는 완치 가능성도 고려한다. 이런 판정은 쉽지 않을 뿐만 아니라 주관적이다. 장애에 대한 임상적 판정은 개인의 생각과 사회적 가치관의 변화에 따라 역사적으로 변해 왔다. 동일한 장애 사례에 대해 전문가 집단(의사 등)의 판정이 다른 경우가 많고, 판정기준이 같은 데도 판정결과가 다른 경우도 적지 않다. 요컨대, 장애에 대한 임상적 판정의 신뢰성에 문제가 있다는 것이다(Wilensky, 2002: 550).

의학적 모델의 대안이 사회적 모델(the social model)이다. 사회적 모델에서 장애는 장애인의 책임이 아니다. 장애는 장애인의 사회적 참여와 정상적인 삶을 배제시키는 노동시장과 사회에서의 사회적 · 경제적 장벽 때문에 생긴다. 다시 말해, 노동시장은 장애인을 제도적으로 배제하고, 사회는 장애인을 주변인으로 몰아내 빈민으로 만든다는 것이다. 그러므로 장애는 민주주의와 인권의 맥락에서 이해되어야 한다.

사회적 모델은 장애와 사회 간의 관계에 초점을 둔다. 장애를 근로능력의 상실이나 제한으로 간주하고 그것을 이유로 장애인을 사회에서 배제시키는 것을 넘어 사회가 장애인을 책임지는 것, 즉 장애인에 대한 장벽을 제거하고 정상적인 삶을 영위할 수 있도록 만들 책임이 있음을 인정하는 것이다. 예를 들어, 정부가 수화를 대중에게 보급하여 농아와 일반인 간의 소통을 원활하게 만들면 농아의 취업과 사회생활이 가능해지는 것이다.

한편 2003년 OECD(2003)는 각국에 장애를 근로능력의 상실(loss of work capacity)에 기초해 정의하지 말 것을 권고했다. 근로능력에 기초한 장애의 정의는 다양하고 다차원적인 실제 장애를 일차원적으로만 정의하는 것이라고 했다. 장애인을 위한 정책은 장애인이 보유하고 있는 각종 능력을 최대한 발휘할 수 있도록 만드는 데 초점을 두어야 한다고도 했다. 장애인에 대한 수동적인 지원(passive support)에서 적극적인 복지정책(active welfare policies)으로의 전환을 촉구한 것이다. OECD의 이런 입장은 사회적 모델에 입각해 있다.

4. 장애인의 인권

1948년 유럽회의가 인권에 관한 유럽대회(European Convention on Human Rights, the member governments of the Council of Europe)에서 발표한 인권선언(the Universal Declaration of Human Rights)은 인권과 자유가 만인의 권리임을 선언하고 인권과 자유의 실현을 위한 행동을 촉구했다. 이 인권선언은 장애인의 정치적 · 사회적 · 경제적 · 문화적 권리에 관한 기본적 틀이 되었다. 장애인의 인권과 관련해서 인권선언에서 가장 중요한 점은 인간 존엄성(human dignity)이다. 인간 존엄성은 개인의 최소한의 요구이자 인권의 기초이다. 인간 존엄성은 현대사회의 핵심 가치로서 인간의 생활조건 개선을 목적으로 하는 정책의 선택과 정책 결정에서 가장 기본이 되는 원칙이며, 인권과 자유를 침해하고 제한하는 모든 형태의 차별을 제거하는 국제적 행동의 기초가 되었다(Maudinet, 2003: 17–18).

국제기구들은 꾸준히 장애인 인권보장을 위해 노력해 왔다. 1975년 UN의 장애인 인권선언(the Declaration on the Rights of Disabled Persons)이 대표적이다.[19] 장애인 권리선언은 모든 장애인에게는 인간으로서의 존엄성을 존중받아야 할 천부적 권리가 있다는 사실을 전제하고, 장애인이 여러 사회 분야에서 최대한 자신의 능력을 발휘하고, 가능한

19) UN은 1993년 장애인 기회평등에 관한 표준규약(the Standard Rules on the Equalization of Opportunities for Persons with Disabilities)도 제정했다. 이 규약은 장애인에게 일반인과 같은 사회참여 기회를 부여해야 함을 규정한 것이다.

한 정상적인 생활 속에서 자아를 실현할 수 있도록 지원할 것을 촉구했다. 장애인 인권선언은 다음과 같은 13개 항으로 구성되어 있다.

① '장애인'이라는 개념은 선천적으로나 후천적으로나 신체적 능력이나 정신적 능력에 결함이 발생함으로써, 자신 스스로 개인생활이나 사회생활을 정상적으로 영위할 수 있는 필요조건을 전혀 갖출 수 없거나 부분적으로 갖출 수밖에 없는 모든 사람을 의미한다.

② 모든 장애인은 이 선언에 명시된 모든 권리를 누려야 한다. 이러한 권리는 인종, 피부색, 성별, 언어, 종교, 정치적 입장이나 여타의 견해, 국적이나 사회적 신분, 빈부, 출생, 장애인이나 그 가족이 처한 상황 등에 따라 어떤 차별도 받지 않고 예외 없이 모든 장애인에게 인정되어야 한다.

③ 모든 장애인에게는 인간으로서 존엄성을 존중받아야 할 천부적 권리가 있다. 모든 장애인에게는 장애의 원인과 특징과 정도에 관계없이 동일한 연령의 일반 시민과 마찬가지로 기본적 권리, 즉 무엇보다도 먼저 품위 있는 생활을 정상적으로 최대한 누릴 수 있는 권리가 있다.

④ 모든 장애인에게는 다른 사람과 마찬가지로 시민적 권리와 정치적 권리가 있다. 하지만 〈정신지체인 권리 선언〉 7조에는 정신 장애인에게 그러한 권리를 제한하거나 억제할 수 있다는 조항이 존재한다.

⑤ 모든 장애인에게는 최대한 자립을 돕기 위해 마련된 모든 수단을 이용할 권리가 있다.

⑥ 모든 장애인에게는 보장구를 포함하여 의료와 심리치료와 기능치료를 받을 뿐만 아니라, 의료 재활과 사회 재활, 교육, 직업 훈련과 재활, 개호, 상담, 취업 알선, 장애인의 능력과 기술을 최대한 향상시켜서 그들의 사회 통합이나 재통합 과정을 촉진하는 다양한 서비스 등을 받을 수 있는 권리가 있다.

⑦ 모든 장애인에게는 경제 · 사회적 생활 보장과 품위 있는 생활수준을 누릴 수 있는 권리가 있다. 모든 장애인에게는 각자 능력에 따라 고용을 보장받거나 유익하고 생산적이고 보수가 보장되는 직종에 종사하면서 노동조합에 가입할 수 있는 권리가 있다.

⑧ 모든 장애인에게는 경제 · 사회적 계획 수립의 모든 단계에서 자신의 특수한 필요조건이 반영되도록 요구할 수 있는 권리가 있다.

⑨ 모든 장애인에게는 가족이나 수양부모와 함께 살면서 사회활동과 생산활동이나 오락활동에 참여할 수 있는 권리가 있다. 주거에 관한 한 모든 장애인은 건강상태나 건강 개선을 위해 불가피한 경우를 제외하고 어떤 차별 대우도 받아서는 안 된다. 장애인이 불가피하게 특수 시설에 수용되는 경우, 그곳의 환경과 생활조건은 가능한 한 그와 연령이 똑같은 일반인이 정상적으로 누리는 생활 조건과 유사해야 한다.

⑩ 모든 장애인은 모든 형태의 착취, 모든 형태의 규제, 차별적이고 모욕적이고 천박한 성격을 띠는 모든 처우로부터 보호되어야 한다.

⑪ 모든 장애인이 자신의 인격과 재산을 보호하기 위해 법률 지원이 필요한 경우, 그러한 지원을 적절하게 제공받을 수 있어야 한다. 장애인에 대한 사법 소송이 제기된 경우, 그들의 심신상태를 충분히 고려하여 법적 절차가 적용되어야 한다.

⑫ 모든 장애인 단체는 장애인의 권리에 관한 모든 사안에 대해 유익한 조언을 제공할 수 있다.

⑬ 모든 장애인과 그 가족과 사회는 모든 적절한 방법을 통해 이 선언에 포함된 권리에 대해 충분히 파악하고 있어야 한다.

UN 외의 다른 국제기구도 장애인의 인권 강화 노력에 동참했다. 유럽연합은 1988~1996년 장애인과 일반인의 경제적 · 사회적 통합을 위한 행동프로그램을 실시한 바 있다. 유럽회의는 1992년 장애인 사회통합을 위한 정책을 권고했으며, 1999년에는 회원국가들에게 국가고용정책을 강화함에 있어 장애인을 위해 활동하는 NGOs와 협력할 것을 요구하는 동시에, ① 장애인 고용기회의 확대, ② 자영업과 공공부문을 포함한 노동시장에서 장애인을 통합시키는 적절한 정책의 시행, ③ 장애인에게 새로운 고용과 도전의 기회를 제공하는 정보사회의 발전에 대한 각별한 관심을 촉구했다(Maudinet, 2003: 26).

국제노동기구(the International Labour Organization, ILO)는 1944년 이래 모든 형태의 차별

에 반대하는 활동을 전개했는데, 2001년 근로현장에서의 장애를 관리하는 실천코드(Code of Practice on Managing Disability in the Workplace)를 발표했다. 여기서 ILO는 기회평등과 경력개발의 관점에서 노동시장에서 장애인의 겪는 어려움을 제거하기 위해 장애인을 대상으로 하는 직업훈련 기회의 개선과 확대를 촉구했다(Maudinet, 2003: 21).

2000년 유럽회의는 인권과 자유를 보호하기 위한 협약(the Convention for the Protection of Human Rights and Fundamental Freedoms)을 통해 만인의 법 앞의 평등과 법의 평등한 보호는 모든 사람에게 보편적으로 적용된다는 것을 재천명했다. 차별금지와 만인의 평등을 재차 촉구하고, 인간의 모든 권리, 시민적 · 정치적 · 경제적 · 사회적 · 문화적 권리의 보장을 강조했다.

차별금지와 보편적 권리 보장은 장애인의 자립, 사회통합, 사회 참여의 권리를 보장하는 것과 깊은 관련이 있다. 장애는 인권의 문제로서 의학적 치료 또는 케어 그 이상의 의미를 갖는다. 모든 장애인은 일반 교육과 교육훈련 설비를 이용할 수 있어야 하고, 일반 근로자와 동일한 직업에의 접근이 보장되어야 하며(공정한 임금, 노조 가입 등), 국가는 장애인의 사회통합과 사회참여를 방해하는 장애물을 극복하는 데 필요한 행동을 다 해야 한다는 것이다(Maudinet, 2003: 19).

우리나라 장애인 권리보장은 「장애인복지법」에 규정되어 있다. 「장애인복지법」 제4조 장애인의 권리와 제8조 차별금지 조항이 그것이다. 장애인의 권리 조항에 의하면, ① 장애인은 인간으로서 존엄과 가치를 존중받으며, 그에 걸맞은 대우를 받는다. ② 장애인은 국가 · 사회의 구성원으로서 정치 · 경제 · 사회 · 문화, 그 밖의 모든 분야의 활동에 참여할 권리를 가진다. ③ 장애인은 장애인 관련 정책결정과정에 우선적으로 참여할 권리가 있다. 차별금지 조항에 따르면, ① 누구든지 장애를 이유로 정치 · 경제 · 사회 · 문화생활의 모든 영역에서 차별을 받지 아니하고, 누구든지 장애를 이유로 정치 · 경제 · 사회 · 문화생활의 모든 영역에서 장애인을 차별하여서는 아니 된다. ② 누구든지 장애인을 비하 · 모욕하거나 장애인을 이용하여 부당한 영리행위를 하여서는 아니 되며, 장애인의 장애를 이해하기 위하여 노력하여야 한다.

5. 장애인복지서비스의 유형

장애인복지서비스는 복지국가의 주요 부분이다. 장애인은 꾸준히 증가하여 실업자나 사회복지서비스 수급자 수보다 많다. 장애인의 노동시장 접근도 많이 개선되었다. 각국 정부가 장애인을 사회적으로 배제하지 못하게 노력했기 때문이다. 장애인이 능력 범위 안에서 일을 하게 되면 장애인을 위한 복지비용이 감소하는 효과가 있다. 장애인을 위한 각종 사회복지서비스 수준도 꾸준히 향상되었다.

1) 재활센터

장애인복지서비스의 가장 대표적인 것이 재활센터(rehabilitation centers)이다. 재활센터는 정신장애인과 신체장애인에게 직업능력 평가, 작업장 일자리 제공, 근로 적응 훈련, 카운슬링서비스, 직장 배치 서비스 등을 제공한다(Zastrow, 2000b: 563–564).

(1) 직업능력 평가(vocational evaluation)

클라이언트의 근로 행위, 신체능력, 사회적 상호작용, 심리적 기능, 직업의 목표와 관심 등에 따라 사정을 한다. 클라이언트의 직업적 장점과 한계를 발견하는 데 주안점을 둔다. 클라이언트 대신 근로자(workers) 또는 피용자(employees)라는 용어를 사용하는 재활센터도 있는데, 클라이언트에게 효과적이고 근로 지향적 환경을 제공하고, 클라이언트가 자신의 능력을 최대한 발휘하도록 배려한다는 의지를 담고 있다.

(2) 작업장 일자리(sheltered employment)

지역사회에서 일자리를 확보하거나 유지하기 힘든 사람에게 작업환경을 만들어 주는 프로그램이다. 클라이언트는 일에 대한 대가로 최저 임금에 해당하는 보수를 받는다. 지역사회 기업의 하청 일을 맡아 하거나 클라이언트를 위해 장기적 직업 개발을 하거나 노동시장에서 경쟁력을 갖추도록 돕는 일 등을 포함한다. 클라이언트의 직업적·개인적 발전을 극대화시키는 것을 목적으로 한다.

(3) 근로 적응 훈련(work adjustment training)

고용 경쟁력을 갖추지 못한 클라이언트를 대상으로 하는 직업훈련 프로그램이다.

지역사회 기업이 제공한 하청 일을 이용한다. 근로에 필요한 기술을 발전시키고 근로에 적합한 행동을 하도록 만드는 데 주안점을 둔다. 카운슬러는 클라이언트가 새로운 직무를 배우고, 보다 나은 근로 습관을 갖도록 돕는다.

(4) 카운슬링서비스(counseling services)

개인상담, 집단상담, 부모상담, 직업상담이 있다. 개인상담은 일과 개입 목표에 초점을 둔다. 집단상담은 친한 친구와의 상호작용과 사회생활 기술의 발전에 초점을 둔다. 부모상담은 장애인 가족이 전체 재활 프로그램의 도움을 받을 수 있도록 하는 데 초점을 둔다. 직업상담에서는 근로 세계에의 참여, 직업 취득 기술의 개발, 현실적 목표의 설정 등을 강조한다.

(5) 직장 배치 서비스(placement services)

경쟁적 고용시장에서 클라이언트가 적응할 수 있도록 돕는다. ① 클라이언트의 근로 습관과 기술을 사정한다. ② 일자리를 찾고, 응모하고, 실제 취업하는 데 필요한 훈련을 시킨다. ③ 지역의 고용주에게 클라이언트를 배치시킨다. ④ 일자리에 잘 적응하기까지 일정 기간 동안 사회복지사와 클라이언트는 접촉을 유지한다. 사회복지사는 클라이언트가 제 역할을 할 수 있도록 돕는 일종의 직업 코치가 된다.

2) 교육 프로그램

교육 프로그램은 인지장애, 정서장애, 학습장애, 신체장애, 시각장애를 가진 아동을 위한 특수교육 프로그램을 말한다. 장애아동을 일반 아동과 함께 정규 학교에서 교육시키는 통합교육도 여기에 속한다(Zastrow, 2000b: 564).

3) 생활시설 프로그램

생활시설 프로그램은 그룹홈, 일시보호시설(halfway houses), 요양원, 생활치료센터, 데이케어센터, 병원서비스를 포함한다(Zastrow, 2000: 564-565).

① 그룹홈, 일시보호시설, 요양원: 여러 가지 이유로 자신의 가족과 같이 살 수 없는 장애아동이나 장애성인을 위한 시설이다.

② 생활치료센터(residential treatment centers): 정신병원, 정서장애를 가진 사람을 위한 생활치료센터, 자폐성장애를 가진 사람을 위한 생활치료센터, 일시 치료에서 장기 치료까지 다양하다. 클라이언트에 대한 진단, 사정, 계획 프로그램을 제공한다.

③ 데이케어센터: 인지장애, 정서장애, 신체장애를 가진 아동에게 데이케어서비스를 제공한다. 장애아동 부모에게 자조, 사회화, 가사, 커뮤니케이션, 여가활동 등에 관한 훈련서비스도 제공한다.

④ 병원서비스: 장애인을 대상으로 의료서비스, 물리치료, 언어치료 등 다양한 서비스를 제공한다.

4) 가정 프로그램

가정 프로그램은 장애인을 위한 재가복지서비스로서 음식배달서비스, 가정건강서비스, 가정봉사서비스 등을 포함한다(Zastrow, 2000: 565).

① 음식배달서비스(meals on wheels): 음식을 조리하거나 조달하기가 불가능한 장애인을 위한 음식배달서비스이다.

② 가정건강서비스(home health services): 방문간호서비스, 투약, 물리치료, 병실 장비 등을 제공하는 서비스이다.

③ 가정봉사서비스(homemaker services): 가정봉사원을 파견해 장애인의 가사를 돕는 서비스이다.

5) 정부 지원 프로그램

정부 지원 프로그램은 정부가 장애인을 경제적으로 지원하는 프로그램으로서 직업재활기금, 의료부조, 산재보험이 있다(Zastrow, 2000: 565-566).

① 직업재활기금(vocational rehabilitation funding): 중앙정부와 지방정부가 장애인 직업재활에 소요되는 비용을 기금으로 조달한다. 재활기금은 각종 재활 장비 구입, 장애인 특수 훈련, 훈련기간 동안의 교통비와 생활비, 의료비, 상담 비용, 구직 관련

비용 등의 용도로 사용된다.

② 의료부조: 장애인인 동시에 저소득층인 사람을 대상으로 의료비를 지원한다.

③ 산재보험: 산업재해로 장해를 입은 근로자에게 장애급여를 지급한다.

6. 장애인복지서비스의 현황

1) 장애인복지의 기본이념

우리나라 장애인복지의 기본이념은 사회통합(social integration)이다. 「장애인복지법」(제3조)은 장애인의 완전한 사회 참여와 평등을 통하여 사회통합을 이루는 것이 우리나라 장애인복지의 기본이념이라고 규정하고 있다. 사회통합이란 장애인을 지역사회에 통합시키는 것으로 장애인을 차별하거나 가치 절하된 사람으로 보지 않고 인격을 가진 개인으로 존중하여 사회에 성공적으로 참여하게 만드는 것이다. 다시 말해, 장애인이 일반인과 분리되어 별도로 처우(주로 장애인시설)받는 것을 지양하고, 일반인과 함께 일상적인 삶, 즉 교육, 직업생활, 사회생활을 영위하도록 만드는 것이다. 장애인이 일반인과 동일한 삶을 사는 것을 정상화(normalization)라고 한다. 사회통합이라 해서 장애인에 대한 배려 없이 무조건 사회에 집어넣는 것은 아니다. 사회는 장애인이 일반인과의 정상적 접촉과 활동을 통해 사회에 자연스럽게 참여할 수 있도록 환경을 만들어 주어야 한다.

2) 장애인복지의 책임

우리나라 장애인복지의 책임은 국가와 지방자치단체에 있다. 「장애인복지법」 제9조(국가와 지방자치단체의 책임)에 의하면, ① 국가와 지방자치단체는 장애 발생을 예방하고, 장애의 조기 발견에 대한 국민의 관심을 높이며, 장애인의 자립을 지원하고, 보호가 필요한 장애인을 보호하여 장애인의 복지를 향상시킬 책임을 진다. ② 국가와 지방자치단체는 여성 장애인의 권익을 보호하기 위하여 정책을 강구하여야 한다. ③ 국가와 지방자치단체는 장애인복지정책을 장애인과 그 보호자에게 적극적으로 홍보하여야 하며, 국민이 장애인을 올바르게 이해하도록 하는 데에 필요한 정책을 강구하여야 한다.

그리고 「장애인복지법」은 국민의 책임(제10조)도 명시하고 있다. 즉, 모든 국민은 장애 발생의 예방과 장애의 조기 발견을 위하여 노력하여야 하며, 장애인의 인격을 존중하고 사회통합의 이념에 기초하여 장애인의 복지향상에 협력하여야 한다.

3) 장애의 정의와 유형

우리나라 「장애인복지법」(제2조)은 장애인을 신체적 · 정신적 장애로 오랫동안 일상생활이나 사회생활에서 상당한 제약을 받는 자로 정의하고 있다. 신체적 장애란 주요 외부 신체기능의 장애, 내부기관의 장애 등을 말하고, 정신적 장애란 발달장애 또는 정신질환으로 발생하는 장애를 말한다.

장애의 유형은 「장애인복지법 시행령」에 적시되어 있다. 시행령은 장애인을 지체장애인, 뇌병변장애인, 시각장애인, 청각장애인, 언어장애인, 지적장애인, 자폐성장애인, 정신장애인, 신장장애인, 심장장애인, 호흡기장애인, 간장애인, 안면장애인, 장루 · 요루장애인, 뇌전증장애인 등 15가지로 분류하고 있다. 장애인의 종류 및 기준은 〈표 8-16〉과 같다.

〈표 8-16〉 장애인의 종류 및 기준

종 류	기 준
지체장애인	가. 한 팔, 한 다리 또는 몸통의 기능에 영속적인 장애가 있는 사람 나. 한 손의 엄지손가락을 지골(指骨: 손가락 뼈) 관절 이상의 부위에서 잃은 사람 또는 한 손의 둘째 손가락을 포함한 두 개 이상의 손가락을 모두 제1지골 관절 이상의 부위에서 잃은 사람 다. 한 다리를 리스프랑(Lisfranc: 발등뼈와 발목을 이어 주는) 관절 이상의 부위에서 잃은 사람 라. 두 발의 발가락을 모두 잃은 사람 마. 한 손의 엄지손가락 기능을 잃은 사람 또는 한 손의 둘째 손가락을 포함한 손가락 두 개 이상의 기능을 잃은 사람 바. 왜소증으로 키가 심하게 작거나 척추에 현저한 변형 또는 기형이 있는 사람 사. 지체(肢體)에 위 각 목의 어느 하나에 해당하는 장애정도 이상의 장애가 있다고 인정되는 사람
뇌병변 장애인	뇌성마비, 외상성 뇌손상, 뇌졸중(腦卒中) 등 뇌의 기질적 병변으로 인하여 발생한 신체적 장애로 보행이나 일상생활의 동작 등에 상당한 제약을 받는 사람

종 류	기 준
시각장애인	가. 나쁜 눈의 시력(만국식시력표에 따라 측정된 교정시력을 말한다. 이하 같다)이 0.02 이하인 사람 나. 좋은 눈의 시력이 0.2 이하인 사람 다. 두 눈의 시야가 각각 주시점에서 10도 이하로 남은 사람 라. 두 눈의 시야 2분의 1 이상을 잃은 사람
청각장애인	가. 두 귀의 청력 손실이 각각 60데시벨(dB) 이상인 사람 나. 한 귀의 청력 손실이 80데시벨 이상, 다른 귀의 청력 손실이 40데시벨 이상인 사람 다. 두 귀에 들리는 보통 말소리의 명료도가 50퍼센트 이하인 사람 라. 평형 기능에 상당한 장애가 있는 사람
언어장애인	음성기능이나 언어기능에 영속적으로 상당한 장애가 있는 사람
지적장애인	정신 발육이 항구적으로 지체되어 지적 능력의 발달이 불충분하거나 불완전하고 자신의 일을 처리하는 것과 사회생활에 적응하는 것이 상당히 곤란한 사람
자폐성 장애인	소아기 자폐증, 비전형적 자폐증에 따른 언어 · 신체표현 · 자기조절 · 사회적응 기능 및 능력의 장애로 인하여 일상생활이나 사회생활에 상당한 제약을 받아 다른 사람의 도움이 필요한 사람
정신장애인	지속적인 정신분열병, 분열형 정동장애(情動障碍: 여러 현실 상황에서 부적절한 정서 반응을 보이는 장애), 양극성 정동장애 및 반복성 우울장애에 따른 감정조절 · 행동 · 사고 기능 및 능력의 장애로 인하여 일상생활이나 사회생활에 상당한 제약을 받아 다른 사람의 도움이 필요한 사람
신장장애인	신장의 기능부전(機能不全)으로 인하여 혈액투석이나 복막투석을 지속적으로 받아야 하거나 신장기능의 영속적인 장애로 인하여 일상생활에 상당한 제약을 받는 사람
심장장애인	심장의 기능부전으로 인한 호흡곤란 등의 장애로 일상생활에 상당한 제약을 받는 사람
호흡기 장애인	폐나 기관지 등 호흡기관의 만성적 기능부전으로 인한 호흡기능의 장애로 일상생활에 상당한 제약을 받는 사람
간장애인	간의 만성적 기능부전과 그에 따른 합병증 등으로 인한 간기능의 장애로 일상생활에 상당한 제약을 받는 사람
안면장애인	안면 부위의 변형이나 기형으로 사회생활에 상당한 제약을 받는 사람
장루 · 요루 장애인	배변기능이나 배뇨기능의 장애로 인하여 장루(腸瘻) 또는 요루(尿瘻)를 시술하여 일상생활에 상당한 제약을 받는 사람
뇌전증 장애인	뇌전증(腦電症)에 의한 뇌신경세포의 장애로 인하여 일상생활이나 사회생활에 상당한 제약을 받아 다른 사람의 도움이 필요한 사람

4) 장애인복지시설

장애인복지시설이란 장애인이 시설에 입소하거나 통원하여 재활에 필요한 상담, 치료, 교육, 훈련 및 요양 등의 장애인복지서비스를 제공받을 수 있는 사회복지시설을 말하는데, 장애인 거주시설, 장애인 지역사회재활시설, 장애인 직업재활시설, 장애인 의료재활시설이 있다.

〈표 8-17〉 장애인복지시설의 종류

종 류	내 용
장애인 거주시설	거주공간을 활용하여 일반가정에서 생활하기 어려운 장애인에게 일정 기간 동안 거주 · 요양 · 지원 등의 서비스를 제공하는 동시에 지역사회생활을 지원하는 시설
장애인 지역사회 재활시설	장애인을 전문적으로 상담 · 치료 · 훈련하거나 장애인의 일상생활, 여가활동 및 사회참여활동 등을 지원하는 시설
장애인 직업재활시설	일반 작업환경에서는 일하기 어려운 장애인이 특별히 준비된 작업환경에서 직업훈련을 받거나 직업생활을 할 수 있도록 하는 시설
장애인 의료재활시설	장애인을 입원 또는 통원하게 하여 상담, 진단 · 판정, 치료 등 의료재활서비스를 제공하는 시설

장애인 거주시설은 거주공간을 활용하여 일반가정에서 생활하기 어려운 장애인에게 일정 기간 동안 거주 · 요양 · 지원 등의 서비스를 제공하는 동시에 지역사회생활을 지원하는 시설이고, 장애인 지역사회재활시설은 장애인을 전문적으로 상담 · 치료 · 훈련하거나 장애인의 일상생활, 여가활동 및 사회참여활동 등을 지원하는 시설이다. 장애인 직업재활시설은 일반 작업환경에서는 일하기 어려운 장애인이 특별히 준비된 작업환경에서 직업훈련을 받거나 직업생활을 할 수 있도록 하는 시설이고, 장애인 의료재활시설은 장애인을 입원 또는 통원하게 하여 상담, 진단 · 판정, 치료 등 의료재활서비스를 제공하는 시설이다.

5) 장애인에 대한 경제적 지원

정부는 장애인이 일상생활에 필요한 소득을 보충시켜 주거나 금전적 지출을 감면해 주는 등의 장애인 경제적 지원책을 시행하고 있다. 장애수당, 장애아동 부양수당, 자녀

학비 지원, 의료비 지원, 자립 자금 대여 등이 그것이다.

① 장애수당: 저소득 중증 · 중복장애인의 생계 안정을 위해 1990년도부터 장애수당을 지급하고 있다.

② 장애아동 부양수당: 장애아동 보호, 양육에 소요되는 추가 비용을 지원하기 위해 저소득 가구의 중증 장애아동 부양자에게 2002년부터 장애아동 부양수당을 지급하고 있다.

③ 장애인 자녀교육비 지원: 기초생활보장수급자는 아니지만 일정 규모 이하의 재산, 저소득장애인 가구의 자녀에 대한 교육비를 1992년부터 지원하고 있다. 1994년까지는 중학생, 1995년에는 실업고교 학생, 1996년도에는 인문고교생 중 성적 상위 30% 학생, 1997년부터는 인문고교생 전원으로 확대하여 입학금 및 수업료 전액을 지원하고 있다.

④ 장애인 의료비 지원: 의료급여(빈민을 위한 의료비 지원제도) 수급 장애인을 위한 의료비 지원책으로서 처방전 1차 진료기관(의원) 본인 부담금의 일부(75%)와 2, 3차 진료기관(병원, 종합병원) 및 국공립 결핵병원 진료 시 본인 부담 진료비(20%) 전액을 지원하고 있다.

6) 장애인 재활

장애인 재활을 위해서는 재활서비스 관련 다양한 전문직이 반드시 필요하다. 장애인 재활 전문 인력은 의료, 교육, 직업재활 및 사회심리재활 분야에 종사하는 의사, 사회복지사, 물리치료사, 작업치료사, 수화통역사, 보행지도사 등이 있다. 이들 전문 인력 중 국가 자격은 의사 등 9개 직종이고, 공인 민간 자격은 점역 · 교정사 1개 직종이며 대부분의 전문 인력은 민간 자격으로 운영되고 있다.

2000년부터 의지 · 보조기 기사가 국가 자격이 되었고, 의지 · 보조기 제조업소에 장애인 1인 이상을 고용토록 하였으며, 한국재활복지대학 등 전국 6개 대학에 의지 · 보조기 기사 양성 과정이 설치되었다. 그리고 2002년부터 민간 자격인 점역 · 교정사도 국가가 공인하여 자격자가 배출되었다.

그러나 장애인 재활체육지도자와 같이 아직 자격제도가 도입되어 있지 않은 분야도 있으며, 일부 민간 자격 중 업무기능 등이 기존의 국가 자격 또는 민간 자격과 유사하거나 중복되어 난립하는 경우도 있다.

한편 정부는 장애인 재활을 지원하기 위해 장애인 재활보조기구의 보급을 확대하고 있다. 재활보조기구는 장애인의 재활능력과 삶의 질을 높여 주는 의지 · 보조기 등 보장구와 생활용품을 말한다. 1980년부터 정부는 저소득 장애인에게 의지 · 보조기, 휠체어 등 보장구를 지급했고, 1997년부터는 건강보험급여를 보장구에도 적용했다. 그리고 장애인 재활보조기구 교부사업을 시행해 1999년부터 일상생활의 편의 증진을 도모하는 생활용품(TV자막수신기, 음성손목시계)과 보험급여가 되지 않는 보장구(욕창 방지용 매트, 정형 외과용 구두) 구입비를 지원해 왔으며, 2003년도에는 욕창 방지용 매트, 음향 신호기 리모컨, 음성 탁상시계 및 휴대용 무선 신호기를 교부하였다.

7) 장애인 직업재활

장애인이 비장애인과 더불어 직업생활을 영위할 수 있도록 하기 위해 장애인 의무고용제도가 실시되고 있다. 그리고 일반 사업장에서 일하기 어려운 중증장애인이 보호받을 수 있는 환경에서 일하도록 장애인직업재활시설의 운영을 지원하고 있다. 또한 재가장애인이나 직업재활시설에서 생산한 생산품을 판매하기 위하여 장애인 생산품 판매시설의 운영을 지원하고 있으며, 장애인 생산품의 구매를 촉진하기 위해 장애인 생산품 우선구매제도를 시행하고 있다. 아울러 재가장애인의 자립을 지원하기 위해 장애인 자립 자금 대여제도와 공공기관의 매점, 자동판매기 장애인 우선허가제도도 시행하고 있다.

8) 장애인 편의시설

장애인 편의시설이란 장애인, 노인, 임산부, 아동 등 시설 이용 및 이동에 불편을 겪는 사람들이 안전하고 편리하게 공공시설을 이용하고 정보에 접근할 수 있도록 하기 위한 시설을 말한다. 장애인 전용 주차 구역, 경사로, 장애인용 화장실, 점자 블록 등이 그것이다. 이러한 편의시설은 장애인 등의 사회활동 참여를 위한 물리적 기반시설임에도 불구하고, 공공시설의 편의시설 설치율이 낮아 장애인의 사회활동과 사회참여를 어렵게 만들고 있다.

9 사회복지학의 분야별 접근

Introduction to Social Welfare

학습개요와 목표

사회복지학의 분야별 접근은 사회복지가 실천되는 현장을 중심으로 분류하는 접근방법이다. 사회복지는 인간의 삶 모든 곳에서 실천되고 있다. 사회복지기관은 사회복지서비스 제공을 목적으로 하는 사회복지실천의 1차 세팅(primary settings)이다. 이러한 1차 세팅 이외에 학교, 병원, 기업체 안에서도 사회복지서비스가 제공되고 있다. 2차적 목적으로 사회복지서비스를 제공하는 학교, 병원, 기업체를 사회복지실천의 2차 세팅(secondary settings)이라 한다. 이 장에서는 사회복지의 실천 현장으로 학교, 병원, 정신건강, 산업체에 한정하여 다루고자 한다.

따라서 9장은 사회복지학의 분야별 접근에 해당하는 과목으로, 학교에서 이루어지는 사회복지실천인 학교사회복지(학교사회복지론), 정신건강 분야에서 이루어지는 사회복지실천인 정신건강사회복지실천(정신보건복지론), 병원에서 이루어지는 사회복지실천인 의료사회복지실천(의료사회복지론), 산업 현장에서 이루어지는 사회복지실천인 산업사회복지실천(산업복지론)으로 구성된다.

이 장의 학습목표는 다음과 같다.

- 학교사회복지의 개념과 학교사회복지사의 역할을 살펴보고, 현장에서 실천되고 있는 학교사회복지 프로그램에 대하여 알아본다.
- 정신질환과 정신건강사회복지의 개념을 살펴보고, 현장에서 실천되고 있는 정신건강사회복지 프로그램에 대하여 알아본다.
- 의료사회복지의 개념과 의료사회복지사의 역할을 살펴보고, 현장에서 실천되고 있는 의료사회복지 프로그램에 대하여 알아본다.
- 산업사회복지의 개념과 산업사회복지사의 역할을 살펴보고, 현재 산업현장에서 실천되고 있는 프로그램에 대하여 알아본다.

제1절 학교사회복지

아동과 청소년은 생활의 대부분을 학교에서 지내며, 이 시기에 필요한 성취과업도 대부분 학교에서 이루어진다. 그러나 이러한 과정에서 부적응이 나타날 수 있으며, 이를 해결하고자 하는 노력이 학교사회복지인 것이다. 따라서 학교사회복지를 이해하기 위하여 학교사회복지의 개념과 학교사회복지사의 역할을 알아보고, 현재 실천되고 있는 학교사회복지 프로그램에 대해서 살펴보고자 한다.

1. 학교사회복지의 개념

학교사회복지(school social work)는 학교를 세팅으로 해서 이루어지는 사회복지실천이다. 좁게는 학교 부적응 학생을 돕는 치료적·예방적 실천을, 넓게는 교육 목적을 달성하도록 학생과 학생을 둘러싼 가정환경과 일반 환경을 돕는 전문적 실천을 말한다(김융일 외, 2003: 313).

학교사회복지실천은 1900년대 초 미국의 방문교사에 뿌리를 두고 있다. 방문교사란 '「학교의무출석법」의 제정과 함께 이민 온 사람들의 자녀들이 학교에 출석하도록 독려하기 위해 가정방문을 한 인보관 소속 사회복지사'를 말한다(전재일 외, 1997: 54). 1906년 뉴욕, 보스턴, 하트포드 등 3개 시가 처음으로 학교사회복지실천을 시작했고, 1913년 뉴욕 주 로체스터 시는 공립학교 예산에 최초로 학교사회복지실천 부분을 배정했다. 그 후 1920년대 들어 학교사회복지실천은 동부와 중서부 지역의 많은 도시로 확대되었다. 이 무렵 학교사회복지실천의 주된 대상은 비행청소년이었고, 학교사회복지사의 주된 임무는 청소년 비행 문제를 해결하기 위해 학교와 가정을 연계시키는 일(home-school liaison)이었다(Gilbert & Specht, 1981: 235).

현재 학교사회복지사는 미국에서도 비교적 새로운 직종이다. 1960년대 이전만 해도 학교사회복지사를 고용한 학교는 많지 않았으며, 주로 대도시 학교에만 배치되었다. 학교사회복지실천이 전문화된 시기는 1940~1980년대 초이다. 학교사회복지에 관한 책은 1955년이 되어서야 처음 발간되었다(Mildred Sikkema. 1955. "The School Social Worker

Serves as a Consultant." Casework Papers. N.Y.: Family Service Association of America).

2. 학교사회복지사의 역할

1) 전통적 역할

학교사회복지가 학교를 하나의 장으로 해서 이루어지는 사회복지실천인 만큼, 학교사회복지사는 사회복지사로서 전문적 역할을 수행한다. 이를 학교사회복지사의 전통적 역할이라고 하는데, 케이스워커, 그룹워커, 무단결석 지도교사, 카운슬러, 부모 연계 등이 여기에 포함된다(Zastrow, 2000b: 373-376).

(1) 케이스워커

케이스워크는 학교사회복지실천에 가장 먼저 적용된 기술이다. 가족기능에 문제가 있는 가족과 그로 인한 아동(학생)의 정서 불안이나 분노, 공격적 행동(학교폭력)을 치료하는 데 유용하다.

학교사회복지사가 이런 사례를 맡게 되면, 케이스워커로서 ① 가족에게 유용한 서비스(예컨대, 가정봉사, 의료서비스, 상담 등)를 제공해 줄 수 있는 시·군의 사회복지 부서에 의뢰하고, ② 행동수정 방법을 통해 공격성 있는 학생의 행동을 변화시키고, ③ 교사가 학생의 행동을 개별화시켜 교육시킬 수 있도록 교사를 도움으로써 학생의 적응을 향상시키고, ④ 학생이 성인에 대해 부정적 태도를 갖게 되는 상황에 들어가지 않도록 어머니를 도와 이해시키며, ⑤ 학생인 자녀와 관계를 개선하도록 부모를 설득하는 일 등을 한다.

(2) 그룹워커

그룹워크는 학교생활이나 가정생활에서 비슷한 어려움을 겪는 학생들이 경험을 공유하게 함으로써 문제를 해결하는 방법이다. 일부 학생들의 소란과 공격성 때문에 수업에 방해를 받는 학급이 있을 경우, 학생들을 관심에 따라 집단으로 만들어 관심 부분(과학, 특정 기술 등)을 놓고 상호작용케 함으로써 상대방에 대한 배려와 협력의 중요성에 대해 스스로 깨우치게 하여 문제를 해결하는 것이 좋은 예이다. 많은 학교들이 집단지도를 하고 있는데, 부끄러움을 많이 타거나 자신이 없는 학생을 대상으로 확신 훈련(assertiveness training) 집단, 이성을 잃거나 공격적 성향을 가진 학생을 대상으로 하는 화 통제(anger control) 집단, 이성관계에 문제가 있는 학생을 위한 관계 형성(rela- tionship building) 집단, 부모가 이혼했거나 사랑하는 사람을 잃은 경험이 있는 학생을 위한 상실감 극복(coping with loss) 집단, 알코올이나 약물을 남용한 학생을 위한 학생 원조 프로그램(student assistance programs) 집단, 임신한 학생이나 아이를 키워야 하는 학생을 위한 취학모(school-age mothers) 집단 등이 좋은 예이다.

(3) 무단결석 지도교사

부모가 어떤 이유로 자녀를 학교에 보내지 않으려 하는 경우, 사회복지사가 무단결석 지도교사(truant officer)로서 개입한다. 「의무교육법령」에 의거 취학기 아동은 반드시 학교에 보내야만 한다는 사실을 부모에게 설명하고 자녀를 학교에 보내도록 설득한다.

(4) 카운슬러

학교사회복지사는 카운슬러라기보다는 치료자로 인식되고 있다. 학교사회복지사들 중 상당수가 사회복지실천 석사(MSW) 교육을 받아 학교 안의 다른 전문직(교육학적 카운슬러)에 비해 더 심화된 진단적 · 심리학적 기술을 보유함에 따라, 학교에서는 학교사회복지사를 정서적 문제를 가진 아동을 진단하는 전문가뿐만 아니라 정신분석학적 · 의료적 훈련을 많이 받은 전문직으로 간주하게 되었던 것이다. 그러나 수준 높은 기술을 갖춘 카운슬러로서의 학교사회복지사의 역할은 여전히 매우 중요하다.

(5) 부모 연계

학교사회복지사는 교사와 학부모를 연계(parent liaison)시켜 주는 역할을 수행한다. 학교사회복지사는 학부모와 협력해, 보다 나은 교육 프로그램을 개발하는 일도 한다. 이 과정에서 교사들과 갈등을 빚는 경우도 있다.

2) 새로운 역할

학교사회복지사에 대한 학교의 기대가 커짐에 따라, 학교사회복지사는 전통적 역할을 넘어 보다 발전된 새로운 접근방법을 시도하게 되었다. 이를 학교사회복지사의 새로운 역할이라 하는데, 대변자, 행동수정 전문가, 정신보건 컨설턴트, 알코올·약물남용 전문가, 복합 분야 팀 멤버, 폭력 예방 전문가, 시스템 변화 전문가 등이다(Zastrow, 2000b: 376-380).

(1) 대변자

학부모와 학생이 복잡한 학교시스템을 보다 잘 이해하고, 교육 관료제에 직면해 곤란을 겪는 이들을 돕는다. 학부모와 학생의 교육 관련 권리와 법률을 설명하고, 그에 합당치 않는 처우를 받는다고 생각하는 학부모와 학생을 돕는다. 학생에게 필요한 의료서비스와 사회복지서비스를 받을 수 있는 방법도 일러 준다. 교사, 교육행정가, 학교위원회와 학부모가 어떤 사안을 놓고 논의할 때 학교사회복지사는 학부모의 입장을 대변(advocate)한다.

(2) 행동수정 전문가

사회복지사는 인간행동과 그 수정에 관한 전문가(behavioral specialist)이기도 하다. 따라서 문제행동을 하는 학생(예, 집중력이 부족한 산만한 학생)을 둔 교사를 도와 학생의 행동을 수정한다. 교사에 대한 격려, 학생에 대한 칭찬과 보상 등 행동수정 기술을 사용한다.

(3) 정신보건 컨설턴트

사회복지사는 인간행동의 사회심리학을 교육받았기 때문에 정신보건 컨설턴트(mental health consultant)로서 교사들이 자신의 학생을 개별화해서 보다 더 잘 지도할 수 있도록 도울 수 있다. 아울러 학교에서 커리큘럼을 개발할 때 간과하기 쉬운 인간관계 측면(특히 인간의 다양성을 받아들이는 자세를 갖는 데 중요한)을 보강하도록 조언할 수도 있으며, 정서적 문제나 행동상의 문제를 가진 학생을 사정하고 적절히 조처(지역사회정신보건센터에 의뢰하는 것 등)하는 일도 할 수 있다.

(4) 알코올·약물남용 전문가

알코올과 약물남용이 학교 안에서도 문제가 됨에 따라 교육청은 이 분야의 전문가

(alcohol and other drug abuse specialist)인 학교사회복지사를 학교에 배치하였다. 학교사회복지사는 알코올과 약물에 관한 지식, 상담기술, 부모와의 관계에 관한 기술, 지역사회 자원에 관한 지식을 활용해 알코올이나 약물 문제를 가진 학생과 학부모를 도와 적절한 처우를 받을 수 있도록 한다. 그리고 커리큘럼 전문가의 일원으로서 학교가 이 부분에 대한 프로그램(예방 포함)을 만들 때 조력한다. 알코올 또는 약물 치료센터를 거친 학생들의 집단, 알코올과 약물에 대해 보다 더 잘 알기를 희망하는 학생들의 집단 등 집단을 만들어 지도하기도 한다(그룹워크).

(5) 복합 분야 팀 멤버

학교사회복지사는 필요할 경우 심리학자, 언어치료사, 특수교사, 체육교사, 일반교사와 팀(multidisciplinary team member)을 이루어 특별한 교육적 목적에 필요한 특정 프로그램을 결정하기도 한다. 이들로 구성된 팀을 M-팀(multidisciplinary team)이라고 한다. 팀원으로서 학교사회복지사는 학생과 가족에 관해 최초로 사정하고, 가족상담이나 행동수정 또는 위기 개입 등의 임상기술을 사용해 학부모를 도울 뿐만 아니라 교사를 돕는 역할도 수행한다.

(6) 폭력 예방 전문가

학교 내 폭력 서클의 증가, 학생의 학생에 대한 폭력, 학생의 교사에 대한 폭력 등 학교폭력이 심각함을 더해 가자 인간행동 전문가인 학교사회복지사를 채용하는 학교가 늘어났다. 학교사회복지사는 폭력 예방 전문가(violence prevention specialist)로서 폭력을 방지하는 방법(화 다스리는 법 등)에 관해 교사들을 상대로 교육하거나 학생 핵심 집단(core group)을 만들어 경청하는 법, 조정하는 법, 문제해결 방법 등을 가르쳐 이들로 하여금 학생들 간의 갈등을 중재하거나 사소한 말다툼을 해결해 나가도록 지도한다. 이를 통해 학생들 간의 갈등이 해결 또는 예방될 수 있다. 경찰, 학교, 청소년단체 등과의 협력 아래 학교폭력 예방 팀을 조직해 주도적으로 활동할 수도 있다.

(7) 시스템 변화 전문가

사회복지사는 자신의 문제 해결 능력을 활용해 개인을 시스템에 연계시키고 기존의 서비스와 전달체계를 개선하는 데 기여할 수 있다. 하나의 시스템인 학교 안에서 학교사회복지사는 변화를 지향하는 조직가, 지도자, 촉매자로서 시스템이 원하는 목표를 달성할 수 있도록 조력한다. 학교사회복지사는 시스템 변화 전문가(system change specialist)로서 학교시스템의 개선을 위해 학교나 지역사회가 안고 있는 결함과 잠복해 있거나 서비스 사각지대에 놓인 인구 집단을 외부로 드러나게 만들고, 학생을 학교에 돌아오게 만들거나 청소년 비행을 방지할 수 있는 프로그램을 새로이 개발하는 역할도 수행한다. 그리고 학교사회복지사는 제도 변화 에이전트(institutional change agent)로서 기존의 프로그램을 분석하고 새로운 프로그램을 제안한다. 전통적 학교사회복지사는 학생을 학교에 적응하도록 돕거나, 학습 기회를 잘 활용하도록 돕거나, 학생의 행동이나 부모-자녀 관계를 수정하는 역할을 했으나 시스템 변화 전문가로서 학교사회복지사는 시스템에 스트레스를 주는 부분을 찾아내어 시스템 균형이 다시 회복되도록 만드는 역할을 수행한다.

9-1 학교사회복지실천의 사례

매우 내성적인 성격에 학생들과 어울리지 못하고 학습장애를 보이는 초등학생을 담임선생님이 학교사회복지사에게 의뢰했다. 학교사회복지사는 가정방문을 통해 가족의 문제를 발견하고 그에 적합한 서비스를 제공하기로 계획을 세웠다. 가정방문 조사 결과 학교사회복지사는 초등학생 클라이언트가 아버지로부터 버림받은 어머니와 어린 두 동생과 함께 살고 있고, 어머니는 직장(치과 간호사) 때문에 어린 동생의 가정 양육문제로 곤란을 겪고 있음을 알게 되었다. 학교사회복지사는 교장선생님에게 부탁해 학습장애 교육 전문가(특수교사)를 학교로 초치(파트타임), 학습장애아를 위한 강의를 개설, 클라이언트가 그 강의를 수강토록 했고, 클라이언트의 두 동생은 지역사회의 어린이집에서 케어받을 수 있도록 조치했다. 클라이언트는 상담을 통해 떠나 버린 아버지로부터 받은 마음의 상처를 극복하고 자신감을 회복하도록 지지했다. 그리고 클라이언트를 미술반에 가입시켜 집단 안에서 책임 있는 역할을 맡도록 지도했다(그룹워크). 그 결과 클라이언트는 학습장애를 극복했으며, 성적이 향상되고, 사람을 사귀는 기술(social skills)을 발전시켰으며, 다양한 집단에 참여하는 등 사회성이 크게 향상되었다. 학교사회복지사의 도움을 통해 사회적 · 정서적으로 잘 적응된 학생으로 거듭난 것이다(Kirst-Ashman, 2003: 399-400).

3. 학교사회복지서비스의 현황

학교사회복지는 아직 우리나라에 제도화되어 있지 않다. 그러나 1990년대 후반부터 학생들의 집단따돌림과 학교폭력이 사회문제로 부상하면서 선진국형(미국식) 해결책으로 학교사회복지실천에 대한 관심이 고조되었고, 그에 따라 학교사회복지를 도입하기 위한 시범사업이 시작되었다.

1) 학교사회복지 시범사업

1997년 교육부가 서울 무학여고, 대구 제일여상, 광주 북성중, 대전 충남중 등 4개 학교를 대상으로 실시한 학교사회복지 시범사업(2년간)이 그것이다. 같은 해 서울 한가람고와 영등포여상은 최초로 학교사회복지사를 채용(3명)했다. 2000년에는 서울시 교육청이 송파공고, 당곡고, 남강중, 은평공고, 동마중 등 5개 학교에서, 2001년에는 서울 북공고, 삼성고, 경성여실, 인천중, 성원중 등 5개 학교에서(1년간), 2002년에는 서초공고, 성덕여상, 도봉중, 연서중 등 3개 학교에서(2년간) 연구시범사업을 실시했다. 대전시 교육청도 2001년부터 봉강중과 대전고 등 2개 학교에서 시범사업을 2년간 실시했다.

2002년에는 사회복지공공모금회가 학교사회복지의 제도화를 위해 3년간 전국 14개 학교에서 학교사회복지실천 프로젝트를 시행했다. 사회복지공동모금회는 학교 중심형 6개교와 복지관 중심형 6개교를 선정하여 매년 일정액의 사업비(인건비와 운영비)를 지원하였다. 같은 해 부산 사회복지공동모금회도 학교 중심형 2개교를 대상으로 시범사업에 나섰다. 2003년에는 대전시 공동모금회도 3개교를 대상으로 시범사업을 실시했다 (김융일 외, 2003: 316-317).

한편, 2004년 3월에는 교육인적자원부가 요보호 · 부적응 학생 및 학교폭력에 대처하기 위해 전국 초 · 중 · 고교를 대상으로 학교사회복지사를 시범 배치하는 사회복지사 활용 연구학교를 운영한다는 방침을 발표했고, 그에 따라 전국 시 · 도 교육청별 초 · 중 · 고 각 1개교씩 총 48개교를 선정하여 학교사회복지사(계약직)를 배치하였다. 연구학교 운영 기간은 2004년 5월~2005년 4월까지 12개월이며, 학교에서 활용 가능한 사회복지사의 자격을 "국가가 공인하는 1급 사회복지사 자격증 소지자로서 학부 출신의 경우 3년 이상 학교사회복지 분야 실습이나 인턴 경험이 있는 자, 혹은 석사학위 소지자의 경우 1년 이상 학교사회복지 분야 실습이나 인턴 경험이 있는 자"로 정했다. 소요 예산은 지방재정특별교부금에서 전액 지원(학교당 2,000만 원, 학교사회복지사 인건비 연 1,200만 원 포함)되었으며, 시범 운영 기간 이후 학교가 연장을 원할 경우 해당 시·도 교육청의 지원과 지방정부의 지방비 지원을 권장하였다(교육인적자원부, 2004: 4-9). 2005년 교육인적자원부는 동 사업을 1년 연장하였다. 아울러 학교사회복지사들의 인건비도 연 1,500만 원으로 인상했다.

2008년에는 서울시 교육청에서 지원한 좋은 학교 만들기 지원학교 사업이 서울지역 14개 학교(초등학교 1개교, 중학교 11개교, 고등학교 2개교)에서 시행되었으며, 과천시, 용인시, 국립전통예술중고등학교에서 주관한 지방자치단체 지원 및 학교자체사업(총 8개교)도 실시되었다. We-start 사업도 있었다. 전문 지역사회 복지기관, 지역아동센터, We-start 지역센터 및 단체와 연계해서 학교사회복지사가 학교에 상주하는 모형으로 경기도 광명시, 양주시, 구리시, 고양시, 안산시, 성남시, 군포시 지역의 14개 학교에서 시행되었다.

2) 학교사회복지사

학교사회복지에서 의미가 큰 사업은 교육과학기술부와 보건복지부가 주관하는 학교사회복지사 파견사업인 것 같다. 이 사업은 2008년 3월부터 실시되었는데, 전국적으로 총 96개 학교에 학교사회복지사가 파견되었다. 사업의 목적은 학생복지 향상에 저해가 되는 제 요인에 대한 심리·사회·환경적 차원의 포괄적 해결을 지향하고, 파견사업의 성공적 수행을 통해 학교사회복지사업의 안정적 수행을 위한 실천적·제도적 기반을 마련하는 데 있다. 사업내용은 가정방문 및 가족상담, 지역사회서비스 연계, 학생 인권복지 증진을 위한 옹호와 정책제안, 예방교육 및 집단활동 프로그램(폭력예방, 나눔교육, 배려인식, 사회성 증진, 학습증진, 진로탐색, 자아발견 등), 조사연구 및 전문성 증진을 위한 활동 등이다.

다른 한편 학교사회복지사 제도의 공인을 위해 2005년 한국사회복지사협회, 한국사회복지학회, 한국사회복지사협회 등 3개 사회복지 관련 사회단체가 주체가 되어 제1회학교사회복지사 자격시험을 실시했다. 시험 응시자격 필수 요건은, ① 대학 졸업자, ② 사회복지사 1급 자격증 소지자, ③ 대학(원)에서 학교사회복지론을 이수한 자, ④ 대학(원)에서 아동복지론(청소년복지론, 아동 · 청소년복지론도 가능)과 교육학 관련 교과목(교육학개론, 교육행정론, 교육정책론) 중 1과목 이상을 이수한 자이고, 선택자격 요건은, ① 대학(원)에서 2학기(240시간) 이상 학교사회복지 관련 실습(학교사회복지, 아동복지 또는 청소년복지 분야의 실습)을 이수한 자, 또는 ② 초 · 중 · 고교에서 사회복지사로 6개월 이상 근무한 자, 또는 ③ 사회복지기관(사회복지사업법이 인정하는)에서 학교사회복지 관련 실무(학교사회복지, 아동복지 또는 청소년복지 분야의 실무)를 1년 이상 담당한 자이다.

현재 한국사회복지사협회가 학교사회복지사 자격증을 관리하고 있는데(아직 정부공인 자격증은 아님), 학교사회복지사 자격시험의 응시자격은 필수자격 요건과 선택자격 요건을 갖추어야 한다. 필수자격 요건은, ① 사회복지사 1급 자격증 소지자, ② 학교사회복지론을 이수한 자, ③ 아동복지론과 교육학 관련 교과목 중 1과목 이상을 이수한 자이고, 선택자격 요건은, ① 240시간 이상의 학교사회복지 관련 실습을 이수한 자, ② 초 · 중 · 고등학교에서 학생복지 업무를 전담하는 사회복지사로 6개월 이상 근무한 자, ③ 사회복지기관에서 학교사회복지 관련 실무를 1년 이상 담당한 경력이 있는 자이다(선택자격 요건 세 가지 중 한 가지 이상 필요).

이 중 학교사회복지론은 학교사회사업론의 명칭도 가능하고, 한국학교사회복지학회 혹은 한국학교사회복지사협회가 주최한 30시간의 교육 이수로 대체할 수 있으며, 학교사회복지론, 아동복지론, 교육학 관련 교과목 이수의 경우 학점인증제 기관에서 이수한 경우도 인정한다. 아동복지론은 청소년복지론 혹은 아동 · 청소년복지론으로 대체할 수 있고, 교육학 관련 교과목은 교육학 개론(교육의 이해), 교육행정론(교육행정 및 교육경영, 교육행정의 이해), 교육정책론, 교육사회학, 교육심리학, 교육철학 및 교육사, 교육과정 및 교육평가, 교육방법 및 교육공학 등 교직 필수 과목을 의미하며, 2급 정교사 이상의 자격을 갖고 있는 자는 교과목을 이수한 것으로 간주한다. 그리고 학교사회복지 관련 실습 240시간 중 120시간 이상은 필수로 해야 하며, 나머지 120시간은 학교사회복지 관련 내용의 직업체험활동, 자원봉사활동 등으로 대체할 수 있다.

또한 학교사회복지 관련 실무란 학교에 상주하여 학생 및 기타 관련 체계에 사회복지서비스를 제공하는 학교사회복지 실무와 사회복지기관에서 학교 혹은 학생을 대상으로 하거나 이들과 연계하여 사회복지서비스를 제공하는 아동복지 또는 청소년복지 분야의 실무를 의미한다.

이러한 자격요건을 갖춘 사람에 한해 학교사회복지사 자격시험에 응시할 수 있다. 시험과목은 필기 2과목(학교사회복지론, 아동 · 청소년복지론, 객관식 5지 선다형 33문제)과 학교사회복지에 관한 적성과 지식을 평가하는 면접이다. 필기시험은 전 과목 총점의 70% 이상, 매 과목 만점의 40% 이상을, 면접은 총점의 70% 이상을 득해야 합격한다. 합격률은 60~80% 정도이다. 자격시험 합격자로서 협회 자체 실시 직무연수를 20시간 이수하면 학교사회복지사 자격증이 교부된다(한국학교사회복지사협회 인터넷 홈페이지 참조).

제2절 정신건강사회복지

정신건강은 정신기능이 성공적으로 작용하여 생산적 활동, 타인과의 사회적 관계, 변화에 대한 적응력, 불행의 수습능력 등에 이상이 없는 상태를 말한다. 이러한 정신건강에 문제가 생기면 정신질환이 생길 수 있으며, 이러한 정신질환을 사회복지적 측면에서 해결하고자 하는 노력이 정신건강사회복지인 것이다.

1. 정신질환의 개념

정신질환(mental illness)은 정신장애(mental disorders)를 총칭하는 말이다. 정신장애는 생각, 기분, 행동상의 기능장애나 기능이상을 말한다. 정신질환의 반대말은 정신건강(mental health)이다. 정신건강은 정신기능이 성공적으로 작용하여 생산적 활동, 타인과의 사회적 관계, 변화에 대한 적응력, 불행의 수습능력 등에 이상이 없는 상태를 말한다.

엄밀히 말해서 정신질환도 질병의 하나일 뿐이지만, 정신병에 대한 일반인의 인식은 상당히 부정적이다. 정신병자에 대한 두려움과 사회적 낙인이 사라지지 않고 있는 것이다. 이런 편견은 정신질환자의 치료와 개선 또는 회복을 가로막는 장애가 되고 있다(Mooney, Knox, & Schacht, 2002: 38).

정신질환은 생물학적 · 사회적 요인이 복합적으로 작용하여 발생하는 것으로 알려져 있다. 많은 정신장애들이 뇌의 병리를 포함하는 유전학적 · 신경학적 요인 때문에 발생하는 것으로 밝혀졌지만, 빈곤, 성장기의 학대 경험, 정서적 충격 등과 같은 사회환경적 요인도 결코 무시할 수 없다. 평균수명의 증가도 정신질환과 관련이 있는데, 고령화가 진행되면서 알츠하이머병이나 치매와 같은 노인성 정신질환이 증가하는 것이 그것이다. 국가 간의 전쟁도 정신질환과 관련이 있다(전투 충격성 스트레스 장애). 급격한 사회변동, 예컨대 기술 발전, 가족기능의 변화, 사회적 지지망의 변화, 인간 존재의 상업주의화 등도 우울증이나 기타 정신장애와 관련된다. 결론적으로 말해서, 대부분의 정신장애는 유전학적 요인과 환경적 요인, 생물학적 요인과 심리사회적 요인이 복합되어 발생한다(Mooney, Knox, & Schacht, 2002: 38-39).

2. 정신질환에 대한 두 가지 모델

일반인들도 살아가면서 기능장애나 기능이상을 경험한다. 하지만 이를 정신질환이라고 보지는 않는다. 정신질환에는 어떤 기준이 있다. 이런 기준은 다음과 같은 두 가지 모델에 따라 다르다.

1) 메디컬 모델

정신질환에 대한 전통적 견해는 정신질환을 하나의 질병으로 간주하는 것인데, 이를 메디컬 모델(medical model)이라고 한다. 정신질환을 의학적 용어인 정신분열증(schizophrenia), 망상증(paranoia), 정신이상(psychosis), 정신착란(insanity) 등으로 규정한다. 메디컬 모델에서는 알 수 없는 인간의 내적 조건이 인간의 마음을 병들게 한다고 본다. 그러한 조건은 유전자, 신진대사의 교란, 질병 감염, 내적 갈등, 무의식적 방어기제(defence mechanism)의 작용, 어린 시절의 정신적 충격 등에 의해 만들어진다고 믿는다. 몇 가지 중요한 정신질환을 꼽자면 다음과 같다(Zastrow, 2000b: 66–68; Mooney, Knox, & Schacht, 2002: 38–39).

(1) 불안장애

불안장애(anxiety disorder)는 공황장애(phobias), 공포증(panic attacks), 강박장애(obsessive- compulsive disorder), 후 외상성 스트레스 장애, 일반화된 불안장애와 같은 불안장애이다.

① 공황장애: 갑자기 호흡이 곤란해지고, 가슴이 두근거리며 땀이 나는 등의 증세를 보이며 강한 공포를 짧은 기간 동안 경험한다.

② 공포증: 특정 대상이나 상황을 지나치게 무서워한다. 공포심에 떠는 환자는 공포증의 근거가 없다는 사실을 알면서도 자신을 통제하지 못한다. 광장공포증과 사회공포증이 있다.

③ 강박장애: 비합리적 사고와 심상이 반복해서 떠오르는 강박관념(obsession)과 행동을 반복하려는 충동을 억제하지 못하는 강박행동(compulsion)을 포함한다.

④ 후 외상성 스트레스 장애: 전쟁, 화재, 강간 등으로 인한 충격적 외상의 후유증으

로 일상생활에서 집중 곤란, 흥미 상실, 무관심 등의 증상을 보인다.

⑤ 일반화된 불안장애: 근거를 찾을 수 없는 불안을 만성적, 지속적으로 호소한다.

(2) 정신분열증

정신분열증(schizophrenia)은 다음과 같은 여러 종류의 정신장애를 포함한다.

① 사고장애: 사고에 일관성이 없고, 연상 작용이 이완되고, 말의 내용이 빈약하고, 단어나 생각을 고집스럽게 반복하고, 말의 진행이 막히는 증상, 피해망상, 과대망상

② 지각장애: 환청과 환시

③ 운동성 증상: 이상한 표정을 짓거나 특이한 농작을 반복하는 증상

④ 정서적 증상: 정서가 매우 단조롭거나 주변 상황에 적절하지 못한 반응을 하는 증상

⑤ 생활 기능 손상: 사회생활의 기술이 결여되어 다른 사람과의 교제를 기피하는 증상

(3) 성격장애

성격장애(personality disorder)란 다양한 성격적 특질이 개인의 전반적 기능에 장기적으로 영향을 주는 것을 말한다.

① 편집성 성격장애(paranoid): 타인의 동기를 악의적으로 해석하여 사람들을 필요 이상으로 의심한다.

② 정신분열성 성격장애(schizoid): 사람들과의 사회적 관계 형성과 정서적 표현에 장애가 있다.

③ 정신분열형 성격장애(schizotypal): 타인과의 긴밀한 관계의 형성에 심한 장애를 겪고, 인지적 장애와 이상한 행동을 보인다.

④ 반사회적 성격장애(antisocial): 타인의 권리를 무시하고, 침해한다.

⑤ 경계선적 성격장애(borderline): 자아상(self-image)에 대한 명확하고도 일관된 인식이 없다. 히스테리적 성격장애(histrionic)는 정서적 과민 반응을 나타내고 타인의

관심을 끌기 위해 지나친 행동을 한다.

⑥ 자아도취적 성격장애(narcissistic): 지나치게 거드름을 피우고 다른 사람들이 자신을 칭찬해 주길 원하며 감정이입(empathy)이 결여되어 있다. 회피적 성격장애(avoidant)는 타인과 거리를 두고 항상 부족감을 느끼며 매사를 부정적으로 평가한다.

⑦ 의존적 성격장애(dependent): 타인에게 지나치게 의존하며 항상 보호받기를 원한다.

⑧ 강박적 성격장애(obsessive-compulsive): 정리정돈, 완벽주의, 통제를 지나치게 추구한다.

(4) 기분장애

기분장애(mood disorder)는 우울증과 양극성 장애로 분류된다.

① 우울증의 증세는 슬프고 우울한 기분, 흥미와 즐거움의 상실, 식욕 감퇴 또는 식욕 증가, 불면증 또는 지나친 수면, 우유부단, 부정적 자아개념, 자살이나 죽음에 대한 반복적 사고 등이다.

② 양극성 장애(조울증, bipolar)는 우울증과 조증(mania)을 반복한다. 조증은 기분이 고양되고 안절부절못하며 활동량이 증가하고 자신의 능력을 과신한다.

(5) 약물 관련 장애

약물 관련 장애(substance-related disorder)는 약물(필로폰, 코카인, 헤로인, 아편, 대마초, 알코올 등)을 복용한 결과 사회적 기능이 손상되고 행동에 변화를 보이는 것을 말한다. 약물을 오래 사용하면 중독, 내성, 금단 증상 등을 나타낸다.

〈표 9-1〉 미국 정신의학협회의 정신질환 분류

종 류	내 용
불안장애	공황장애, 공포증, 강박장애, 후 외상성 스트레스 장애, 일반화된 불 안장애 등과 같은 불안장애
분열성 장애	기억상실증과 다중성격과 같은 정상적 의식의 분열과 파열

종 류	내 용
유아기, 아동기, 청소년기에 처음 진단되는 장애	지적장애, 과민성 집중장애, 신경성 식욕 감퇴, 신경성 폭식, 말더듬과 같은 성장기에 처음으로 나타나는 장애
식욕 또는 수면장애	식욕 감퇴, 폭식, 불면증 및 기타 수면과 관련된 정신장애
기분장애	우울증 또는 조울증과 같은 정서장애
기질성 정신장애	노화, 질병, 두뇌손상(알츠하이머) 등으로 인한 뇌기능장애가 야기하는 심리적 · 행동적 장애
성격장애	편집증이나 반사회적 성격과 같이 치료를 거부하는 부적응적 성격 특질
정신분열증 및 기타 정신장애	망상, 환상 등과 같은 정신장애
신체형 장애	원인을 알 수 없는 증상을 호소하는 장애. 질병에 걸렸다고 지나치게 걱정하는 심기증과 같은 심리적 문제
약물 관련 장애	마약과 같은 약물의 남용으로 인한 정신장애

출처: Mooney, Knox, & Schacht(2002: 39)의 표 2.3.

(6) 신체형 장애

신체형 장애(somatoform disorder)는 생리적 원인을 알 수 없는 증상들을 호소한다. 허리나 관절의 통증, 어지럼증, 피로, 구역질 등을 호소한다. 질병에 걸렸다고 지나치게 걱정하는 심기증(心氣症, hypo-chondria)과 같은 심리적 문제도 포함한다. 신체형 장애는 동기가 뚜렷하지 않다는 점에서 의도적으로 증상을 호소하는 가성성 장애(factitious disorder)와 꾀병(malingering)과는 다르다.

2) 상호작용 모델

상호작용 모델은 메디컬 모델이 진단이나 치료 효과가 별로 없는 반면에 정신질환자를 낙인찍어 역효과만 가져온다는 비판하에서 출발했다. 1950년대 토마스 자즈(Thomas Szasz)는 정신질환은 존재하지 않는 하나의 신화(a myth)에 불과하다고 최초로 확신했다. 그는 일상적 상호작용(everyday social interaction)과 인간에 대한 낙인(labeling)에 초점을 두었다. 그에 의하면 정신질환은 '마음의 병(a disease of the mind)'이며, 다음과 같은 세 범주로 나뉜다(Zastrow, 2000b: 68-70).

① 개인장애(personal disabilities): 과도한 불안, 억압, 공포, 상실감 등이 여기에 속하는데, 자즈는 이러한 개인장애가 이른바 정신질환으로 분류되고 있지만, 정신질환이 아니라 정확히 말해서 정신작용(생각이나 느낌과 같은)으로 간주되어야 한다고 확신했다.

② 반사회적 행동(antisocial acts): 엽기적 살인(bizarre homicides)과 기타 사회적 일탈이 여기에 속한다. 동성애도 여기에 속할 수 있는데, 1974년 미국정신의학협회는 동성애를 정신질환 목록에서 제외했다. 자즈는 반사회적 행동이 사회적 일탈에 속하는 것은 틀림없다고 하면서 그것은 '정신작용'도 아니고 '정신질환'도 아니라고 했다.

③ 성격 변화를 야기하는 두뇌기능 저하(deterioration of the brain with associated personality changes): 동맥경화, 알코올중독, 알츠하이머병, 에이즈, 전신마비, 사고로 인한 심각한 두뇌 손상 등이 원인이 되어 발생하는 두뇌기능 저하가 개인의 성격을 변화시켜 생기는 정신질환이다. 공통된 증후는 기억상실, 무감각, 무감정, 몸치장 의식상실 등이다. 자즈는 이러한 장애가 정신질환이긴 하지만, 두뇌의 병이 아니라 마음의 병이라고 규정했다. 자즈는 사람들이 정신질환이 정서적 문제라고 생각하는 관념은 정서적으로 혼돈된 사람은 악마의 소유물이 되어서 그렇다는 신념에 녹아 있다고 확신했다. 말하자면 정신질환이 실제로 존재한다고 믿는 마음은 마녀가 실제로 존재한다고 믿는 마음과 같다는 것이다.

상호작용 모델에 의하면, 개인이 정신질환자로 낙인찍히는 과정은 다음과 같이 세 단계를 거친다.

① 다소 이상한 일탈행동을 하기 시작한다.

② 그의 그런 행동에 대해 가족이나 지역사회가 이상하게 생각한다. 그 결과 그는 정신과 전문가에게 보내진다.

③ 정신과 전문가, 보통 정신과 의사는 메디컬 모델을 믿고 있으며, 메디컬 모델에 따라 그를 정신질환자라고 낙인찍는다.

상호작용 모델을 믿는 사람들은 인간이 정서적 문제(emotional problems)를 갖고 있는 것은 사실이지만, 그것이 이해할 수 없는 정신질환(a mystical mental illness)은 아니라고 주장한다. 말하자면 억압, 불안, 환청, 강박관념 등의 정서적 문제를 갖고 있기는 하지만, 그러한 증후들이 정신병인지의 여부를 판별하지는 못한다는 것이다. 심지어 정신질환에는 문화적 차이도 존재한다. 예컨대, 과거 소련에서는 반정부 시위자를 정신질환의 증후로 분류하였다.

그리고 메디컬 모델에 의거 정신질환자를 낙인찍으면 역효과를 가져온다. 현재 치료법이 발견되지 않은 상태에서 정신장애인을 정신질환자로 규정하고 나면 그의 행동은 면책의 대상이 되어 책임을 물을 수 없다. 반대로 정신질환자로 낙인찍힌 사람은 법적 권리가 유보된다. 또한 사회로부터 위험하고, 예측 불가능하며, 신뢰할 수 없는 사람으로 낙인찍혀 사회생활을 영위할 수 없게 된다. 취업을 할 수 없는 것은 물론 주위로부터 치료 가능하다는 격려를 받기도 어려워진다. 더욱이 정신병자로 낙인찍히고 나면 스스로를 '미친 사람'으로 규정하여 광인의 역할을 수행한다.

상호작용 모델에서는 정신질환은 신화에 불과하고, 사람이 정신질환자로 규정되는 이유는 두 가지인데, 하나는 심각한 정서적 문제를 갖고 있는 것이고, 다른 하나는 역기능적 행동을 하는 것이다. 그러나 메디컬 모델은 어떠한 정서와 행동이 정상인지, 그리고 그러한 정서와 행동상의 질병을 어떻게 치료해야 하는지를 우리에게 알려 주지 않는다.

3. 정신건강사회복지사의 개념

정신건강 분야에서 최초로 사회복지사를 채용, 배치한 것은 1906년 미국 뉴욕 시의 맨해튼 주립병원이었다. 그리고 1918년 보스턴 정신병원과 동 병원의 사회복지실천과가 주도하여 개인적 · 심리적 토대 위에서 정신질환자를 다룰 수 있는 능력을 가진 사회복지사를 양성하기 위해 스미스 대학교에 정신건강사회복지실천대학원을 설립했다. 스미스 대학교 정신건강사회복지실천대학원은 정신건강사회복지사(psychiatric social workers)를 양성하기 위한 세계 최초의 학교였다.

미국의 경우 정신건강 분야는 사회복지사협회(NASW) 회원의 절반 가량이 고용되어 있고, 석사학위를 가진 사회복지사의 39%가 일하고 있을 정도(2001년)로 사회복지사의 대표적인 일터이다. 그리고 사회복지사는 정신건강 분야에서 핵심 전문직의 하나로 자리 잡고 있다(Kirst-Ashman, 2003: 361).

정신건강 분야의 사회복지사를 과거에는 정신건강사회복지사(psychiatric social worker)로 했으나 오늘날에는 임상사회복지사(clinical social worker)라 부른다. 정신질환자를 대상으로 임상사회복지사들은 다양한 예방, 진단, 치료 서비스를 제공하는데, 정신적 문제를 가진 사람에게 상담과 심리치료(psychotherapy)를 제공함에 있어 개인보다는 가족을 중시한다.

정신건강 분야의 핵심 전문가는 임상사회복지사, 정신과 의사, 임상심리학자이다. 이들 세 전문직은 정신건강 프로그램을 설계하고 운영한다. 그 외에도 정신건강 간호사, 직업치료사, 레크리에이션 치료사 등도 참여한다. 미국의 경우 정신건강서비스 분야에서 일하는 임상사회복지사는 정신과 의사나 임상심리학자보다 많다. 미국의 임상사회복지사는 정신병원뿐만 아니라 정신건강센터, 학교, 가족상담센터, 정부의 공공복지 부서, 입양기관, 보호 관찰 부서 등지에서도 활동하고 있다. 건강보험이 임상사회복지사의 임상치료에 대해 보험급여를 제공하면서 개업해 치료를 제공하는 임상사회복지사의 수도 늘고 있다. 그와 함께 임상사회복지사의 개업 자격 요건을 강화하는 주정부가 많아지고 있다. NASW가 요구하는 임상사회복지사 자격은 다음과 같다(Zastrow, 2000: 183-184).

① 사회복지실천교육협의회(CSWE)가 인정하는 사회복지실천교육기관에서 석사(MSW) 또는 박사학위를 취득한 자
② 학위 취득 후 2년 이상 임상 경험을 가진 임상사회복지사의 슈퍼비전 아래 2년 이상 또는 3,000시간 이상의 임상사회복지사 경험을 한 자

초기에는 정신의료 분야의 사회복지사가 일반적으로 정신과 의사의 지시를 받는 관계였다. 그러나 환자의 정서적 문제의 일차적 원인이 생물학적 유기체보다는 생활문제(problems in living)에 있다는 사실이 점차 밝혀짐에 따라 사회복지사는 정신과 의사의 지

시 감독 없이 독자적으로 상담과 심리치료를 담당하는 직원으로 자리를 잡아 갔다(Zastrow, 2000: 184).

4. 정신건강사회복지사의 역할

정신건강사회복지사가 일하는 정신건강 분야, 즉 정신건강사회복지사의 실천현장은 정신병원, 생활치료센터, 종합병원의 정신과, 지역사회정신건강센터 등이 있다(Kirst-Ashman, 2003: 362-369).

1) **정신병원**: 국공립 정신병원, 민간 정신병원 등 정신질환자를 일정 기간 입원시켜 적절한 치료를 받도록 하는 곳이다. 환자에 대한 규제가 가장 심하다. 건강보험이나 의료급여와 같은 사회보장제도가 진료비를 부담한다.
2) **생활치료센터**(residential treatment centers): 정서적 문제 또는 행동상의 문제를 가진 청소년이나 성인을 입소시켜 생활하면서 적절한 치료를 받도록 하는 시설이다. 치료는 행동치료, 인지치료, 심리치료 등 다양하게 이루어진다. MSW인 사회복지사는 정신과 의사나 임상심리학자와 함께 주로 심리치료를 담당한다.
3) **종합병원의 정신과**: 종합병원의 정신과는 입원 환자 중 정신과 치료가 필요한 사람을 치료한다.
4) **지역사회정신건강센터**(community mental health centers): 지역사회정신건강센터는 심리치료와 함께 정신질환 예방교육도 제공한다. 지역사회정신건강센터는 임상사회복지사가 핵심 전문직으로 활동하는데, 정신질환을 가진 클라이언트에 대한 케이스매니지먼트, 상담, 정보 및 교육 프로그램, 장기요양 프로그램, 주간 치료 프로그램(정신질환자를 위한 주간 레크리에이션 활동 등), 알코올·약물 치료 프로그램 등을 담당한다.

한편 정신건강사회복지사의 일차적 치료는 정서적 문제 또는 행동상의 문제를 가진 사람에 대한 심리치료와 상담이다. 상담의 대상은 개인, 가족, 집단이다. 정신건강사회복지사는 케이스매니지먼트, 심리치료, 집단치료, 가족치료, 정신건강정책실천 등을 담당한다(Kirst-Ashman, 2003: 379-390).

1) **케이스매니지먼트**: 사회복지사는 케이스매니저로서 클라이언트의 욕구를 사정하고, 필요한 서비스에 연계시키며, 치료 전략을 수립하고, 서비스의 적합성과 효과성을 모니터하며, 클라이언트를 대변한다. 사회복지사는 클라이언트에게 필요한 서비스를 조정하는 것이 주 임무이지만, 필요하면 위기 개입, 중요한 결정의 지원, 환경변화 지원, 정서적 문제의 극복 원조 등 직접적으로 서비스를 제공하기도 한다. 케이스매니지먼트는 정신건강사회복지사의 매우 중요한 역할 중 하나이다.

2) **심리치료**(psychotherapy): 사회복지사는 클라이언트와 전문적 관계를 형성하여 증상을 제거하거나 조절하며 문제가 있는 행동의 패턴을 완화시키고 긍정적 성격 형성을 증대시키기 위해 심리치료를 한다(이윤로, 2000: 47). 주로 MSW가 담당한다.

3) **치료 집단**(treatment groups)**의 운영**: 사회복지사는 클라이언트가 자신의 문제를 해결하고, 바람직하지 않은 행동을 변화시키고, 스트레스를 해소하고, 생활의 질을 개선하는 것을 돕기 위해 치료 집단을 운영한다. 치료 집단을 예로 들면 다음과 같다.

- 치료(therapy): 지역사회에 살고 있고 지역사회 헬스센터에서 만나 정신분열증에 대해 진단하는 집단
- 지지(support): 알츠하이머병에 걸린 부모를 케어해야 하는 성인의 집단
- 교육(education): 효과적인 아동양육법에 관해 배우는 부모의 집단
- 성장(growth): 게이의 프라이드에 관한 쟁점에 초점을 두는 게이의 집단
- 사회화(socialization): 요양원에서 생활하는 노인이 서로 의견을 교환하는 집단

4) **가족치료**(treating families): 가족의 성장 욕구와 정서적 욕구를 충족시켜 가족의 기능을 향상하도록 돕는다. 변화에 대응할 수 있는 가족 역량을 강화하고, 가족의 기능을 강화시키고, 일상적 가족생활의 유지에 필요한 가족기능을 향상시키는 데 중점을 둔다. 가족성원 간의 커뮤니케이션과 가족 역동의 향상을 돕는 가족상담도 중요하다.

5) **정신건강정책실천**(policy practice in mental health): ㉠ 클라이언트의 입장에서 클라이언트의 권익을 대변하고, ㉡ 정신건강 분야의 행정가의 일원으로 정신건강정책과 서비스를 개선하기 위해 노력하며, ㉢ 정신건강 분야의 미해결 문제를 개선하기 위한 프로그램의 개발을 위해 힘쓴다.

5. 정신건강사회복지서비스의 현황

한국의 정신건강사회복지사는 정신건강시설에서 일한다. 「정신보건법」에 의하면, 정신건강시설은 정신의료기관, 정신요양시설, 사회복귀시설, 보건소를 포함한다.

1) **정신의료기관**: 「의료법」에 의한 정신병원, 정신과 의원 및 병원급 이상의 의료기관에 설치된 정신과
2) **정신요양시설**: 정신의료기관에서 의뢰된 정신질환자와 만성 정신질환자를 입소시켜 요양과 사회복귀 촉진을 위한 훈련을 행하는 시설
3) **정신질환자 사회복귀시설**: 정신질환자를 정신의료기관에 입원시키거나 정신요양시설에 입소시키지 아니하고 사회복귀 촉진 훈련을 행하는 시설(생활훈련시설, 작업훈련시설, 종합훈련시설, 주거시설)

정신질환자 사회복귀시설은, ① 만 15세 이상으로 정신의료기관의 정기적 치료를 받고 있는 정신분열증, 조울증 등 만성 정신질환자를 주요 대상으로 하며, ② 자해 및 타해의 우려가 적은 자, ③ 알코올 및 치매, 만 15세 미만의 소아정신질환자(단, 이들을 각각 대상으로 하는 특별 프로그램을 분리하여 운영하는 경우에 한함), ④ 지적장애는 제외하는 것을 원칙으로 하되, 만성 정신병을 동반하는 경우에는 가능하고, ⑤ 기타 정신질환자의 주치의가 기능상의 장애로 인해 사회적응훈련을 포함한 사회복귀시설의 이용 및 입소를 특별히 필요로 하여 의뢰하는 경우를 대상으로 한다.

〈표 9-2〉 정신의료기관, 정신요양시설, 정신질환자 사회복귀시설의 차이점

구 분	정신의료기관	정신요양시설	정신질환자 사회복귀시설
설치 근거	「의료법」 제30조	「정신보건법」 제10조	「정신보건법」 제15조
설치 · 운영자	의사, 국가 또는 지방자치단체, 의료법인, 비영리법인, 정부 투자기관 · 지방공사 또는 한국보훈복지공단(「의료법」)	사회복지법인, 비영리법인	제한 없음
허가 · 신고권자	시장 · 군수 · 구청장(의원급), 도지사(병원, 종합병원) / 허가 사항	시 · 도지사 / 허가 사항	시장 · 군수 · 구청장 / 신고 사항
대상	급성 정신질환자	만성 정신질환자	병원에서 퇴원한 환자 또는 재가환자 등 사회적응훈련을 필요로 하는 환자
종류	전문정신병원, 종합병원 정신과, 병원정신과, 정신과의원	정신요양시설	생활훈련시설, 작업훈련시설, 종합훈련시설, 주거시설

출처: 보건복지부(2022).

우리나라에 정신건강사회복지실천이 처음 소개된 것은 한국전쟁 때 미군병원에서 정신건강사회복지사로 근무한 모건(Morgan)의 전쟁신경증 환자 원조 활동이다. 이것이 계기가 되어 정신과 의사들이 정신건강사회복지실천의 필요성을 알게 되었으며, 그 후 1963년부터 가톨릭의대 성모병원, 대구동산병원, 세브란스병원에서 정신건강사회복지사를 채용하였다(김융일 외, 2003: 305).

우리나라 정신건강사회복지실천은 1977년 건강보험의 도입과 함께 정신건강사회복지실천서비스가 보험수가로 인정받게 됨으로써 발전의 기틀을 마련했다. 현재 건강보험이 인정하는 진료수가는 개인력 조사(individual history taking), 사회복지실천지도(social work guidance), 사회조사(social investigation for psychiatric social work), 가정방문(home visiting) 등이고, 전문의 지도 아래 제공되는 일반 집단치료, 정신치료극, 작업요법 및 오락, 정신과적 재활요법, 정신과적 응급처지 등도 포함된다(한국사회복지사협회, 2003: 138).

한편 앞서 한국의 사회복지사 부분에서 언급한 대로 정신건강사회복지사는 우리나라에서 최초로 인정받은 스페셜리스트이다. 즉, 1995년 「정신보건법」의 제정과 함께

사회복지사는 임상심리사, 간호사와 함께 정신보건 전문요원의 자격을 갖게 된 것이다. 정신건강 전문요원의 하나인 정신건강사회복지사는 학위와 수련 기간에 따라 1급(대학원에서 사회복지학 또는 사회사업학을 전공한 석사학위 이상 소지자로서 보건복지가족부 장관이 지정한 전문요원 수련기관에서 3년 이상 수련을 마친 자 또는 보건소에서 5년 이상 임상 실무 경험이 있는 자)과 2급(사회복지사 1급 자격증 소지자로서 보건복지부 장관이 지정한 전문요원 수련기관에서 1년 이상 수련을 마친 자로서 150시간의 이론교육과 830시간의 실습교육 후 제출 과제와 이론 시험에 합격한 자)으로 구분되어 있다.

제3절 의료사회복지

의료사회복지는 의료서비스를 일차적으로 제공하는 병원에서 이루어지는 사회복지실천이다. 의료사회복지실천은 초창기에는 병원사회복지실천으로 불리다가, 오늘날에는 보건의료 분야의 사회복지실천이라고 한다.

1. 의료사회복지의 개념

의료사회복지는 사회복지실천의 2차 세팅이자 의료서비스를 일차적으로 제공하는 병원 안에서 활동하는 전문 분야이다. 의료사회복지실천은 초창기에는 병원사회복지실천(hospital social work)으로 불리다가, 오늘날에는 보건의료 분야의 사회복지실천(social work in the health field)이라 한다(Zastrow, 2000a: 544).

의료사회복지실천은 1905년 미국 보스턴에 있는 매사추세츠 제너럴 병원의 캐보트(Richard C. Cabot) 박사가 세계 최초로 도입했다. 캐보트는 질병은 의학적 요인뿐만 아니라 사회적 요인(가정환경, 직업, 양육 상태 등)의 영향을 받는다는 사실과 효과적 치료를 위해서는 환자의 생물학적 건강(biological health)뿐만 아니라 심리사회적 건강(psycho- social health)도 중요하다는 사실을 간파하고 사회복지서비스 전문직인 사회복지사(간호사 출신)를 병원에 채용해 환자들에게 사회복지실천을 서비스(특히 가정방문을 통한 서비스)하도록 했다.

오늘날 미국의 거의 모든 병원이 사회복지서비스과(social services department)를 설치해 의료사회복지사를 고용하고 있는데, 의료사회복지실천이 확대된 계기는 1966년 메디케어(Medicare, 사회보장연금 수급자를 위한 건강보험)의 도입이었다. 메디케어의 신설로 환자 수가 급증했고, 메디케어 수급자인 노인의 경우 복합적 만성 질환을 갖고 있었기 때문에 의학적 진료서비스뿐만 아니라 심리사회적 사회복지실천서비스도 필요했고, 따라서 그런 지식과 기술을 갖춘 전문사회복지사의 수요가 증가했던 것이다(한국사회복지사협회, 2003: 135, 157).

최근 미국에서 의료사회복지사의 새로운 활동 분야로 떠오르는 것이 에이즈 대처

활동이다. 에이즈 환자에 대한 사회적 차별을 완화시키기 위한 활동, 에이즈 환자나 보균자를 위한 상담과 케이스매니지먼트 등이 좋은 예이다. 에이즈 환자나 보균자를 위한 사회복지사의 서비스는 병원뿐만 아니라 요양원, 가정, 외래 클리닉 등으로 확대되는 추세이다(Zastrow, 2000a: 547).

2. 의료사회복지사의 역할

의료사회복지사는 환자와 가족에게 케이스워크뿐만 아니라 그룹워크, 컨설턴트 서비스를 제공하고, 다른 전문직에 대한 교육(병원 내 의료 전문직을 대상으로 질병과 치료 과정의 심리사회적 요소에 대한 교육)이나 병원 내부의 계획과 정책 개발에도 기여한다. 그리고 의사가 팀장인 의료 팀의 일원으로 의사, 간호사, 여타 치료사와 함께 협력하면서 환자의 진단과 치료과정에 참여한다. 의료사회복지사의 구체적 역할은 다음과 같다(Zastrow, 2000a: 545).

- 임종 환자와 가족에 대한 원조: 죽음을 앞둔 환자와 가족이 죽음에 잘 대처하도록 돕는다.
- 여성 환자 상담: 유방절제수술을 받은 여성 환자를 위해 상담한다.
- 저소득 환자 배우자에 대한 지원: 심장질환 수술을 받아야 하는 남편의 간호를 위해 먼 지역에서 온 저소득층 아내가 임시 거처를 마련하는 것을 돕는다.
- 자살 상담: 자살 미수 환자를 위해 상담한다.
- 미혼모 상담: 미혼모가 된 젊은 여성의 장래 계획을 돕는다.
- 장애아 출산 부부 상담: 인지장애를 지닌 아이를 출산한 젊은 부부를 위해 유전자 상담을 제공한다.
- 장래 계획 상담: 중증 심장질환을 가진 기업 간부의 장래 계획을 돕는 상담을 한다.
- 유산 여성 상담: 유산에 따른 정서적 문제를 가진 여성을 위해 상담한다.
- 에이즈 상담: 에이즈 환자와 그의 친지를 위해 상담한다.
- 퇴원 환자 지원: 퇴원 환자에게 필요한 의료적 조치를 제공할 수 있는 적절한 장소

를 찾아 준다.

- 알코올 · 약물 상담: 알코올, 약물 중독자를 위해 상담하고, 이들을 도와줄 수 있는 관련 기관으로 의뢰한다.
- 수술 환자 상담: 수술을 앞둔 환자를 위해 상담한다.
- 사고 장애인 원조: 사고로 장애인이 된 환자의 사회생활 적응과 장래 계획을 돕는다.
- 환자 친지 협조 유도: 환자의 친척과 친구를 상대로 환자의 의료적 상태를 설명하고 치료와 회복과정에 이들의 도움을 이끌어 낸다.
- 금연 상담: 기관지 질환을 가진 환자의 금연을 돕는 상담을 제공한다.
- 성폭행 피해 여성 상담: 심리적 충격을 받은 성폭행 피해 여성을 위해 상담한다.
- 의료 정보 제공: 자동차 사고로 심각한 피해를 입은 환자의 친척에게 환자의 의료 상태에 관한 정보를 제공한다.

그리고 병원의 임상과, 즉 내분비대사내과, 신장내과, 심장내과, 흉부내과, 혈액내과, 종양내과, 치료방사선과, 신경외과, 정형외과, 소아과, 산부인과, 응급의학과, 외과, 임상유전학과 등에서 요구될 수 있는 의료사회복지사의 개입 내용은 다음 〈표 9-3〉과 같다.

〈표 9-3〉 **병원 임상과와 의료사회복지사의 역할**

임상과	개입 내용
내분비대사내과	당뇨 환자의 심리사회적 원조와 생활요법, 당뇨교실 참여 지도
신장내과	혈액 투석 환자의 심리사회적 원조를 위한 케이스워크와 그룹워크
심장내과, 흉부내과	심장질환자의 질병예방교육, 자원 연결
혈액내과	혈액질환자의 심리사회적 원조와 진료비 지원, 골수이식수술 과정 참여
종양내과, 치료방사선과	말기 암 환자의 심리사회적 원조
신경외과, 정형외과	장기 입원 환자에 대한 지원 연결
소아과	입양 상담, 소아 종양 환자에 대한 지원 연결, 부모의 자조 집단 활동 지원
산부인과	미혼모 상담, 강간 사례 등의 심리사회적 원조

임상과	개입 내용
응급의학과	행려환자의 처리와 위기 관리
외과	장기 기증 상담, 장기 공여자 관리
임상유전학과	암 또는 유전적 질환의 가족력, 사회력 평가

출처: 한국사회복지사협회(2003: 156)의 내용을 표로 정리.

3. 의료사회복지서비스의 현황

우리나라에 의료사회복지실천이 처음 도입된 곳은 1958년 한노병원과 세브란스병원이다. 당시에는 전문적 사회복지실천서비스보다는 결핵약 배급이나 구호물자 공급 등 물질적 원조가 주였다. 그러다가 1973년 「의료법 시행령」(제24조 제2항 제5호)에 따라 종합병원에 사회복지사의 채용을 의무화함으로써 병원에 사회복지사가 정식으로 배치되기 시작했다.[1]

그 후 의료사회복지사의 수가 증가하기 시작했고(1973년 대한의료사회복지사협회 설립), 1977년 건강보험의 실시와 함께 의료사회복지사의 일부 서비스가 보험수가로 인정받게 되었다. 최근 들어 대형 병원이 증가하면서 의료사회복지서비스도 경쟁적으로 확대되었고, 그에 따라 의료사회복지서비스의 전문성도 확대되고 있다.

현재 일반 병원에서 의료사회복지사의 서비스를 보험수가로 인정하는 것은 재활사회사업이다. 재활사회사업은 재활의학적 목적으로 사회복지사가 직접 실시한 경우 보험수가로 산정하는데, 개인력 조사(individual history taking), 사회복지실천상담(social work counselling), 가정방문(home visiting) 등을 포함한다(한국사회복지사협회, 2003: 135, 138).

1) 종합병원에는 「사회복지사업법」의 규정에 의한 사회복지사 자격을 가진 자 중에서 환자의 갱생, 재활과 사회복귀를 위한 상담 및 지도 업무를 담당하는 요원을 1인 이상 둔다(「의료법 시행규칙」 제28조의 6 제2항 제6호).

제4절 산업복지

산업복지는 산업화의 산물이다. 기업은 자신의 근로자들을 위한 산업복지 프로그램을 도입하고, 이를 점차 확대하였다. 오늘날 산업복지는 기업의 인사관리나 인간관계서비스 부서에서 시행하고 있다.

1. 산업복지의 개념

1920년대 미국에서는 기업 특히 대기업이 주체가 되어 자신의 근로자들을 위한 산업복지 프로그램을 확대했다. 이를 복지자본주의(welfare capitalism)라 한다. 산업복지 프로그램을 운영하기 위해 기업들은 사회비서(social secretaries), 복지비서(welfare secretaries), 사회복지비서(social welfare secretaries)라는 이름으로 담당 직원을 채용했는데, 이들이 최초의 산업사회복지사(occupational social workers)이다.

초기 산업사회복지사들은 주로 그룹워크 기술을 산업체에 적용했다. 사회복지사가 사회화 집단 또는 레크리에이션 집단을 조직해 그 활동을 지원함으로써 근로자의 사기를 높여 생산성도 높일 수 있다고 생각한 것이다. 이 밖에도 산업사회복지사들은 연금이나 보험 프로그램 등 행정 관리와 관련된 업무를 맡아 근로자를 도왔다. 그러나 대공황기인 1930년대 들어 기업 경기가 악화되고 산업사회복지사에 대한 근로자들의 부정적 인식[2]이 확대되면서 산업사회복지사의 수는 크게 감소했다. 오늘날 산업사회복지사의 역할은 기업의 인사관리나 인간관계서비스[3] 부서에 흡수되어 있다.

한편 1960~1970년대에는 대기업들이 비숙련 근로자, 장기 실업자 등을 위한 직업훈련 프로그램을 발전시켰다. 직업훈련 프로그램의 책임자는 근로자들이 아동양육, 가족문제, 인간관계 기술, 개인문제, 주택문제, 교통문제 등 다양한 문제점들을 안고 있다는 사실을 알게 되었다. 이는 산업체가 사회복지사를 필요로 한다는 것을 의미한다.

2) 산업사회복지사가 고용주 입장에 서서 근로자의 회사 충성심을 기르고 노조에 반대하는 태도를 갖게 만든다고 생각했다. 산업사회복지사를 반노조적인 사람으로 여긴 것이다.

3) 불평 처리, 도움이 필요한 근로자를 관련 기관에 연계, 건강보험과 연금의 관리 등

1930년대와 1940년대에 발전한 알코올중독 프로그램(산업체 의사가 담당)에 뿌리를 둔 직업 원조 프로그램(Employee Assistance Programs, EAPs)도 산업사회복지의 발전에 자극을 주었다. EAP는 현재 알코올 · 약물 문제, 정서적 문제, 개인적 문제, 가족문제, 퇴직 후 문제 등으로 곤란을 겪는 근로자를 돕는 프로그램으로 운용되고 있다. 현재 미국에는 수천 개의 EAP가 운영되고 있다. 기업뿐만 아니라 연방정부와 산하 기관, 시 · 군 등 지방정부, 군대 등에서도 EPA를 운용하고 있다. 이들은 사회복지실천, 심리학, 상담, 의학, 간호학, 알코올 · 약물남용 상담, 경영학, 경제학 등 다양한 전공을 한 사람을 채용하고 있다.

산업사회복지사는 미국에서도 신흥 직종으로 인식되고 있다. 산업사회복지사는 사회복지사 중에서도 고액의 연봉을 받는 사람으로 기대되고 있으며, 대학에서도 관련 교과목을 개설하는 경우가 늘어나고 있다(Zastrow, 2000a: 407–408).

2. 산업복지의 유형

산업사회복지실천이 어느 정도 제도화되어 있는 미국의 경우 기업 프로그램, 노조 프로그램, 회사 · 노조 공동 프로그램, 프라이비트 프로그램, 지역사회보건센터 또는 가족복지관 프로그램 등 대략 다섯 가지 형태의 산업사회복지실천 프로그램이 운용되고 있다(Zastrow, 2000: 409).

① 기업 산업사회복지실천 프로그램: 기업이 노조와 협력하거나 아니면 협력 없이 운영하는 산업사회복지실천 프로그램이다.

② 노조 산업사회복지실천 프로그램: 노조가 운영하는 산업사회복지실천 프로그램이다.

③ 회사 · 노조 공동 산업사회복지실천 프로그램: 회사와 노조가 공동으로 운영하는 산업사회복지 프로그램이다. 사회복지사는 회사가 고용하며, 노사 양측의 모니터를 받는다.

④ 프라이비트 산업사회복지실천 프로그램: 프라이비트 사회복지사(private social worker)가 노조 또는 회사와 계약을 맺은 다음 근로자와 회사에 사회복지실천서비

스를 제공하는 산업사회복지실천 프로그램이다. 프라이비트 컨설턴트(private consultantship)라 한다.

⑤ 지역사회보건센터 또는 가족복지관의 산업사회복지실천 프로그램: 지역사회보건센터 또는 가족복지관이 회사와 계약을 맺어 서비스를 제공하는 산업사회복지실천 프로그램이다.

3. 산업사회복지사의 역할

산업사회복지사는 회사의 인간자원정책을 관리하고, 조세 감면 혜택이 있는 활동에 기여하며, 단체협약, 기타 기업의 사회적 책임 관련 활동에 관해 회사에 컨설턴트하는 등의 역할을 수행한다. 아울러 하나의 전문직으로서 산업사회복지사는 입법활동을 분석하고, 보건복지급여체계를 관리하며, 노조 미가입 근로자를 조합원으로 가입시키기 위한 프로그램의 개발을 돕는 것 등의 역할도 수행한다(Zastrow, 2000: 408). 그 밖에도 산업사회복지사는 다음과 같은 다양한 역할을 담당한다.

① 근로자 원조 프로그램 조정자, 근로자 상담자, 학대방지서비스 조정자, 근로자 자원 관리자, 산업안전과 보건 담당자, 지역사회 홍보 담당자, 직업 재배치 담당자, 직업훈련 컨설턴트, 자선기금 배분 분석가, 인간자원정책 조언가, 경력 관리 및 개발 상담자, 도시문제 조언자, 기업복지보건 프로그램 조정자 등 매우 다양한 역할을 수행한다.

② 아동양육, 재정문제, 가족문제, 퇴직 후 계획, 소외, 법적 문제, 건강문제, 정신보건문제, 알코올 문제, 약물문제, 레크리에이션 문제 등을 가진 근로자를 직접적으로 돕는다.

③ 위험한 근로 조건의 개선을 위한 프로그램을 개발하는 데 있어 근로자를 대변한다.

④ 스트레스 관리 프로그램을 설계하고 수행한다.

⑤ 회사 내 물리적 · 사회적 환경의 개선을 컨설턴트한다.

⑥ 공동모금 또는 지역사회서비스의 계획에 있어 회사를 대표해 참여한다.

⑦ 낡고 오래된 생산 라인을 대체할 새로운 직무 설계에 대해 조언한다.

사회복지사 이외의 많은 전문직, 예컨대 정신과 의사, 심리학자, 약물 상담자, 간호사, 인사 관리 전문가 등이 기업체 안에서 회사를 돕는 기능을 수행하고 있는 현실 속에서 산업사회복지사는 경영자, 근로자, 다른 전문직으로부터 그 직능을 인정받아야 하는 큰 과제를 안고 있다. 산업사회복지실천은 사회복지사가 도전해 볼 만한 새로운 분야이다. 다만 1920년대 복지비서의 실패를 거울삼아 시행착오를 범하지 말아야 할 것이다(Zastrow, 2000: 408, 411).

4. 산업복지서비스

미국의 대표적 산업사회복지제도인 직업 원조 프로그램(EAPs) 서비스는 알코올 · 약물남용 상담, 정서적 문제에 대한 상담, 가족상담, 경력상담과 교육, 신용대출 상담, 퇴직 후 계획 등을 포함하고 있는데, 그 구체적 내용은 다음과 같다(Zastrow, 2000a: 410-411).

① **알코올 · 약물남용 상담**: EAP의 핵심이다. 알코올이나 약물남용은 근로의 질적 저하, 무단결근, 작업 지체, 숙련도 악화 등을 야기해 생산성을 저하시킨다. EAP는 알코올과 약물남용을 하나의 질병으로 간주해 그것의 완화보다는 근절을 지향한다. 비용 절감과 근로 지속을 이유로 입원보다는 외래 치료를 선호한다. EAP가 직접 환자를 치료하기도 하고, 다른 치료 프로그램에 의뢰하기도 한다(중개자 역할). 치료비는 회사의 건강보험이 부담한다. 치료를 거부하는 근로자는 해고될 수도 있다.

② **정서적 문제에 대한 상담**: 정서적 억압 등 정서적 문제를 가진 근로자를 돕는 상담이다. 알코올 · 약물남용 상담과 같이 EAP가 직접 근로자에게 상담을 제공하기도 하고, 다른 상담 프로그램으로 의뢰하는 경우도 있다.

③ **가족상담**: 결혼, 아동양육, 이혼과 별거, 아동학대, 가정폭력 등 근로자에게 스트레스를 주어 생산성을 저하시키는 것을 막는 데 목적이 있다.

④ **경력(career) 상담과 교육**: ㉠ 근로자의 직업적 목적을 달성하는 것을 돕고, ㉡ 근로자가 스트레스 관리 기술을 습득하는 것을 돕는 두 가지 일을 한다. ㉠을 위해

직무 태도 테스트를 받게 하고, 회사 내에서의 승진기회를 잘 이해하도록 조언한다. 근로자의 정신적 · 육체적 건강의 증진과 직무기술의 향상을 위한 교육 프로그램을 운영하기도 한다. 근로자의 자기 확신, 개인적 적응능력 향상, 자기 이해, 문제 해결 능력의 향상을 위한 코스를 운영하는 회사도 있다. 근로자의 스트레스 관리를 위한 강습회나 세미나를 개최하는 EAP도 있다.

⑤ **신용 대출**(credit) **상담**: 재정적 곤란을 겪고 있는 근로자에 대한 상담이다. 부채를 장기 상환할 수 있는 방법을 조언하는 부채 상담이 대표적이다. 가계의 경제적 문제를 해결할 수 있는 재정적 상담도 받는다. 채무를 진 근로자의 봉급 차압 관련 문제도 상담 대상이 된다. 근로자의 재정 계획의 수립에 관해서도 조언받을 수 있다.

⑥ **퇴직 후 계획**: EAP는 퇴직을 대비하는 근로자를 위해 퇴직 후 계획에 관한 강습회나 세미나를 개최하기도 하는데, 사회보장연금, 기업연금, 스톡옵션, 세금 감면 연금 등이 주제가 된다.

10 사회복지학의 확장

학습개요와 목표

사회복지는 인간의 삶과 사회의 문제해결을 목표로 하기 때문에, 인간의 삶이나 사회의 변화에 따라 계속 변화하고 확장되고 있다. 이 장에서는 세계화의 추세에 따라 새로운 사회복지의 실천 현장으로 떠오르고 있는 다문화와 국제교류에 주목하여, 다문화복지와 국제사회복지를 다루고자 한다.

이 장의 학습목표는 다음과 같다.

- 다문화의 개념과 현황 및 문제점 그리고 대책에 대하여 알아본다.
- 국제사회복지의 정의와 국제사회문제를 분석해 보고, 국제사회복지와 연관된 기관들을 알아본다.

제1절 다문화복지

20세기말 세계화의 영향과 국제교류의 증가로 우리 사회도 빠르게 다문화사회로 접어들고 있다. 이제 우리는 주변에서 국제결혼을 통해 이주해 온 결혼이민자와 취업 등 경제적 이유로 입국한 외국인근로자 그리고 북한을 탈출하여 입국한 북한이탈주민 등을 쉽게 만나 볼 수 있다.

1. 다문화의 이해

1) 다문화의 개념

다문화는 하나 이상의 복수의 문화를 의미한다. 즉, 다문화는 다인종, 다민족으로 구성된 사회에서 문화의 중심이 되는 주류문화에 대한 하위개념으로, 위계관계 혹은 다양성의 존중을 내포하는 개념으로 정의할 수 있다(이종복 외, 2013). 따라서 다문화사회는 서로 다른 문화에 대한 이해와 존중을 통하여 형성된다.

다문화(Multi-culture)라는 용어는 1990년대 후반부터 일부 사회단체에서 사용되었으나, 정부정책과 시민단체에서 본격적으로 사용되기 시작한 것은 2005년 결혼이민자들이 급증하면서 그들의 처우가 사회적 이슈로 다루어지게 되면서부터이다.

다문화를 포함한 용어로는 다문화사회, 다문화가족 등이 있다. 다문화사회는 다인종, 다민족으로 구성된 사회를 의미하며, 다문화가족은 우리 사회에 거주하고 있는 외국인근로자, 결혼이민자, 북한이탈주민, 난민 등의 외국인 근로자와, 외국인과의 사이에서 태어난 자녀들을 비차별적으로 부르는 용어이다.

2) 다문화사회의 진입배경

우리나라는 그동안 우리민족을 '단일민족', '백의민족' 등으로 표현하며, 민족의 순혈성을 강조해 왔으며, 또한 국제적으로도 전 세계 184개 국가 중 아이슬랜드와 함께 단일문화를 고수하고 있는 국가로 분류되어 있다(이종복 외, 2013). 그러나 우리나라도 1950년 한국전쟁 후 미군과 한국인 여성들과 결혼에서부터 시작하여, 1980년대 말부터 국내의 부족한 노동력을 메우기 위하여 외국인노동자들이 증가하기 시작하였으며, 1990년대 중반부터는 농촌 총각들의 결혼을 위한 국제결혼이 증가하는 등 다양한 이유로 2014년 말 현재 국내에 체류하고 있는 외국인이 180만 명으로 전체 인구의 3.6%에 이르고 있다(법무부, 2015). 즉, 우리 사회는 짧은 기간 동안에 외국인의 유입이 급속하게 이루어지고 있으며, 서구에서는 몇 세대에 걸쳐 진행되었던 다문화사회가 단시간 내에 빠르게 진행되고 있는 것이다.

2. 다문화의 현황

우리나라도 다양한 인종, 다양한 출신의 배경을 가진 다문화가족이 급증함에 따라 우리 사회의 구성원도 다양해지고 있다. 다문화가족의 범위는 다양하게 논의되고 있으나, 본 절에서는 다문화가족을 결혼이민자(자녀), 외국인근로자(자녀), 북한이탈주민(자녀)에 한정하고자 한다.

1) 결혼이민자의 현황

한국의 이주노동자의 유입은 1980년대 말을 기점으로 대량 유입되었으나 1990년대 중반부터는 여성결혼이민자들의 비율이 급격히 증가하였다. 일반적으로 외국인 남성의 이주는 노동을 중심으로 이루어지는 반면, 여성이주는 결혼을 중심으로 이루어졌다.

우리나라의 국제결혼은 시기별로 다양한 변화의 과정을 거쳤다. 1990년대 초에는 한국인과 외국인과의 결혼은 전체 결혼의 1% 수준에 불과하였으며, 한국인 여성과 외국인 남성 간의 결혼이 주종을 이루었고, 한국인 남성과 외국인 여성과의 결혼은 소수였다. 그 당시 한국인 남성과 결혼한 외국인 여성은 대부분 미국과 일본여성들로서 1% 미만의 소수였다. 1992년 중국과의 수교 이후에는 한국계 중국인 여성을 중심으로 한 결혼이 두드러졌으며, 1990년대 중반부터는 한국인 남성과 외국인 여성의 결혼이 현저히 증가하여 한국인 여성과 외국인 남성의 결혼을 앞지르기 시작하였다.

그 후 지속적으로 증가세를 보이던 국제결혼은 1997~1999년에는 현저히 퇴조하였다. 이는 IMF 외환위기로 인한 경제사정 악화와 함께 한국계 중국인 여성들의 위장결혼, 사기결혼에 대한 사회적 비판이 높아지고 남성들의 피해와 관련 범죄사실 등이 보도되면서 국제결혼에 대한 경계심이 작용했기 때문이다. 또한 1998년 위장결혼을 막기 위한 「국적법」이 개정되면서 국적취득이 어려워진 것도 이러한 추세에 상당한 영향을 미쳤다. 따라서 1990년대 후반에는 한국계 중국인과의 결혼이 주춤하고 미국, 일본, 중국 이외 지역 출신들과 결혼이 증가하기 시작하였다.

통일교의 국제결혼사업인 '참가정운동'은 1961년부터 시작되었는데, 당시에는 일본인 여성교도와 한국인 남성교도 간의 결혼이 대부분이었다. 그러나 1990년대 중반에는 통일교 측에서 범세계적인 참가정운동을 벌여 통일교도 이외의 필리핀과 태국 등 일부 동남아 국가 출신 여성들도 대거 '축복결혼' 대열에 합세시켰으며, 통일교도가 아닌 한국 남성들도 통일교를 통한 국제결혼이 가능하게 되었다. 따라서 1990년대 말에서 2000년대 초에는 결혼정보회사나 사적인 경로를 통한 한국계 중국인과 결혼 그리고 통일교를 통한 필리핀, 태국, 일본 여성과의 결혼이 대다수를 차지하였다.

〈표 10-1〉 결혼이민자 국적별 현황(2021년)

국적별	총계(명)	여자(명)	남자(명)	여자 비율(%)	남자 비율(%)	국적별 구성비율(%)
총계	168611	136668	31943	81.1	18.9	100.0
중국	59770	45819	13951	76.7	23.3	35.4
-중국	37434	31903	5531	85.2	14.8	22.2
-한국계 중국인	22336	13916	8420	62.3	37.7	13.2
베트남	41447	37887	3560	91.4	8.6	24.6
필리핀	12041	11513	528	95.6	4.4	7.1
일본	15074	13802	1272	91.6	8.4	8.9
캄보디아	4565	4019	546	88.0	12.0	2.7
몽골	2502	2311	191	92.4	7.6	1.5
타이(태국)	6558	6436	122	98.1	1.9	3.9
우즈베키스탄	2709	2527	182	93.3	6.7	1.6
미국	4538	1338	3200	29.5	70.5	2.7
캐나다	1426	272	1154	19.1	80.9	0.8
러시아	1901	1769	132	93.1	6.9	1.1
네팔	834	638	196	76.5	23.5	0.5
파키스탄	989	155	834	15.7	84.3	0.6
기타	14237	8171	6066	57.4	42.6	8.4

출처: http:gsis.kwdi.re.kr/statHtml

2000년대 중반부터 베트남 여성이 급격히 증가하였다. 베트남은 한국과 문화나 생활양식, 가족중심적 사고, 유교적 습관, 종교, 얼굴 등 여러 면에서 한국과 비슷하다. 특히 베트남 여성들은 순종적이며 출산율도 높고, 참을성도 많아 생활에 잘 적응하는 경향이 있기 때문에 선호 대상이 되었다. 이 외에도 구소련 지역과 몽골 등 중앙아시아 등 지역으로 그 범위가 확대되었다. 이는 국제결혼정보업체들이 증가하는 한국인 남성과 국제결혼의 수요를 자신들의 사업 대상지역에 끌어들이면서 나타난 현상으로 보인다.

2) 외국인근로자의 현황

세계화의 추세는 자본과 정보뿐만 아니라 사람의 이동을 촉발시키고 있으며, 국가와 민족의 경계를 넘나드는 이주노동을 더욱 증가시키고 있다(한건수, 2005). 이주노동은 국가와 지역 간에 일자리를 구할 기회가 임금의 격차가 있는 한 지속될 수밖에 없는 국제적인 현상이다. 시장경쟁력 강화에서 배제된 실업자는 국내에서 적당한 일거리를 찾지 못하고 결국 생존을 위해 다양한 경제적 목적으로 이주를 감행하게 된다(김범수 외, 2007).

우리나라는 1970년대까지 노동력을 송출해 온 전형적인 인력 송출국이었으나, 1990년대 들어서면서 외국인 노동력의 수입국이 되었다. 노동력 수출국에서 완전히 노동력 수입국으로 전환한 것은 아니지만, 미국과 일본 등지로 노동력을 송출하면서도 내국인들이 기피하는 저임금 산업의 부족인력을 대량으로 수입하는 양면적인 모습을 보인다.

우리나라에 외국인근로자들이 처음 들어온 것은 1987년 노동자 대투쟁 이후 국내 노동자 임금이 상승하자 중국과 동남아 노동자들이 관광 또는 단기방문 사증으로 입국하여 일을 하기 시작한 것이다. 그러나 1991년 해외에 투자한 국내기업들이 현지에서 고용한 인력들을 국내에 유입하여 우리 사회에 외국인근로자들이 공식적으로 등장하게 되었다. 현재 국내 체류 외국인근로자의 수는 약 85만 명에 달하고 있으며, 전문인력은 5.7%에 불과하며 93%가 단순기능 인력에 속한다.

국내에 유입된 외국인근로자는 내국인 노동시장을 보완하는 큰 역할을 담당하고 있다. 외국인근로자들의 경제활동에 의해 부가가치 생산량이 증가하고, 산업경쟁력이 강화되고 있으며 내국인 노동자가 취업할 수 있는 신규 일자리들이 창출되고 있다. 삼성경제연구소(2011)의 보고서에 의하면 "한국은 노동력 부족 문제를 해결하기 위해 2050년까지 1,159만 명의 이민자를 받아들여야 한다"고 하였다. 통계청에서는 저출산, 고령화로 인하여 2020년의 노동력 증가율은 0.91%가 감소하는 것으로 전망하고 있다. 이러한 조사결과들은 국내 노동력 부족은 결국 경제에 심각한 부정적인 영향을 미칠 것을 예측하고 있어, 외국인근로자들은 지속적으로 증가할 전망이다. 따라서 그동안 우리 사회에서는 미등록체류자, 불법체류자로 규정하고 외국인근로자 전체를 차별하고, 낙인화하는 경향이 있었다. 이로 인해 그들은 우리 사회에서 특히 산업현장에서 산업재해를 당하고, 인권이 침해당하는 등 생존권의 위협을 받으며 살아왔다. 그러나 이제는 그들의 존재를 인정하고 상호공존하는 윈-윈(win-win) 전략이 필요하다. 외국인근로자의 노동권과 인권을 실질적으로 보장하는 법적 안전장치를 보장하고, 그들이 산업현장에서 자신의 역량을 충분히 발휘할 수 있도록 지원하는 대책이 마련되어야 할 것이다(이종복 외, 2013).

3) 북한이탈주민의 현황

'북한이탈주민'이란 대한민국 법률상의 용어이며, '북한에 주소 · 직계가족 · 배우자 · 직장 등을 두고 있는 자'로서 북한을 벗어난 후 외국의 국적을 취득하지 아니한 자를 말한다. 그러나 그동안 우리나라에서 북한이탈주민을 가리키는 용어는 다음과 같이 몇 차례 바뀌었다. 이러한 변화과정을 검토하는 것은 북한이탈주민을 대하는 시대적 상황을 반영하고 있어 그들을 이해하는 데 큰 도움이 된다.

- 1993년 이전: 귀순자(歸順者), 귀순용사(歸順勇士)
- 1994년 ~ 2004년: 탈북자
- 2005년 ~ 2008년: 새터민
- 2008년 ~: 북한이탈주민

5 · 16쿠데타 직후 군사정부는 휴전선을 넘어 군사적 기밀을 가지고 오는 소수의 사람들에 대해 특별히 처우할 군사적 필요성을 느끼고, 1962년 「국가유공자 및 월남귀순

자 특별원호법」을 제정하였다. 이 시기에 탈북한 자들은 '귀순용사'로 대우받았으며, 국유기업체나 대기업에 취업할 수 있었고 주택, 교육, 결혼 등 생활 영역에서 특혜와 자본주의 체제의 우월성을 내외에 알리는 홍보모델이 되기도 하였다. 당시 탈북자는 연 10명을 넘지 않는 소수였으므로 국가 행·재정상의 무리 없이 집행될 수 있었다. 그러나 문민정부 이후 이들의 군사적, 정치적 가치가 상실되면서 이들의 지원은 대폭 축소되었으며, 이들은 일종의 '경제난민'으로서 '생활보호대상자' 차원의 '탈북자'라는 용어가 일상적으로 사용되기 시작하였다.

1994년 이후에는 탈북자의 수가 급증하였고 이들의 열악한 생활여건이 문제가 되자, 김대중정부는 IMF 경제상황 속에서도 노동시장에 개입하여 획기적으로 확대된 지원정책을 추진하여 자립정착의 토대를 마련해 주었다. 노무현정부에서는 입국자 규모가 급증하고 정착지원제도가 고비용, 저효율이라는 비판을 받자, 정착금과 생계비 보조금을 줄여 근로의욕을 높이고 취업을 제고하는 방향의 현행 정착지원제도로 개선하였다. 탈북자들은 입국 후 '하나원'에서 2개월 동안 사회적응 훈련을 받고, 1~2년간 보호경찰관의 신변보호를 받으며, 정착금과 취업알선, 직업교육, 교육지원, 특별생계보조금 등을 지원받게 되었다.

정부는 2004년부터 북한이탈주민을 일컫는 부정적이고 거부감을 주는 '탈북자'라는 용어 대신 '새터민'으로 변경하였으며, 새터민은 '새로운 터전에서 삶의 희망을 갖고 사는 사람'이라는 뜻이었다(김범수, 2007). 한편 탈북자 단체와 남한 사회 일부에서는 '새터민'이란 용어가 부자연스러우며, 한국에 정착하지 못하고 해외에 흩어져 있는 탈북자들을 아우르지 못하다는 의견이 제기되었다. 2008년 통일부는 가급적이면 '새터민'이라는 용어를 쓰지 않겠다고 발표했으며, 이에 따라 북한을 이탈한 주민을 포괄하는 용어인 '북한이탈주민'이란 용어가 일반적으로 사용되고 있다.

2022년 기준 북한이탈주민의 수는 〈표 10-2〉와 같이 28,795명에 이르고 있다.

〈표 10-2〉 **북한이탈주민 입국현황**

(단위: 명)

구분	'02	'03	'04	'05	'06	'07	'08	'09	'10	'11	'12	'13	'14	'15	'16	'17	'18	'19	'20	'21
남	510	474	626	424	515	573	608	662	591	795	404	369	305	251	302	188	168	202	72	40
여	632	811	1,272	960	1,513	1,981	2,195	2,252	1,811	1,911	1,098	1,145	1,092	1,024	1,116	939	969	845	157	23
합계	1,142	1,285	1,898	1,384	2,028	2,554	2,803	2,914	2,402	2,706	1,502	1,514	1,397	1,275	1,418	1,127	1,137	1,047	229	63

출처: https//kosis.kr〉stat Html(2022.12.30.)

북한이탈주민은 '90년대 중반, 북한의 식량사정 악화를 계기로 꾸준히 증가하기 시작하였으며, 2001년 1,000명을 넘어선 이래, 2006년에는 2,000명을 초과하였다. 또한 여성의 입국비율은 1989년 이전에는 7%에 불과하였으나, 2001년에는 46%로 꾸준한 증가 추세를 보이다가, 2002년을 기점으로 남성비율을 넘어서, 2015년도에는 무려 80%를 차지하고 있음을 볼 수 있다.

2000년 이후 북한이탈주민이 급증한 원인은 이들이 해외에서 체류하면서 북송의 위험을 느끼며 살기보다는 한국에 입국하여 보다 안전한 삶을 살려는 시도가 증가하였기 때문이다. 또한 제3국 내 우리 공관에 들어간 탈북자들에 대한 우리 당국의 지원 및 한국에 기입국한 가족의 입국지원 활동 증가도 크게 영향을 미치고 있다. 최근에는 중국의 단속이 강화되면서 체포와 북송을 우려한 탈북자들이 제3국을 거치거나 국내로 바로 들어오기 때문에 걸리는 시간이 짧아진 측면도 있다. 또한 가족동반 입국이 늘어나고 있으며, 가족단위의 입국이 증가하면서 여성의 비율과 아동, 장년층의 비율도 크게 증가하였다. 이러한 연령구성이 다양화되면서 남한사회에서 육아문제, 학교생활 적응문제, 노인문제 등 새로운 적응문제가 대두되고 있다. 한편, 북한이탈주민은 목숨을 걸고 국경을 넘어 자유의 땅에 도착하지만 남한생활은 결코 녹록치 않으며, 정치사상적, 경제적, 문화적, 사회적, 심리적인 적응 면에서 상당한 어려움을 경험하고 있다.

정부는 북한이탈주민의 한국생활 부적응을 돕기 위하여 2008년에는 하나원을 확충하고 여성특화교육을 강화하며, 심리안정 및 건강회복지원을 강화하였다. 또한 취업문제 해결을 위해 고용노동부, 기업 등과 유기적인 협력관계를 구축하고 '북한이탈주민

일자리 창출사업'을 진행하였다. 정부는 2010년 9월, 북한이탈주민이 한국사회의 일원으로 자립, 자활의 의지를 가지고 안정적인 정착을 하도록 「북한이탈주민의 보호 및 정착지원에 관한 법률」을 개정하여 다양한 정책적 지원을 시행하고 있다.

그러나 북한이탈주민을 끌어 안는 적극적인 정책과 북한이탈주민과 함께 살아가는 우리 사회의 준비는 여전히 미흡한 편이다. 이제는 북한이탈주민이 통일시대를 준비하는 중요한 인적 자원임을 감안하여, 2세대를 뛰어넘는 긴 시간 동안 적대적인 관계로 동떨어져 진행되어 온 북한사회에 대한 이해를 돕고, 이질화된 양쪽 사회의 가교역할을 하는 자원으로 인식하여야 한다.

3. 다문화의 문제들

1) 문화갈등문제

(1) 내국인의 문화갈등

문화충격은 새로운 문화권에서 생활하는 이주민들에게만 나타나는 것이 아니라, 내국인에게도 나타나는데 이주민들의 낯선 문화에 대한 경계와 배타성, 국민의 정체성의 문제를 가져오기 때문이다.

국내 한 조사에 의하면, '누가 가장 한국인인가?'라는 질문에 대하여, '한국에서 태어났으나 피부색이 다른 결혼이민자 자녀'는 55.6%, '한국에 취업한 조선족'은 18.0%, '한국인과 결혼 후 귀화한 외국인'은 15.9%, '해외 입양된 한국인'은 7.5%, '한국어 구사를 못하는 재외동포 2세'는 3.0% 순으로 나타났다.

'한국인으로 판단하는 데 있어 주요한 점'으로서는, '당사자의 인식' 94.3%, '국적 보유여부' 89.4%, '혈통' 83.1%, '한국어 구사여부' 74.3%, '태생지' 74.3% 순이었다. 또 '귀자녀의 학교에서 결혼이민자의 자녀가 반장이 되어도 무방한가?'라는 질문에 응답자의 92.2%가 '그렇다'고 답하였다. 그러나 '베트남인 또는 필리핀인과 사회적 관계를 어느 정도 허용할 수 있는가?'라는 질문에 대해서는, '가까운 이웃'이 39.6%, '절친한 친구'가 36.2%, '직장동료'가 14.0%, '배우자'가 7.2%, '자녀의 배우자'가 3.0% 순이었다. 이는 우리가 아직 외국인을 가족으로 받아들이는 단계까지 이르지 못하고 있음을 보여 주는 결과이다(이종복, 2013).

(2) 이주민의 문화갈등

이주민의 문화갈등 원인은 새로운 문화를 접하면서 일어나는 방향상실이자 정서적 혼란이다. 새로운 문화권과 접하는 충격은 다음 네 가지로 요약되는데, 첫 번째 문화충격은 의사소통의 불능이다. 자신의 교육, 지식, 고향에서의 지위나 신분 안정을 주던 요건들을 표현할 수 없게 되면서 자신감을 잃고 나약한 존재로 전락하게 된다.

두 번째는 이해력 상실과 일상생활의 변화이다. 이주민은 한국에 입국 후 본국에서 배운 지식의 대부분은 쓸모없는 것이 되어 버리거나 때로는 문화의 차이로 오해를 불러일으키기도 한다. 그로 인해 자신이 확실하다고 여기던 것이 한국에서는 혼돈으로 되면서 삶의 의미 및 현실감각을 상실하게 된다. 즉, 새로운 문화환경을 접하는 사람은 단순한 일 처리에도 부담을 갖게 되고 이에 많은 시간을 쓰게 된다.

세 번째는 관계의 변화이다. 다른 사람과의 관계에 있어서 이주민들은 한국이라는 새로운 상황에서 인정받기 위해 처음부터 시작해야 하는 부담을 갖게 된다.

네 번째는 감정과 가치관의 혼돈이다. 문화충격은 지식의 측면도 있지만 감정과 평가의 방향 상실도 포함된다. 감정적인 차원에서는 상실감과 혼동을 경험하게 된다. 한국말을 알아듣는 것 같지만 언어의 정확한 의미와 감정적 뉘앙스는 이해하지 못하기 때문이다. 이때 이주민들은 새로운 사회에 대한 자신감을 잃게 되고 좌절감과 죄의식, 거부감을 갖기도 한다.

이주민이 새로운 문화충격에 대하여 나타나는 현상으로서, 첫째는 배타문화(Anti Stranger) 현상으로, 타 문화를 피하여 주변에 작은 고향문화를 만드는 것을 말한다. 둘째는 타 문화 몰입 현상(Going Stranger)으로, 자신의 문화를 무시하고 다른 문화를 무조건적으로 수용하고 몰입하려는 현상(Accept-believe)인데, 타 문화를 수용하고 맹신하게 된다. 셋째는 타 문화에 대해 수용하고 존경, 동일시하는 이중문화 현상이다. 그리고 넷째는 자신이 공유한 정체성(Identity)을 유지하며 살아가려는 경향이다(이종복 외, 2013).

2) 인권문제

(1) 이주근로자의 인권문제

우리나라는 2004년부터 고용허가제라는 제도를 시행하고 있다. 고용허가제는 이전 제도에서 발생하였던 여러 가지 문제점을 개선하기 위하여 도입되었다. 이 고용허가제는 내국인근로자를 고용하려 했으나 고용할 수 없는 300인 미만의 중소기업으로 하여금 이주근로자를 채용할 수 있도록 하는 제도이다. 우리나라와 양해각서를 체결한 15개국 노동 송출국 출신의 외국인 중 한국어 시험 및 신체검사를 통과한 사람들은 국내에서 이주근로자로 일할 수 있다. 고용허가제는 송출과정의 투명성을 보장하기 위해 국가와 국가가 MOU를 체결하고, 이주근로자의 인권침해문제를 예방하기 위하여 이들에게도 내국인들과 동등하게 「노동관계법」을 적용하도록 하였다. 따라서 이주근로자에 대한 차별을 금지하고 임금이 체불되거나 산업재해를 당했을 때 고용주에게 배상을 받을 수 있는 권리를 보장하였으며, 건강보험의 적용을 받을 수 있도록 하였다. 따라서 이주근로자는 「최저임금법」의 적용을 받으며, 결사의 자유와 단체교섭권, 단체행동권의 보장을 받는다.

그러나 법률이 개정되었는데도 불구하고 실제로는 이주근로자들이 한국의 내국인 노동자들과 동등한 권리를 보장받지 못하고 인권침해를 당하는 사례가 빈번히 발견되고 있다. 특히 저숙련 생산직에 종사하고 이주근로자, 그들 중에서도 미등록 이주근로자의 경우는 인간으로서 당연히 보장받아야 할 권리를 침해받고 있는 정도가 훨씬 심하다. 국가인권위원회(2002)에 따르면 이주근로자는 저임금, 장시간 노동, 임금체불, 신분증 압류, 욕설 및 조롱, 폭행, 구금 및 감금, 성희롱, 성폭행, 성매매, 산업재해 피해 등 작업장에 관련된 인권침해, 출입국관리사무소 직원이나 경찰관 같은 공권력에 의한 인권침해와 차별, 열악한 주거환경, 일상생활에서 편견과 인종차별 등 다양한 영역에서 인권침해를 경험하고 있는 것으로 나타났다.

① 차별적인 근로환경

차별적인 근로환경으로는 대표적으로 장시간 노동, 저임금, 임금체불, 욕설, 조롱, 폭행, 사업재해 피해와 보상에 대한 인권침해의 유형이 있다.

모든 이주근로자는 체류자격과 상관없이 「근로기준법」의 전 조항이 적용된다. 「근로기준법」에 따르면 사업주는 정당한 이유 없이 노동자를 해고시키거나 기타 징벌을 할 수 없으면 노동자를 해고할 경우에도 밀린 임금이나 퇴직금은 모두 지급해야 한다. 이렇게 법에서는 이주근로자의 기본적인 권리를 보장하고 있으나, 현실은 이와 다른 경우가 많다.

일반적으로 이주근로자는 내국인 노동자보다 장기간 일하고 낮은 임금을 받고 있다. 또한 한국 언어에 익숙하지 않다는 이유 등으로 직장 동료나 고용주에게 조롱이나 욕설, 폭행 등을 당하기도 하며, 이주근로자의 신분상 약점을 악용하는 경우가 빈번히 발생한다. 왜냐하면, 미등록 이주근로자들은 합법적인 체류자격을 취득하지 못했기 때문에 언제든 단속에서 발견되면 법에 따라 본국으로 추방될 수 있는 가능성에 노출되어 있기 때문이다. 뿐만 아니라 대다수의 이주근로자들은 소규모, 단순 · 고위험 노동업종에 근무하는 경향이 있어 내국인에 비하여 유해하거나 사고위험이 높은 작업환경에 노출되어 있다. 또한 언어문제로 인하여 작업안전과 유해환경에 대한 정보가 부족할 뿐만 아니라 작업안전 관련 교육이 제대로 이루어지지 않는다. 더 큰 문제는 이주근로자에게도 산재보험이 적용됨에도 불구하고 이주근로자의 산재보상은 받지 못하는 경우가 많다. 일부 고용주는 치료해 준 것만으로도 충분하다고 여기고, 이주근로자가 보상을 요구하면 해고하기도 한다.

② 공권력 단속과정에서 나타나는 인권침해

모든 국가는 국제법을 따르지만, 우선적으로는 자국의 법체계에 따라 주권을 행사하기 마련이다. 이는 이주근로자의 경우에도 마찬가지이다. 한 국가에 입국하는 순간 혹은 일정 기간 이상 체류했다고 해서 자동적으로 그들을 내국인으로 간주하여 내국인과 동등한 권리를 부여하는 국가는 없다. 특히 한국정부의 공식적인 입장은 우리나라에 영구적으로 정착하려는 이주근로자의 입국을 합법적으로 허용하려는 것이 아니다. 대신 이주근로자는 국내의 노동력 부족, 특히 저숙련 단순 노동분야에서의 노동력 부족 문제를 해소하기 위해 일정 기간 동안에만 한국에 체류하고, 그 이후에는 본국으로 돌아가야 한다는 것을 기본으로 전제하고 관련 정책을 입안하고 있다.

정부 입장에서 국내법을 위반한 모든 사람은 처벌 대상이 된다. 따라서 미등록 이주자의 경우에 한국체류 자격이 없다는 사실이 발각되면 처벌 대상이 된다. 등록하지 않은 이주근로자에 대한 체계적인 관리가 어렵고, 이들은 한국사회에서 위법·불법 행위를 저질러 사회문제를 일으킬 수 있는 가능성이 있다고 판단하기 때문에 정부는 미등록 이주자를 단속하여 이들을 본국으로 송환하고 있다. 그렇다고 하더라도 이주근로자를 단속할 때 인간으로서 가지는 기본적인 존엄성을 훼손하는 실태는 개선되어야 한다.

여러 조사에 의하면 경찰의 검문·검색과정에서 신분과 합당한 이유 등을 고지받아야 함에도 불구하고, 그렇지 못하는 경우가 많은 것으로 나타났다. 또한 모든 외국인을 미등록 이주자로 간주하여 확인절차 없이 출입국사무소로 연행하는 일도 몸수색, 심지어 알몸수색을 당하는 이주근로자의 사례도 보고되고 있다. 이주근로자가 일하고 있는 직장에 무단으로 진입해 이주근로자를 단속하기도 한다. 뿐만 아니라 미등록이주자를 단속하는 과정에서 과도한 폭력을 행사하여 이주근로자의 인권을 침해하는 사례가 빈번히 발생하고 있으며, 미등록 이주자를 보호하는 시설에서는 이들을 상대로 감시카메라를 촬영하기도 한다(이종복 외, 2013).

③ 배타주의적 문화: 차별적인 시선과 인종차별

우리사회에는 이주근로자들이 내국인들이 취업을 꺼리는 직종에 종사함으로써 한국경제에 상당한 기여를 하고 있다. 대부분의 이주근로자들은 저임금 단순 노동에 종사한다. 그럼에도 이주근로자가 내국인의 일자리를 빼앗고 있다는 부정적인 인식이 존재한다. 또한 이주근로자의 출신국의 경제력이나 피부색, 인종에 따라 차별적으로 인식하여 이름 대신 욕설이나 비하하는 표현을 쓰기도 한다. 길을 걸을 때 이주근로자처럼 보이는 사람을 보면 신기하게 쳐다보거나 옆자리에 오는 것을 싫어하는 사람들도 있다. 이주근로자가 증가하면 범죄율이 높아질 가능성이 많다는 막연한 부정적인 인식도 팽배하다. 전문적인 기술을 가지고 있는 이주근로자나 선진국 출신의 이주근로자에 대해서는 우호적인 반면, 생산직종에 종사하거나 개발도상국 출신 이주근로자에 대해서는 부정적인 인식을 나타낸다. 한국사회에서는 일반적으로 백인은 부유하고 문명인인 반면, 아시아나 아프리카 출신 외국인은 가난하고, 열등하고, 문화적으로 미개하다고 생각하는 경향이 있다. 문제는 객관적이고 합당한 이유 때문에 이주근로자 집단에 대해 부정적인 인식을 갖는 것이 아니라 단지 경제수준이 낮은 국가에서 온 이주근로자라는 이유 때문에 이들을 차별하고 이들에 대한 편견을 갖고 있어 이주근로자의 인권을 침해하는 행동으로 이어지고 있다는 것이다. 이주근로자도 우리와 같은 인간이라는 생각을 가지고 대우해야 그들의 기본적인 인권을 존중하며 보호할 수 있게 된다. 다수집단이 소수집단에 대해 이유 없이 갖는 편견과 이로 인해 나타나는 차별 및 인권침해는 소수자의 삶의 질을 저하시키며, 이들이 사회에 기여할 수 있는 통로를 막고, 더 나아가서는 사회갈등을 유발할 수 있는 잠재적인 불안요소가 될 수 있다.

(2) 결혼이민자의 인권문제

① 여성결혼이민자에 대한 가정폭력과 성폭력

외국인 아내에 대한 남편의 폭력 사례는 이주여성 단체들이 끊임없이 지적하는 문제이다. 국제결혼중개업체를 통해 이루어지는 국제결혼가정의 경우 다수의 남성들이 돈을 지불하고 여성을 사 왔다는 인식을 가지고 있기 때문에 부부간의 갈등이 발생할 때 이를 폭력으로 해결하려는 성향이 강하다. 일면에서는 남성들의 이런 심리상태를 '본전찾기' 심리라고 말하기도 한다. 또한 의사소통의 어려움, 문화적 이질감, 남편의 성격장애나 알코올중독, 도박, 의처증 등 다양한 이유로 부부간 갈등이 많아 한국여성들보다 국제결혼 이주여성의 가정폭력에 노출될 위험이 훨씬 크다고 하겠다(이종복 외, 2013).

한국인과 결혼한 결혼이민자는 「국적법」 제6조에 따라 기본적으로 국내 2년이라는 거주요건을 충족해야만 귀화신청자격이 부여된다. 그리고 귀화신청 후 최종 귀화 허가 통지까지는 통상 1년 반에서 2년여의 기간이 소요된다. 따라서 결혼이민자는 실제로 약 4년이라는 기간 동안 국내에서 외국인의 신분으로 거주해야 한다. 그동안에는 출입국사무소로부터 비자와 외국인등록증을 발급받아야 한다. 결혼이민자에게는 F-2(거주비자)가 부여되는데 F-2는 1회 체류기간이 1년이어서 만료 전에 체류연장 허가를 받아야 하며 만약 체류연장을 하지 않았을 경우는 불법체류자 신세가 되어 출입국으로부터 단속과 강제 추방될 위험에 놓이게 된다.

이처럼 한국에서의 법적 지위가 한국인 배우자에게 전적으로 달려 있는 결혼이민자가 가정폭력 피해로부터 적극적으로 대처하기는 매우 어려운 현실이다. 외국인 신분으로 살아가야 하기에 한국인 배우자의 조력이 절대적으로 필요하기 때문이다. 혼인의 진정성을 심사한다는 명목으로 출입국사무소는 결혼이민자의 출입국행정을 처리할 때마다 한국인 배우자의 동행을 요구하고 있다. 따라서 결혼이민자의 지위가 한국인 배우자에게 종속적인 한 가정폭력 등 인권침해적인 상황이 발생하여도 결혼이민자는 이를 감내할 수밖에 없다.

② 의사소통 곤란과 문화차이로 인한 인권침해

여성결혼이민자들에게는 한국사회의 순혈주의, 가부장적 가족제도, 경제적인 사유 등의 편견으로 기본적인 인권침해가 가해지고 있다. 특히 언어소통 부족으로 겪는 차별 속에 여성결혼이민자들은 적응이 더 어려울 수밖에 없다. 여성결혼이민자들은 한국어를 배울 기회도 갖지 못한 채 한국사회로 들어오는 경우가 많아, 가족과 의사소통도 되지 않고 한국문화도 알 수가 없다. 따라서 한국에 와서는 완전히 고립된 생활을 하게 된다. 의사소통이 자유롭지 않으니 남편도 대화를 하려 하지 않는다. 언어소통의 어려움을 해결하여 신속한 국내적응과 노동 관련 고충 등을 원활히 처리할 수 있도록 고용노동부 고용지원센터와 한국국제노동재단 등에서 통역지원서비스를 제공하고 있으며, 결혼이민자에 대한 통역지원서비스는 지역의 다문화가족지원센터에서 시행되고 있다.

(3) 다문화가정 아동·청소년의 인권문제

① 법적 · 제도적 측면의 한계

다문화가정 구성원들은 차별이나 편견, 언어와 문화 차이, 정체성의 혼란, 불안정한 지위 등으로 인해 많은 어려움을 겪는데, 그중에서도 다문화가정의 아동 · 청소년은 인권보장에 있어서 이중으로 취약한 지점에 놓여 있다. 아동이라는 점에서 상대적으로 사회적 약자의 위치에 있으면서, 동시에 다문화가정의 구성원이라는 점에서 소수자에 속하기 때문이다. 과거에는 이주근로자의 거주권과 노동권 쪽에 중점을 두고 다문화가정에 대한 논의가 주로 진행되었다면, 이제는 다문화가정의 자녀들의 인권문제에 대한 관심으로 확대되고 있다. 특히 다문화가정 아동 청소년의 교육, 의료, 복지 등 사회권을 둘러싸고 많은 논의가 있었는데, 그중에서도 미등록 이주근로자의 자녀들의 인권문제가 가장 심각한 상태라고 볼 수 있다. 한국에서 태어났거나 어렸을 때부터 한국에서 자라서 문화나 언어 측면에서는 한국인의 정체성을 가지고 있는 경우도 있지만, 속인주의 원칙을 따르는 우리나라에서는 미등록 이주근로자의 자녀라는 이유로 마치 존재하지 않은 사람처럼 인권의 사각지대에 놓여 있는 경우도 있다.

② 구성원들의 차별적인 의식

다문화가정의 '아동은 피부색이 이상하다', '가난한 나라 출신이라서 어떻다'는 등의 사회적인 차별과 편견으로 인해 어려움을 겪는다. 과거에 비해서는 많이 나아졌다고 하지만 다문화가정이 증가하면 사회적 갈등이 유발될 것이라거나, 단일민족국가의 전통이 약화된다거나, 한국사람의 일자리를 뺏는다는 등의 부정적인 생각이 여전히 남아 있다. 이런 사회적인 편견과 부정적인 인식은 성인들에게도 마음의 상처를 주지만, 어린 아동이나 한참 정체성에 대해 고민할 청소년들에게는 더 깊은 상처를 줄 수 있다.

3) 북한이탈주민의 적응문제

(1) 취업문제

북한이탈주민의 연령대가 경제활동이 가장 활발해야 할 20~40대가 약 75%에 이르는 점을 고려할 때 이들의 가장 중요한 적응문제는 취업이다. 직업은 경제적 안정뿐만 아니라 개인의 목표 의식, 자존감 및 사회생활 전반에 영향을 끼친다는 점에서 북한이탈주민의 높은 실업률은 이들의 한국사회 적응에도 어려움이 많을 수밖에 없고 정부의 재정 지출을 가중시키는 등의 문제를 낳고 있다.

이러한 상황에 대해 무엇보다 가장 답답한 사람은 당사자인 북한이탈주민일 것이다. 한국에서의 자유롭고 안정된 생활을 꿈꾸며 목숨을 걸고 북한을 탈출해 갖은 고생을 무릅쓰고 한국에 왔지만 막상 와서 보니 취직은 어렵고 주위로부터 곱지 않은 시선을 받거나 무시를 당하기 때문이다. 특히나 북한에 가족과 형제를 두고 와서 겪는 외로움, 향수병과 같은 심리적 불안정까지 더해져 이들의 한국사회 적응은 험난하기만 하다.

(2) 북한이탈주민에 대한 부정적인 인식

북한이탈주민에 대한 부정적 인식도 이들의 사회 적응을 가로막고 있다. 북한이탈주민은 한국을 동포의 나라로 여기는 경향이 크지만 한국에서 북한이탈주민을 바라보는 시선은 가난한 공산국가에서 온 사람들로 보는 등 부정적 인식이 형성되어 있기 때문이다. 탈북자들의 한국 입국 동기는 1990년대 중후반 '고난의 행군' 시기에는 '배가 고파서'라는 것이 대다수였지만 2000년대 초반 이후에는 '자유를 찾아서', '한국에 있는 가족과의 재결합', '자녀의 교육 문제' 등으로 다양해지고 있다. 그렇기 때문에 한국에서 살아가는 북한 사람들을 단지 경제적인 이유만으로 한국에 온 것으로 바라보는 것은 동정심을 유발하여 일시적 지원과 관심은 불러일으킬 수 있으나 이들에 대한 진정한 이해를 가로막는다.

(3) 북한이탈 청소년의 교육문제

북한이탈 청소년의 교육문제도 심각하다. 어른들은 북한 사회에서 오랫동안 살아왔기 때문에 한국사회에서의 적응에 어느 정도 한계를 보인다 하더라도 청소년의 경우 아직 사회화가 덜 된 시기이므로 적절한 지원책과 교육이 이루어진다면 한국사회에 잘 적응할 수도 있다. 또한, 이들은 통일 후 남북을 연결하는 고리로서 중요한 역할을 담당해야 할 세대이다. 그러나 탈북 청소년들의 상당수는 교과서의 용어나 내용을 이해하지 못해 학업 성취도에서 부진을 면치 못하고 있으며, 주위 친구들의 차별적인 시선에 상처를 입어 학교생활에 적응하는 데 어려움을 겪고 있다. 이런 이유로 때로는 북한에서 왔다는 사실을 숨기기도 한다. 일반 학교에서 한국 학생과의 경쟁이 어려운 경우에는 제도적으로 한겨레학교, 대안학교 등의 중간 단계의 적응 시설에서 교육을 받을 수 있고, 대학 특례 제도가 있어 수도권 소재 대학에 비교적 쉽게 입학할 수는 있지만 본인의 눈높이와 실제 대학수학능력과의 괴리로 대부분 중도 탈락하게 된다.

북한이탈주민은 때로는 새터민, 때로는 탈북자 등으로 불린다. 남북 관계나 한국 사회의 인식의 변화에 따라 수시로 바뀌어 온 이들에 대한 명칭과 지원 주체 및 체계는 우리가 이들을 바라보는 시선이 일방적이었음을 반증하고 있다. 현행 지원 제도가 체계적으로 북한이탈주민의 적응을 잘 돕기 위해 다양한 방향으로 변화하고 있지만 결국 이들이 한국사회에서 성공적으로 살아가기 위해서는 이들에 대한 우리의 인식이 자립과 자활을 받아야 할 수동적인 주체가 아닌 우리 곁에서 함께 살아가고 통일을 만들어

나갈 능동적 주체라는 점으로 변화되어야 한다.

4. 다문화복지서비스의 현황

최근 우리 사회는 다문화사회로 급속히 진전되고 있다. 따라서 이들의 사회정착을 위해서는 다양한 복지서비스가 요구된다.

1) 결혼이민자

결혼이민자에 대한 사회복지서비스는 「다문화가족지원법」에 근거하여 지역별로 설치되어 있는 다문화가족지원센터를 중심으로 이루어지고 있다. 그리고 건강가정지원센터, 종합사회복지관, 가족상담센터, 도서관, 민간단체, 자조모임 및 커뮤니티 등에서도 다양한 복지프로그램을 진행하고 있다. 주요 프로그램으로는 한국어, 생활문화, 부부 · 가족 교육, 자녀 대상 교육, 취업 · 양성교육, 보건 · 의료 교육, 상담, 통역 서비스 등이 있다. 결혼이민자의 복지욕구는 한국어 교육, 생활적응, 보육, 사회적 참여 등 다양하고 복합적이다(조화성, 2009).

2) 외국인근로자

외국인근로자들에 대한 서비스는 외국인근로자지원센터를 중심으로 이루어지고 있다. 또한 외국인근로자의 차별대우와 인권침해가 빈번한 현실 속에서, 그들이 보호받을 수 있도록 민간단체, 종교단체 등에서도 외국인근로자 복지프로그램을 실시하고 있다. 또한 지역사회에서 공공과 민간 조직을 기반으로 다양한 문화행사를 개최하여, 한국인과 국제결혼이주자 및 외국인근로자의 이해관계 증진을 시킬 수 있는 프로그램이 시행되고 있다. 그 외에 지역사회복지관, 시민단체, 지방정부, 학교 등과 연계하여, '한글 교육', '직업훈련 교육' 등과 같은 프로그램을 제공하고 있다.

일부 지역사회복지관에서 외국인근로자에게 기능교육으로 한국어 교육, 컴퓨터 교육, 정시 지원을 위한 다양한 문화 체험 및 여가활동을 제공하여, 한국사회 내 적응력을 향상시켜 준다. 동시에 노동 · 법률 · 의료기관들과의 연계를 통한 위기상황에 대처할 수 있는 능력을 향상시키기 위한 프로그램을 제공한다. 또한 각 국가별 자조집단을 조직하여 그들의 문화적 · 정서적 욕구를 충족시키고 있다(안승찬, 2006).

3) 북한이탈주민

북한이탈주민의 보호는 중앙정부 차원에서는 하나원을 중심으로 이루어지고 있으나, 이러한 서비스는 북한이탈주민의 정착 초기에 한정되어 있다. 따라서 지역사회에서는 이들의 정착과 경제적 자립을 위해서 지속적인 보호와 서비스가 필요하다.

현행 지원체계에 따르면 한국에 입국한 후 초기 5년 이내에 취업에 관한 활동을 해야만 장려금을 받을 수 있게 되어 있다. 직업 훈련을 6개월 이상 받으면 훈련 장려금을 받고 관련 자격증을 취득하면 취득 장려금을, 4대 보험이 적용되는 직장에서 1년 이상 일하면 취업 장려금을 지급받는다. 그러나 체제가 다른 사회에서 온 북한이탈주민이 충분한 사회 적응 기간 없이 조기 취업에 내몰리면서 취업을 하더라도 직장 내 다른 종업원과 갈등을 빚고 직장을 그만두는 일이 비일비재하다. 이런 이유로 많은 경우 북한에서 왔다는 것을 숨기고 조선족으로 위장하여 취업하기도 한다. 직장을 그만두면 다시 기초생활수급자로 돌아가는 것이 쉽지 않아 최소한의 지원이 아예 끊기기도 한다. 또한, 입국 탈북자의 대다수가 북한 내에서 무직, 부양 또는 단순 노무직에 종사하였으며 다른 경력이 있더라도 한국 내 동일 직종과의 기술 차이로 인해 한국에서 자신이 원하는 직장을 찾기가 매우 어려운 실정이다. 그래서 많은 수의 북한이탈주민은 취업을 망설이고 기초생활비를 타면서 간헐적으로 아르바이트를 하면서 살아간다. 또한, 입국 탈북자의 약 70%가 여자이고 양육을 담당하고 있는 20~40대가 대다수를 차지하고 있어 취업은 고사하고 직업 훈련에도 참가하지 못하는 경우가 많다. 이들에 대해서는 취업 기간을 입국 초기 5년으로 일괄적으로 적용하지 않고 개인이 선택할 수 있게 하는 등의 탄력적인 운영이 필요해 보인다.

또한 이들의 심리적 · 사회적인 복합적 욕구문제 해결을 위하여, 사회복지실천방법인 사례관리를 적용하여야 한다. 사례관리의 원리는 전달체계 측면에서 주로 클라이언트의 복합적 욕구 충족을 위한 서비스의 연계, 조정 및 통합을 통한 클라이언트의 복합적 욕구 중심 접근과 관계되어 있고, 클라이언트 측면에서는 소비자 중심주의를 기초로 하는 욕구 중심 접근에 있다. 특히 북한이탈주민을 위한 복지서비스는 다른 대상과 달리 장기적이며 다양하고 복합적인 욕구를 충족시켜야 하기 때문에, 분산된 서비스의 연계성 확보가 필요하다. 이러한 서비스 욕구를 필요로 하는 북한이탈주민을 대상으로 실천 현장에서 포괄적이고 종합적이며 연속적인 서비스 제공이 가능한 사례관리의 개입이 바람직하다고 본다.

제2절 국제사회복지

세계화로 인하여 국가 간의 관계가 점차 밀접해지고 있으며, 이는 사회복지실천에서도 마찬가지이다. 본 절에서는 세계화가 국제사회복지에 미친 영향을 살펴보고, 국제사회복지의 다양한 정의에 대해서도 알아본다. 그리고 국제사회복지의 활동과 국제사회문제들을 분석해 보고, 국제사회복지에 연관된 기관들을 유엔, 정부, 민간기관의 순으로 알아본다.

1. 세계화와 국제사회복지

월터 로렌츠(Walter Lorenz)는, "사회복지에서 '한 국가의 차원을 넘어서는 것'은 이주노동자나 난민집단 혹은 소수민족집단을 대하는 소수의 전문가나 사회복지사 그리고 이상주의자들의 개인적 영역이 될 수 없다. 오히려 반대로 모든 사회복지는 국제적 변화과정에 복잡하게 얽혀 있다"라고 주장하였다(Lorenz, 1997: 2).

1990년대 이후 본격적으로 시작된 세계화는 사회복지 환경을 네 가지 차원에서 변화시킴으로써, 사회복지의 국제적 책임 영역과 영향력을 보여 주고 있다.

1) 인구 이동

국제사회의 새로운 경향, 특히 인구 이동은 사회복지기관의 인종 구성 분포에 변화를 초래하였으며, 특히 미국을 비롯한 많은 국가의 사회복지실천방법에 영향을 주었다. 대부분의 국가에서 역량 있는 사회복지실천은, 국가 간 상호의존에서 발생하는 사회문제 및 상황들에 대처할 수 있는 새로운 지식과 능력을 요구하게 되었다.

2) 국가 간 협력과 교류의 증대

과거에 비해 최근 선진국들은 사회문제에 대한 공동책임을 강조하면서 상호 협력과 교류가 바람직한 것임을 보여 주고 있다. 선진국에서와 마찬가지로 이제는 후진국에서도 사회복지의 창의적인 실천방법과 잠재적인 문제 해결방법이 양산될 가능성이 커지고 있다. 세계화의 이러한 측면은 사회복지 활동의 공통 주제를 양산하게 되었다. 대부분의 국가는 현재 노숙자와 거리 아동의 문제, 노년 인구수의 증가, 가족형태의 변화로 인한 아동양육의 감소, 실업 및 낮은 취업률, 그 밖의 기타 사회문제로 고생하고 있다. 더욱이 라이언스(Lyons)는 국제문제의 이해는 "인권 및 사회정의와 같이 사회복지의 핵심 가치를 재조명하는 데 기여할 수 있다"라고 지적했다(Lyons, 1999: 163).

3) 국가 간 영향력의 확대

정치적이든 경제적이든 사회적이든 한 국가의 행동은 이제 타국의 사회 및 경제, 그리고 지구 전체적인 사회상황에 직·간접으로 영향을 준다. 클린턴(Clinton) 전 미국 대통령은 취임연설에서, 이제는 어떠한 문제를 순수하게 국내문제로만 규정하는 것이 어렵다고 하였다. 그는 "무엇이 국제적이고 무엇이 국내적인 문제인지를 명확하게 구분하는 선은 더 이상 없습니다. 세계의 경제, 환경, 에이즈 위기, 무력경쟁 등 모든 것이 우리 모두에게 영향을 주고 있습니다."라고 하였다. 따라서 각국은 점차 사회문제를 공유하게 되었고, 한 국가의 행동은 타국 국민의 복지에 직접적으로 영향을 주게 되었다. 유럽 전역에 걸쳐 방사능 물질을 퍼트렸던 1986년 우크라이나의 체르노빌 핵발전소 누출사건은 이러한 사실을 입증해 주는 아주 극적이면서도 단편적인 사건이었다. 이와 유사하게 2001년 미국의 뉴욕과 워싱턴에서 발생한 테러사건은 관광객을 감소시켜 카리브 연안국의 빈곤문제를 증가시켰으며, 그 악영향으로 이라크와 아프가니스탄에서는 전쟁이 일어났다. 논리적으로 볼 때, 한 국가나 전문조직이 독자적으로 활동한다고 해서 이러한 문제를 해결할 수 있는 것은 아니다.

4) 통신기술의 발달

급속도로 진전하는 기술, 특히 통신 분야의 기술발달은 국제교류 및 공유의 기회를 더욱 가속화시킨다. 예를 들어, 컴퓨터와 비디오기술의 결합으로 국제통신 분야에 극적인 변화가 생겨났다.

이상과 같은 경향은 전 세계의 사회복지사 개인 및 사회복지 전문직의 목표를 설정하는 데 도움을 준다. 따라서 사회복지사는, 첫째, 자국의 사회복지 실천현장에서 발생하는 국제 관련 사례와 지역사회문제를 다루면서, 둘째, 국제사회문제를 공동으로 해결하는 데 기여하며, 셋째, 자국의 정책이 타국 및 그 국민들에게 미치는 영향을 평가할 수 있도록 준비해야 한다. 나아가 사회복지사들은 이러한 세 가지 목표를 달성하기 위해 국제적인 대화 및 교류에 기여함으로써 서로 도움을 주고받을 수 있는 능력을 향상시킬 필요가 있다. 앞서 기술한 세 목표는 사회복지 전문활동에 대한 인식을 넘어서 새로운 지식과 태도를 필요로 한다(Healy, 2010: 29-31).

2. 국제사회복지의 정의

1) 국제사회복지의 다양한 정의

국제사회복지(International Social Work)의 개념에 대해서는 많은 논란이 있다. 먼저 '국제적(international)', '세계적(global)', '국가 간(cross-national)'이라는 용어에 대해 많은 혼돈이 있다.

Random House Webster's College Dictionary(1995)에 따르면, '세계적'이라는 단어는 전 세계에 관련되거나 적용될 때 쓰이는 반면, '국제적'이라는 단어는, ① 2개 국가 혹은 그 이상의 국가들 간의, ② 2개 국가 혹은 그 이상의 국가나 국민과 관련된, ③ 국가 간의 관계에 관한, ④ 다수 국가의 국민들이나 활동이 포함된, ⑤ 국경을 넘어선, 혹은 국가의 관점을 넘어선 등의 의미를 갖고 있다. 스타인(Stein)은 이러한 개념적 구분에 동의하면서 이 용어들이 서로 혼용되고 있음을 인정하지만, '세계적'이라는 단어는 '지구 전체에 영향을 주는 현상을 의미'할 때 보다 구체적으로 활용된다고 하였다(Stein, 1990: 13). '국가 간'이라는 용어도 종종 '국제적'이라는 단어와 혼용된다. 하지만 엄격히 구분하자면, '국가 간'이란 용어는 보다 제한된 의미를 가지며 몇 개 혹은 제한된 국가들 간의 비교 혹은 교류 등을 의미할 때 활용된다(Estes, 1984).

이러한 단순한 정의를 넘어 국제사회복지는 다수의 구성요소를 가진 복잡한 개념이다. 국제사회복지는 비교사회복지, 국제적 실천, 교차 문화적 지식 및 이해, 사회복지에 관한 정부 간 업무, 국제사회문제에 관한 관심과 행동, 사회복지사들의 국제적 협력, 사회복지 전문직의 교류활동, 그리고 일반적인 세계관 등을 의미하기도 한다(Healy, 2010: 33-35).

2) 국제사회복지의 개념 정의

1956년 미국 사회복지교육협의회(Council on Social Work Education, CSWE)는 국제사회복지의 개념정의를 위해 임시위원회 구성하였다. 이 위원회의 위원들은 이 개념의 협의 및 광의적 해석에 관해 고민하였으며, 국제사회복지(international social work)의 용어에 대해 최소한 여섯 가지의 상이한 개념을 검토하였다. 이에는 '타국에서 사회복지사로 일하는 것에서부터, 특정 국가의 사회복지사에게는 매우 일반적인 관심사인 난민서비스를 제공하는 것'에 이르기까지 다양하였다(Healy, 1995: 423). 이 위원회는 협의의 개념을 선호하여 앞에서 언급한 국제사회복지 개념의 대부분을 제외시켰다.

> "국제사회복지란 사회복지의 국제적 범위를 갖는 프로그램들로 한정되어 사용되어야 하며, 이는 정부 간 기구들에 의해 제공되는 프로그램, 특히 유엔에 의해 제공되는 것들 혹은 비정부기관에서 제공하는 국제적 프로그램들로 한정해서 사용되어야 한다는 것이 본 소위원회의 의견이다"(Stein, 1957: 3).

그러나 보다 광의적인 개념도 있다. 킴벌리(Kimberly, 1984)는 국제사회복지는 상대적으로 새로운 분야로서, 성급하게 그 범위를 제한하기보다는 광범위한 해석이 가능하도록 개방되어 있어야 한다고 주장한다. 샌더스와 페더슨(Sanders & Pederson) 역시 광의의 개념을 사용하였는데, 이들은 "국제사회복지는 국가와 문화의 경계를 초월하는 모든 사회복지활동을 의미한다"고 주장하였다(Sanders & Pederson, 1984: xiv).

최근 많은 학자들은 국제사회복지가 새로운 용어이며 그 역사적 근원을 간과해 왔다고 주장한다. 사실 1928년에 열린 첫 번째 국제사회복지학술대회에서 논문을 발표한 런던 출신의 젭(Jebb, 1929) 여사는 국제사회복지 용어를 사용하면서 이 용어가 보다 실제적일 수 있는 조건에 대해 논의하였다. 1937년에 출간된 『사회복지연감(Social Work Yearbook)』에는 '국제사회복지'라는 제목으로 발표된 학술 논문들이 등장했다. 워렌(Warren)은 국제사회복지의 광의적 해석을 선호하면서 1939년에 『사회복지연감』에 발표한 논문에서 국제사회복지를 다음과 같이 정의하였다.

> "국제사회복지는 네 가지 주요활동을 포함하고 있다. 첫째, 국제 개별사회사업(Internatilnal social case work), 둘째, 재난이나 전쟁으로 고통받고 있는 사람들이나 소수민족에게 제공되는 공적 · 사적 국제원조, 셋째, 사회복지에 관한 국제학술대회, 넷째, 국제연맹(League of Nations), 국제노동기구(International Labour Organization, ILO), 국제보건기구(Health Organization of the League)를 통해 전 세계에 걸쳐 질병에 맞서 싸우고 정치사회적 평화와 협력을 보장하기 위한 정부 및 사설기관들의 국제협력이 이에 해당한다"(Warren, 1939: 192).

3. 국제사회복지의 활동

이러한 정의들을 종합해 보면, 국제사회복지란 '국제문제에 대한 전문적 활동과 사회복지사의 국제적 활동 및 수행능력'을 의미한다고 할 수 있다. 여기서 국제적 활동이란 네 가지 차원으로 구성되어 있다(Healy, 2010: 37-45).

1) 국제 관련 국내사회복지의 실천 및 옹호

국제사회복지 활동의 첫 번째 차원은 국제 관련 국내사회복지의 실천 및 옹호이다. 사회복지사들은 점차 국제문제를 포함한 사회문제들을 다루고 있는데, 이는 2개국 이상의 국가들이 어떤 형태로든 관여되어 있는 것을 의미한다. 국제 관련 국내사회복지의 실천 및 옹호의 예는 난민 이주정착, 이주민 관련 업무, 국제입양, 그리고 국경에서의 사회복지 등이 있다. 사회복지사가 이러한 일을 전문적으로 수행할 수도 있지만, 대부분의 사회복지사들은 자신의 업무를 수행하는 가운데 이러한 일들을 접하기도 한다.

2) 국제적 교류

국제사회복지 활동의 두 번째 차원은 사회복지의 경험과 정보를 국제적으로 교환하고, 경험과 지식을 국내사회복지의 실천과 정책을 향상시키는 데 활용하는 것이다. 이는 특정 분야의 외국 학술지와 서적을 읽는 것, 타국의 전문가들과 연락을 취하거나 방문하도록 초대하는 것, 국제회의에서 전문적인 교류에 참여하는 것, 다른 나라의 창의적인 사회복지제도를 파악하여 이를 국내에 적용하는 것 등이다. 국제적 교류활동은 컴퓨터를 통한 통신 및 화상회의 등의 기술 발달로 더욱 활성화되고 있다.

3) 국제적 실천

국제사회복지 활동의 세 번째 차원은 사회복지사들이 국제개발기관에서 일하거나 자원봉사를 통해 국제개발 업무에 직접적으로 기여하는 것이다. 이의 성공 여부는 어느 정도의 수준에서 국제 관련 지식을 사회복지기술과 연결시키느냐에 달려 있다. 따라서 사회복지사들은 자신들의 전문훈련과정에서 배운 많은 기술들을 국제원조 및 개발에 활용한다. 사회복지사들은 이러한 기술들을 국제상황에 대한 지식, 국제적 업무의 민감성 및 의사소통 기술들과 혼합하여 활용한다.

4) 국제정책의 개발과 옹호

국제사회복지 활동의 네 번째 차원은 사회복지 전문직이 전 세계적으로 중요한 사회문제에 대해 입장을 정리하고 표명하며 그 문제를 해결할 수 있는 전문능력과 관련이 있다.

이처럼 국제사회복지는 네 가지 차원의 활동, 즉 국제 관련 국내사회복지의 실천 및 옹호, 국제교류의 참여와 활용, 국제적 실천, 그리고 국제정책의 개발 및 옹호를 포함하고 있다. 처음 두 가지는 모든 사회복지사에게 해당될 수 있으며, 셋째는 소수의 사회복지사만이 관여할 수 있는 것이다. 그리고 넷째는 사회복지전문직 업무의 일부로서, 모든 사회복지사들이 간접적으로는 관여하겠지만, 직접적으로 관여하는 사회복지사는 매우 소수일 것이다.

4. 국제사회복지의 문제들

1) 빈곤문제

빈곤문제는 이제 세계적인 현상이며 국제사회복지 및 국제사회에 가장 커다란 문제점이 되고 있다. 브라이언트와 카파즈(Bryant & Kappaz)는 "빈곤은 그 본질상, 그리고 그 원인과 시사점이 국경을 넘어서기 때문에 이제 국제적 상황에서 바라볼 수밖에 없다"고 하였다(Bryant & Kappaz, 2005: 160). 빈곤은 국제문제들 가운데 가장 근본적이면서도 해결하기 어려운 문제다. 빈곤은 또한 많은 사회문제의 원인이기도 하다. 즉, 빈곤은 이주문제의 가장 큰 원인이 되며, 에이즈 확산의 주요 요인이자 마약 생산 및 남용과 연계되어 있고, 거리의 아동과 노숙자, 그리고 아동노동 및 영양결핍의 직접적인 원인이다. 유엔인권위원회 고등사무관이었던 메리 로빈슨(Mary Robinson)은 빈곤은 전 세계에 걸쳐 가장 큰 단일 인권침해라고 선언하였다.

유엔개발계획(UN Development Programme: UNDP)은 "빈곤은 더 이상 한 국가 내에 머물러 있지 않고 국제화되어 가고 있다. 빈곤은 여권 없이 마약, 질병, 오염, 이주, 테러, 정치 불안정과 같은 형태로 국경을 넘고 있다"고 하였다(UNDP, 1996: 2). 1990년 세계은행(World Bank)은 빈곤선 이하로 생활하는 사람들의 수를 12억 명으로 추산하였으며, 이들의 절반이 절대빈곤선, 즉 일상생활에 필요한 기본적인 식수, 음식, 연료, 및 주거를 취득하기에 불충분한 자원을 갖고 있는 것으로 규정된 빈곤선 이하로 살고 있다고 하였다. 이 수치는 점차 증가하고 있는데, 국제노동기구의 조사에 따르면 전 세계 노동자의 절반, 즉 15억 명이 2006년 현재 하루에 2달러 미만으로 살아가고 있다고 하였으며, 하루에 2달러 미만으로 생계를 유지하는 총 인구 수는 적어도 20억 명이 된다고 한다(UNDP, 2005).

빈부격차 또한 점점 더 심해지고 있다. 세계 인구의 가장 부유한 5분의 1의 사람들이 소유하고 있는 전 세계의 소득은 75%로 증가한 반면, 가장 빈곤한 5분의 1의 사람들이 소유하고 있는 소득은 1960년대의 2.3%에서 현재 1.5%로 줄어들었다(UNDP, 2005). 아시아 국가들, 특히 중국에서는 빈곤이 점차 감소하고 있으며, 남아시아에서는 빈곤 인구의 수가 아닌 빈곤율이 감소하고 있다. 그러나 지난 10년 동안 극빈국의 대부분 국가에서는 실망스러운 현상이 계속되고 있다. 즉, 이 국가들이 빈곤을 감소시키는 데 실패했을 뿐 아니라 부유 국가에 더욱 뒤처지고 있다.

2) 여성문제

(1) 여성빈곤문제

사회복지의 또 다른 공통 관심사는 전 세계 여성의 빈곤이다. 빈곤의 여성화가 증가하는 것은 이제 전 세계적인 현상이다. 여성가구주는 모든 국가에서 더 빈곤하고, 여성 빈곤은 그 아동들에게 영향을 주며 취약 아동에게 다양한 문제의 주요 원인이 되기도 한다.

문맹은 빈곤율을 수반하면서 여성지위 향상을 가로막는 가장 큰 장애물이다. 전 세계 문맹의 3분의 2를 여성이 차지하고 있으며 남성 대 여성의 문맹률 격차는 남아시아, 사하라 사막 이남의 아프리카, 그리고 중동에서 가장 크게 나타나고 있다. 예를 들어, 남아시아에서는 45%의 여성만이 읽고 쓸 수 있는 반면, 남성은 57%였으며, 중동과 북아프리카에서는 여성 57%, 남성 77%였다. 또한 인도에서는 45%의 여성이 문맹이다. 나아가 더 낮은 수치의 여학생들이 중등 혹은 고등교육을 접하고 있다(UNDP, 2005).

1979년 유엔 「여성 대상 모든 형태의 차별금지에 관한 협약(Convention on the Elimination of all Forms of Discrimination Against Women)」을 채택하였고 상당히 많은 국가가 이를 비준한 상태지만 여성들은 아직도 여러 가지 형태의 차별을 경험하고 있다.

(2) 건강 및 임신 문제

모성사망률, 즉 임신과 출산의 복합적인 문제로 인한 모성 사망은 해마다 5,000명의 목숨을 앗아 가고 있으며, 이들 대부분은 빈곤 국가에서 발생한다. 사하라 사막 이남 아프리카 지역에서는 13명당 1명의 여성이 임신 및 출산과 관련된 원인으로 사망하는 반면, 캐나다에서는 7,700명당 1명이 사망한다. 에티오피아에서는 출생영아 가운데 6%만이 간호를 받은 반면, 여성사망률은 10만 명당 800명이 넘는다(UNDP, 2005). 출생의 전체 혹은 대부분이 의료진의 도움을 받는 국가에서는 모성 사망이 극히 드문 일이다.

불법낙태 또한 여성 사망에 기여한다. 세계보건기구(WHO)의 추산에 따르면 전 세계에서 8,000만 건의 계획되지 않은 임신 가운데 약 4,600만 건이 해마다 자발적으로 낙태되고 있으며, 2,700만 건은 합법적으로, 그리고 1,900만 건은 불법으로 낙태되고 있다. 이러한 임신의 대부분은 가족계획에 대한 정보와 서비스의 접근이 결여되어 있기 때문에 발생한다. 낙태가 불법이거나 엄격히 제한된 국가에서는 여성이 위험에 처하거나 여성의 상해 및 사망도 낙태와 연관되어 있다(WHO, 2004: 1). 제대로 훈련을 받지 않은 사람 혹은 전혀 훈련받지 사람에 의해 그리고 비위생적인 상태에서의 낙태는 매우 위험하다. 이 두 가지 모두 불법낙태와 연관되어 있다. 세계보건기구(2004)는 2000년에 약 6만 8,000명의 여성이 안전하지 못한 낙태 때문에 사망한 것으로 추산하고 있다.

(3) 성폭력

유아기를 견딘 여아들은 또 다른 형태의 성폭력(Gender Violence)의 대상이 될 가능성이 있다. 전 세계적으로 가정폭력과 강간은 여성의 건강, 안전, 생존의 지속적인 위협이 되고 있다. 여성은 자신의 가정에서 그리고 친밀한 관계 속에서 가장 위험한 상황에 처한다. 여성들에게 가정은 종종 안전과 보안에서 가장 먼 곳이기도 하다. 2005년 완료된 세계보건기구의 10개국 여성 건강 및 폭력에 관한 연구에 따르면 참여 국가의 배우자 신체폭력의 발생률은 13~61%였으며, 대부분의 국가에서 약 4분의 1 혹은 절반 가량의 여성이 신체학대를 경험한 것으로 보고되고 있다(WHO, 2005). 이 연구에 따르면 부유국가(핀란드, 30%)와 빈곤 국가(에티오피아, 49%) 모두 신체폭력 발생률이 높다. 배우자 학대는 신체폭력(때리기, 목조르기, 찌르기, 화상 및 사망 등)과 함께 성폭력과 정서폭력을 포함한다. 학대는 치명적일 수 있다. 호주, 캐나다, 이스라엘, 남아프리카공화국, 미국에서 행해진 연구에 따르면, 살해된 여성 피해자의 40~70%는 남편이나 남자친구에 의해 살해되었다(UN Report of the Secretary General, 2006: 38).

(4) 인신매매

세계화는 인신매매를 더욱 악화시키고 있다. 2004년 세계화의 사회영역에 관한 국제위원회(The World Commission on the Social Dimension of Globalization's 2004 Fair Trade)는 공정무역에 관해 다음과 같이 기술하고 있다.

인신매매 또한 빈곤 국가(공급자)와 부유 국가의 더욱 커진 불균형으로, 그리고 인터넷 포르노그래피를 촉진할 수 있도록 한 통신기술의 발달로 더욱 증가하게 되었다. 미국 보건복지부(US Department of Health and Human Services: USDHHS, 2005)에 따르면 "마약밀매에 이어, 인신매매는 오늘날 전 세계에서 두 번째로 큰 범죄산업으로 불법무기산업과 연계되어 있으며 굉장히 빠른 속도로 증가하고 있다"고 한다. 범죄자들에 따르면 마약과 달리 인간은 '재생가능한 상품'으로 인신매매는 많은 이익을 남길 수 있다고 증언하고 있다. 해마다 약 60~80만 명이 국경을 넘어 인신매매되고 있는 것으로 추정되고 있다. 미국의 국무부(US Department of State)는 매년 약 1만 4,500~1만 7,500명 정도가 미국으로 유입되고 있는 것으로 추정하고 있다. 유엔에서는 인신매매가 1년에 약 100억 달러 이상 혹은 희생자 1인당 약 1만 달러의 '이익'을 내는 것으로 추산하고 있는 반면, 국제노동기구에서는 이보다 약 4배 많은 이익이 있는 것으로 추산하고 있다. 세계적으로 노예로 있는 사람들의 총수는 약 1,200만~1,700만 명으로 추정되고 있다(Slattery, 2006). 이러한 끔찍한 인신매매와 노예는 국제 경제의 법적, 도덕적 근간을 훼손하는 것이다(Kapstein, 2006: 114-116).

인신매매의 가장 흔한 형태 가운데 하나는 성매매와 노동매매다. 여성, 아동, 남성들이 자신의 의지와는 반대로 매춘, 포르노그래피, 가사노동, 노동착취공장에서의 노동, 혹은 농사 등의 일을 하도록 강요받고 있다. 이들 희생자들은 납치되거나 때로는 해외의 가정부, 식당종업원, 혹은 다른 직업에 관한 광고를 보고 속아 노예로 전락하기도 한다. 특히 여성과 여아는 성매매산업에서 일하도록 강요받는다. 이들은 폭력 혹은 강요와 격리, 협박과 같은 형태를 통해 현대판 노예가 된다. 캡스타인(Kapstein, 2006: 106)은 현대판 노예제도에 대해 "노예 소유자들은 주로 빈곤 국가의 빈민들에게 먼 곳에서 좋은 직장을 보장한다는 말로 이들을 모집하고 있다."고 주장한다. 인신매매자들은 이 희생자들에게 주로 교통비를 충당할 돈을 '대여'해 주며, 이들이 현지에 도착하자마자 신분 관련 서류를 압수하고 이들을 성산업 혹은 강제노동업소에서 일하도록 강요한다. 희생자들은 때로 불법체류자로 혹은 매춘부로 경찰에 신고될 것이라는 협박을 받는데 이때 폭력을 동반할 수도 있다. 때로 이러한 상황에서 일하는 사람들은 임금을 거의 혹은 전혀 받지 못하기도 한다. 따라서 희생자들은 극도로 취약한 상태에 이르게 되어 도움도 요청하지 못한다.

3) 아동문제

(1) 아동 사망

빈곤과 그 파생 문제 가운데 하나는 아동 사망이다. 미국과 북유럽에서는 아동의 사망이 전체 사망의 2~3%에 이른다. 전 세계적으로 아동 사망은 연간 사망자의 약 3분의 1을 차지하고 있다. 유엔아동기금(2005년)에 따르면 해마다 약 1,000만 명의 5세 미만(U-5) 아동들이 예방가능한 질병으로 사망한다고 한다. 가장 많은 수를 차지하는 곳은 남아시아 국가들과 사하라 사막 이남지역이다. 5세 미만 아동의 사망률은 아동복지의 수준에 따라 상당히 차이가 있다. 시에라리온의 정상 출산 1,000명 가운데 283명의 아동이 사망하여 최악의 수준을 보이는 반면, 아이슬란드와 스웨덴은 1,000명 가운데 3명의 아동이 사망하여 세계 최고를 나타내고 있다(UNICEF, 2005). 사망 원인으로 폐렴(19%), 설사(17%), 말라리아(8%), 홍역(4%), 에이즈(3%) 등이 있다. 신생아의 사망은 전체 아동 사망 가운데 17%를 차지한다. 아동 사망의 요인에는 영양결핍, 부적절한 위생상태, 불결한 식수 등이 있다. 결국 아동 사망의 주요 원인들은 간단한 보건개입, 위생시설, 영양과 교육 등을 통해 예방가능한 것들이다. 유엔아동기금에서 아동 사망에 주요 요인으로 꼽지는 않았지만 지역분쟁도 점점 더 심각해지고 있는 영유아 사망에 중요한 역할을 하고 있다.

새천년개발목표(MDG)의 네 번째는 2015년까지 아동사망률을 3분의 2 수준으로 줄이는 것이다. 특히 이 목표는 5세 미만 아동사망률의 94%를 차지하고 있는 60개의 국가를 주요 대상으로 하고 있으며, 이 가운데 단지 7개국(방글라데시, 브라질, 이집트, 인도네시아, 멕시코, 네팔, 필리핀)만이 새천년개발목표를 성취하는 데 보조를 맞추어 가고 있다(UNICEF, 2005).

의료진과 공학 관련 전문가들의 기여가 중요하기는 하지만 사회복지사 또한 개인위생과 건강의 중요성에 대한 교육과 아웃리치를 통해 아동사망률을 줄이는 데 중요한 역할을 할 수 있다. 나아가 사회복지사들은 지역사회의 참여와 우물파기, 화장실 개선과 같은 지역사회 차원의 건강 및 위생 사업 지원을 통해 도움을 줄 수 있다.

(2) 아동노동

국제문제로서 아동노동이라는 단어는 '지나치게 학대적이고 착취적인 상황에서 아동이 일하는 것'을 의미한다. 많은 작업장과 노동방법 가운데서도 아동들은 광산, 카펫공장, 농업, 벽돌공장, 외진 곳의 생선공장, 그리고 가정부로 일하기도 하며, 강제구걸 등을 하기도 한다. 아동노동 가운데 더욱 심각한 형태는 매춘과 무력분쟁이다. 노동에 참여하는 아동들의 고통받는 학대상황들 가운데는 상해 및 위험한 화학물질과 분진에의 노출, 심지어는 사망의 위협이 있는 위험한 작업환경, 장시간의 노동으로 인한 교육기회의 박탈, 그리고 감독자의 신체 및 성학대 등을 들 수 있다. 아동들은 고통에 비해 매우 적은 임금을 받는다. 이 아동들은 종종 가족과 떨어져 있으면서 합숙소 같은 비참한 곳에서 생활하거나 자신들이 하인으로 있는 집의 바닥에서 잠을 자기도 한다.

아동노동 형태 중 하나는 담보에 의한 노동으로, 빚이 있는 가족이 채권자에게 '대출금'을 갚기 위해 노동계약을 하는 것이다. 흔히 아동은 수년 동안 무임금으로 일을 하기도 하며, 그들이 벌어서 갚은 돈은 대출금의 이자를 갚기에도 턱없이 모자라는 경우가 많다. 따라서 빚을 갚을 방법은 전혀 없으며 아동은 빚 때문에 영구히 노예로 전락하게 된다. 파키스탄에서만 약 750만 명의 아동이 담보에 의한 노동에 묶여 있는 것으로 추산되고 있다. 국제노동기구(ILO)에서는 2억 명 이상의 아동들이 '자신의 정신적, 신체적, 정서적 발달에 해가 되는' 노동에 관여하고 있다고 추산한다.

5. 국제사회복지 기구와 기능

사회복지 분야의 다양한 국제기구들은 국제문제들을 다루고 있다. 이 기구들은 빈곤문제 해결을 위한 소득창출사업의 기획과 시행사업, 위기상황에서의 긴급식량 및 의복과 의료서비스 제공사업, 후천성면역결핍증의 확산을 줄이기 위한 교육 및 예방 캠페인, 저렴한 초등교육모델 활성화사업, 여성의 평등권을 장려하기 위한 기준 설정, 기준 설정과 협의를 통해 아동노동문제를 다루는 사업 등을 수행하고 있다. 이 기구들은 세 가지 주요 집단으로 구분되는데, 이는 ① 유엔 산하의 정부 간 기구들(inter-governmental agencies), ② 개별 국가의 정부기관들, ③ 사설 혹은 비영리기구(NGOs)다

(Healy, 2010: 175–201).

1) 유엔기구

유엔과 그 기구들은 국제사회복지와 다국적 원조 제공의 주요 활동가다. 일부 학자들은 유엔의 최대 성과로서 평화유지나 갈등해결과 같은 본래의 주요 목표보다는 사회영역의 성과를 지적하고 있다.

초기 유엔활동 가운데는 사회적 임무에 관한 활동이 포함되어 있었다. 유엔이 공식적으로 설립되기 이전에 다수의 국가들이 유엔구제부흥기관(UN Relief and Rehabilitation Administration, UNRRA)을 통해 전쟁으로 폐허가 된 유럽과 아시아에서 구호와 재건사업을 제공하였다. 사회복지 전문가들은 유엔구제부흥기관의 지도층과 그 프로그램에 상당히 깊게 관여했으며, 이를 통해 경험을 축적한 상당수의 사회복지사들이 국제사회복지의 경력을 쌓아 나갔다. 유엔구제부흥기관의 활동과 성과는 유엔의 사회개발 임무가 전개되는 데 상당한 도움이 되었다.

유엔의 개발 노력 중 상당 부분은 유엔의 특수기관들을 통해 수행되며, 이에는 유엔아동기금(The UN Children's Fund, UNICEF), 세계보건기구(The World Health Organization, WHO), 유엔개발계획(UN Development Programme, UNDP) 등이 있다.

2) 정부기관

각국 정부는 각국의 기관들과 앞에서 설명한 다국적 기구에의 참여를 통해 국제프로그램을 수행하고 있다. 정부의 국제사회복지 기능은 해외원조, 사회복지 및 사회사업에서의 교육 및 전문교류, 비교사회복지에 대한 연구조사, 난민지원과 같은 국제인구에 대한 직접적 서비스, 그리고 다양한 국제프로그램 및 회의 참가 등이 포함된다.

3) 비정부기구들

비정부기구들은 국제사회복지에 중요한 역할을 수행한다. 때로 일차적 자발 기구(Private Voluntary Organizations, PVOs)라고 불리는 이 기관들은 다음과 같은 다양한 기능을 수행한다.

- 구호 및 개발
- 인권과 평화와 같은 원인에 대한 옹호
- 개발교육
- 교류
- 사회복지 및 청소년 기관들의 국제 연계망
- 입양, 아동양육권, 난민 이주와 같은 국제문제를 다루기 위한 국내 기관들 간의 초국가적 업무
- 전문협회

각 기관의 주요 기능 외에 많은 비정부기구들은 유엔에서 협의지위(consultative status)를 가지고 있으며, 특수부서를 두고 업무 수행을 위해 정부 간 및 자국 정부기관들로부터 자금을 지원받으면서 이들 기관과 협력하고 있다.

또한 다양한 국가에 지부를 두고 있는 사회복지 및 청소년 개발기관들이 많이 있는데, 보이스카우트(Boy Scouts), 걸스카우트(Girl Scouts), YMCA, YWCA, 구세군(The Salvation Army), 적십자 등이다. 이들 기관 각각이 국제기구의 지위를 가진 기관으로 활동하고 있다. 미국의 YWCA는 여러 지부에 세계협력서비스(World Mutual Service) 위원회를 두고 있으며, 세계 YMCA와의 협력에 집중하기 위해 본부에 별도의 부서를 두었다. 적십자는 많은 국가에 산재해 있으면서 세계 곳곳에서 발생한 재해를 돕기 위해 자원봉사자들을 보내고 있다. 또한 굿네이버스도 한국을 대표하는 국제사회복지기구라고 할 수 있다.

참고문헌

감정기, 최원규, 진재문(2004). 사회복지의 역사. 서울: 나남.

고승덕 외(2003). 사회복지개론. 서울: 교문사.

교육인적자원부(2004). 사회복지사 활용 연구학교 운영계획(안).

구종회(2003). 선진국 사회복지발달사. 서울: 홍익재.

김근홍 외(2008). 사회복지 역사와 철학. 서울: 학지사.

김기태 외(2002). 사회복지실천기술론. 서울: 양서원.

김동배, 이윤로(2004). 집단사회사업의 실천과 평가. 서울: 21세기사.

김범수(2007). 다문화사회복지론. 경기: 양서원.

김상균 외(2011). 사회복지개론. 경기: 나남.

김성천 외(2015). 사회복지학개론－원리와 실제. 서울: 학지사.

김영모(1999). 사회정책. 서울: 한국복지정책연구소출판부.

김영순(1998). 복지국가의 위기와 재편: 영국과 스웨덴의 경험. 서울: 서울대출판부.

김융일 외(2003. 사회복지학개론. 서울: 동인.

김인숙 외(2002). 여성복지론. 서울: 나남출판.

김현용 외(1997). 현대사회와 아동. 서울: 소화.

김훈(2004). 사회복지법제론. 서울: 학지사.

김희년 외(2016) 사회문제론. 경기: 공동체.

남기민(2005). 현대사회복지학. 경기: 양서원.

박광준(2002). 사회복지의 사상과 역사. 서울: 양서원.

박병현(2003). 사회복지정책론. 경기: 현학사.

박석무(2021). 목민심서, 다산에게 시대를 묻다. 서울: 현암사.

박정호(2001). 사회복지정책론. 서울: 학지사.

방하남, 유길상, 안학순(1998). 실업과 사회안전망. 사회복지정책, 7, 267-291.

법무부(2015). 출입국 외국인정책 통계연보.

보건복지부(2006a). 일본개호보험 판정 · 평가체계.

보건복지부(2006b). 노인수발보험제도 소개.

사회복지공동모금회(2021). 2021 사회복지공동모금회 통계연감.

성민선 외(2005). 사회복지개론. 서울: EM커뮤니티.

손병덕 외(2008). 인간행동과 사회환경. 서울: 학지사.

안병영 외(2018). 복지국가와 사회복지정책. 서울: 다산출판사.

엄명용 외(2011). 사회복지실천의 이해. 서울: 학지사.

여성부(2004). 여성백서.
원석조(2001). 사회복지 역사의 이해. 서울: 양서원.
원석조(2002). 사회보장론. 서울: 양서원.
원석조(2003). 사회복지정책론. 서울: 양서원.
원석조(2016). 사회복지발달사. 경기: 공동체.
이성기(2012). 사회적 양극화 해소를 위한 정책적 대안. 2012 불교사회복지포럼 자료집.
이성기, 김성희, 강혜규(1996). 보건복지사무소 시범사업 2차년도 실태조사. 서울: 한국보건사회연구원.
이영환(1989). "미군정기의 구호정책", 한국사회복지사론. 서울: 박영사.
이정우(2002). 사회복지정책. 서울: 학지사.
이종복 외(2013). 다문화사회의 이해와 복지. 경기: 양서원.
이준구(1999). 재정학. 서울: 다산출판사.
장동일(2010). 한국사회복지법제론. 서울: 동문사.
장인협, 이혜경, 오정수(1999). 사회복지학. 서울: 서울대출판부.
전광석(2012). 복지국가론. 서울: 신조사.
전재일, 이성희, 이경은(1997). 학교사회사업. 대구: 사회복지개발연구원출판부.
정순둘(2005). 사례관리실천의 이해. 서울: 학지사.
조흥식 외(2002). 여성복지학. 서울: 학지사.
통계청(2022). 2022년 가계금융복지조사.
하상락(1989). 한국사회복지사론. 서울: 박영사.
한국사회복지행정학회 편(2003). 한국의 사회복지행정. 서울: 양서원.
Alderfer, C. P. (1969). An empirical test of a new theory of human needs. *Organizational Behavion and tlaman performance, 4*(2), 142-75.
Barker, R. L. (1995). *The social work dictionary* (3rd ed.). Washington, DC: NASW Press.
Barr, N. (1987). *The Economics of the Welfare State*. London: Weidenfeld and Nicolson.
Barr, N. et al. (1990). *The State of Welfare The Welfare State in Britain since 1974*. Oxford: Reference Clarendon Press.
Bell, W. (1983). *Contemporary Social Welfare*. New York: Macmillan.
Berlin, I. (1969). "Two Concepts of Liberty." *Four Essays on Liberty*. New York: Oxford University Press.
Beveridge, W. (1942). *Social Insurance and Allied Services, Reprinted 1984*. London: HMSO.
Bradley, K., & Khor, D. (1993). Toward an integration of theory and research on the status of women. *Gender & Society, 7*(3), 347-378.
Bryant, C., & Kappaz, C. (2005). *Reducing poverty building peace*. Bloomfield, CT.: Kumarian Press.

Butcher, T. (1995). *Delivering Welfare: The Governance of the Social Services in the 1990s.* Buckingham: Open Univ. Press.

Christian W. P. & Hannah, G. T. (1983). *Effective Management on Human services.* Englewood Cliffs, N.J.: Prentice-Hall.

Chu, K. & Gupta, S. (1998). *Social Safety Net.* Washington: IMF.

Deakin, N. (1994). *The Politics of Welfare: Continuities and Change.* London: Harvester Wheatsheaf.

DiNitto, D. M. (2000). *Social Welfare: Politics and Public Policy* (5th ed.). Boston: Allyn and Bacon.

Dixon, J. & Macarov, D. eds. (1998). *Poverty A Persistent Global Reality.* London: Routledge.

Dolgoff, R. & Feldstein, D. (2000). *Understanding Social Welfare* (5th ed.). Boston: Allyn and Bacon.

Douglas, P. H. (1936). *Social Security in the United States.* Washington, D.C.: Bear Books.

Esping-Andersen, G. (1990). *The Three World of Welfare Capitalism.* Princeton. N. J.: Princeton Univ. Press.

Flora, P. & A. J. Heidenheimer. ed. (1981). *The Development of Welfare State in Europe and America.* New Brunswick: Transaction Books.

Flora, P. ed. (1986). *Growth to Limits The Western European Welfare States since World War.* Berlin and New York: Walter de Gruyter.

Forder, A. et al. (1984). *Theories of Welfare.* London: RKP.

Friedlander, W. A. & Apte, R. Z. (1974). *Introduction to Social Welfare* (4th ed.). Englewood Cliffs, NJ: Prentice-Hall.

Furniss, N. & Tilton, T. (1977). *The Case for the Welfare State From Social Security to Social Equality.* Bloomington: Indiana Univ. Press.

Gamble, A. (1994). *The Free Economy and the Strong State: The Politics of Thatcherism* (2nd ed.). Basingstoke: Macmillan.

George, V. & Wilding, P. (1984). *The Impact of Social Policy.* London: RKP.

Gibelman, M. (2000). The Nonprofit Sector and Gender Discrimination. *Nonprofit Management and Leadership, 10*(3), 251-269.

Giddens, A. (1997). **좌파와 우파를 넘어서.** [Beyond left and right] (김현옥 역). 서울: 한울(원저출판: 1994).

Giddens, A. (1998). **제3의 길.** [Third way] (한상진, 박찬욱 역). 서울: 생각의 나무(원저출판: 1998).

Gilbert, N. & Specht, H. eds. (1981). *Handbook of the Social Services.* Englewood Cliffs, N.J.: Prentice-Hall.

Gilbert, N. & Terrell, P. (2002). *Dimensions of Social Welfare Policy* (5th ed.). Boston: Allyn and Bacon.

Gladstone, D. (1995). *British Social Welfare: Past, Present and Future*. London: London College Press.

Gough, I. (1979). *The Political Economy of the Welfare State*. London: Macmillan.

Hacker, J. S. (2002). *The Divided Welfare State*. Cambridge: Cambridge Univ. Press.

Harris, D. (1987). *Justifying State Welfare The New Right versus The Old Left*. Oxford: Basil Blackwell.

Hatch, S. & Mocroft, I. (1983). *Components of Welfare*. London: Bedford Square Press.

Hayek, F. A. (1960). *The Constitution of Liberty*. Chicago, IL: Univ. of Chicago Press.

Healy, J. (2004). The benefits of an Ageing Population. Discussion Paper Number 63, Australian National University.

Healy, L. M. (2010). **국제사회복지.** [International social work] (노충래 역). 서울: 학지사(원저출판: 2008).

Hepworth, D. H., Rooney, R. H. & Larsen, J. A. (1997). *Direct Social Work Practice Theory and Skills* (5th ed.). Pacific Grove, CA: Brooks/Cole.

Higgins, J. (1982). Public Welfare: The Road to Freedom. *Journal of Social Policy, 11,* 177-200.

Hill, M. (1993). *The Welfare State in Britain: A Political History since 1945*. Aldershot: Edward Elgar.

Hobhouse, L. T. (1964). *Liberalism*. New York: Oxford University Press

Johnson, H. W. et al. (1982). *The Social Services: An Introduction*. Itasca, Ill.: F. E. Peacock.

Johnson, N. (1990). *Reconstructing the Welfare State A Decade of Change 1980-1990*. London: Harvester.

Kadushin, A. (1972). *Developing Social Policy in Conditions of Dynamic Change*. New York: International Council on Social welfare.

Kapstein, E. B. (2006). The New Global Slave Trade. *Foreign Affairs, 85*(6), 103-15.

Karger, H. J. & Stoesz, D. (2002). *American Social Welfare Policy A Pluralist Approach* (4th ed.). Boston: Allyn and Bacon.

Kavanagh, D. (1990). Thatcherism and British Politics: The End of Consensus? (2nd ed). Oxford: Oxford Univ. Press.

Kingson, E. R & Berkowitz, E. D. (1993). *Social Security and Medicare: A Policy Primer*. Westport, Connecticut: Auburn House. Reference

Kirst-Ashman, K. K. (2003). *Introduction to Social Work and Social Welfare: Critical Thinking Perspectives*. C.A.: Thomson.

Loewenberg, F. M., & Dolgoff, R. (2000). **사회복지실천윤리.** [Ethical decisions for social work practice] (서미경, 김영란, 박미은 역). 서울: 양서원(원저출판: 2000).

Loizou, A. (1997). "Social Justice and Social Policy." In M. Lavalette & A. Pratt(Eds.). *Social Policy: An Conceptual and Theoretical Introduction*. London: Sage.

Lorenz, W. (1997). Social work in a changing Europe. *The Joint European Regional Seminar of IFSW and EASSW*.

Lyons, K. (1999). *International social work: Themes and Perspectives*. Aldershot. England: Ashgate Publishing.

Lowe, R. (1993). *The Welfare State in Britain since 1945*. London: Macmillan.

Macarov, D. (1995). *Social Welfare: Structure and practice*. London: Sage Publication.

Marshall, T. H. (1969). The Right to Welfare. *Sociological Review, 13*(3), 261-272.

Marshall, T. H. (1977). *Class, Citizenship, and Social Development*. Chicago: The Univ. of Chicago Press.

Marx, K. & Engels, F. (1991). 칼 맑스 프리드리히 엥겔스 저작선집 Ⅰ. [Die Ausgewahlte Werke von Marx und Engels in sechs Banden] (최인호 외 역). 서울: 박종철출판사(원저출판: 1974).

Maslow, A. H. (1954). *Motivation and personality*. New York: Harper.

Maudinet, M. (2003). Access to Social Rights for People with Disabilities in Europe. adopted by the Committee on the Rehabilitation and Integration of People with disabilities (CD-P-RR) at its 26th session (Strasbourg, 7-10 October 2003). Integration of people with disabilities, Council of Europe Publishing.

Mill, J. S. (2018). 자유론. [On liberty] (박문재 역). 경기: 현대지성(원저출판: 1859).

Mooney, L. A., Knox, D. & Schacht, C. (2002). *Understanding Social Problems* (3rd ed.). Belmont: Wadsworth.

NASW(1995). *Encyclopedia of Social Work*. Washington, DC: NASW Press.

NASW(1999). *The Social Work Dictionary* (4th ed.). Washington, DC: NASW Press.

National Institute on Aging, National Institutes of Health, U.S. Department of Health and Human Services and WHO. (2011). *Global Health and Aging*. NIH Publication no. 11-7737.

Nelson, T. D. (2005). Ageism: Prejudice Against Our Feared Future Self. *Journal of Social Issues, 61*(2), 207-221.

Nozick, R. (1974). *Anarchy, State and Utopia*. Oxford: Blackwell.

Peck, R. C. (1968). "Psychological development in the second half of life." in B. L. Neugarten ed. *Middle Age and Aging*. Chicago, IL: University of Chicago Press.

Pinker, R. (1979). *The Idea of Welfare*. London: Heinemann.

Popple, P. R. & Leighninger, L. (2002). *Social Work, Social Welfare, and American Society* (5th ed.). Boston: Allyn and Bacon.

Ramesh, M. (2003). "Globalization and Social Security Expansion in East Asia." In L. Weiss ed. *States in the Global Economy: Bring the Domestic Institutions Back In.* Cambridge: Cambridge University Press.

Rawls, J. (1971). *A Theory of Justice.* Oxford: Oxford University press.

Rejda, G. E. (1999). *Social Insurance and Economic Security* (6th ed.). N.J.: Prentice- Hall.

Rimlinger, G. V. (1971). *Welfare Policy and Industrialization in Europe.* America. and Russia. N.Y.: Wiley.

Rimlinger, G. V. (1991). **사회복지의 사상과 역사.** [Welfare policy and industrialization in Europe, America and Russia] (한국사회복지연구회 역). 서울: 한울아카데미(원저출판: 1971).

Romanyshin, J. M. (1971). *Social Welfare: Charity to Justice.* New York: Random House.

Sandel, M. J. (2012). **정의란 무엇인가.** [Justice] (이창식 역). 경기: 김영사(원저출판: 2009).

Sanders, D. S. & Pederson, P. (Eds.). (1984). *Education for international social welfare.* Manoa: University of Hawaii.

Sauber, S. R. et al. (1983). *Human services Delivery System.* New York: Columbia University Press.

Slack, P., Poverty and Policy in Tudor and Stuant England, London: Longman, 1988.

SSA(Social Security Administration)(1995). *Social Security Handbook* (12th ed.).

SSA(Social Security Administration)(1999). *Social Security Programs Throughout the World-1999.*

Tawney, R. H. (1964). *Equality.* London: Allen and Unwin.

Taylor-Gooby, P. & Dale, J. (1981). *Social Theory and Social Welfare.* London: Edward Arnold.

Titmuss, R. M. (1963). *Essays on The Welfare State.* London: Allen and Unwin.

Titmuss, R. M. (1974). *Social Policy: An Introduction.* London: Allen and Unwin.

Titmuss, R. M. (1976). *Commitment to Welfare.* London: Allen and Unwin.

Townsend, P. (1975). *Sociology and Social Policy.* London: Penguin Books.

UN(2022). *World Happiness Report.*

UNDP(1996). *Human development report 1996.* New York: Oxford University Press.

UNDP(2005). *Human development report 2005.* New York: Oxford University Press.

UNICEF(2005). *The state of the world's children 2006: Excluded and invisible.* New York: Author.

Webb, A. L. & Sieve, J. E. B. (1971). *Income Redistribution and the Welfare State.* London: Bell and Sons.

WHO(World Health Organization). (2013). *How to use the ICF: A practical manual for using the International Classification of Functioning, Disability and Health(ICF). Exposure draft for comment.* Geneva: WHO.

Wilensky, H. L. (1975). *The Welfare State and Equality Structural and Ideological Roots of*

Public Expenditure. Berkeley: University of California Press.

Wilensky, H. L. (2002). *Rich Democracies. Political Economy, Public Policy, and Performance*. Berkely: University of California Press.

Wilensky, H. L. et al. (1985). *Comparative Social Policy: Theories, Methods, Findings. Berkeley: Institute of International Studies*. Berkeley: University of California Press.

Wilensky, H. L. & Lebeaux, C. N. (1965). *Industrial Society and Social Welfare*. New York: Free Press.

World Bank(1994). *Averting the Old Age Crisis Policies to Protect the Old and Promote Growth*. Oxford: Oxford Univ. Press.

Zastrow, C. (2000a). *Introduction to Social Work and Social Welfare* (7th ed.). Belmont, CA: Wadsworth.

Zastrow, C. (2000b). *Social Problems Issues and Solutions* (5th ed.). Belmont, CA: Wadsworth.

찾아보기

인 명

내 용

저/자/소/개

■ 이 성 기

서울대학교 및 동 대학원 행정학 석사, 사회복지학 박사
한국사회복지정책학회 회장
전국사회복지대학원장협의회 초대회장
김해시종합사회복지관 관장
경남사회복지위원회 위원장
인제대학교 사회복지학과 교수, 사회복지대학원 원장
경상남도 사회서비스원 원장
현) 인제대학교 사회복지학과 명예교수
저서) OECD국가의 사회보장제도 비교연구, 현대사회의 자원봉사론, 한국의 사회복지, 21세기 사회복지정책, 사회복지학의 원리와 실제, 사회문제론, 사회복지행정론, 사회보장론 등

■ 원 석 조

중앙대학교 및 동 대학원 사회복지학 학사, 석사, 박사 학위 취득
오스트리아 빈 대학 객원교수
한국사회복지정책학회 회장
대통령자문정책기획위원회 위원
사회복지사 1급 국가시험, 행정고시 출제위원
전) 원광대학교 보건복지학부 교수
저서) 사회복지정책론, 사회복지발달사, 노인복지론, 사회복지행정론, 사회복지개론, 사회복지정책의 궤적, 사회보장론 등

사회복지학개론[4판]

1판 1쇄 발행 — 2018년 2월 19일
2판 1쇄 발행 — 2020년 1월 10일
3판 1쇄 발행 — 2023년 2월 20일
4판 1쇄 발행 — 2025년 3월 20일

저　　자 - 이성기 원석조
발 행 인 - 강철원
발 행 처 - 양성원
주　　소 - 경기도 파주시 검산로 173번길 29-12
전　　화 - 031-946-3863(代)
팩　　스 - 031-946-3864
이 메 일 - tnwpub@naver.com
홈페이지 - tnwpub.co.kr
출판등록 - 2015년 8월 31일 제 2015-000211 호

ISBN 979-11-6126-618-3

정가 23,000원